新・ケアマネジメントの仕事術

NEW
WORK STYLE
FOR
CARE
MANAGEMENT

現場実践の見える化と勘所

全 成幸

中央法規

はじめに

　日本のケアマネジメントの最前線でがんばるケアマネジャーのみなさん。
　ケアマネジャーとして、充実した仕事ができていますか？
　利用者（家族）とのかかわりやマネジメント業務のなかで、気づきや成長を実感できていますか？　仕事にテーマをもって取り組めていますか？
　ケアマネジメントとは「クライアント（利用者）の自立（自律）を支援するための２つの業務の総体」です。１つは利用者（家族）を支える「相談援助業務」、もう１つがケアチームに対しての「チームマネジメント業務」です。この２つの業務はケアマネジメント・プロセスごとに求められます。

　本書は３つのコンセプトで構成されています。
　①新人からベテランまで現場で実践的に使いこなせる「道具」としての本
　②新しい視点や提案がちりばめられた「気づきとアイデア」に満ちた本
　③仕事にワクワクと励みたくなる「モチベーションアップ」のための本
　前著『ケアマネジメントの仕事術』は在宅のケアマネジメントが中心でしたが、新版では地域密着型ケアマネジメントから施設・居住系ケアマネジメントまで網羅しました。本書を使えば、地域包括ケアの次なる「ケア・ステージ」への引き継ぎを効果的に行うことができます。

　日本のケアとケアマネジメントは、いよいよイノベーションが求められる時期に来ています。それは利用者の年代が明治・大正生まれから昭和ひとケタ世代、団塊世代へと変化しているからです。さらには、若年性認知症の方や高齢化した障害者が利用者となってきていること、１人暮らし高齢者の急増、男性介護者の急増、家族機能の変化、地域環境の激変なども要因としてあげられます。
　これからの日本社会は「長命化、多死、認知症」という命題に向き合わなければなりません。その解決策の１つが多職種連携と地域包括ケアシステムです。そして、その要の１つとなるのが「ケアマネジメント」を仕事として行うみなさんです。
　本書がみなさんの「明日の仕事」に役立つことを願っています。

2015年６月

高室成幸

新・ケアマネジメントの仕事術
現場実践の見える化と勘所

はじめに

第1章 ケアマネジメントの仕事はおもしろい！

- 第1節 ケアマネジャーの仕事は「やりがい」がある！……2
- 第2節 ケアマネジメントで身につく「7つの力」
  〜ワンランク上のケアマネジャーをめざして〜……6
- 第3節 人脈づくりでネットワークを広げる……10
- 第4節 「自分育て」とキャリアデザイン……14

第2章 ケアマネジメント・プロセス

- 第1節 ケアマネジメント〜プロセスとサイクル〜……20
- 第2節 インテーク 出会い・初回面接・契約……24
- 第3節 アセスメント……30
- 第4節 ケアプランのプランニング……60
- 第5節 カンファレンス 事業所内プラン検討……104
- 第6節 コーディネート〜サービス資源の調整と交渉〜……112
- 第7節 サービス担当者会議……142
- 第8節 モニタリング
  〜定期訪問とチームモニタリング〜……164
- 第9節 給付管理 コストマネジメント……186
- 第10節 リスクマネジメント……190
- 第11節 引き継ぎ 担当者変更、事業所変更、施設入所など……204

第3章 居宅介護支援事業所のマネジメント

- 第1節 ケアマネジャーの採用……224
- 第2節 ケアマネジャーの人材育成　自己成長と自分育て……230
- 第3節 基本業務とマニュアル……240
- 第4節 メンタルマネジメント
　　　　〜ストレスとモチベーションのマネジメント〜……256
- 第5節 苦情対応……268

第4章 地域密着型ケアマネジメント

- 第1節 地域密着型サービスの特徴と役割……284
- 第2節 認知症グループホーム……288
- 第3節 小規模多機能型居宅介護……318

第5章 施設ケアマネジメント

- 第1節 施設ケアマネジメントの考え方……328
- 第2節 施設のケアマネジメントプロセス……342
- 第3節 居住系施設のケアマネジメント……364

主な参考文献
あとがき

第1章

ケアマネジメントの仕事はおもしろい！

第1節 ケアマネジャーの仕事は「やりがい」がある！

◨ ケアマネジメントの仕事のやりがいと醍醐味

醍醐味　どのような仕事にも「おもしろさ」と「醍醐味」があります。そして「やりがい」がある一方、「つらさ」や「苦労」もあります。

　ですから自問してみましょう。

・わたしがケアマネジャーの仕事を選んだ動機はなんだろう？
・わたしはどうしてケアマネジャーの仕事を続けているのだろう？
・わたしはどのようなやりがいを持っているのだろう？
・わたしはケアマネジャーをおもしろいと思えているのだろうか？

　あなたは、この問いかけにどのような「答え」を持っていますか。

　ケアマネジメントの仕事は利用者（家族）の人生に向き合い、かかわる仕事です。利用者（家族）の人生はそれぞれに個別的であり、支える資源と方法は多様にあります。あらかじめ「正解」は用意されていません。応用問題だからこそ、ケアマネジャー1人で判断するのではなく、ケアチームで話し合い、連携をとり、支え続けていきます。それこそがケアマネジャーの仕事の「醍醐味」といえます。この仕事に「醍醐味」を感じるケアマネジャーが語るキーワードは次の3つです。

・利用者（家族）の生活史（人生）に向き合い、かかわる仕事である
・利用者（家族）とケアチームと連携する仕事である
・仕事を通じて自分の成長を実感することができる

ドラマ　あなたが担当するケースの、どれにも利用者とその家族のドラマがあります。だからこそ、ケアマネジメントは利用者（家族）の人生の葛藤や日々のジレンマのなかで進めることになります。

　ケアマネジメントの現場は在宅だけでなく、施設や居住系施設（例：サービス付き高齢者向け住宅）でも行われます。いずれの「住まい」でも、利用者（家族）の望む暮らしをめざし、利用者（家族）の自立（自律）を引き出し、日々の暮らしを支えるための工夫と知恵を出し合い、多様な資源と手法でサポートすることに「おもしろさ」と「醍醐味」を見い

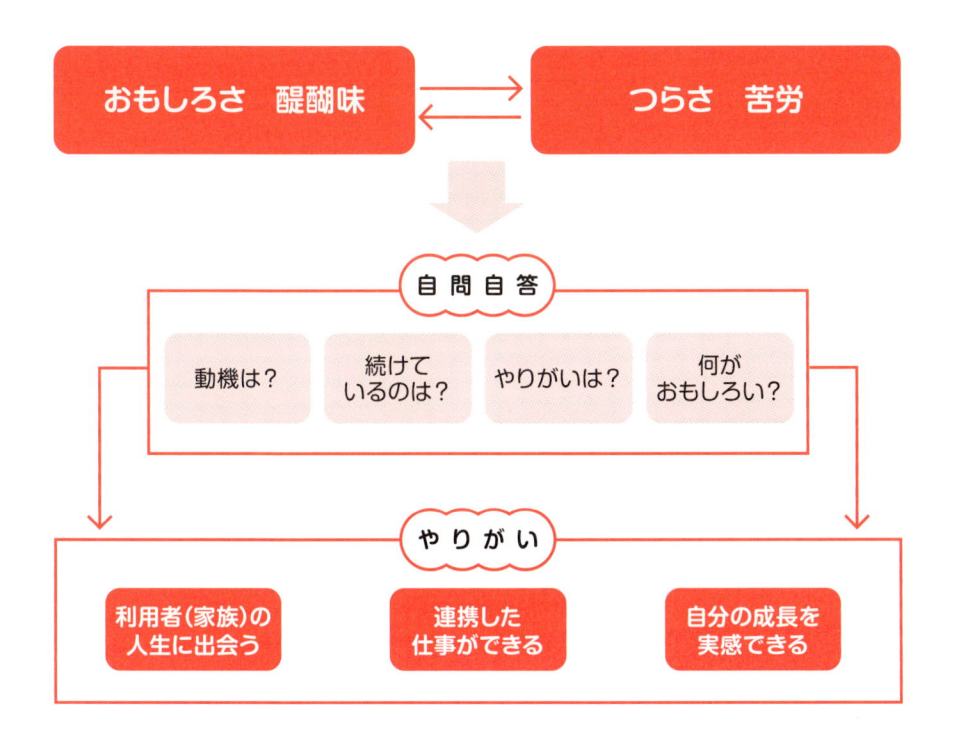

```
┌─────────────────┐      ┌─────────────────┐
│ おもしろさ 醍醐味 │ ⇄ │  つらさ  苦労   │
└─────────────────┘      └─────────────────┘
                ↓
          ╭─ 自問自答 ─╮
    ┌─────┬──────┬──────┬──────┐
    │動機は？│続けて │やりがい│何が  │
    │      │いるのは？│は？  │おもしろい？│
    └─────┴──────┴──────┴──────┘
          ╭─ やりがい ─╮
    ┌──────────┬──────────┬──────────┐
    │利用者(家族)の│連携した  │自分の成長を│
    │人生に出会う │仕事ができる│実感できる │
    └──────────┴──────────┴──────────┘
```

出すことができるなら、職業人として、1人のケアマネジャーとして、あなたは成長していくことができるでしょう。

☐ やりがい①　利用者（家族）の人生に出会う

　やりがいに利用者（家族）との出会いを挙げる人が多くいます。
「この仕事をやっていなければ、○○さんの人生にかかわることはなかった」
「この仕事の魅力は利用者や家族の本音に触れることができることです」
「利用者さんの暮らしが変わっていくことにやりがいを感じます」

　訪問介護や通所介護などの直接援助サービスはケアの提供が主になりますから、利用者（家族）からじっくりと話を聞くことは時間的にも困難です。医療チームもかかわりは治療が主なので、利用者のこだわりや家族間の葛藤に触れる機会はあまりありません。

　しかし、ケアマネジャーは「相談」を主たる業務として、利用者（家族）にかかわっています。利用者への支援を中心に、配偶者、子どもたち、きょうだい（親戚など）、近隣づきあい、趣味のサークルとの関係などのなかに、これまでにつちかってきたあたたかい支え合いの人間関係に触れることもあれば、恨みや憎しみから疎遠となり孤立せざるを得ないきびしい現実に触れることもあります。そのなかで、ケアマネジャーが利用者（家族）にとって「かけがえのない頼れる存在」になるとき、あなたの職業人としての自信と自己肯定感は満たされるでしょう。

> 葛藤

> かけがえのない頼れる存在

1 ケアマネジメントの仕事はおもしろい！

3

あなたがめざす理想のケアマネジャー像に近づくためには、利用者（家族）を支える立場として、次の知識を学び技術を磨くことが大切です。

＜知識＞
- 利用者（家族）が育ってきた大正・昭和・平成の生活史と文化史
- 利用者（家族）が暮らしてきた大正・昭和・平成の地域の歴史と変遷
- 家族を理解するための家族学、家族社会学など
- 利用者の疾患・障害にかかわる医療・看護・薬の知識など

＜技術＞
- 利用者（家族）への相談援助技術（傾聴力、質問力含む）
- 利用者（家族）を支援するためのソーシャルワークの技術
- 利用者（家族）へのプレゼンテーションの技術
- 利用者（家族）とのコミュニケーション術（例：会話・敬語の使い方）

□ やりがい②　ケアチームで連携した仕事ができる

部分的にかかわる仕事

一般的にいって、顧客の人生や家族史に「部分的にかかわる仕事」は多くあります。たとえば、結婚にかかわる仕事には式場、美容院、写真館、旅行会社、家具屋、不動産屋などがあります。しかし、ケアマネジャーほど利用者（家族）の人生に深くかかわる職業人はほかにはありません。

ケアマネジメントはチームケアをマネジメントすることです。日本の介護保険制度でケアマネジメント（居宅介護支援）が位置づけられた理由には、利用者とバラバラのケアサービスの「つなぎ役」が必要とされたからです。ケアマネジャーは利用者をアセスメントし、課題の達成・解決に向けて自助・互助・共助・公助の資源を組み合わせて必要な支援プランを練り、それを見える化したケアプランを作成し、ケアチームをコーディネートします。

つなぎ役

これをお芝居やミュージカルにたとえるとわかりやすいでしょう。ステージ上の主役は利用者、準主役は家族、脇役が現場のケアチームと医療チームです。この三者を縁の下（舞台裏）で支えるのが「黒子役」のケアマネジャーなのです。適切にコーディネートするためには、4つの資源ごとのアセスメントが大切です。

主役は利用者
準主役は家族
脇役が現場のケアチームと医療チーム
ケアマネジャーは黒子役

- 自助…利用者のADL、IADL、身体機能・体力・体調、心理状態・性格・こだわり・楽しみ、生活力、家事力、人間関係など
- 互助…家族のADL、IADL、身体機能・体力・体調、心理状態・性格・こだわり・楽しみ、生活力、家事力、家族関係など
- 共助…介護サービス（訪問系、通所系、お泊り系など）、医療サービス（主治医、専門医、病院など）、ボランティア（配食、話し相手、

送迎など)、民間サービス（配食、送迎など）、行政サービスなど
・公助…社会保障制度、社会福祉制度、公的年金など

　これらの資源をコーディネートするためには、日本的な「ピラミッド型」ではなく、お互いの専門性を尊重する「フラット型（水平型）」の関係が基本となります。もし専門性や事業所に「格差」をつけるようなコーディネートを行えば、事業所間に「見えない障壁」が生まれ、情報の共有化や協働に支障が生じ、ひいてはそれらが利用者（家族）の不利益をもたらすことになります。

<知識>
・介護サービス、医療サービス、行政サービスの役割と知識と情報
・地域の支え合い、地域サークル、ボランティアなどの知識と情報
<技術>
・個人とサービスの間をつなぐ・調整する・交渉するコーディネート術
・サービス担当者会議などの会議の技術（ファシリテーション技術）

☐ やりがい③　自分の成長を実感できる

　ケアマネジャーの「仕事力」は経験を重ねるだけでは育ちません。「忙しい」を連発する「お忙し症候群」のケアマネジャーは、目の前の仕事を「こなすだけ」で精一杯になりがちです。

　「できない自分」の反省ばかりでは成長はありません。間接援助の仕事は奥が深く、7～10年の「自己成長プラン」を立てて計画的に実行することで、あなた自身がめざすケアマネジャーになることができます。数年後のゴールを決めて活用できる資源（ヒト、環境、お金、情報、時間）を探し、目標から逆算して取り組むコーチング的自己育成法は効果的です。

　「停滞は後退」につながります。ケアマネジャーの仕事は多様なケースに出会い、そこで学ぶことも多いので、刺激的であり、専門職としても、個人としても成長することができる仕事です。そして「自分の成長」が利用者（家族）への質の高い支援とケアチームのマネジメントに実を結ぶことを実感できる「やりがい」あふれる仕事なのです。

レッツ　チャレンジ！

☐ 利用者（家族）の人生から、さまざまな「学び」をしよう
☐ ケアチームは専門職集団。謙虚に真摯に積極的に学ぼう
☐ 停滞は後退。日々の学びで自分の「のびしろ」を伸ばそう

第2節 ケアマネジメントで身につく「7つの力」
~ワンランク上のケアマネジャーをめざして~

◻ ケアマネジメントの仕事で身につく「7つの力」

どのような業務でも、その職種で求められる仕事能力というものがあります。ケアマネジメントの仕事では、利用者（家族）との相談援助のプロセスで身につく能力とケアチームのマネジメントを通じて身につく能力の2種類があります。ケアマネジメントの仕事で求められる能力を研鑽することによって、他の職種では習得がむずかしい仕事能力を身につけることができます。その仕事能力には次の7つがあります。

- コミュニケーション力
- 質問力
- アセスメント力
- プランニング力
- プレゼンテーション力
- ファシリテーション力
- 事務処理力

1. コミュニケーション力

> コミュニケーション力

ケアマネジャーがコミュニケーション力を身につけることができる理由は簡単です。利用者（家族）や多様なサービス事業者、地域資源とコミュニケーションを通じて業務を進める役割を担っているからです。

ケアマネジャーは個々の利用者の個性や好み、心身の状況などに最適なサービス内容を提供できるよう、各サービス事業者との調整を行います。その過程でコミュニケーション力が育まれていきます。

2. 質問力

> 問いかける力

質問力とは「問いかける力」です。ケアマネジャーはインテーク（初回面接）とアセスメントの段階で利用者（家族）に質問を行い、適切なケアプランを作成します。モニタリングではケアプランの達成度やサービスの満足度、身体・心・暮らしの変化を把握します。

食事・排泄・入浴などの直接援助を介護サービスが担いますが、その前段階となる、どのようなサービスを利用するか、自己選択・自己決定にか

7つの力

- コミュニケーション力
- 質問力
- アセスメント力
- プランニング力
- プレゼンテーション力
- ファシリテーション力
- 事務処理力

かわる支援をするのがケアマネジャーの仕事です。この時につちかわれるのが質問力です。利用者（家族）は問いかけられることで、自分の考えを整理し、まとめることができます。利用者が自分自身と向き合い、どのような生活を送っていきたいのか、そのためにはどのようなサービスを利用するのが最適なのか。これらを利用者（家族）と共に考えていくプロセスで、ケアマネジャーには質問力が備わっていきます。

3. アセスメント力

アセスメントはケアマネジメントのスタートであり、モニタリングにおいてもつねに意識すべきです。また、アセスメントはケアマネジャー単独で行うだけでなく、ケアチームが連携を取り、情報の共有化をめざした「チームアセスメント」で行うスタンスが重要です。

アセスメントは利用者と家族の双方に対して行います。
- 利用者へのアセスメント：ADL、IADL、CADL（文化的日常生活行為）※、日常生活、疾患・障害状態、体調管理（服薬含む）、体調・体力、家族関係、住環境、家計など
- 家族へのアセスメント：健康状態（体調・体力含む）、介護力、生活力、家族関係、介護状況など

こうした項目の情報を収集し、分析を行うなかでケアマネジャーのアセスメント力は磨かれていきます。

チームアセスメント

※ CADL（Cultural Activities of Daily Living）
日常生活での基本的な行為のみに着目したADLやIADLとは異なり、ADLやIADLを行うための動機づけとなる利用者の「願い（Wish）」などに着目した新しい視点。（p36参照）

4. プランニング力

利用者（家族）が望む生活をめざすためには、アセスメントから抽出された課題の達成のための<u>プランニング</u>を行います。目標に向けて、誰が（利用者、家族、介護サービス、医療サービス、近隣・ボランティア、行政サービス、民間資源など）、いつまで、どのような内容と頻度で支えていくのかを組み立てるのがプランニングです。

それぞれの利用者に対して最も適切なケアプランを作成し、個別サービス計画との連動などを検討するプロセスを通じて、プランニング力を身につけることができます。

5. プレゼンテーション力

ケアマネジャーは利用者（家族）とケアチームに向けてさまざまな情報を「<u>伝える機会</u>」がたくさんあります。インテーク時の介護保険制度の説明に始まり、サービス担当者会議でのケアプラン説明、また入院・入所時や退院・退所時などではさまざまな医療専門職に利用者（家族）の状況を伝えることを求められます。

プレゼンテーションの上手・下手がチームケアの運営や質に反映するので、「わかりやすく伝えられる」技術はケアマネジメントにおいて大切です。プレゼンテーションでは、次の4つの道具を使いこなせることが重要です。

- 話す：大きな声で話す、滑舌よく話す、具体的に話す、落ち着いて話す、土地の言葉や本人の口ぶりなどを交えて話すなど
- 書く：わかりやすい文章を書く、主語・述語に気を配る、専門用語をわかりやすく説明する・書き換えるなど
- 見せる：写真、動画、イラスト、マップ、図解などを使いこなす
- 動く：利用者の動作・状態・状況を再現するなど

6. ファシリテーション力

ファシリテーションとはチームの力を引き出す手法です。ケアマネジャーは担当する利用者の数だけケアチームをコーディネートする役割があります。それぞれのチームメンバーが主体的（自律的）に動くためには、事業所と現場スタッフがケアの方向性と役割に「<u>合意と納得</u>」をする必要があります。そのために必要なのが「話し合う」（会議）というプロセスであり、そこで必要となる手法がファシリテーションです。

ムダなく、ムリなく、ムラのない「利用者本位のケアマネジメント」を行うためには、ケアチームの力を効率的・効果的に引き出すファシリテーション力が求められます。

7. 事務処理力

　ケアマネジメント業務でみなさんを悩ます種の1つが事務処理です。ケアプランの作成・修正に始まり、日々の支援経過記録、サービス利用票の処理、サービス担当者会議の案内文から議事録など、膨大な事務処理をいかに効率的にこなせるかは、モニタリング時間の確保にも影響します。

　事務処理業務には次の基礎的能力が求められます。

- パソコンの入力動作（ケアプランソフト、支援経過記録、サービス担当者会議の議事録、照会状と案内状の作成、給付管理業務など）
- 資料（例：紙、データ）のファイリング
- 作業（例：訪問、記録、事務など）のスケジューリング
- 応対（例：電話、メール、面談など）のコミュニケーション
- 整理整頓（例：机、本棚、パソコン内ドキュメントなど）

　ケアマネジャー業務を真面目に継続していくなかで、事務処理力は着実に高まっていきます。

◻ 仕事を通じて「自分磨き」ができるのは「役得」

　マネジメントは、学べばすぐに使いこなせる魔法の技術ではありません。技術も最初は「知る」ことから始まりますが、「身につける」ためにはくり返しの「トレーニング」が必要です。慣れない日々の業務もトレーニングと位置づけて、地道な努力を続けることが大切です。

　ケアマネジャーになる前は直接援助職だったとしても、ケアマネジャーの仕事に取り組むことで、マネジメント力を身につけ、「間接援助職」としての自分磨きができるでしょう。やがて仕事へのストレスが減り、ケアチームの質が上がり、充実したケアマネジメントが可能となります。

　あなた自身が「マネジメントの達人」になることで、ケアマネジメントは格段に「おもしろい仕事」になります。

> トレーニング
>
> 自分磨き
>
> マネジメントの達人

レッツ チャレンジ！

☐ マネジメント「7つの力」の自己評価をやってみよう
☐ マネジメント「7つの力」の向上計画を立ててみよう
☐ もっとも苦手な「7つの力」に取り組みはじめよう

第3節 人脈づくりでネットワークを広げる

◻ ケアマネジメントとネットワークの関係

仕事ができる人　ケアマネジャーのなかで「仕事ができる人」の特徴の1つが「顔が広い」ことです。どれだけの人や団体とつながりがあるかは、ケアマネジメント力の指標の1つです。会議の席で「そのことなら○○さんに尋ねてみます」「○○団体さんにお願いしてみましょう」と発言できると周囲は一目おくでしょう。

顔の見える関係　そのためには日頃から「顔の見える関係」づくりを行っていることが大切です。ただの顔見知りの関係では相談はできません。緊急の事態やむずかしい判断が求められるときに「頼れる人」がいることは、あなたの仕事レベルの保障になります。あなたが「仕事ができるケアマネジャー」をめざすなら、人脈づくりとネットワークづくりは、大切な「仕事力」です。

ネットワークの力　「ネットワークの力」を自分の力にできる人こそ不可能を可能にすることができます。ケアマネジャーの人脈の領域には、サービス事業所系人脈、専門職系人脈、法人内人脈、プライベート人脈があります。まずは、どれほどの人脈といえる人がいるのかを整理してみましょう。

- **サービス事業所系人脈**（連携する事業所・施設、専門機関など）
- **専門職系人脈**（連携する人、相談相手となる専門職など）
- **法人内人脈**（事業所内、母体法人内で連携する人、相談できる人）
- **プライベート人脈**（個人のネットワークで協力や相談ができる人）

◻ 出会いからはじめる「共感づくり」〜2つの勘所〜

人脈づくりの始まりは「出会い」です。その「出会い」から「関係（つきあい）」が続くプロセスには、好き嫌いだけでなく、おたがいの価値観や視点、仕事やケースへの向き合い方、体験した事柄などに「共感する」ことが基本に流れています。

共感づくり　「共感づくり」は世代や立場、専門性、所属、感性・感覚や趣味などに

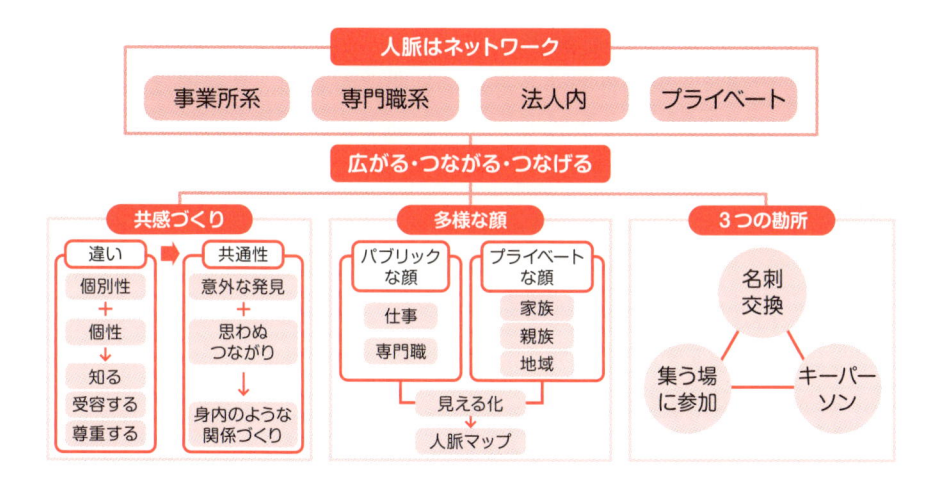

```
                    人脈はネットワーク
        ┌──────┬──────┬──────┬──────┐
      事業所系   専門職系    法人内   プライベート
        └──────┴──────┴──────┴──────┘
                  広がる・つながる・つなげる
    ┌─共感づくり─┐    ┌─多様な顔─┐    ┌─3つの勘所─┐
    違い → 共通性      パブリック  プライベート        名刺
    個別性  意外な発見    な顔      な顔         交換
     ＋     ＋        仕事      家族      集う場    キー
    個性   思わぬ      専門職     親族      に参加    パーソン
     ↓    つながり              地域
     知る    ↓          見える化
    受容する 身内のような       ↓
    尊重する 関係づくり       人脈マップ
```

「共通性」を見い出すことから始まります。これらがしっかりとした「つながりの根拠」となるなら、いざというときに「頼りにできる、相談できる、無理を頼める」関係として、あなた自身を支えてくれるでしょう。

「共感づくり」の勘所は2つあります。

1.「違い」から入る関係づくり

　「共感づくり」といえば共通性・共通体験を見つけることだと一般的に思われています。確かに初対面のあいさつで共通の知人や共通の体験があれば、グッと親近感が湧くものです。しかし、それが「あやふやな共通性」だったりすると、双方に誤解や勘違いを生みます。話が進むにつれて「それほど共通していない」ことが明らかになると、距離感を生むことになりかねません。また、話したくない話題や人間関係に触れてしまって、取り返しのつかない「マズイ空気」になるリスクも含んでいます。

> マズイ空気

　人間関係を深めることに「共通性」から入ることは間違ってはいませんが、あえて「違い」を浮き彫りにすることから関係性を深めることをお勧めします。「違い」とは「個別性」（個性）ですから、それに興味を持つ（知る・受容する）ことで相手もあなたに興味を抱くでしょう。

> 「違い」とは「個別性」（個性）

　そして、違い（個別性）を「尊重する」ことが大切なポイントとなります。私たちは知らず知らずのうちにおたがいを年齢・資格・経験年数、法人・事業所での立場・所属・職位・規模などで「序列化」して接しています。利用者（家族）との関係では「支援する側・される側」という力が働いています。この序列化の色眼鏡で接していては相手との距離は縮まりません。相手をケアチームの1人として、また専門職として「対等な関係」「平等な目線」をもって向き合うことは、相手を「尊重する（認める）」ことになります。このことで相手は自己肯定感を抱き、相手もあなたを尊重してくれる関係を築くことができます。

> 序列化の色眼鏡

> 平等な目線

2.「共通性」から入る関係づくり

「違い」は個性・個別性です。それが鮮明になると、共通性は「意外な発見」「思わぬつながり」となります。共通する属性や視点、経験がわかることで「身内のような関係づくり」が可能となります。

ここでのポイントは、成功体験よりも「失敗体験」（負の経験）を共有するほうが、同じつらい思いをした者同士として信頼関係づくりに役に立つことです。また「○○の研修会に参加した」「○○さんを知っている」など、研修会・人物などを中心にした共感づくりもよいでしょう。その他、好きな趣味・こだわり・食べ物など身近な話題から共感できるネタを探すのもよいでしょう。その際に共通性が見つからなくても、関係を深めたい姿勢を示すことは無駄ではありません。「ああ、この人は○○な人に共通性を見い出すんだ」と相手に印象づけることは、ネットワークを広げる「下地づくり」になるからです。

多様な人脈は「相手の多様な顔」に合わせて広げる

私たちは「多様な顔」を持っています。その「顔」の数だけ人とのつながりがあります。それは仕事でつながる人への理解だけでなく、利用者（家族）を多面的に理解するうえでとても大切な視点となります。

パブリックな顔（公的な顔）
- 仕事（職場）の顔（所属、職位、立場など）
- 専門職の顔（勉強会、集まり、団体の顔など）

プライベートな顔（個人の顔）
- 家族の顔（夫・妻、父・母、息子・娘）
- 親族の顔（きょうだい、叔父・叔母・甥・姪など）
- 地域の顔（町内会、自治会、趣味サークル、消防団、ボランティア）
- ネットの顔（ブログ、ツイッター、フェイスブックなど）

ネットワークを広げるうえで、相手のパブリックな顔（公的な顔）とプライベートな顔（個人の顔）の両方をイメージしながら「共通性」を探し、「違い」を尊重してかかわりましょう。人口1〜5万人以下の自治体では、公的な顔だけでなく、地域において個人の顔としてかかわることが頻繁にあり、仕事関係以外で広げた人脈が、結果的に仕事に好循環をもたらすことが期待できます。

ネットワークの「見える化」

「人脈マップ」を作成して「見える化」をします。どの人脈が厚く・薄いのか、どの領域を広げればよいかを明らかにします。

☐ 人脈を広げる「名刺交換、集う場、キーパーソン」

　人脈を広げ、深めるには、相手の「役に立つこと」がポイントです。自分にとってのプラスだけでなく、相手にとってのプラスとなる（役に立つ）「おたがいさまの関係」で広げていきましょう。

　人脈づくりの「3つの勘所」は次のとおりです。

1. いつもニコニコ気軽に名刺交換をする

　名刺は自分を紹介するインフォメーションカードです。名刺入れにはつねに10〜15枚程度は用意をしておきます。相手より先に笑顔で出し「初めまして。私は○○事業所の○○と申します」と丁寧に挨拶をします。

　名刺は整理が命です。表面の余白に、日付・場所・印象・キーワードなどを書き込むだけで「強力なプロフィールカード」になります。メールアドレスがあれば、翌日に出会いの感謝メールを送ると印象に残せます。

2.「集う場」で顔の見える関係を広げる

　集う場（各種の会議、研修会、事例検討会など）には同じ立場や問題意識を持ったケアマネジャーや他の専門職が集まっています。ここで名刺交換を行うことで効率的に人脈を広げることができます。また、他の市町村や他の専門職が主催する研修会などに積極的に出向き「顔の見える関係づくり」を心がけましょう。

3.「キーパーソン」に紹介してもらう

　組織やチームの中心人物であり、顔が広く影響力のあるキーパーソンから紹介してもらう手法は効果的です。キーパーソンの信用力によって、一気に人脈を広げることができます。また、あなた自身がキーパーソンとなって「人と人をつなげる」ことでさらなる広がりが生まれるようにしましょう。

側注：
- おたがいさまの関係
- インフォメーションカード
- 強力なプロフィールカード
- 顔の見える関係
- 信用力

レッツ チャレンジ！

- ☐ これまでの「人脈」の棚卸しをやってみよう
- ☐ あなたなりの「人脈マップ」をつくってみよう
- ☐ 身近なキーパーソンからどのような人脈が広がるかシミュレーションしてみよう

第4節 「自分育て」とキャリアデザイン

■「自分育て」としてのキャリアデザイン

キャリアデザインとは、専門職としての「キャリアの積み重ね」(職場・業務・役割・責任など)を自らが描くことであり、「自分育て」の計画化といえます。

「自分育て」の計画化

あなたが、自分なりのキャリアデザインが描けているなら、いかなる環境・立場に置かれても、現実に向き合い、「折り合い」をつけ、意に添わない役職や担当も「貴重な経験の一部」「成長の糧(かて)」とできるでしょう。しかし組織や周囲の事情任せの「他律的な選択」が習慣化してしまうと、いかなることにも不満・不平を言い続けることになります。

成長の糧(かて)

では、どのような視点でキャリアデザインを描けばよいでしょうか？
3つの視点で考えてみましょう。
・動機：私がやりたい仕事はなんだろう？　どのようなケアマネジャーになりたいのだろう？　どのような経験を積みたいのだろう？
・能力：私が得意なこと、伸ばしたい能力はなんだろう？
・貢献：私が役に立ちたいこと、役に立てることはなんだろう？

この3つの視点で職業人としての約30～40年を、あなたはどのようにデザインしますか？　どの時期に何をテーマに仕事に励みますか？　描くのはあなた自身、自分を育てるのもあなた自身なのです。

■「5つの職業能力」をキャリアデザインする

ケアマネジャーになっても、最初から求められる相談援助技術やマネジメントのレベルを身につけているわけではありません。とりわけ個人意識が高い団塊の世代の高齢者への相談援助技術や、多様な地域資源などをマネジメントする力量は、初めから備わっているわけではありません。

自己イメージ
職業能力

自分が描く「ケアマネジャーの自己イメージ」に近づくためには、根拠となる「職業能力」を身につけることが必要となります。定期的な更新研

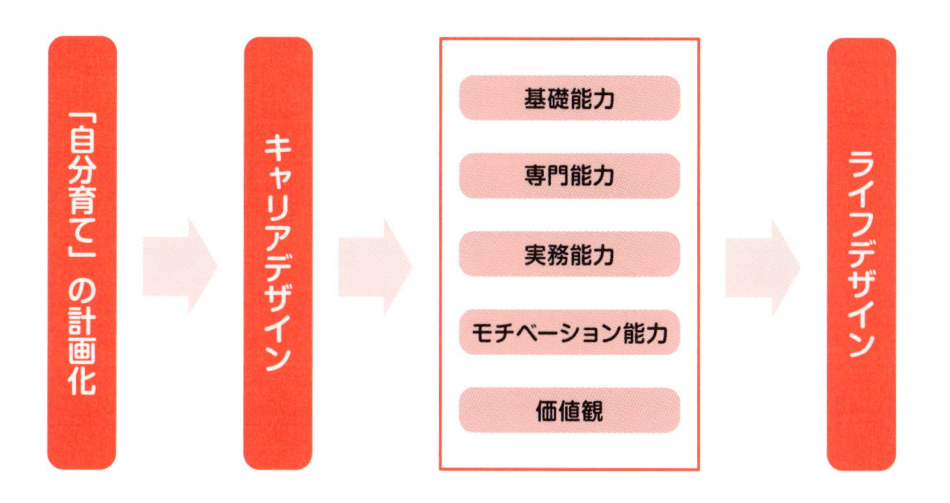

「自分育て」の計画化 → キャリアデザイン → [基礎能力／専門能力／実務能力／モチベーション能力／価値観] → ライフデザイン

修や地域におけるさまざまな研修会や事例検討会などを活用しながら、みずからが行う「自学自習」の習慣化が求められます。そのための「プロセスマップ」を描きましょう。自分を育て・磨くのは自分自身です。

職業能力には「基礎能力、専門能力、実務能力、モチベーション能力、価値観」の5つがあります。

1. ケアマネジメントの「基礎能力」を育てる

ケアマネジャーに求められる基礎能力は「対人能力、自己管理力、課題達成力」の3つです。相談援助とチームマネジメントを担うプロフェッショナルをめざすなら、それなりのレベルまで「引き上げる・伸ばす・磨き上げる」ことが必要となります。

1) 対人能力

利用者（家族）やケアチーム、多様な人々とコミュニケーション（話す、聞く、書く、読む）がとれ、親しみやすい人柄で相手と信頼関係をつくれる能力です。多様な価値観を尊重し、幅広い人脈が維持でき、チームをリードできるリーダーシップも求められます。

2) 自己管理力（セルフコントロール）

日々の規則正しい生活が行えるだけでなく、感情とストレスのコントロールが行え、仕事への動機づけ（モチベーション）が自分自身で行える「自立（自律）した職業人」であることは大切な要素です。

3) 課題達成力

自分の能力や業務上のことで、できないこと・不足していることをそのままにせず、どのようにしたらできるかと発想を切り換え、取り組める能力です。問題の原因を分析し、問題点を「課題化」し、その達成に向けて目標と計画を練り、実行するなかで、状況に合わせて修正・調整を行いながら達成をめざす能力といえます。

---

1 ケアマネジメントの仕事はおもしろい！

「自学自習」の習慣化

プロセスマップ

自立（自律）した職業人

課題化

2. ケアマネジメントの「専門能力」を育てる

　ケアマネジャーの専門能力には相談援助職としての知識と技術、ケアマネジメント業務に必要な知識と技術の２領域があります。多くの基礎資格が直接援助職（例：介護福祉士、看護師など）であるため、これまでの専門性を活かすより、新しい専門能力を身につける姿勢が重要です。

１）相談援助職としての知識と技術

　バイステックの７原則、傾聴の技術、質問の技術、コミュニケーション術、ソーシャルワーク、スーパービジョン、カウンセリング、回想法、大正・昭和の生活史、家族社会学など

２）ケアマネジメント業務に必要な知識と技術

　ケアマネジメント・プロセス（インテーク、アセスメント、プランニング、サービス担当者会議、サービスの実施、モニタリング、請求実務）の知識と技術、介護保険制度・障害者総合支援法などの知識、医療・看護・薬の知識、認知症ケアの知識、疾患・障害の知識など

3. ケアマネジメントの「実務能力」を育てる

　マネジメント業務には、専門資格では問われない細々とした実務作業があります。さまざまな文書の作成、ケアマネジメントにかかわる記録（例：支援経過記録、サービス担当者会議の議事録）の作成、各種会議の依頼・調整、資料のファイリングなどには事務処理能力が求められます。「手際が良い・悪い」「段取りが早い・遅い」「仕事が正確・不正確」などが、仕事の流れに影響するので、事務処理能力の向上が求められます。

- ケアプランソフトに慣れ、ストレスなく使いこなせるようになる
- 文章入力をモニターを見ながら打てる（ブラインドタッチ）ようになる（※日常的にパソコンに触れ、短いエッセイの入力から練習する）
- ケアプランや支援経過記録は「下書き」「メモ書き」を事前に行い、パソコン入力は清書として行うようにする
- 作業内容に応じて必要な時間の量（例：支援経過記録の入力は１ケース10分）を決めて、作業のスケジュール化と見える化を行う

※欄外メモ：ブラインドタッチ／作業のスケジュール化／積極的な行動

4. ケアマネジャーの「モチベーション能力」を育てる

　どれだけすぐれた相談援助技術やケアチームを含む環境が整っていても、モチベーション（意欲、動機づけ）が低いと「積極的な行動」は生まれません。感情労働である相談援助職にとってモチベーションの維持は「大切な仕事力」の１つです。その手法には３つあります。

①「モチベーションダウン」の原因を探し「課題化」する

　環境、立場、関係、能力などの面における不全感、未達成など原因を整

理し、問題追求型（なぜ）の過去志向でなく、課題達成型（どうやれば）の未来志向で考える

② 「外側」からモチベーションアップを図る

好きな音楽を聴く、好きな香りを嗅ぐ、自分への「ごほうび」（プレゼント）をする、周囲からの「ほめる言葉」かけ（例：○○さんはよくやっている！）をもらうなど、「外側」からの動機づけを行う

③ 「内側」からのモチベーションアップを図る

反省やがんばることを自分に強いるのでなく、これまでの「ささやかな達成感、小さな成功体験」などをていねいに見つけることがポイント。自己成長や自己実現の歩みを「人生のものさし」で振り返るのも効果的

5. ケアマネジャーとしての「価値観」を育てる

ケアマネジャーは利用者（家族）にかかわり、生活史や家族史を傾聴するプロセスで多様な人生観や価値観と向き合うことになります。それらを受容することは自分の価値観との「距離感」に向き合うことを意味します。決めつけや思いこみなどで主観的・審判的な姿勢にならないためには、みずからの価値観を自己覚知しておくことが大切です。

- ・価値観…本人の判断基準や行動基準、心がけている姿勢
  例）信頼、平和、希望、健康、自由、いたわり、思いやり、やさしさ、友情、愛情、縁、質素、倹約、純粋、平等、対等、健康、健全、真剣、名声、名誉、美しさ、創造性、独自性、熱意、伝統など

キャリアデザインとライフデザイン

20代から60代までの約40年間のキャリアデザインを人生のライフデザインの1つとして描くことができれば、あなたの人生の達成感・満足感は数倍確かなものになるでしょう。新たな資格取得、新たな職場と仕事体験、未体験の業務やケースを職業人として「節目」と見据え、さらなるステップアップを試みましょう。

レッツ チャレンジ！

☐ 65歳までのキャリアデザインを計画してみよう
☐ あなたなりに「5つの職業能力」の棚卸しをしてみよう
☐ 事業所や仲間と「めざしたいケアマネジャー像」を語り合おう

サイドノート：
- 未来志向
- ささやかな達成感 小さな成功体験
- 自己覚知
- ライフデザイン

第2章

ケアマネジメント・プロセス

第1節 ケアマネジメント
～プロセスとサイクル～

ケアマネジメントは「プロセス」

　ケアマネジメントは実践手法です。利用者の自立（自律）をめざし、介護保険の公的サービスと行政サービス、医療サービス、地域の社会資源やインフォーマルサポートが有機的に利用者（家族）を支え合える「かかわりづくり」をマネジメントします。

プロセス管理
　ケアマネジメントを実践的に理解するためには「プロセス管理」の視点が重要です。ケアマネジャーは、インテーク、アセスメント、プランニング、カンファレンス、サービス担当者会議、コーディネート、サービス提供、モニタリング（評価）の8つのステップをマネジメントします。

　ケアマネジメントに支障が生じていると思ったり、現実として利用者（家族）からケアサービスへの苦情や不満足の声が届いたら、まずは「プロセスを正しく踏んでいるか」を問い直すことです。

ケアマネジメントは「サイクル」

　初期のステップではケアマネジメントは「直線的な進み方」をします。サービスがスタートして、数ヵ月後からは、介護サービスは「循環」（サイクル）の動きとなり、ケアマネジャーの仕事はモニタリングが中心となります。モニタリング業務のなかに、利用者（家族）の状態観察や短期目標の評価があり、再アセスメントがあります。必要に応じてサービス調整を行い、事業所内カンファレンスを行います。

「循環」（サイクル）の動き

　このサイクルはサービス事業所でも同じです。作成された個別サービス計画をもとにサービスが実施され、サービス提供それ自体にアセスメントとモニタリングの要素が位置づけられます。

　循環の輪は時には数ヵ月の入院や老健への入所という流れにスピンアウトしますが、退院・退所後は在宅のサイクルに戻ります。

利用者が主役、家族は準主役、そしてサービス資源は「脇役」

　ケアマネジメントでは、ケアマネジャーはどのような「立ち位置」をイメージすればよいでしょうか。「ケアマネジャーはケアチームのリーダーである」とする解釈は「ケアマネジメントにおける対等性」を無視した上から目線の言い方です。こうした考え方をもっていると、自己中心的なケアマネジメントになってしまう危険性があります。ましてやボス的感覚でケアチームを引っ張る、ケアチームの「長」であるという思い違いは論外です。

　ケアマネジメントにおける「主役」は利用者であり、めざす方向は自立（自律）と自己実現です。家族（親族）は主役の利用者にとっても身近な存在ですから「準主役」と位置づけます。サービス事業所や医療サービスのスタッフ、ボランティアは、主役・準主役を支える「脇役」です。

　ケアマネジャーは、その舞台を裏で支える「黒子役」です。調整役・交渉役であり情報の伝達役、そして利用者（家族）の代弁機能を担います。黒子役は目立ってはいけません。もっとも注目されるべきは利用者の暮らし（望む生活）なのです。

立ち位置

主役

準主役
脇役
黒子役

7つの資源をケアマネジメント手法で活かす

　ケアマネジメントは利用者（クライアント）支援の手法であり、ケア

チームを円滑に動かすシステム手法の1つです。利用者のニーズをアセスメントし、その課題の達成をめざして7つのケア資源（利用者、家族、近隣・地域資源、介護サービス資源、医療資源、行政サービス、民間サービス）をマネジメントします。その際、介護保険制度下において必要となってくるのが、要介護度別に決められた支給限度基準額と、自己負担（1割〜2割）で可能となる利用額を視野に入れたコストマネジメントの視点です。つまり、ケアマネジャーが使いこなすのは、相談援助技術（<u>直接介入技術</u>）とマネジメント技術（<u>間接介入技術</u>）の2つなのです。

では、7つの資源をどのように活かせばよいでしょうか。

①利用者が持つ「強み・プラス面」を活かす

利用者への支援は自立（自律）支援です。その基本には自己選択と自己決定、エンパワメント（動機づけ）、権利擁護、アドボカシーの視点が必要です。利用者は要介護状態になる過程でさまざまな葛藤に向き合っています。それらの経緯を把握し、いまの状況（環境含む）と原因をアセスメントし、利用者が持つ「強み」や「<u>プラス面</u>」に着目したうえで、どうすれば利用者が望む生活（めざす目標）に近づくことができるか、取り戻すことができるかを一緒に考えます。

②家族（親族）が「望むこと・できること・できそうなこと」に着目する

直接の介護は介護サービスで行えても、<u>「心の介護」（心の支え手）</u>は家族（親族）でなければできない面があります。ところが家族（親族）は介護する経緯のなかでさまざまな葛藤（例：介護ストレス、介護疲れ、職場の軋轢）を抱えています。家族（親族）は「やりたい思い」と「できない事情」の板挟みのなかにいます。ケア資源として「望むこと・できること・できそうなこと」に着目するとともに、家族そのものへの支援の視点（例：家族の介護力、家事力、ストレスケア）も必要です。

③近隣・地域資源を活かす

利用者はさまざまな地域で暮らしています。地域に<u>「なじみ」の人間関係</u>や店舗、思い出の場所を持っている人もいれば、高齢化が進んだ老齢集落や老齢住宅地、都市化して孤立化しやすい環境のために近隣・近所に見守り・声かけの担い手になってもらえない状況があります。いま、地域の課題（例：買物難民、孤独死、徘徊、失火、災害救命など）は町内会や行政が取り組むべきものとして注目されています。利用者支援（点の支援）を「面の支援」（例：町内会、老人会、ボランティアなど）につなげていくことは、地域の福祉力を向上させることになります。

④介護サービス資源を活かす

利用者（家族）が求めているのは介護サービスではなく、要介護状態になっても「自分らしく暮らす生活」です。それを支える資源の1つである

介護サービスが、適切かつ効果的に高い満足度で提供されることを利用者（家族）は望み、サービス事業者はめざしています。

介護サービス資源がより満足度の高いサービスを提供できるように、ケアマネジメントの手法を使って現場を支えるのがケアマネジャーの役割です。

⑤医療資源を活かす

要介護高齢者はなんらかの疾患・障害を持つ「患者」です。在宅（施設）での療養生活を支えるためには医療との連携は欠かせません。とりわけ近年では、長命化と医療依存度の高まり（例：人工透析、胃ろう、経管栄養、人工呼吸など）により、医療へのニーズはきわめて高くなっています。

より質の高い医療の提供と、生活を支えるケアサービスの効果的な連携は、ケアマネジメントの大切な役割の1つです。

療養生活

⑥行政サービス資源を活かす

市区町村では高齢者に向けた多様な行政サービスを行っています。しかし、高齢の地域住民や利用者（家族）にそれらの情報がわかりやすく届いているわけではなく、十分に利用されていない現状があります。

また、心身面で疲弊した介護家族は、介護予防の潜在的ニーズを持っています。利用者支援と介護者支援の2つの面から行政が提供する介護予防サービスや地域支援事業との「つなぎ役」となることもケアマネジメントの役割の1つです。

つなぎ役

⑦民間サービス資源を活かす

公的な介護保険サービスだけでは利用者（家族）の望む生活に対応できない場面が増えています。よりキメの細かいニーズ（例：ハウスクリーニング、ペットの世話、旅行支援、買物代行、移動支援など）を満たすためには、民間サービス資源の支援を視野に入れることも必要となっています。

ケアマネジメントは「たすきリレー」

利用者はいつまでも自宅にいるわけではありません。入院となれば、病院の地域連携室の医療ソーシャルワーカーにつなぐことになり、介護老人保健施設や介護老人福祉施設に入所すれば施設ケアマネジャーや支援相談員・生活相談員に情報提供が必要になります。認知症グループホームならサービス計画作成責任者につなぐことになります。また居住系のサービス付き高齢者向け住宅や住宅型有料老人ホームへの入居では、系列の居宅介護支援事業所に引き継ぐこともあります。

ケアマネジメントのかかわりは「たすきリレー」です。つねに「次のステージ」を視野に入れたケアマネジメントを意識することが大切です。

たすきリレー

第2節 インテーク
出会い・初回面接・契約

■ インテーク（初回面接）の位置

インテーク（初回面接）は、ケアマネジメントのスタートとしてとても重要なステージです。インテークでは、要介護の状況に対する利用者（家族）の「受容度」を把握します。

受容度

利用者（家族）の「不安、戸惑い、落胆、動揺」や改善・向上への「意欲」などを傾聴し、これからの暮らしへの希望や受けとめ方（考え方）などを把握します。抱える疾患や障害の程度と受けとめ方、家族関係や住環境は個別性があるため、ケースバイケースでかかわっていく必要があります。

インテークでは、利用者（家族）の心理的状況をまず把握します。

プラスの思い
・プラスの思い：心身の機能や生活機能の改善への期待や意欲、これからの生活の希望、願いなど

マイナスの思い
・マイナスの思い：将来への不安や戸惑い、あきらめ、焦り、落胆、悲しみ、怒り、痛み、さみしさ、つらさ、やるせなさ、情けなさ、後悔など

これらのプラスの思いとマイナスの思いの背景になっている「抱える事情」に寄り添いながら、インテークを進めます。そのプロセスのなかで、利用者（家族）との信頼関係（ラポール）を育んでいきます。

信頼関係（ラポール）

なお介護サービス（予防給付含む）を幾度か利用している人は、良い印象と悪い印象の両方を抱いている場合があるので、インテークの時点での配慮が必要です。

■ 7つの出会い方〜「入口」の勘所〜

介護保険制度の利用にいたる「入口」は、そのケースによって切実度や配慮すべき点が異なります。配慮ある適切な質問を行うことで、利用者（家族）の不安や期待に寄り添って対応することができます。ここでは、

それぞれの「出会い」ごとに利用者（家族）の状況と事情を整理します。

①医療機関（病院など）からの依頼

病院からの退院は切迫した日程で告げられることが多く、在宅復帰への準備も「不十分な状態」で急かされるような退院となる場合が多くあります。病院側（例：地域連携室、医療ソーシャルワーカー、看護師など）から連絡を受けた際には、在宅療養について医療機関がどのようにフォローしてくれるのか、在宅療養支援診療所や主治医やクリニックなどにどのような情報提供がなされるのかなどを把握します。

とくに人工呼吸器など医療機器などが必須の場合や、痰の吸引、胃ろう、ストーマなど、家族が医療的行為をしなければならないなどの特別な医療事情を抱えるケースについては、退院時カンファレンスの場でさらに正確に情報を入手するようにします。

不十分な状態

②介護老人保健施設からの依頼

介護老人保健施設から退所して、在宅生活を始める流れでは、まずどのような疾患・障害で入院・治療（病院名を含めて）が行われ、どのような目的で介護老人保健施設に入所したのか、入所期間中の生活ぶりとリハビリテーションの成果（例：機能回復など）について利用者から聴き取ります。

また、在宅生活が始まることへの不安（ADL、IADL 面で具体的に把握する）、さらに在宅生活を続けながらリハビリテーションに関するサービスの利用の希望なども把握します。

介護老人保健施設の支援相談員や施設ケアマネジャーからは、施設ケアプランや個別サービス計画のほか、利用者に関する情報を直接入手するよう努めましょう。

③地域包括支援センター（在宅介護支援センター、行政含む）からの依頼

地域包括支援センター（在宅介護支援センター含む）から利用者を依頼されるパターンには 3 つあります。

- 民生委員や利用者（家族）からの問い合わせによる紹介
- 介護予防ケアプランを作成している要支援高齢者
- 支援困難ケースの紹介

要支援高齢者は、介護予防ケアプランにて 4 つの領域ごとに現在の状況と課題および達成状況などが詳しく情報把握されています。介護予防ケアプランと評価シート、リハビリテーションなどの事前評価・事後評価シートなどを地域包括支援センターあるいは利用者（家族）から入手し、どのような経緯で要支援となったのかをヒアリングします。

支援困難ケースの依頼では、地域包括支援センターから経緯や相談元などについて詳しく情報を把握するようにします。居宅介護支援事業所との

2 ケアマネジメント・プロセス

トラブルなどによる変更の際は、それまでのケアプランなどをもとに、なぜ変更にいたったのか、どのような事情があったのか、利用者（家族）の不満や要望を丁寧に聴き取ります。

受付シートには「地域包括支援センターからの紹介」と記録しましょう。

④サービス付き高齢者向け住宅・住宅型有料老人ホームからの依頼

サービス付き高齢者向け住宅や住宅型有料老人ホームを母体とする居宅介護支援事業所が新しいケースを引き継ぐ場合は、「入居」がセットになっている場合があります。在宅生活からの「連続性」を尊重したケアマネジメントを行うために、それまでの文書類（ケアプラン、個別サービス計画）を利用者（家族）に依頼して閲覧するか、担当のケアマネジャーにヒアリングして状況把握をします。

とくに認知症状が重い場合や、医療・看護ケアが必要な利用者については、とりわけ丁寧な聴き取りをします。

> 在宅生活からの「連続性」

⑤家族・親族からの依頼

家族・親族からの依頼には２つのパターンがあります。依頼をする多くは、家族・親族の中でもっとも影響力あるキーパーソンか、介護に直接かかわっている主たる介護者のいずれかです。その介護者が誰か（配偶者、息子、娘、嫁、兄弟姉妹など）、依頼にいたる経緯は何かなどを聞くことで、家族間の力関係や葛藤を読み取ることができます。家族・親族間に微妙な「歪みとズレ」が生まれている可能性もあります。

また介護スタイルが同居介護・近距離介護・遠距離介護などによって、介護の負担感は異なります。介護保険をなぜ申請したのか、どのように利用したいのかを把握します。

> 歪みとズレ

⑥民生委員などからの紹介

民生委員から直接紹介されることはあまり多くはありませんが、民生委員との関係がある利用者の場合、その内容（例：生活保護家庭、１人暮らし、生活困難ケースなど）を把握し、今回の利用にいたった経緯などを民生委員から直接情報の収集を行うことは重要です。今後の見守りや声かけなど地域の支援関係を組めるような関係づくりを行います。

⑦知人・友人、地縁からの口コミでの紹介

日本の社会では「知り合いの口コミ」は重宝されます。それはお互いに事情をわかっているだけでなく、知人・友人との信頼関係から「悪いようにはされない」という安心感がお互いのなかにあるからです。また、近所・近隣の地縁関係も同様で、長い付き合いのなかで築かれた信頼関係によって、担当を依頼されることがあります。

しかし口コミによる紹介は、紹介者がどのような説明を行っているかで

> 知り合いの口コミ

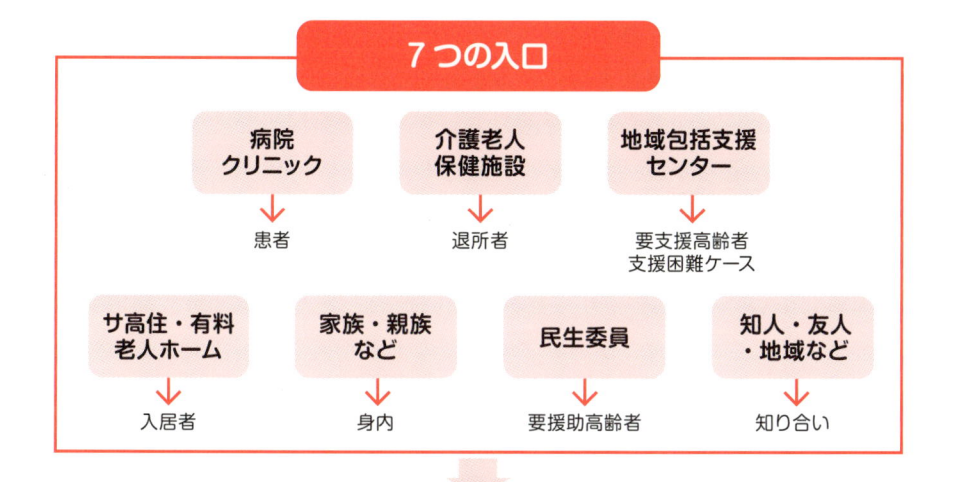

```
                    ┌─────────────┐
                    │  7つの入口  │
                    └─────────────┘
        ┌──────────┐  ┌──────────┐  ┌──────────┐
        │  病院    │  │ 介護老人 │  │地域包括支援│
        │クリニック│  │ 保健施設 │  │  センター  │
        └────┬─────┘  └────┬─────┘  └────┬─────┘
             ↓             ↓             ↓
           患者          退所者      要支援高齢者
                                    支援困難ケース

   ┌──────────┐ ┌──────────┐ ┌──────────┐ ┌──────────┐
   │サ高住・有料│ │家族・親族│ │ 民生委員 │ │知人・友人│
   │老人ホーム│ │  など    │ │          │ │・地域など│
   └────┬─────┘ └────┬─────┘ └────┬─────┘ └────┬─────┘
        ↓            ↓            ↓            ↓
      入居者        身内      要援助高齢者   知り合い

                         ↓
                    ┌─────────┐
                    │紹介・依頼│
                    └─────────┘
                         ↓
                 ┌──────────────┐
                 │居宅介護支援事業所│
                 └──────────────┘
```

本人の期待度は異なります。中途半端な情報や誤った説明で一方的な思い込みや過度な期待をしている人もいるので注意が必要です。なお、知人・友人・地縁関係とのつきあい度や親密さをヒアリングする際に、地域の見守り役などのパートナーとしての関係づくりを行います。

【期待度】

◻ 介護保険制度の「理解と動機」を把握する

　介護保険制度も社会的に定着し、ケアマネジャーの存在や介護サービスの種類などについて知る人は増えましたが、正しい理解がされているわけではありません。たとえば「自立（自律）支援」は一般的にはわかりづらい概念です。利用者（家族）が介護の本を読んでいても、実は「自己流」につまみ食いのように都合よく読んでわかったつもりになっている人がいます。介護保険制度の基本にある自立支援の理念について正しい理解がされていないと、後々の苦情やトラブルの原因となります。

1. 介護保険制度の目的、仕組み、利用の仕方を説明する

　インテークで介護保険サービスを利用する経緯と動機、抱いている不安に焦点を当てることはとても重要です。最初に、約20〜30分程度で次の項目を伝えます。

　・介護保険制度の仕組み（市町村の役割、介護保険料）
　・介護保険サービスの種類と内容、効果と特徴

【経緯と動機】

・介護保険サービスの利用料と計算方法と自己負担割合
・どのような生活が始まるのか（1日、1週間、1ヵ月）
・介護スタイル別の心得と介護ストレスの予防（同居介護、近隣・近距離介護、老老介護、シングル介護など）

　1回ですべてを説明するのがむずかしい場合、初期1ヵ月間で数回に分けて説明します。利用者（家族）が介護保険を「たくさん使わないと損」と理解していたり、「デイサービスを使いたい」と介護サービス利用ありきと思い込んでいる場合があります。このような人には、自立（自律）の視点とニーズや、緊急性に応じてサービスを使うことの意味を説明します。

　これらの説明の不備が利用者（家族）との関係の「ズレ」を生むことになるので、事業所として<u>インテークマニュアル</u>をつくるとよいでしょう。

2. 介護保険を利用することへの不安や抵抗感にどのように対応するか

　介護保険を利用しているのがわかると近所に恥ずかしい、介護をするのは嫁・娘の役割であるなど、まだまだ地域の因習や家の格にこだわり、サービスの利用を控える利用者（家族）もいます。介護保険でどれだけ介護生活が楽になるかわからない、お金がどれだけかかるかわからない、そもそも国の世話にはなりたくないなどの意識から利用を拒否したいと思っている人もいるので、インテークのときに介護保険制度の考え方・仕組み・サービス利用の流れなどをひと通り説明しましょう。家族のなかには「自分は介護保険制度に詳しい」と知識を披露する方もいます。その場合も「知っている」と思いこんで説明をはぶくのでなく、「ご存知だと思いますが、ひと通り説明をさせてください」と冒頭にことわって説明を行うのがリスクマネジメント上でもベストです。

ケアマネジメントのスタート
～契約、重要事項説明書、個人情報使用同意書～

　居宅介護支援事業所がケアマネジメント（居宅介護支援）を始めるためには、利用者（代理人・後見人）との<u>契約（法律行為）</u>が必要です。ケアマネジャーは介護サービスを利用するために必要となる契約の意味を丁寧に説明し、利用者（家族）の不安や負担感を軽減するように配慮します。

1. 重要事項説明書の交付と利用者の同意をもらう

　居宅介護支援事業所の重要事項説明書とは、どのようなケアマネジメン

トを行っていくのかを利用者に示すものです。
- ・事業所の概要（例：所在地、連絡先、責任者、運営方針、常勤・兼務、営業時間、利用料金など）
- ・居宅介護支援の内容（例：居宅サービス計画の作成、介護サービスの連絡・調整、モニタリング、給付管理、サービス担当者会議など）
- ・居宅介護支援にかかわる運営規則（例：事故発生時対応、緊急時対応、苦情対応、災害時対応、秘密保持、個人情報保護、記録の整備など）

　法律用語などが含まれる文章なので、丁寧に説明を行い、エピソードをまじえながら伝え、利用者本人（代理人・後見人）の同意を得ます。書面による交付と同意によって事業所側と本人側双方を保護し、安心してケアマネジメントが行える環境づくりができます。

2. 個人情報使用同意書を利用者（家族、代理人・後見人）に説明し署名をもらう

　介護サービスを提供するにあたり、利用者（家族）の個人情報（例：既往歴、生活歴、心身の機能、ADL、IADL、家族関係、経済状況など）をケアチームで共有化することは必須です。介護サービス事業所などへの利用者情報の提供（第三者提供）はあらかじめ個人情報使用同意書で同意を得ておく必要があります。
- ・利用目的と利用の範囲
- ・利用する条件
- ・個人情報の管理など

　同意をもらうのは利用者だけでなく、家族（代表）からももらいます。利用者の心身の状況などで署名ができない場合は、本人の意思を確認したうえで「代理人・後見人」が署名・代筆を行います。なお、重要事項説明書に個人情報保護の記載がされている場合は先の同意書は必要ありません。

レッツ チャレンジ！

- □ インテークのときに行っている配慮を話し合ってみよう
- □ 手持ちのケースを利用にいたる「7つの入口」で分類してみよう
- □ 介護保険制度の目的・仕組み・サービス・利用料などを20分で説明するロールプレイをやってみよう

第3節 アセスメント

◻ 情報収集(把握)と「意向・課題」の発見プロセス

アセスメントは利用者(家族)の情報を単に収集(把握)することではありません。アセスメントは「情報収集(把握)で得た利用者(家族)の現況から導かれる意向とニーズを明らかにし、その解決・達成のための手段(方法)を考える過程」と定義できます。

アセスメントを進めるうえで、身体面・心理面・社会面・環境面の4つの側面から利用者(家族)の生活を「包括的」にとらえる姿勢が重要です。

アセスメントは生活課題(ニーズ)の発見のプロセスです。一部には、「排泄が1人でできない」など、利用者が行うことができない現状を課題ととらえる解釈がみられます。しかし生活課題の発見とは、そのような状況から利用者がどのような暮らしを望むのか、その意向(望み・願い)を実現するために「何に取り組むのか」を明らかにすることです。そして「いつまでに・どのレベルまで達成するのか(どのレベルを維持するのか)」が目標(目安)になります。

Ⅰ. アセスメントの7領域

◻ 領域(1)「利用者の意向」と「家族の意向」

ケアマネジメントの主役は「利用者」であるとはいえ、アセスメントの初期段階で「どのような意向をお持ちですか?」と問いかけても、答えられる人は多くありません。専門職の間では日常的な言葉でも、「意向」という用語は一般的にはなじみのない言葉だからです。むしろ、「望み、願い、思い」と言い換えることで、利用者はみずからの言葉で語り始めてくれます。それを引き出す技術が相談面接技術です。

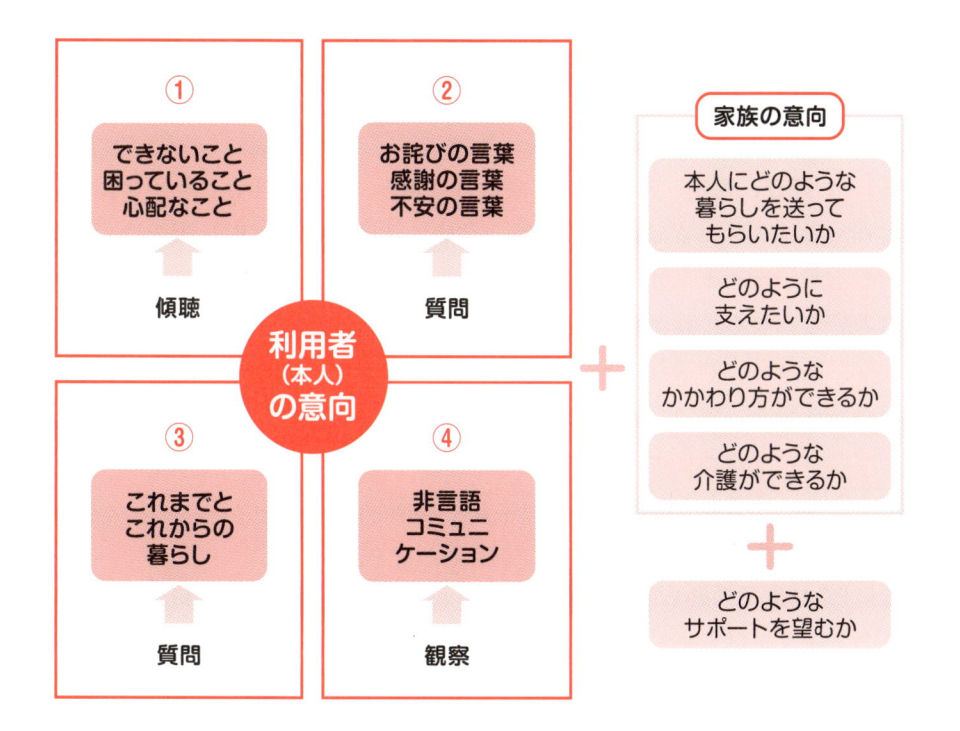

```
    ①                    ②
できないこと         お詫びの言葉
困っていること       感謝の言葉
心配なこと           不安の言葉
    ↑傾聴             ↑質問
            利用者
            (本人)
            の意向
    ③                    ④
これまでと           非言語
これからの           コミュニ
暮らし              ケーション
    ↑質問             ↑観察

＋

家族の意向
・本人にどのような暮らしを送ってもらいたいか
・どのように支えたいか
・どのようなかかわり方ができるか
・どのような介護ができるか

＋

・どのようなサポートを望むか
```

1.「利用者の意向」のとらえ方

　長く介護生活を続けている利用者（家族）や初めて介護生活を始める利用者（家族）に「これからどうしたいですか？」というような問いかけだけで意向を引き出そうとするのは、配慮を欠いた不躾な質問です。利用者はできないことが増えるばかりで自己肯定感が下がり、できない面ばかりにとらわれて否定的な心情になっている場合もあります。「痛み」が言葉になるまでには時間と信頼関係が必要です。あわてずじっくりと向き合う姿勢が大切です。

1)「できないこと」「困っていること」「心配なこと」に着目する

　利用者が望む暮らし（願う自分）を引き出すように心がけます。かといって誰に対しても「望み、願い、思い」の用語を使うのが適切かというとそうではありません。目標指向型という言葉を耳にする機会が増えているためについ「めざす」という用語を使いがちですが、ケアチーム間では使い慣れていても、利用者（家族）にとっては違和感のある表現です。

　まずは、「できないこと」「困っていること」「心配なこと」を傾聴することで、「願い・望み」が語られるのを待ちます。

- いつから、どのように続いていますか？
- どのような生活場面で起こりますか？
- それをどのように受けとめていますか？
- もし仮に、もう少し〇〇（困りごとの中身）が減ったら、どういうことをされたいですか？

目標指向型

これらを矢継ぎ早に尋ねるのでなく、相手のペースに合わせて時間をかけて傾聴するようにします。言いよどみや沈黙を拒否ととらえず、じっくりと寄り添いましょう。

2）「お詫び、感謝、不安」の言葉から「望み、願い、思い」を引き出す

利用者はよくお詫びの言葉（例：家族に迷惑をかけて申し訳ない）、感謝の言葉（例：家族が○○をしてくれるから安心だ）、不安の言葉（例：この先どうなるかわからない）を語りますが、はたしてそれは意向でしょうか。これらは利用者本人にとっては偽らざる心情でしょう。その語り口から「望み、願い、思い」を次のような質問で引き出します。

- どういうことを申し訳ないと思われているのですか？
- どういうことをやってもらうときに感謝されているのですか？
- どのようなことが（どういうときに）不安ですか？

3）「これまでの暮らし」に着目して「これからの暮らし」を組み立てる

ケアプランは未来形です。利用者（家族）の「望み、願い、思い」を引き出すために、要介護となる以前の「これまでの暮らし方（暮らしぶり）」を丁寧に尋ねましょう。本人が答えやすいように、多様な角度から質問を組み立てます。

- これまでどういう暮らし方をされていましたか？
- ご自分で「これだけはなんとかやれるようになりたい」と思うことはどのようなことですか？
- 手伝ってもらいたいこと（頼りたいこと）はどのようなことですか？どのようなことをされたいですか？
- いまできていることで、続けていきたいことは、どのようなことですか？

たとえば「元気で暮らしていきたい」「安心して過ごしたい」などの漠然とした回答には、次のような質問でより具体的にします。

- 元気になられたら、どのようなことをされたいですか？
- どのようなことが心配（不安）ですか？

4）利用者が言葉で表すことができないときは非言語コミュニケーションに着目する

利用者が意思を言葉で表現できないときは、表情、目線、仕草、身振りなどの非言語コミュニケーションに着目します。文字盤やイラスト、写真を示し意思を読み取ることもよいでしょう。

また認知症で利用者の意思が把握できないときは、家族などからこれまでの暮らしぶり、好み（例：料理、味、服装、部屋の雰囲気など）、性格や人柄などを情報収集し、本人にとっての「心地よさ」をイメージしましょう。

2.「家族の意向」のとらえ方

　家族の意向は介護生活の経過期間や<u>介護疲れ</u>、介護ストレスなどに応じて変わります。「これからどうされたいですか？」の問いかけも、どうしてよいかわからない家族にとっては問いつめられるような厳しい印象を与えることがあります。先々への不安や<u>不透明感</u>が家族を追い詰めていることもあるからです。

　家族の意向を把握する際に注意しなければいけないのは、家族のニーズが介護サービスへの意向に終始しがちになる危険性があることです。介護サービスはあくまでも「手段」です。大切なのは「本人にどのような暮らしを送ってもらいたいか」（目的）です。そして、家族として「どのような支え方をしたいか（できるか）」を把握することが肝要です。

　ただし、介護する意欲はあっても「○○ができなくて（わからなくて）困っている」という場合もあります。「どのようなサポート（例：介護のやり方を教えてもらいたい）があれば助かりますか？」とエピソードをまじえて質問し、家族のかかわり方を浮き彫りにします。

・ご家族としてどのように支えていきたいとお考えですか？
・ご家族ならどのような介護（かかわり方）ができそうですか？
・ご家族としてどのようなことに困っていますか？（悩んでいますか？）

> 介護疲れ
>
> 不透明感

領域（2）ＡＤＬは「自分流・自己流」に着目する

　ADL（Activities of Daily Living）は「日常的生活行為（生活動作）」と理解されていますが、本書では①<u>生命活動</u>としての生活行為と②快適さのための生活行為の2つに区別してとらえます。

　情報収集については以下の内容を把握し、支障がある要因（心身機能、体力・体調、意欲、環境、関係）をアセスメントするプロセスで課題化と目標化の作業も行います。

①生命活動としての生活行為
・移動：方法（歩行、杖、補装具、シルバーカー、車イス、自動車、バス、電車など）、屋内（居室、居間、台所、トイレ、浴室、玄関など）、屋外（庭、道路、商店街など）、時間帯など
・食事：頻度、時間帯、食事量、水分摂取、嗜好、禁忌食、治療食、食べ物アレルギー、什器類の使い勝手など
・排泄：頻度、時間帯、排泄量、脱衣・着衣方法、場所など
・睡眠：時間帯、時間数、頻度、熟睡度、好みの寝具の種類など

②快適さのための生活行為
・入浴：脱衣・着衣、洗身、洗髪、清拭、湯温、シャワー浴など

> 生命活動

- 整容：洗顔、整髪、歯みがき、化粧、髭剃りなど
- 更衣：日中の衣服と就寝時の寝着の着替え

　これらを「できる・できない」だけの判断でなく、それぞれにどのような「運動・移動」の動作と認知機能が必要なのかを分析します。

　これらの「ひとくくりの生命・快適行為」を動作別に細かく分解することで、何をどのように支援すればよいか（介助、見守り、声かけ、福祉用具など）、どのようにすれば改善・向上が見込めるか（治療、服薬、リハビリテーション、福祉用具、学習、サポートなど）を見立てて、ケアプランのプランニングに反映させます。

　とくにADLは幼児期に親にしつけられる以外は、その方法をだれかに教えられたものでなく、本人しか知らない<u>「自分流のやり方」</u>（自己流）があります。支援者側の一方的なやり方の押しつけは、利用者にとっては「不快感」につながります。個別サービス計画作成では、自己流の手順（例：食べる順番、洗身・洗髪のやり方）を丁寧に把握することが心地よさの基礎となります。実際に動作をしてもらい、必要に応じてイラスト・デジタルカメラ・ビデオなどで記録することで、ケアチームでのカンファレンス時の重要な材料となります。

> 「自分流のやり方」
> （自己流）

　アセスメントの際、話しづらい行為（例：排泄など）は、質問に枕詞（例：ちょっとお話しづらいことですが…）を活用すると効果的です。

■ 領域（3）IADLは「生活歴・生活力」に着目する

　IADL（Instrumental Activities of Daily Living）は「手段的日常生活行為（生活動作）」と訳され、在宅生活や地域での生活を続けるためには重要な<u>「暮らしの動作」</u>です。これらの生活行為は、なんらかの「道具類」を使って行うことが特徴です。つまり道具類を使うための心身の機能・動作・操作に支障が生じると「できない、やりづらい」という状態が生まれ、やがて在宅生活の継続に影響します。

> 暮らしの動作

　本書ではIADLを3つの領域でとらえ、それぞれに把握する内容を示します。

①家事行為
- 炊事：準備（洗う、切る、剥く、刻むなど）、料理（煮る、焼く、炒める、揚げる、蒸すなど）、盛り付け（箸さばき、皿・鉢・椀などの什器類）、扱う料理道具（食器、鍋、釜、フライパンなど）、洗いもの（スポンジ、洗剤、食器洗浄機など）
- 洗濯：分別、手洗い、洗濯機、干す、取り込む、畳む、しまう
- 掃除：箒、掃除機、雑巾、チリトリ、ハタキ、整理整頓など

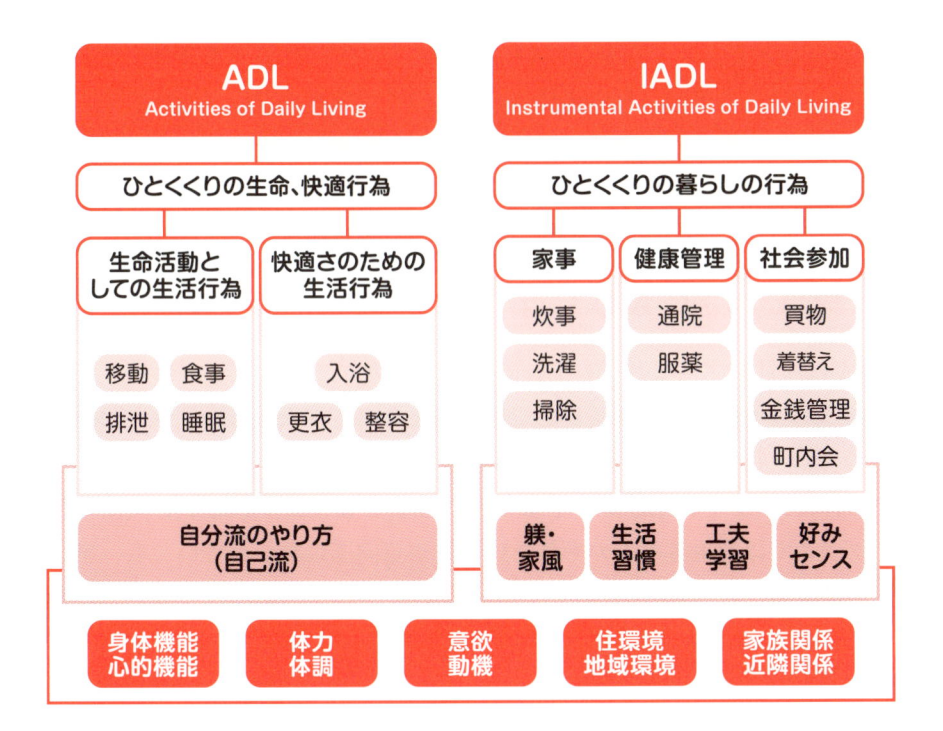

```
┌─────────────────────┐        ┌─────────────────────────────────────┐
│        ADL          │        │              IADL                   │
│ Activities of Daily │        │ Instrumental Activities of Daily    │
│      Living         │        │            Living                   │
└─────────┬───────────┘        └─────────────────┬───────────────────┘
          │                                      │
  ┌───────┴────────────┐              ┌──────────┴──────────┐
  │ ひとくくりの生命、快適行為 │              │ ひとくくりの暮らしの行為  │
  └───┬────────────┬───┘              └──┬───────┬───────┬──┘
      │            │                     │       │       │
┌─────┴────┐ ┌─────┴────┐            ┌───┴──┐ ┌──┴───┐ ┌─┴────┐
│生命活動と  │ │快適さのための│            │ 家事 │ │健康管理│ │社会参加│
│しての生活行為│ │生活行為    │            └──┬───┘ └──┬───┘ └──┬───┘
└──────────┘ └──────────┘               │ 炊事 │  │ 通院 │  │ 買物 │
  ┌──┬──┐    ┌──────┐                   │ 洗濯 │  │ 服薬 │  │ 着替え│
  │移動│食事│    │ 入浴 │                   │ 掃除 │  │      │  │金銭管理│
  ├──┼──┤    ├──┬──┤                   │      │  │      │  │ 町内会│
  │排泄│睡眠│    │更衣│整容│
  └──┴──┘    └──┴──┘
```

（図：ADL／IADL 構造図）

- 自分流のやり方（自己流）
- 躾・家風 / 生活習慣 / 工夫学習 / 好みセンス
- 身体機能 心的機能 / 体力 体調 / 意欲 動機 / 住環境 地域環境 / 家族関係 近隣関係

②健康管理
- 通院：病院・医院・専門医、頻度、移動手段など
- 服薬：種類、量、頻度（時間帯）、取り出しなど

③社会参加
- 買物：内容、場所、頻度、移動、距離、支払い、持ち運びなど
- 着替え：好みの着こなし（衣服、小物類、髪型）、季節に合わせた着こなし（おしゃれ）、種類、場所、目的など
- 金銭管理：場所、操作（ATM）、頻度、移動手段など
- 町内会：ゴミ出し、回覧板、地域清掃、地域行事など

　これらの行為を行うためには、運動・動作機能、認知機能が必要になります。料理の内容や調理道具、台所の環境が影響する炊事の行為では、必要となる身体機能や体力は異なります。暮らしの行為を心身の機能で細かく<u>細分化</u>し、次の内容をケアプラン作成に反映させます。

- 何をどのように支援すればよいか（介助、見守り、声かけ、福祉用具、自助具、補装具、代替サービスなど）
- どのようにすれば改善・向上が見込めるか（治療、服薬、リハビリテーション、福祉用具、自助具、補装具、やり方の指導、サポートなど）

　IADLは自己流のやり方より、生育歴のなかで両親にしつけられた（家風、習慣）、結婚して姑のやり方に合わせた（家風、習慣）、仕事で身につけた（職業能力）、地域のやり方（風習）、個人の趣味・工夫で身につけた

（学習）などが大きく影響しています。過去の生活習慣や職業歴、生活体験、性別による違い（例：男性高齢者の多くは家事の経験がない）を含めて総合的に把握することで、可能性（強み）に着目したアセスメントを行うことができます。

■ 領域（４）ＣＡＤＬは「本人らしさ」に着目する

　ADLは日常生活動作、IADLは暮らしの動作です。これらは生きていくための「手段」であり、目的ではありません。本人らしい「やりたいこと」（例：京都の鴨川を眺めながら家族と京料理を食べたい）を実現するために、ADLとIADLができることが必要となります。しかし実際のケアプランでは利用者本人のやりたいことが意向欄に書かれていても、第2表の課題欄にはADLとIADLだけが課題化されていることが多くみられます。これでは第1表の意向欄との<u>一貫性・連続性</u>がなく、第2表の課題の目標を示されても「なぜこれをやらなくてはいけないのか」が利用者（家族）にわからないために、動機づけされないことになります。

　CADL（Cultural Activities of Daily Living：文化的日常生活行為）は、私たちが暮らしの中で大切にしている「<u>本人のこだわり</u>」（本人らしさ）や「その人なりの願い（Wish）」に着目した、まったく新しいアセスメント視点です。本書では、アセスメントからプランニング、モニタリングまで一貫して「CADL視点」が活かされています。そしてCADL視点でプランニングされた「<u>ストーリーのあるケアプラン</u>」を「<u>Wishプラン</u>」と呼ぶこととします。

※「CADL」は「本人らしさと動機づけ」に着目したアセスメント手法として、『ケアマネジャーの質問力』（中央法規出版）のなかで初めて筆者が提唱した。

　なお、認知症ケアで使われる「その人らしさ」や「なじみの環境」も、県民性や生活歴、育ち方、性格、価値観、教育歴、趣味、生活体験、金銭感覚などに着目するCADL視点のアセスメントが効果的です。

①こだわり

　こだわりとは、「○○でなければならない」という執着心に近い感情（心情）や生活習慣です。居間に毎朝、クラシック音楽を流す、食事のときはインド綿のテーブルクロスをしいてとる。朝夕は仏壇でお経を詠むなど、暮らしへのこだわりを傾聴し尊重することで、本人らしさを導き出すことができます。

②願い（Wish）

　願いには、日常生活のささいなことから数十年間抱き続けた念願・悲願など祈りに近いものまで、さまざまなレベルがあります。○○の本山に参

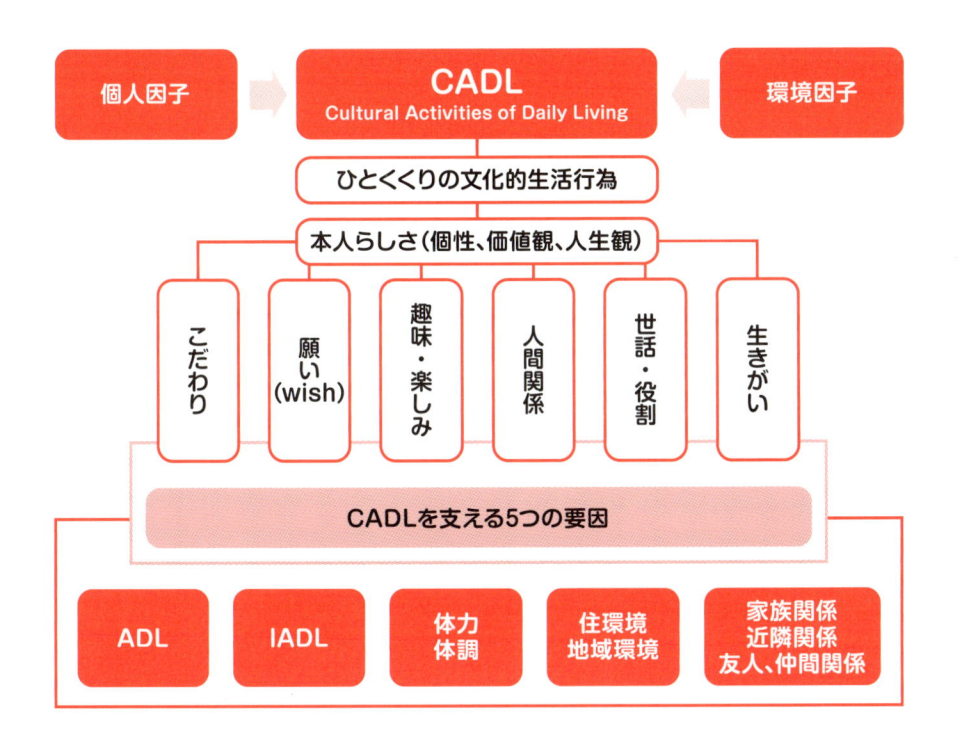

CADL（Cultural Activities of Daily Living）の構造図

- 個人因子 → CADL ← 環境因子
- ひとくくりの文化的生活行為
- 本人らしさ（個性、価値観、人生観）
  - こだわり
  - 願い(wish)
  - 趣味・楽しみ
  - 人間関係
  - 世話・役割
  - 生きがい
- CADLを支える5つの要因
  - ADL
  - IADL
  - 体力・体調
  - 住環境・地域環境
  - 家族関係・近隣関係・友人、仲間関係

りたい、○○へ孫と行きたいなどの「動機づけ」も、求めるレベル・期待するレベル・挑戦するレベルによって異なります。

③ 趣 味

　趣味には、利用者の才能、夢・憧れ、好みなどがはっきりとあらわれます。若い頃の趣味から40代から始めた趣味、いずれやってみたかった趣味まで、利用者の「心の支え、意欲の源泉、生活のハリ」であり、あり余る時間を過ごす知恵ともいえます。とりわけ多趣味な人が多い団塊世代には着目すべき要素です。

　趣味にも室内趣味（囲碁、将棋、麻雀、パチンコ、水彩画、俳句・短歌、華道、絵手紙、料理、編み物、楽器演奏、テレビゲームなど）から屋外趣味（ゴルフ、釣り、撮影、旅行、食べ歩きなど）があります。自分ではできなくなっても、「鑑賞・観戦・見学（コンサート、観劇、野球、サッカー、美術館、博物館、史跡巡りなど）」で満足感を得ることができます。寝たきりになっても長く続けられるのが室内趣味です。

④ 人間関係

　私たちは年代ごとにさまざまな人との出会いのなかで生きています。学校なら幼なじみ・同級生・友人・親友、職場では上司・部下・同僚、趣味の会では年齢や立場を越えた仲間が生まれます。地域の青年団、婦人会、老人会、町内会、消防団、伝統芸能の会などの多彩な人間関係は、その人の人生そのものです。

　関係が今も続いているが今のうちに会っておきたい人、関係は途絶え

※サイドノート：動機づけ／生活のハリ／室内趣味／屋外趣味／鑑賞・観戦・見学

2　ケアマネジメント・プロセス

けれどぜひ会いたい人など、人間関係は動機づけとしてとても意欲的になれる要素があります。

⑤世話・役割

世話という行為は「役に立つ」ことを目的とした人間的な行為です。その対象は人間（近隣、子ども、孫）からペット（犬、猫、鳥など）、盆栽、室内野菜、観葉植物までさまざまです。世話をするためには、さまざまな道具類を使いこなす必要があり、IADLに近い身体機能と体力・認知機能が求められます。

高齢者にとって孫やペット、植物（花、野菜など）は愛情の対象であり、心身の機能の維持には貴重な資源です。利用者がこれまで行っていた「お世話のエピソード」を導き出すことで、利用者の動機づけに活かすことができます。

⑥生きがい

生きがいとは、本人が生きていることへの肯定感であり、「ハリ・値打ち」ともいえます。主観的な「前向きな思い」です。役に立っている、よい影響を与えている、周囲から認められているなど、他者との関係性のなかに「生きがい感」は生まれます。

何に生きがいを感じるのかは人それぞれです。やりたいこと、やってみたかったことをCADLの視点から導き出し、利用者の動機づけとすることができます。

領域（5）病歴・疾患のアセスメントの勘所

要介護者はなんらかの病気・疾患を持っている「患者」です。発症（事故含む）したときの経緯や状況を確認し、症状が悪くなるときの状況（例：気温、体温、湿度）と兆候、それへの対処の仕方を確認します。病気・疾患のリスクによっては在宅生活への不安や失望感を抱いていることも多く、病歴・疾患はどのような医療支援をすることが利用者（家族）に必要かをケアチームで認識するための大切なアセスメント項目です。

また病歴・既往歴は病院入院や施設入所の際の「貴重な事実」であり、正確な情報を把握することが重要です。

①病歴・既往歴および入院歴、医療機関の情報

利用者のこれまでの病歴・既往歴、入院歴を確認します。認知症の場合は精神科や専門医などの受診歴とどのような診断（CT診断、MRI診断含む）と治療（服薬含む）をされたかを把握します。

受診している医療機関（主治医・担当医、眼科・皮膚科など専門医含む）と受診頻度、移動手段（例：自家用車、バス、送迎車）、医療機関の

連絡先、夜間・休日などのかかりつけ医の連絡先を含めて把握します。

②病気・疾患の理解度とリスク

　病気・疾患を利用者（患者）がどのように説明を受け、理解しているか、また医療者や家族がどのように本人に伝えているか（告知の有無）を正確に把握し、ケアチームに情報提供します。利用者（家族）なりの理解の状況（病識の有無とレベル）を把握します。

　またADLの改善・向上や生きがいづくりのための活動（例：散歩、小旅行、趣味の再開）が呼吸器系疾患や循環器系疾患に悪い影響を及ぼさないか、リスクを把握します。

③病気・疾患の受容度

　利用者（家族）が病気・疾患をどのように受容できているのか、受容の4段階別に把握します。

　1）告知：まさか自分（家族）が○○になるなんて
　2）否認：自分（家族）が○○なんて嫌だ、ありえない
　3）努力：○○が治るなら、今からでも○○をする
　4）受容：○○となったことは仕方ない

　受容できていないことがストレスになり、周囲への苛立ちになっていないかを把握します。

④服薬の管理、日々の体調管理の意識

　服薬の管理は体調の維持、体力の維持・回復、だるさ・痛み・しびれの抑制などに必要不可欠な「自己治療行為」です。ひとりの「患者」として、みずからの体調管理のために日常生活をどのように送っているか（運動、食事、睡眠など）、処方薬の内容と副作用の有無、どのように服薬ができているか（服薬時間、服薬方法、頻度、量、薬の管理）を把握します。管理できない原因（例：忘れる、面倒だ）を生活の視点から把握します。

　また多剤服用などのリスクを避けるため、利用者の医療情報や服薬情報が他の医療機関や薬局、介護サービス事業者間でどのように共有化されているかに配慮します。

　なお、災害時などの緊急時のために処方薬と一緒に渡されている薬剤情報（お薬手帳を含む）をコピーさせていただき保管しておくこともよいでしょう。

領域（6）「個性と心身の状況」に着目する

　ICF（国際生活機能分類）の「個人因子」にあたるのが「個性」のアセスメントです。家の中が荒れている（整理整頓されている）・治療に投げ

やりである（熱心である）などの個人の傾向は、利用者の価値観や性格、教育歴などを知ることで、その理由を把握することができます。

①性格・人柄のアセスメント

私たちには性格があり、それは私たちの行動に大きく影響しています。性格の分類は心理学でも諸説があります。人の性格は一概に割り切れるものではありませんが、物事への対応、困難なことへの対処法の傾向として把握しておくことは大切なことです。

- 積極的な性格（**外向的な性格**）
  活発、前向き、明るい、気さく、おおらか、せっかちなど
- 消極的な性格（**内向的な性格**）
  おとなしい、素直、地道、やさしい、細かい、のんびり、人見知り、物静か、控え目など

これら以外に、**感情的な性格**、感覚的な性格などの分類もあります。利用者（家族）に「どのような性格ですか？」「子どもの頃はどのような性格と言われていましたか？」と質問して、本人なりの自己評価も参考とします。なお自己評価が低くても周囲の他己評価は高い場合もあります。またその逆もあります。これらの「差」も利用者を理解するうえで大切な情報です。また人間性や人格の他己評価として「人柄」というのもあります。

②価値観・こだわりのアセスメント

私たちの行動を左右しているのは性格だけではありません。人は価値観（こだわり・美意識）によって動いていることが多く、その人なりの「**行動指針・判断基準**」といえばよいでしょう。それを知り尊重することで、利用者への声かけやかかわり方、相談援助の場面で役立てることができます。こだわりは個人によって「**重みづけ**」が異なります。

（価値観の例）
愛情、信用、信頼、情熱、いたわり、平和、自由、約束、協力、調和、正直、素直、成長、達成、活力、思いやり、友情、共生、冒険、健康、やすらぎ、努力、忍耐、まじめ、懸命、誠実、貢献、ユーモアなど

③生育歴のアセスメント

どのような家庭環境で育ったかが利用者の価値観やこだわりに大きく影響しています。生育歴を次の視点で整理してみましょう。

- 家族構成：**三世代同居**、核家族、きょうだいの人数と血縁関係、親戚の数とつきあい度（正月、お盆、墓参りなど）
- 家柄：家の格式、社会的階層、代々の家系（本家、分家など）
- 経済面：貧しい、極貧、裕福など
- 家業（職業）：農業、漁業、自営業（建設系、商売系、飲食系）、サービス業、会社員、公務員、教員など

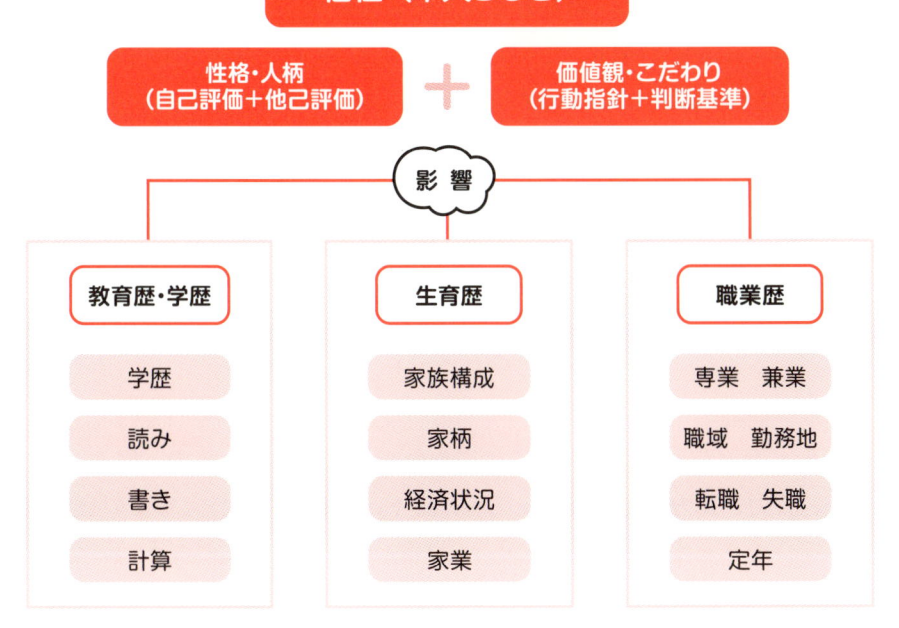

```
                    個性（本人らしさ）

         性格・人柄              価値観・こだわり
      （自己評価＋他己評価） ＋ （行動指針＋判断基準）
                         │
                      ( 影 響 )
          ┌──────────────┼──────────────┐
      教育歴・学歴          生育歴            職業歴
       ┌─────┐         ┌─────┐         ┌─────┐
       │ 学歴 │         │家族構成│        │専業 兼業│
       │ 読み │         │ 家柄 │         │職域 勤務地│
       │ 書き │         │経済状況│        │転職 失職│
       │ 計算 │         │ 家業 │         │ 定年 │
       └─────┘         └─────┘         └─────┘
```

　大正・昭和20年代までは、多くの人は「見合い結婚」でした。双方の家柄を含めて親たちが決めていたので、結婚当日まで相手をよく知らないことも当たり前でした。結婚した理由（嫁いだ理由）などを聴くことで、家柄やどのような家庭環境で育ったかを知ることができます。

④教育歴・学歴のアセスメント

　どのような教育を受けたかは介護保険制度の理解やサービス利用時の理解などに影響します。尋常小学校（戦時中は国民学校）のみか、中学校・高等学校・大学などの教育歴・学歴も大切な情報です。とくに70歳代は戦前生れや戦中生れで、学童疎開や空襲などの戦争体験から心に深い傷を負っている場合もあるので、配慮をもって聴くようにします。

⑤職業歴のアセスメント

　日本では性別分業が特徴です。男性は外で働き、女性は家で家事・育児を行うことが明確に分かれていました。どのような仕事についていたか、どのような規模の会社で働いていたかなどが、本人の人生観や人生への自己肯定感に影響していることが男性にはとくに顕著です。

　また女性でも教員・看護師など経済的に自立するために働いてきた女性や家業の農業・漁業や商店・町工場などで働いたり、家計の一助としてパートなどで勤めていた人もいます。

　終身雇用制がとられていたのは大会社や行政関係がほとんどで、多くの人はなんらかの事情で転職や転勤を経験しています。職業の種類（民間、行政など）、転職の回数、転勤の回数、役職などを知ることで、利用者へ

見合い結婚

性別分業

終身雇用制

の人間理解をより深めることができます。

⑥運動機能・身体構造・精神機能のアセスメント

利用者のADL・IADL・CADLに大きく影響するのは、運動機能、身体構造、精神機能の3つの因子です。これらに疾患や障害などがさらに影響することになります。それぞれの領域ごとに状況を把握します。

1）運動機能

本来の身体機能（例：足が上がる、膝が曲がる、噛める）が痛みやしびれなどによって、どの程度制限され、どのくらいまで維持できているのかを把握し、それらがADL・IADL・CADLにどのように影響しているのか、なにを維持・改善すればよいかをアセスメントします。

2）身体構造

疾患・事故などで身体構造に欠損や骨折、機能低下・障害（例：上肢、下肢、視力、聴力、皮膚感覚、咀嚼、嚥下、手指の巧緻性）などの症状が生じて、それらが「活動」（ADL・IADL・CADL）にどのように影響し、なにが維持・改善の課題となるかをアセスメントします。

たとえば、口腔機能は食べる（噛む、すりつぶす、飲み込む、味わう）、話す（発音、歌う、会話）、<u>感情表現</u>（笑う、怒る）、呼吸する（吐く、吸う）などに影響する大切な機能です。さらに、口腔内の唾液の分泌の減少により口臭、虫歯・歯周病、誤嚥性肺炎（感染症）を誘発します。

このように身体機能の低下がどのようにADLや体調・体力に影響しているかをアセスメントします。

3）精神機能

脳が持つ機能（例：注意、記憶、思考、計算など）が病気や事故で障害を受けることにより生じる高次脳機能障害や精神機能障害（例：抑うつ気分、うつ症、双極性障害、アルコール依存症、統合失調症）が、ADL・IADL・CADLや会話・記憶・交流・仕事などにどのように影響しているかを把握し、維持・改善・向上のための課題化を見据えてアセスメントします。

とくに認知症を軽度・中等度・重度といった大きなくくりでアセスメントするだけでなく、具体的な生活シーンや人との会話、日時・人物・場所の認識レベルなどを<u>エピソード</u>を通して把握するようにします。そして、どのような時間帯や状況のときに不穏になるのか、帰宅願望が出るのか、どのようなときに徘徊し道に迷ってしまうのか、どのようなフレーズを繰り返し言うのかなどを24時間スケールなどを参考に具体的に把握します。

精神機能のアセスメントでは、「死にたい」「情けない」「迷惑ばかりをかけている」など<u>マイナス言葉</u>を具体的にフレーズとして把握し、言う回数・時間帯・場所・相手や体調・服薬状況なども把握します。

⑦体力・体調・感覚・感情のアセスメント

利用者の日々の暮らしの変化に影響するのが「体力・体調・感覚・感情」です。これらは各人の個別性がとても影響する要素であり、利用者の個別性に合わせた支援を行ううえで大切なアセスメント視点です。

１）体力

体力はこれまでの生活歴や職業歴、健康づくりの運動の有無などの「鍛え方」によってかなり異なり、疾患や障害の程度でさらに差が出てきます。一般的に高齢者は身体機能の低下だけでなく、加齢による体力の低下がいちじるしく進みます。

上肢下肢の動作や口腔機能（例：噛む、のみ込む）が行えるだけの体力があるのか、低下しているなら、その原因は疾患や栄養不足、水分不足（脱水）、生活意欲の減退なのかどうかをアセスメントします。

鍛え方

２）体調

身体機能や構造、体力に問題はなくても、気温や気分、服薬の有無や心理的なダメージ（例：悲嘆、心労）により体調をくずすことがあります。どのようなときに体調がよく、どのようなことで悪くなりやすいのか、日常の体調の様子も次のような表現を参考に把握しておきます。

（例）だるい、痛い、つらい、しびれる、張る、凝る、熱っぽい、かゆい、重い、こわばる、震えるなど

心理的なダメージ

３）感覚

身体機能や構造などに問題がなくても、痛み・しびれ・だるさ・のぼせ・冷えなどが原因で行為を控える傾向が増えます。味覚障害になると食べることさえ苦痛になります。

とりわけ人が生活を送るうえで基本となる「五感」（視覚：見る、聴覚：聞く、触覚：触る、嗅覚：嗅ぐ、味覚：味わう）が、疾患や障害、認知症などにより機能低下していることがあります。

- 視覚：ぼやける、かすむ、にじむ、歪む、まぶしい、暗い、痛いなど
- 聴覚：聴き取れない、聞こえない、耳鳴り、幻聴など
- 嗅覚：臭い、酸っぱいにおい、甘いにおい、尿臭、便臭、腐臭など
- 触覚：冷たい、熱い、ひりひり、かさかさ、べとべと、ざらざら、ぬるぬる、すべすべなど
- 味覚：甘い、苦い、辛い、酸っぱい、しょっぱい、まずい、うまいなど

五感

利用者の感覚（感じ方）を探り、それらがADL・IADL・CADLにどのように影響しているかがアセスメントのポイントとなります。

４）感情

生活意欲と感情は密接な関係にあります。自分がおかれた環境を受容で

否定的な感情

きずに否定的な感情（例：怒り、悲しみ、後悔、落胆、いら立ち、不安、不信、あきらめ）に支配されてしまうときがあります。家族や知人との語らい、テレビ番組の感動、できなかったことができるようになって生じる

肯定的な感情

肯定的な感情（例：楽しい、うれしい、喜び、自信、励み）が湧いてくるときもあります。課題や目標への取り組み方も利用者自身のそのときの感情で変わります。

　感情は利用者の価値観やこだわり、モチベーションにも大きく影響します。利用者がどのようなタイミングや人間関係で肯定的な感情や否定的な感情になるのかをアセスメントすることは、支援を進めていくうえでとても重要な情報になります。

⑧コミュニケーションのアセスメント

　家族や周囲との関係性、社会参加（役割）とコミュニケーションは密接な関係にあります。認知能力や口腔機能の低下、失語症、難聴などが原因でコミュニケーションがとれないために、自分の意思が伝えられない、相手の意図や意向が理解できないことが生じます。人間関係にトラブルが生まれ、閉じこもり・ひきこもりや拒否的態度を生じさせてしまうことになります。

　コミュニケーションには、声と耳を使った「話す、聞く」や、文字と視力を使った「書く、読む」、視力を使った「表情・動作を理解する」などがあります。それらの能力の低下によりコミュニケーションにどのような支障が生じているのかをアセスメントします。

　とりわけ認知症では、記憶障害や見当識障害、幻覚、幻聴、妄想などがコミュニケーション障害を生む原因となります。

・これまでどのような人と親しいコミュニケーションをとってきましたか？
　（例：配偶者、息子・娘、孫、隣近所、ヘルパー、デイサービス利用者、医師、看護師、理学療法士、店員、タクシー運転手など）
・どのような社会とのかかわり（役割）をもってきましたか？
　（例：家事、家族行事、町内会、趣味サークル、デイサービス、地元行事、老人会、民生委員など）

　コミュニケーション、認知能力、社会とのかかわりをアセスメントするためには、要介護状態になる前にどのくらいのレベルだったのか、利用者・家族などからヒアリングし、どの部分にどのようなサポートがあれば本人らしいやりとりができるようになるかをアセスメントします。

```
                          生活環境
                    ┌────────┴────────┐
                  居住環境            近隣環境
```

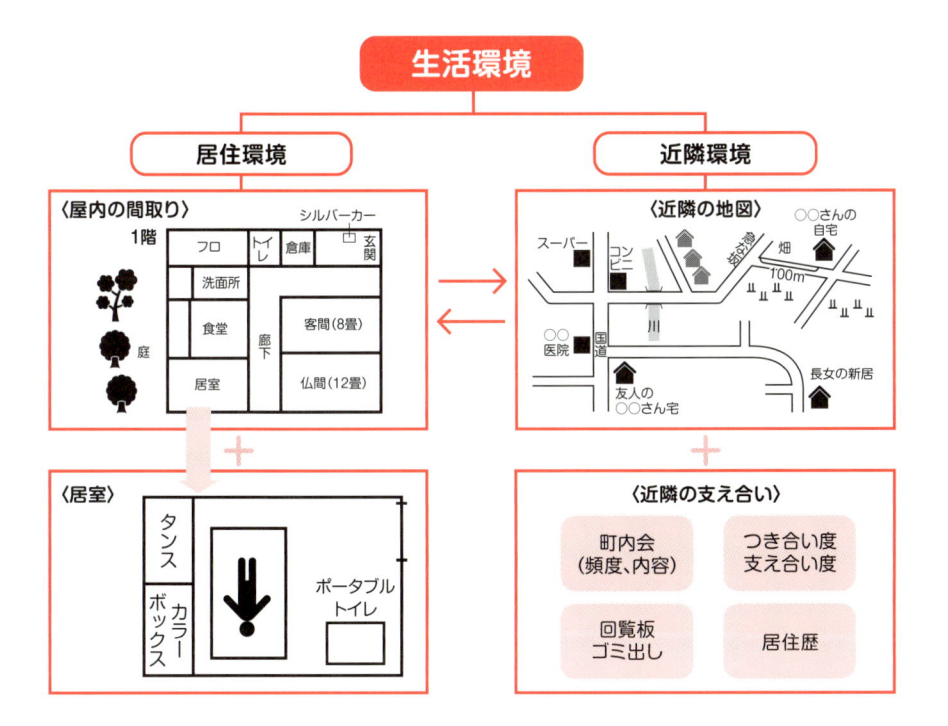

〈屋内の間取り〉 シルバーカー
1階　フロ／トイレ／倉庫／玄関
洗面所
食堂／廊下／客間(8畳)
庭／居室／仏間(12畳)

〈近隣の地図〉
スーパー、コンビニ、○○さんの自宅、畑、100m、川、医院、国道、友人の○○さん宅、長女の新居

〈居室〉
タンス／カラーボックス／ポータブルトイレ

〈近隣の支え合い〉
- 町内会（頻度、内容）
- つき合い度 支え合い度
- 回覧板 ゴミ出し
- 居住歴

領域（7）生活環境（屋内・屋外・近所回りなど）のアセスメントの勘所

　要介護状態の生活になり、どのような地域の環境（例：住宅地、中山間地）の下、どのくらいの広さの住居のどの居室で過ごしているか。その環境が要介護となった利用者や介護者にとって「快適さと使い勝手」はどうなのか。生活環境は介護者の負担に大きく影響します。

　ここでは、生活環境を居住環境と近隣環境の2つの側面からアセスメントする視点を示します。

1. 居住環境のアセスメント

1）屋内のアセスメント

　要介護となって外へ出かけることが少なくなると、まさに住環境が「人生そのもの」の環境となります。居室・トイレ・台所・風呂場・脱衣所・玄関・ゴミ置き場などの移動距離と移動の手間、窓や暖房機・エアコンの位置（例：寒すぎる、暑すぎる）などの判断も必要となってきます。

　とくに本人にとって快適な場所・落ち着ける場所はどこかをヒアリングします。日中と夜間では室温とともに明るさがかなり異なるので、カーテンを閉め切って夜間を再現したり、夜間に訪問するなどして廊下やトイレなどの移動時の暗さのレベルを把握しましょう。

快適さと使い勝手

「人生そのもの」の環境

2）居室内のアセスメント

居室の環境

　利用者が暮らす居室の環境（広さ、採光、室温、湿度など）を丁寧にアセスメントします。とくにベッド・家具などの配置が本人の移動に無理がないか、部屋の小物や散らかりが転倒やつまずき・ふらつきの原因とならないかはポイントです。閉め切った部屋では空気がよどみがちで健康面でも支障があります。

　また緊急時の避難場所での生活にも配慮します。体育館・公民館などは昼間と夜間では気温が異なることも多く、移動が面倒なために生活不活発病となったり、排泄をおむつなどで対応する状況となったりします。

　また家族や訪問者との会話のやりとりや、緊急時の通報などがどのように可能かというリスクマネジメントの視点からもアセスメントし、対応を想定しましょう。

2. 近隣環境のアセスメント

　近隣環境のアセスメントは次の2つの領域で行います。

1）家の周囲（近所）のアセスメント

面の暮らしぶり
かかわりの機会

　地域での身近な暮らしぶりを把握することは、これまでの利用者の地域での「面の暮らしぶり」を把握することを意味します。まず近所の地理と隣近所との距離（実測）、かかわりの機会（町内会行事など）と頻度を把握します。また自動車や自転車などの交通事故の危険度、河川などの豪雨による氾濫、地震による倒壊や出火、土砂崩れ、津波による浸水などにも配慮します。

2）近隣のアセスメント

　地域は町内会や集落（区・班）でひとつのコミュニティを構成しています。実際の戸数と単身高齢者や高齢者夫婦の世帯割合などにも関心をはらっておきます。また近隣コミュニティでも高齢化が進み、どの程度のつき合い度や支え合い度が維持されているかも視点として重要です。具体的にはゴミの収集や回覧板の状況、夏祭り・秋祭りの開催、葬式などのかかわり度合などから地域の状況を知ることができます。

レッツ チャレンジ！

- ☐ ADL、IADLをどのような視点でアセスメントしているか、話し合ってみよう
- ☐ 担当ケースをCADLの視点で情報収集と再アセスメントしてみよう
- ☐ 担当ケースを個性と生活環境の視点で再アセスメントしてみよう

Ⅱ. アセスメントの手法

☐「チームアセスメント」で見立てを広げる・深める

　アセスメントは現状の把握ではありません。利用者のニーズを把握する重要なプロセスであり、ケアプランのプランニングにつながるケアチームの「協働の場」と位置づけます。ケアマネジャー単独の視点だけではなく、かかわるサービス事業所や介護専門職、医療専門職、行政機関、家族・親族・近隣から情報収集し、協働で見立てをするチームアセスメントの視点が重要です。

●「見立て」の視点

　利用者の生活状況や言葉・表情・態度及び家族歴、職業歴などから本人のニーズを洞察するプロセスが「見立て」です。一方、プランニングは「手立て」を考えるプロセスです。ニーズとは利用者が求める要素であり、利用者が望む生活を送るために「欠けてしまっている部分」ともいえます。それは本人にさえわからない場合（隠れたニーズ）も多くあります。

　見立てに必要なアプローチは「なぜ○○なのか？」と問いを立てることです。その答えが具体的であればあるほど、手立てはより具体的で複数の選択肢をケアチームで想定することができます。

●チームアセスメント

　なぜチームでアセスメントをしなければならないのでしょうか。それはたとえ優秀な専門職であっても1人で行うアセスメントは1つの視点（1面性）でしかないからです。人は「わかりたいようにわかる」といわれるように、アセスメントには基礎資格が影響します。専門職は、みずからの基礎資格にそって思考するプロセスが身についています。専門資格の視点は深さを追求することはできますが、ケアマネジメントでは多様な視点から考察する姿勢が求められます。自分以外の専門資格の視点（介護、看護、医療、リハビリテーション、ソーシャルワークなど）とともに、性差・世代・地元感覚・県民性など多様な視点からチームでアプローチを行うことで、より実践に役立つアセスメントが可能となります。

●アセスメントはモニタリングで深まる

　アセスメントは初回面接時や更新時のみでなく、訪問時（月1回〜緊急時）においても行われなければなりません。利用者（家族）の状態像は加齢や体調、環境の変化（気温、季節など）によって日々変化しています。モニタリングによって理解を深めることにより、利用者（家族）に寄り添った丁寧なアセスメントを行うことができます。

協働の場

見立て

隠れたニーズ

2　ケアマネジメント・プロセス

☐ アセスメント手法のポイントは「観察、質問、傾聴、体感」

　アセスメントはアセスメントソフト（例：MDS-HCなど）で行うものではありません。アセスメントソフトはあくまでアセスメント情報を整理・体系化する道具（ツール）です。アセスメント時に入力情報に洩れやブレ・偏りがあれば、導き出されるニーズに齟齬が生じ、ケアチーム全体の方向性を誤らせることになります。最高のアセスメントツールはケアマネジャーそのものなのです。

　アセスメント手法の代表的なものに次の4つがあります。アセスメントの標準化と統一性を持たせるためにアセスメントシートを使います。

1.「観察」法

観察法

　基本的な手法が「観察法」です。目で見て、利用者（家族）の情報や非言語的な情報を収集します。夜間の暮らしぶりなどは、その時間帯に訪問することで多くの気づき（暗さ、危なさ、見えづらさなど）を得ることができます。なお、視力が低下していると正しく観察ができないので視力矯正（例：眼鏡）などを行うとともに、記録としてデジタル写真（※本人・家族の了解が前提）やイラストを活用することも1つの手法です。

- 利用者：表情、顔色、態度、体調、感情、動き、服装など
- 家族：表情、顔色、態度、体調、感情、動き、服装など
- 屋内（居室）：清潔さ、整理整頓、ベッド・家具などの配置、動きやすさ、広さ、気温、湿気、換気、匂いなど
- 屋外（玄関、庭、道路、階段、周辺環境）：広さ（幅）、傾斜、階段及び手すりの有無、交通量、危険度、信号の有無、歩きやすさ、季節ごとの気候の影響（例：雨、雪、風）など

2.「質問」法

　利用者（家族）の家族歴から生活歴、治療歴、障害の受容度、望む生活や生活の困りごと・不安などを引き出す「きっかけ」をつくるのが質問法

悩みの迷路

です。利用者（家族）は「悩みの迷路」にいます。なにを話せばよいか、ここまで話してよいのか、多くの人は迷っています。質問することで利用者（家族）みずからが考え、気づくことができます。また順序立てて話すことが可能となり、アセスメントを効率よく進めることができます。そして、ケアマネジャーの質問力が高まれば、ケアチームからも適切で正確な情報収集が可能になります。

　質問をするうえで大切なポイントは次の4つです。

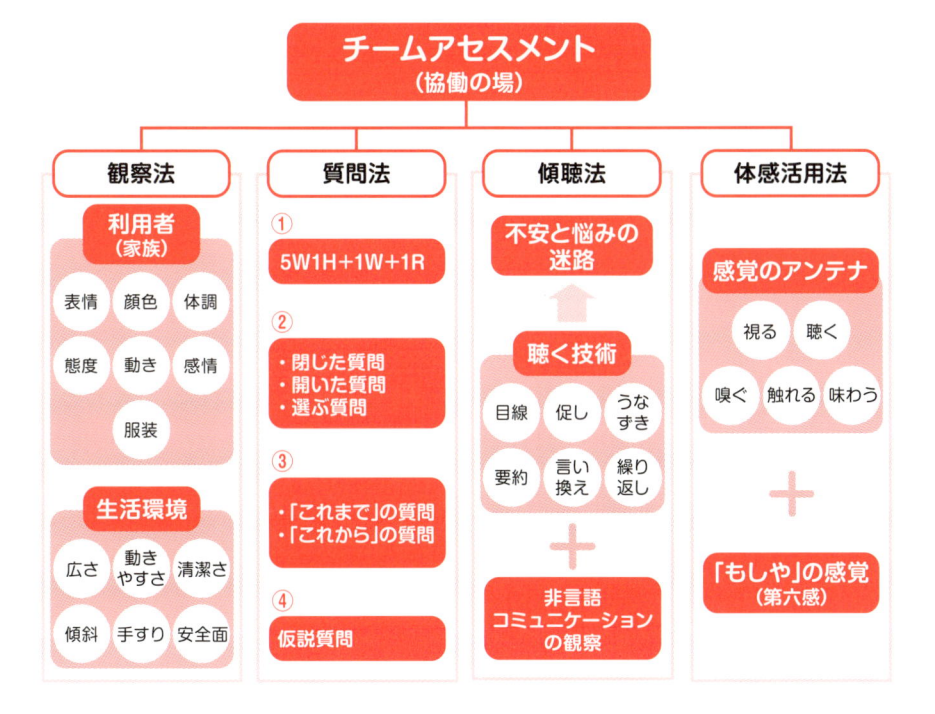

```
                    チームアセスメント
                      (協働の場)
    ┌──────┬──────┼──────┬──────┐
  観察法    質問法    傾聴法    体感活用法
```

観察法：
- 利用者（家族）：表情、顔色、体調、態度、動き、感情、服装
- 生活環境：広さ、動きやすさ、清潔さ、傾斜、手すり、安全面

質問法：
① 5W1H＋1W＋1R
② ・閉じた質問 ・開いた質問 ・選ぶ質問
③ ・「これまで」の質問 ・「これから」の質問
④ 仮説質問

傾聴法：
不安と悩みの迷路
← 聴く技術（目線、促し、うなずき、要約、言い換え、繰り返し）
＋ 非言語コミュニケーションの観察

体感活用法：
感覚のアンテナ（視る、聴く、嗅ぐ、触れる、味わう）
＋「もしや」の感覚（第六感）

- 5W1H＋1W（Wish：願い）＋1R（Result：結果）で質問する
- 閉じた質問・開いた質問・選ぶ質問などを活用する
- これまで（過去形）の質問・これから（未来形）の質問を分ける
- <u>仮説質問</u>（もし仮に〜だったら）で可能性を引き出す

　なお、質問の内容には相手にとって話しづらい、触れてもらいたくないものもあります。「ちょっと聞きづらいことを質問しますが」と最初に<u>クッション言葉</u>を入れることで相手は安心して話すことができます。
（詳細は高室成幸『ケアマネジャーの質問力』中央法規出版 2009 参照）

3.「傾聴」法

　傾聴は「聞く技術」として相談面接時にもっとも重要な技術であり、つねに磨いておくべき手法です。ケアマネジャーが投げかけた質問に対する答えが利用者（家族）からすぐに返ってくるわけではありません。利用者（家族）は話しづらい生活歴や日々の不安のなかにいて、言葉を選びながら振り絞るように語ります。饒舌に自分の思いや状況を語っても、それがすべて事実とは限りません。利用者（家族）が語る感謝の言葉やお詫びの言葉、弁解や言い訳にも身内や近隣への配慮や遠慮が働きます。また利用者（家族）自身の自己肯定感の低さや<u>自責感</u>は否定的な言葉を多く語らせることになります。

　これらは介護期間の長期化や介護ストレスの増大、神経症、統合失調症、双極性障害などの精神疾患などがともなうとより深刻となり、本来の

願いやニーズが隠されてしまうことにもなりかねません。

　傾聴法は、目線合わせ、うなずき、要約、促し、言い換え、繰り返しなどの手法を使いながら利用者（家族）の思いを受容的に導き出します。けっして審判的な判断を下すことなく、自分の納得（<u>価値基準</u>）でわかったつもりになってはいけません。

　また傾聴法では言葉ばかりにとらわれてはいけません。表情・態度など非言語コミュニケーションにも着目し、相手を尊重した姿勢で臨みます。

4.「体感（五感）活用」法（視る、聴く、嗅ぐ、触れる、味わう）

　従来のアセスメント手法では観察（視覚）法と傾聴（聴覚）法が重視されてきました。しかし私たちには嗅覚・触覚・味覚があり、それらを総合して判断する<u>「感じる」（感覚）</u>があります。

　具体的には次のような感覚表現があります。
- 視る：表情、動作、部屋の散らかり具合、洗濯物の干し方など
- 聴く：声がかすれている、気落ちした声、おびえた声、はつらつとした声、笑い声、泣き声など
- 嗅ぐ：尿臭、便臭、腐臭、生活臭（調理臭など）など
- 触れる：重い、軽い、冷たい、温かい、すべすべ、かさかさなど
- 味わう：甘い、苦い、酸っぱい、塩っぱい、辛い、濃い、薄いなど

　これらは、アセスメント時の情報としてとても大切な<u>シグナル</u>です。台所から腐臭がする（何か腐っている）、タンスから便臭がする（大便を隠している）、服から尿臭がする（尿失禁をしている）など、見えなくても、話してもらわなくても、臭いは多くの情報を提供してくれます。

　また「食事を残す」原因として、口腔内の問題以外に、味覚上の問題（例：まずい、味気ないなど）を連想することが重要です。

　これらの「感覚のアンテナ」を鋭くすることで、利用者（家族）が語らずとも生活状況をかなり把握する（予測・想像する）ことができ、それらをきっかけに思いや困りごと、望む生活の本音を導き出すことが可能となります。

　そして五感をフルに活用し、それらの情報から得られる「第六感（<u>もしやの感覚</u>）」（例：虐待的状況になっている、なにかを隠している、触れてほしくない事情がある）をないがしろにしないようすることが大切です。多くの優秀なケアマネジャーは、これらの「もしや」の感覚を虐待の発見や緊急時の発見・対応に役立てているからです。

「三つ巴」のアセスメント

利用者
- 意向（望み・願い）
- ADL / IADL / CADL
- セルフケア能力
- ＋ 生活への動機づけ

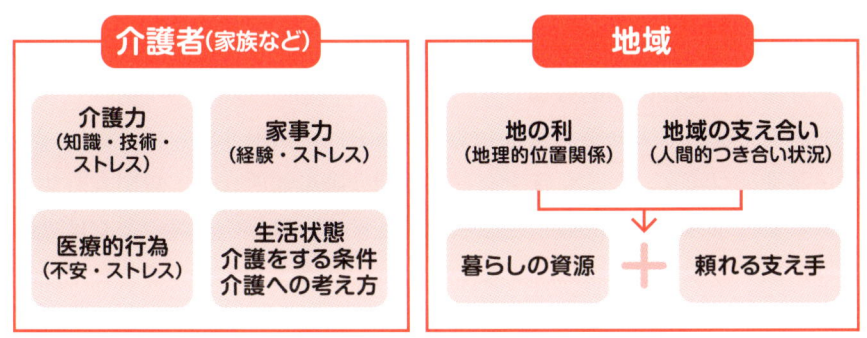

介護者（家族など）
- 介護力（知識・技術・ストレス）
- 家事力（経験・ストレス）
- 医療的行為（不安・ストレス）
- 生活状態 介護をする条件 介護への考え方

地域
- 地の利（地理的位置関係）
- 地域の支え合い（人間的つき合い状況）
- 暮らしの資源 ＋ 頼れる支え手

☐ 「三つ巴」のアセスメント（利用者、介護者、地域）

　ケアマネジメントにおけるアセスメントは、利用者だけでなく、利用者を取り巻く環境である主たる介護者（事情によっては従たる介護者も含む）と地域の環境も含めた「三つ巴のアセスメント」をすることで全体像を浮き彫りにすることができます。

1. 利用者のアセスメントのポイント

　利用者のアセスメントは、本人の意向を把握することだけでなく、ADL・IADL・CADLのやりとりを通して、どのような暮らしに戻りたいのか（望むのか）、どのような人間関係を取り戻したいのかを丁寧に導き出し、そのためにどのような介護サービスや行政サービス、家族・地域の支え（手助け）を望むのかを把握します。

　そのなかでもとりわけ「セルフケア能力」（自助能力）に着目し、これからの生活への意欲レベルとそれを阻んでいる不安や悩み、身体上の辛さ（例：痛い、だるい、痺れる）などを把握し、そこから導き出される課題を明らかにします。

　アセスメントのプロセスを通じて、利用者のなかに気づきと発見を生みだし、これからの生活への動機づけを心がけることが大切です。

> セルフケア能力（自助能力）
>
> 生活への動機づけ

2. 介護者（配偶者、子ども、親族など）のアセスメント

　家族のアセスメントが重要なのは、介護サービスを利用したとしても家族は利用者の日常的な暮らしと心の「大切な支え手」であり、介護者の健康や体調、性格・体力、勤務状況と経済状況、介護への考え方、かかわり方などが利用者の「生活・質」に大きく影響するからです。

　介護者の介護力のレベルと家事力のレベル、医療的行為のレベルをアセスメントし、どのような支援が必要かを具体的にすることが重要です。

　また、介護者がおかれている生活状態や健康状態・介護への考え方などは、家族支援の方向性を見立てるときの必要な情報となります。

1）介護力および医療的行為

　介護力とは、三大介護（食事介助・入浴介助・排泄介助）のほかに、移動・移乗、コミュニケーションなど、訪問介護や通所介護・短期入所サービスなどで求められる介護技術全般を指します。家族の介護の多くは専門的な研修や技術指導を受けていない「素人の介護」です。つまり在宅介護には「プロとアマの介護」が混在しており、家族の介護技術が低いままだと、利用者本人の暮らしの安心・安全はつねに不安定となります。

・利用者：介護されるのが恐い・危ない、痛い・つらい・苦しいなど
・介護者：介護するのが恐い・危ない、腰が痛い・身体がつらいなど

　また痰の吸引や人工呼吸器・胃ろうへの対応などの医療行為は、失敗が死に直結するため、家族は強い不安に襲われます。医療知識の提供と技術の指導は心理的ストレスの緩和の面でも必要なサポートとなります。

　家族の経験度と習熟度を口頭だけの確認程度でなく、実際に行ってもらい、そのレベルをケアチームで把握し、必要な知識と技術の習得を家族対象のケアプランに位置づけることがきわめて重要です。

　なお、介護力には直接的な食事・入浴・排泄などの介護だけでなく、距離が離れていてもできる、心を支える間接的な介護（電話、手紙、Eメール、ビデオ、Facebook、LINEなど）も含まれます。

2）家事力（暮らしの力）

　料理・洗濯・掃除なども介護の一部ですが、それらは一般的には「家事」であり、とくに男性介護者にとって抵抗感や苦手意識があり、ストレスの要因となっている人もいます。一方、女性にも得手、不得手があるので、女性だから大丈夫という決めつけも注意が必要です。

　家事は日々のことであり、とりわけストレスが溜まります。習熟することでレベルアップをはかるだけでなく、少しの工夫で効率化できます。高齢者向けの家電（例：乾燥機能付きななめドラム式洗濯機、コードレス掃除機、食器洗い機）を情報提供することや、道具（例：包丁、鍋、まな板）を軽量のものにすることで、身体への負担などを軽減することも可能

です。

　家事力のレベルアップのために介護料理教室への参加やヘルパーによる料理の指導、ハウスクリーニング教室などにつなげることで、介護の負担を軽減することができます。

3）介護者の生活状態と介護にかけられる条件、介護への考え方など

　介護者の生活状態と健康状態、治療中の疾患の有無と状況、体力・体調および年齢などは介護力・家事力に大きく影響します。

- 現実的に介護にあてられる時間と頻度および内容（できること）
- 就労の有無と仕事内容、勤務時間、勤務シフト
- 家計から介護にかけられる費用など

　さらに介護への考え方（例：介護は身内でするもの、長男・長女が責任をとるもの、嫁がやるものなど）が介護保険サービスを利用する際に「障害」となったり、介護ストレスの原因となる場合もあります。介護知識や技術の理解度と経験レベル、介護意欲の有無、利用者本人との人間関係（トラブル、葛藤を含む）なども介護の実態（例：虐待的状況）を理解するうえで必要不可欠な手がかりとなります。

> 介護への考え方

3. 地域（近所・近隣）のアセスメント

　多くの人は地域とともに暮らしてきました。地域には暮らしの資源（例：商店、スーパー、コンビニ）があり、それらをなんらかの事情（例：歩けない、店が遠い）で利用できなくなったときに困りごとが生じて、ニーズが生まれます。利用者のニーズを屋内や居室だけでなく、地域という「面の視点」でアセスメントすることにより、対応の方法も幅広く具体的になります。

　手法としては手書きで近隣の地図を描き、そこに具体的な情報を書き込むという近隣マップの手法を活用します。

> 暮らしの資源
> 面の視点
> 近隣マップ

1）地の利（地理的位置関係）

　地の利は利用者（家族）の行動範囲を規定します。利用者（家族）の家や暮らしの資源が地理的にどのような場所にあり、そこに行くためにはどのようなアクセス方法（例：徒歩、シルバーカー、車いす、バス、タクシー、電車など）があるのか具体的に把握します。そして利用するためにどのようなADLの機能の回復と体力が必要か、どのような体調管理が必要かを把握し、導き出された課題をケアチームで共有化します。近い・遠いやかなり時間がかかるなどの抽象的な把握でなく、「50m」「2km」や「10分」「1時間」など数字化することが重要です。

> 地の利
> 数字化

2）地域の支え合い（人間的つき合いの状況）

　利用者はなんらかの事情で地域と隔絶していない限り、ゴミ出しや朝夕

のあいさつを含めて地域の人とつき合いをしています。地域の人々は日常的な声かけだけでなく、徘徊時や災害時の「頼れる支え手」となります。

一方で都市部などでつき合いが希薄である、なんらかのトラブルから疎遠になっているということもあります。地域の支え手は近隣だけでなく、地域のサークルや団体なども含まれます。利用者の生活史からどのような人間関係が続いてきたのかを把握します。

アセスメントの実践的手法「5つの虫メガネ」

ADL・IADL・CADLをケアプラン作成に連動するための視点として「している・していない」「できる・できない」「できそう・できなくなりそう」「やりたい・やりたくない」「危ない・危なくなりそう」などの「アセスメントの5つの虫メガネ」を活用し、利用者（家族）の状態像と利用者（家族）の意向の2つの側面から把握します。

◎アセスメントの「5つの虫めがね」

①している・していない

「している・していない」には、必ず利用者の意向（意思）があり、その理由（原因）があります。
- している：これくらいは自分でやりたい、〜の世話になりたくない、〜になりたくない、誰も頼れないからなど
- していない：〜がやってくれる、〜がやるなと言った、危ないから、こわいから、面倒だから、身体がつらいからなど

②できる・できない

「できる・できない」の視点から、利用者の能力や心身機能・体力・環境をアセスメントすることができます。できないことを聞き取りする際には、時期・原因・環境を必ず押さえましょう。
- できる：体力がまだある、やり方がわかる、〜が見守ってくれる、〜を使うとできる、ゆっくりならできるなど
- できない：体力がない、やり方がわからない、1人では不安だから、〜を使えなくなったなど

③できそう・できなくなりそう

「できそう・できなくなりそう」の視点から、将来への可能性とリスクに着目します。聞き取りでは、体調・体力、心身機能、人間関係、住環境などの面から質問をします。将来、ある条件下で「できなくなる」ことを聞き取ることはリスクマネジメントの点からとても重要です。
- できそう：身体の機能が〜になれば、〜のようなことができそう、

アセスメント「5つの虫めがね」

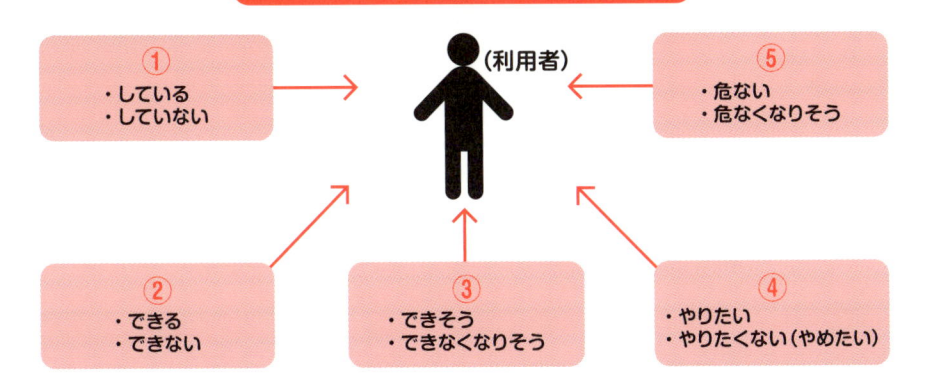

①
- している
- していない

②
- できる
- できない

③
- できそう
- できなくなりそう

④
- やりたい
- やりたくない（やめたい）

⑤
- 危ない
- 危なくなりそう

（利用者）

　～を見守ってもらえばできそう、痛み（しびれ）がなくなれば～のようなことができそう、など
- できなくなりそう：寒い（暑い）と～が億劫になる、足腰が弱まると～がつらくなる、など

④やりたい・やりたくない（やめたい）

　「やりたい・やりたくない」の視点から、望む生活・取り戻したい生活への利用者（家族）の意向（意思）を聴き取ります。
- やりたい：もし仮に～になれば、どのようなことがやりたいか、以前していた生活習慣で取り戻したいことはどのようなことか、など
- やりたくない（やめたい）：やっていてつらいことはどのようなことか、すぐにでもやめたいことはどのようなことか、など

⑤危ない・危なくなりそう

　「危ない・危なくなりそう」の視点から、利用者（家族）は将来に起こるリスク（危険）に気づくことができます。危ないという感覚には、不安・不満・怒り・とまどいなどの負の感情が生まれています。
- 危ない：どのようなときに危ないか、危なくてどのようなことをやめたか
- 危なくなりそう：どのようなことが危なくなりそうか、危なくてやめていること（控えていること）はあるか、など

> 危ないという感覚
> 負の感情

レッツ チャレンジ！

- □「観察、質問、傾聴、体感」のアセスメント手法をやってみよう
- □ 担当ケースで家族の家事力・介護力のアセスメントをやってみよう
- □ 担当ケースを「5つの虫メガネ」の質問フレーズで再アセスメントしてみよう

利用者基本情報シート

通し番号 _____　　　作成日　平成　年　月　日　記入者 _____

受付日	平成　年　月　日	依頼者（続柄）	（　　　）
		来所 ・ 電話 ・ その他（　　）	

本人氏名		男・女	M・T・S　年　月　日生（　　歳）

住所地	（自宅・病院・施設・その他）	電話	－　－
		FAX	－　－

> 移動手段（例：車、電車）まで記入します。

緊急連絡先	氏名（続柄）	住所	移動時間	電話／FAX	Eメール等アドレス
			（手段：　）		
			（手段：　）		

> 緊急時はEメールでのやりとりが効率的です。

認定情報（被保険者情報）	介護保険	認定中 ・ 認定済／要支援（　）　要介護（　）／未申			
		認定有効期間	H　年　月　日　～　H　年　月　日		
		認定審査会意見	無　　有（　　　　　）		
	医療保険		主治医	氏名	（　　　医院・病院）
	身体障害者手帳	無　有（　　種　　級）		連絡先	
	公費助成	無　有（　　　）		現病歴	
	経済状況　年金	□厚生年金　□国民年金　□他（　　）		既往歴	
	家計状況	（生活保護　有）		心身の状況	

> 主治医の判断による「自立度」を記入します。

> 現在の日常の心と身体の状況だけでなく、暮らしにどのような影響があるかを書きます。

日常生活自立度	障害高齢者	自立・J1・J2・A1・A2・B1・B2・C1・C2
	認知症高齢者	自立・Ⅰ・Ⅱa・Ⅱb・Ⅲa・Ⅲb・Ⅳ・M　BPSD

生活歴	生活状況	家族構成

> 幼少期から現在までの「これまで」を時系列で記入します。

> 現在のADL・IADLの状況を記入します。

> ジェノグラム図は夫婦・子ども世帯だけでなく親族まで広げることで「支え手」を見つけることができます。

		間取り	近隣の地図
意向・願い	不安・困りごと		

> 屋内の間取りと居室内の家具やベッドの配置を見える化します。

> 利用者の家を中心に近隣の生活資源やなじみの場所、支え手などを地図で見える化します。

> 身体面、生活面だけでなく趣味などの楽しみ（CADL）も聞きとり記入します。

> 身体面、生活面などの不安・困りごとを記入します。

利用しているサービス

> 介護保険サービスだけでなくインフォーマルサービス、保険外のサービス（例：マッサージなど）も記入します。

課題分析理由	初回　更新　区変　その他（　　）

生活リズムサポートシート

※小規模多機能型居宅介護・グループホームのケアマネジメントで活用されているライフサポートプランを一部改変

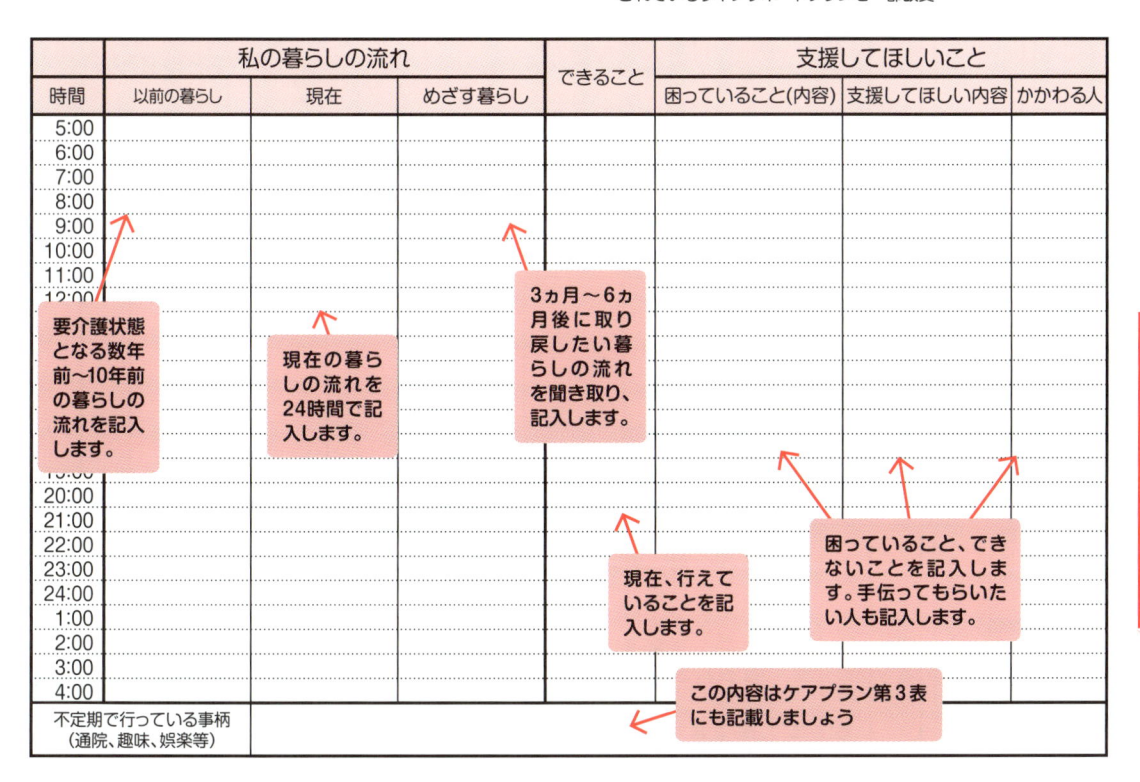

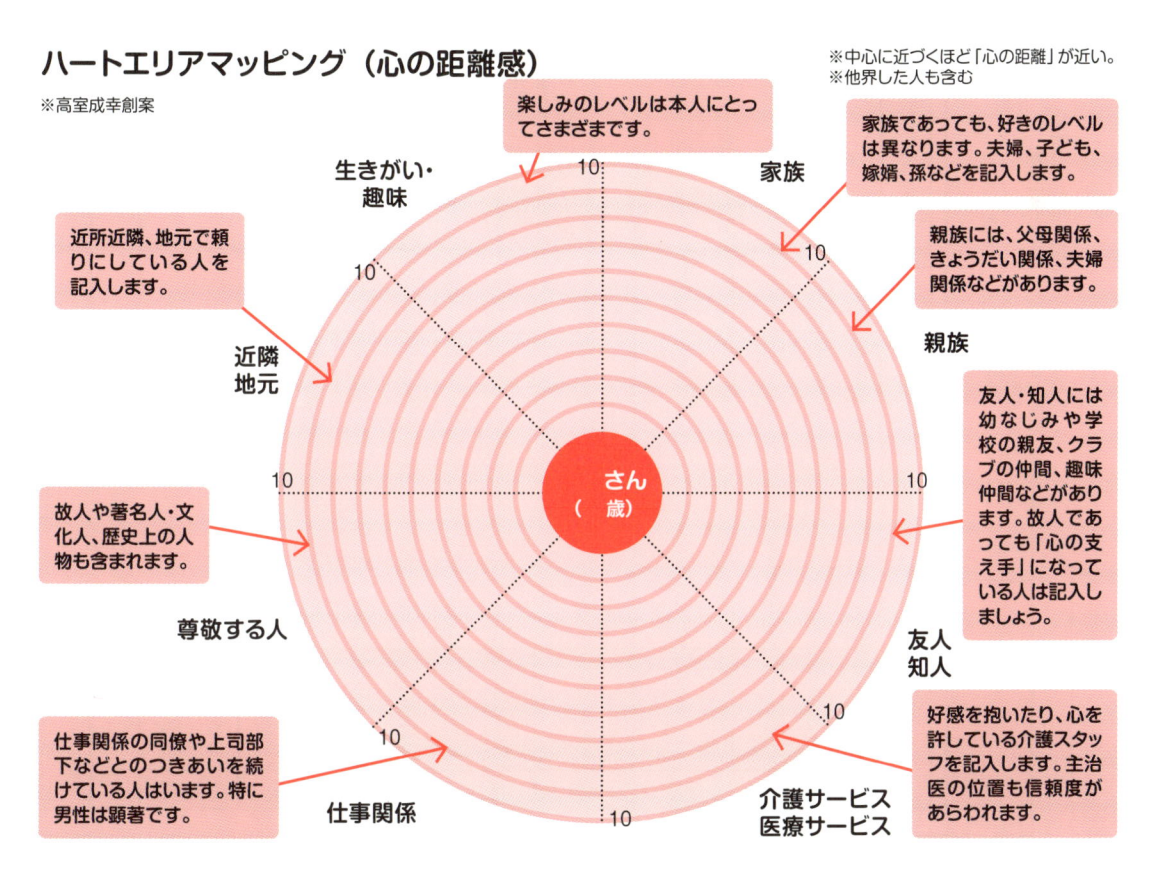

時間	私の暮らしの流れ			できること	支援してほしいこと		
	以前の暮らし	現在	めざす暮らし		困っていること(内容)	支援してほしい内容	かかわる人
5:00							
6:00							
7:00							
8:00							
9:00							
10:00							
11:00							
12:00							
〜							
20:00							
21:00							
22:00							
23:00							
24:00							
1:00							
2:00							
3:00							
4:00							
不定期で行っている事柄（通院、趣味、娯楽等）							

- 要介護状態となる数年前〜10年前の暮らしの流れを記入します。
- 現在の暮らしの流れを24時間で記入します。
- 3ヵ月〜6ヵ月後に取り戻したい暮らしの流れを聞き取り、記入します。
- 現在、行えていることを記入します。
- 困っていること、できないことを記入します。手伝ってもらいたい人も記入します。
- この内容はケアプラン第3表にも記載しましょう

2　ケアマネジメント・プロセス

ハートエリアマッピング（心の距離感）

※高室成幸創案
※中心に近づくほど「心の距離」が近い。
※他界した人も含む

- 楽しみのレベルは本人にとってさまざまです。
- 家族であっても、好きのレベルは異なります。夫婦、子ども、嫁婿、孫などを記入します。
- 親族には、父母関係、きょうだい関係、夫婦関係などがあります。
- 近所近隣、地元で頼りにしている人を記入します。
- 故人や著名人・文化人、歴史上の人物も含まれます。
- 友人・知人には幼なじみや学校の親友、クラブの仲間、趣味仲間などがあります。故人であっても「心の支え手」になっている人は記入しましょう。
- 仕事関係の同僚や上司部下などとのつきあいを続けている人はいます。特に男性は顕著です。
- 好感を抱いたり、心を許している介護スタッフを記入します。主治医の位置も信頼度があらわれます。

軸：生きがい・趣味／家族／親族／友人知人／介護サービス 医療サービス／仕事関係／尊敬する人／近隣地元

中心：さん（　歳）

課題整理総括表

作成日　平成　年　月　日

記入者

	様	自立（自律）した日常生活の阻害要因（心身の状態、環境等）	①		②		③	本人（家族）の生活への意向	本人：	
		自立（自律）した日常生活にとって阻害要因となっている心身の状態、疾患、住環境等を記入します。通し番号は優先順位ではありません。	④		⑤		⑥		家族：	

※このシートでは、厚生労働省「課題整理総括表」のこの欄を左右入れ替えてあります。

	項目	現状		現状の要因	現状、支援内容等	改善／維持の可能性（見通し）向上／維持／悪化	必要な支援内容及び見通し	生活全般の解決すべき課題（案）	優先順位
起居動作	寝返り	自立　見守り　一部介助　全介助				改善　維持　向上　悪化			
	起き上がり	自立　見守り　一部介助　全介助				改善　維持　向上　悪化			
	座位	自立　見守り　一部介助　全介助				改善　維持　向上　悪化			
移動	室内・屋外	自立　見守り　一部介助　全介助				改善　維持　向上　悪化			
	屋外	自立　見守り　一部介助　全介助				改善　維持　向上　悪化			
食事	摂取	自立　見守り　一部介助　全介助				改善　維持　向上　悪化			
	内容	支障なし　支障あり				改善　維持　向上　悪化			
排泄	排尿・排便	自立　見守り　一部介助　全介助				改善　維持　向上　悪化			
	排泄動作	自立　見守り　一部介助　全介助				改善　維持　向上　悪化			
口腔	口腔衛生	支障なし　支障あり				改善　維持　向上　悪化			
	口腔ケア	自立　見守り　一部介助　全介助				改善　維持　向上　悪化			
入浴	洗身・洗髪	自立　見守り　一部介助　全介助				改善　維持　向上　悪化			
	着脱衣	自立　見守り　一部介助　全介助				改善　維持　向上　悪化			
健康管理	服薬	自立　見守り　一部介助　全介助				改善　維持　向上　悪化			
	通院	自立　見守り　一部介助　全介助				改善　維持　向上　悪化			
更衣		自立　見守り　一部介助　全介助				改善　維持　向上　悪化			
睡眠						改善　維持　向上　悪化			

注記（吹き出し）：

- 自立（自律）した日常生活にとって阻害要因となっている心身の状態、疾患、住環境等を記入します。通し番号は優先順位ではありません。
- ※このシートでは、厚生労働省「課題整理総括表」のこの欄を左右入れ替えてあります。
- 現状を「自立、見守り、一部介助、全介助」で分類し記入します。
- 移動の方法（例：杖、4点杖、車イス）は支援内容に記入します。
- 排泄は排尿・排便それぞれに状況を把握します。
- どのような入浴動作に支障があるかがポイントです。
- 睡眠の質は日中の活動や認知機能力に影響します。
- この欄には、現状や支援内容、判断の根拠等を記入します。
- 現状の要因となっている項目欄の番号を記入します。
- 現在の介護保険サービス（インフォーマル含む）などの支援からのアドバイスや多職種からのアドバイスを踏まえ、利用者にどのような支援が起こるか、どのような変化が起こるかを予測し、改善・維持・悪化の可能性を検討し、いずれかに〇印を記入します。
- 課題を抽出するうえでポイントとなる情報を簡潔にまとめて記入します。詳細はケアプラン第1表に記入します。
- 「要因」および「改善／維持／悪化の可能性」を踏まえ、さらに多職種からのアドバイスにどのような支援を行えば、どのような変化が起こるのかを予測し、この項目はケアプラン第2表の課題欄に転記されます。
- 生活全般でめざす課題を記入します。できないこと・困っていることの指摘ではなく、どのような状況をめざすのかを記入します。この項目はケアプラン第2表の課題欄に転記されます。
- 課題に優先順位をつけます。体調や心身機能の維持だけでなく、本人の意欲や家族のニーズなどにも配慮し、すり合わせを行います。

	調理		自立	見守り	一部介助	全介助	改善 維持 向上 悪化
	掃除		自立	見守り	一部介助	全介助	改善 維持 向上 悪化
IADL	整理・物品の管理		自立	見守り	一部介助	全介助	改善 維持 向上 悪化
	洗濯		自立	見守り	一部介助	全介助	改善 維持 向上 悪化
	買い物	買い物はお金のやり取りだけでなく、持ち運びもひと苦労です。	自立	見守り	一部介助	全介助	改善 維持 向上 悪化
	金銭管理		自立	見守り	一部介助	全介助	改善 維持 向上 悪化
CADL	楽しみ（野菜づくり）	CADLの4項目ごとに、カッコの中に具体的に記入します。	支障なし			支障あり	改善 維持 向上 悪化
	趣味（家族新聞）		支障なし			支障あり	改善 維持 向上 悪化
	人間関係（山の仲間）		支障なし			支障あり	改善 維持 向上 悪化
	役割（ペットの世話）		支障なし			支障あり	改善 維持 向上 悪化
意思疎通	話す	コミュニケーションはひと括りにはできません。意思疎通は、会話する（話す、聞く）、文章（書く、読む）、身振り（見る）があります。電話・PC・スマホが使えるかも把握するとよいでしょう。	支障なし			支障あり	改善 維持 向上 悪化
	聴く		支障なし			支障あり	改善 維持 向上 悪化
	書く		支障なし			支障あり	改善 維持 向上 悪化
	読む		支障なし			支障あり	改善 維持 向上 悪化
	見る		支障なし			支障あり	改善 維持 向上 悪化
認知力	理解力	認知能力は生活全般に影響します。	支障なし			支障あり	改善 維持 向上 悪化
	見当識		支障なし			支障あり	改善 維持 向上 悪化
	記憶力		支障なし			支障あり	改善 維持 向上 悪化
意欲	社会との関わり		支障なし			支障あり	改善 維持 向上 悪化
	褥瘡・皮膚の問題		支障なし			支障あり	改善 維持 向上 悪化
	行動・心理症状		支障なし			支障あり	改善 維持 向上 悪化
	意欲		支障なし			支障あり	改善 維持 向上 悪化
居住環境	居室環境	居住環境も3つの領域で分析します					改善 維持 向上 悪化
	屋内環境						改善 維持 向上 悪化
	屋外環境						改善 維持 向上 悪化
家族	家族関係	家族関係だけでなく親族関係まで視点を広げましょう。					改善 維持 向上 悪化
	介護力	どのようにすれば家族の介護力と家事力をアップできるかの視点が大切です。					改善 維持 向上 悪化
	家事力						改善 維持 向上 悪化

※本シートは、あくまで「課題」を導くための整理総括シートであり、アセスメントシートではありません。必ず詳細な情報分析によるアセスメントを行っていることが前提となっています。

※厚生労働省老健局振興課「課題整理総括表」を一部改変

2
ケアマネジメント・プロセス

第4節 ケアプランのプランニング

☐ ケアチームでプランニング
～利用者本位のための7つの要件～

　7つの領域（利用者・家族の意向、ADL、IADL、CADL、病歴・既往歴、個性と心身の状況、生活環境）を観察法・傾聴法・質問法・体感法によって情報収集し、利用者・介護者（家族）・地域をアセスメントすることによって「解決すべき問題」や「めざす課題」（ニーズ）が抽出されます。

<small>解決すべき問題
めざす課題</small>

　ケアプランとは、抽出され優先順位がつけられた「めざす課題」に向けて、改善・向上・維持するための目標（目安）を立て、それを可能とするサービス内容（手立て）と種別・頻度を計画化（見える化）したものであり、その一連の作業プロセスを「プランニング」と本書では呼びます。

<small>取り組みシート
情報共有シート</small>

　ケアプランは本人（利用者）とケアチームにとっての「取り組みシート」であり、チームケアを行うための「情報共有シート」です。ですから、援助者側だけがわかるものではなく、利用者（家族）にとってわかりやすく、取り組むうえで「動機づけ」がされるものでなければいけません。むずかしい専門用語や配慮に欠ける表記（例：認知症、半身マヒ）、喪失体験を指摘・助長するような表記には注意が必要です。

<small>動機づけ

喪失体験
見える化</small>

　チームケアを見える化した「ケアプラン」をプランニングするには、次の7つのスタンスをつねに意識しながら行うことが大切です。

①自律（決める・選ぶ）を尊重する

<small>自律（自己決定）</small>

　利用者は、できないことが増えるとあきらめや遠慮から、介護者などに依存的になり、自分で決める・選ぶ行為そのものを避けるようになります。自立（自分で行う）の行為の前に「～をしよう」と決める行為が自律（自己決定）です。アセスメントやケアプランのプランニングを通して利用者の「決める・選ぶ」行為を尊重することは、人間としての尊厳を守ることになります。援助者側（介護者含む）中心のプランニングにならないための基本的姿勢として守るべきものです。

プランニング「7つのスタンス」

ケアプラン ← チームケアの情報共有シート

① 自律（決める・選ぶ）を尊重する
② 自立（できること・できる能力）を活かす
③ 役割（担う・参加する）づくり
④ 動機（意欲・やる気）づける
⑤ 心身機能の改善・向上
⑥ 個性（本人らしさ）を尊重する
⑦ リスクを予測するクライシスを予防する

②自立（できること・できる能力）を活かす

　できないこと・困っていることへの支援だけでなく、できること・できる能力（意欲含む）を活かすことに着目し、さらにできるようになる（向上）、他の生活行為に活かす（活用）ことで、さらなる自立（自律）支援が可能となるようプランニングします。

③役割（担う・参加）づくりをする

　人は世話をされることでは自己肯定感を持つことはできません。人の役に立つ（役割を担う）ことにより自己効力感と有能感を得ることができ、感謝されることで自己肯定感を得ます。利用者（家族）の「できること」に着目し、サービス種別のなかに自助・互助として位置づけることで利用者（家族）はケアチームの一員になることができるのです。

> 自己肯定感

④動機（意欲、やる気）づける

　プラン（計画）は過去形でなく「未来形」でつくられるものです。第1表の利用者（家族）の意向欄は、現在の悩みや困りごとだけでなく、「どのような暮らしになるとよいか」（望む生活）を記載することが大切です。そのためには、利用者（家族）の口から「望む生活」が語られる必要があります。第2表は、その望み・願いをどのような段取り（課題・目標）で可能にしていくかを計画するものです。このプロセスにおいて、利用者（家族）とケアチームを動機づけるようにプランニングしていきます。

> 未来形

⑤心身機能の改善・向上をめざす

　ADLやIADL、CADLやコミュニケーションなどの「障害」となって

いるのが心身機能の低下です。その原因には、疾患の悪化や体調・体力の低下、家族関係を含む生活環境の悪化などがあります。心身機能の改善・向上により、生活行為が「できない→できる」「していない→行う」という変化をめざします。そのために、どのような資源がどのようなかかわり方（介護、治療、看護、リハビリ、声かけなど）をすればよいかをケアプランで「見える化」します。

⑥個性（本人らしさ）を尊重する

「利用者本位」とは、利用者本人の個性（本人らしさ）の尊重です。個性とは、「性格、価値観、生活歴、育ち方、教育歴、生活体験、金銭感覚、人生観、好み、趣味など」であり、さらには生活習慣、人間関係、なじみの場所・思い出などです。個別性のあるケアプランとは、本人らしいADLやIADL、CADL、生活習慣などを尊重することであり、本人の意欲を引き出す「私のケアプラン」をめざすことが大切です。

> 私のケアプラン

⑦リスクを予測しクライシス（危機）を予防する

利用者は疾患や障害を持つ「生きていくうえでのリスク」を抱えた人です。しかしリスクを避け安心安全を優先するあまり、結果的に「何もしない、させない」という状況をつくることは自立（自律）支援とはいえません。むしろ生活不活発病（廃用症候群）を誘発し寝たきりをつくることになりかねません。利用者の意向や自己決定を尊重しつつ、そのことで生じるリスク（例：転倒、痛み、介護ストレス）などを予測し、事故などのクライシス（危機）を予防する・回避する・軽減する視点が重要です。

> 生活不活発病

ケアプラン作成の流れ ～暫定ケアプランと確定ケアプラン～

居宅介護支援事業所としてはじめに作成するケアプランは暫定ケアプランです。その後、介護サービスが始まり、1～3ヵ月以降にサービス担当者会議を再度開き、確定ケアプランを作成することとなります。他の事業所からの引き継ぎケアプランも基本的に同じように進めます。

①暫定ケアプランのポイント

暫定ケアプランは、あくまで「仮のプラン」です。最初から支給限度額めいっぱいの介護サービスで組み立てるのか、利用者（家族）が1つずつ介護サービスに「慣れる・体験する」ことにポイントをおき、無理のない必要なサービスから組み入れていくか、医療依存度の高い利用者（家族）の在宅生活スタート時のもっともきつい状況をまず乗り切るプラン（例：訪問看護、訪問介護中心）とするのか、3つの考え方があります。

> 仮のプラン

「暫定ケアプランは1～3ヵ月の期間限定付きのプラン」と伝えておく

ことで、利用者（家族）の負担感をやわらげることができます。

②確定ケアプランのポイント

　1〜3ヵ月の利用で利用者（家族）も在宅での生活で「できること・できないこと」がおおよそ明らかになり、介護サービスで支援を受けたいポイントも明確になってきます。またサービス事業所側にとっても利用者（家族）のニーズがわかり、現場のスタッフから情報の提供を受け、より具体的で効果的なケアサービスを提供できる個別サービス計画に修正することができます。確定ケアプランを決めるサービス担当者会議では、各事業所から暫定ケアプランの修正に関する提案をもらい、確定ケアプランに反映するようにします。

　期間は、6ヵ月〜1年間を視野に入れてプランニングを行います。更新ケースでは、その期間は1〜2年間となります。

更新時のケアプラン作成の流れ

　医療の充実と適切なケアの提供により要介護期間は「長期化」しています。本来、ケアプランはニーズや状態像、環境の変化に応じて作成されます。「新しい要介護度」が決まる更新時は、変更（改善、低下）および維持として評価されるタイミングともいえます。

　更新時に「これまで」のケアプラン（個別サービス計画含む）とチームケアを振り返り、次の視点でケアプラン再作成に取り組みます。

①サービス事業者や医療チーム、家族から情報収集をする

　更新ケースでは、利用者の心身の機能やADL・IADLの状態、これから想定されるリスクなどの情報収集をサービス事業所や医療チーム、家族に事前に「依頼」しましょう。

②プランニングは「役割分担」で行う

　新規ケースではケアプラン第1〜3表はケアマネジャーが立てます。更新ケースでは「役割分担」でプランニングをしましょう。利用者（家族）の意向の把握と課題の設定はケアマネジャーが行い、目標設定や取り組み（達成）期間、サービス内容やサービス種別を事業所や医療チーム、家族などから「何をどのように取り組むのか」を提案してもらいます。これらをケアプランに盛り込むことで事業所などの主体性をつくり、個別サービス計画との「連動」も容易に可能となります。

③サービス担当者会議が「プランニングの場」となる

　新規ケースでは「ケアプランの説明の場」となりやすいサービス担当者会議ですが、更新ケースでは前述の①②を行うことで積極的な話し合いが可能となり、本来の姿である「プランニングの場」となります。

長期化

I. 第1表：利用者（家族）の意向と総合的な援助の方針のプランニング

　第1表（居宅サービス計画書⑴）は「利用者（家族）の意向」と「総合的な援助の方針」が一望できるレイアウトになっています。「利用者（家族）及び家族の生活に対する意向」欄に書かれるのは語られた「話し言葉」を「書き言葉」にした文章です。

<small>話し言葉</small>
<small>書き言葉</small>

　数十分にわたる「語り」を3～5行でまとめるためには、利用者（家族）の意向の「象徴的なフレーズ」を中心に、その背景・経緯・理由と「望む暮らし」（取り戻したい暮らし）を「利用者（家族）の言葉」（方言、地名、呼称）を交えて記載することがポイントです。またケアチームが個別サービス計画を作成するうえで知っておいてもらいたいこと、個別ケアで配慮してもらいたい点などを意識して記載します。

<small>象徴的なフレーズ</small>

　読み手は利用者（家族）を含めたケアチームそのものですから、わかりやすい表現を心がけ、第2表の内容を踏まえ具体的に記載するようにします。

　なお、第1表は「横長のレイアウト」のため、長文になると読みづらくなります。1文の長さは20～40文字程度にするとよいでしょう。

■「利用者の意向」と「家族の意向」のプランニング

　利用者（家族）の「語り」には困ったこと、不安なことと望み・願いが混在して語られます。意向は「これから」の希望として記載しますが、いまの暮らしのつらさ・おっくうさ、不安・不満、介護サービスへの感謝や要望・クレームを含んだ感想も、ケアチームにとっては大切な情報です。

1.「利用者の意向」のとらえ方と表記

　「利用者及び家族の生活に対する意向」欄は「本人らしさ」と「本人が望む暮らし」を象徴的にケアチームに伝える欄です。ありがちなワンパターンの言い回し（例：いつまでも自宅にいたい、元気で暮らしたい）にまとめても、そこに「本人らしさ」を読み取ることはできません。

　要介護となった状態から「本人らしさ」を読み取るのでなく、そうなる以前の暮らしやかつて行っていた仕事・趣味・役割・参加などのなかに「本人らしさ」が象徴的に表れています。利用者本人なりの言い回し、方言、場所や建物の固有名詞、家族の名前などを具体的に表記することで、「私のケアプラン」としての愛着が期待できます。

<small>方言</small>
<small>私のケアプラン</small>

　要介護となった生活への不安・戸惑い・痛みからくる「葛藤」を傾聴

居宅サービス計画書（第1表）　　　初回 紹介 継続　　認定済 申請中

利用者名	様	生年月日 昭和 年 月 日	住所						
居宅サービス計画作成者氏名									
居宅介護支援事業者・事業所名及び所在地									
居宅サービス計画作成（変更）日　平成　年　月　日　　初回居宅サービス計画作成日									
認定日 平成 年 月 日　　認定の有効期間 平成 年 月 日〜 年 月 日									
要介護状態区分	要支援	要介護1	要介護2	要介護3	要介護4	要介護5		前回の要介護度（　　）	
本人及び家族の生活への意向（希望）									
介護認定審査会の意見及びサービスの種類の指定									
総合的な援助の方針									
生活援助中心型の算定理由	1　一人暮らし	2　家族等が障害、疾病	3　その他（　　　　　　　　　　）						

下記の項目について、介護支援専門員より説明等を受けました　　　説明・同意・受領日　　平成　年　月　日
①居宅サービス計画（1）（2）について、説明を受け、同意しました
②介護保険サービス等に対してのサービス種類や内容の説明を受けました　　　利用者署名・捺印　　　　　　　　　　印
③様々なサービス提供事業者から選択できる事の説明を受け、自ら事業者を選択しました　　（代筆：　　　　　　　印）

し、やりとりを通じて利用者が「望む暮らし」を描けることをめざします。なお、いくら本人が語ったとしても、自尊心を傷つけたり喪失体験を助長するような記載には注意します。

・利用者の置かれている状況を把握する
　→利用者が意欲を失っている背景・原因を理解する
・利用者の気持ちを聞く
　→利用者の「望む暮らし」を具体的に描く（言語化する）
・利用者の「できていること」を聞く
　→利用者の「持てる力」（身体、心理、社会面）を評価し、肯定する
・利用者から「これからできること、できそうなこと」を聞く
　→利用者の「持てる力」を活用した現実的な対応策をともに考える

利用者がみずからの言葉で語れない場合には、非言語コミュニケーションから読み取ったり、家族から生活史や好みや生活習慣を聴き取ったりして、アドボカシー機能（代弁機能）としてケアマネジャーが家族の確認・了解を得て「利用者の意向」を記載することもあります。

アドボカシー機能

2.「家族の意向」のとらえ方と表記

「利用者及び家族の生活に対する意向」欄は、家族がどのように困っているか・不安であるか、依頼したい介護サービスや医療サービスを記載することが目的ではありません。

家族として本人にどのような暮らしをしてもらいたいか、そのためにど

のような支え方・役割を担うことができるか（希望するか）、介護サービスを使うことで、本人だけでなく家族の介護負担がどのように軽減できるかを記載します。

　なお、家族の意向が本人にとってマイナスのイメージを与えてしまう、本人の意向・ニーズとぶつかる、ニーズのレベルが高過ぎて達成がむずかしいと懸念される場合は、意向・ニーズを「細分化」する、期間を設定した意向・ニーズにする、双方が合意できる着地点を模索するなど「<u>折り合い</u>」をつけるよう働きかけます。

- 主たる介護者の置かれている状況と家族間の葛藤を把握する
    → 主たる介護者の介護疲れやストレスなどの背景・原因を理解する
- 主たる介護者や家族たちの「これからの希望」を聞く
    → 主たる介護者や家族たちの「望む暮らし（介護）」を知る
- 主たる介護者や家族たちの「できていること」を聞く
    → 主たる介護者や家族たちの「<u>持てる力</u>」（介護力、家事力、かかわり方）を評価し、認める
- 主たる介護者や家族たちが「これからできること、できそうなこと」を聞く
    → 主たる介護者や家族たちの「持てる力」を活用した<u>現実的な対応策</u>（介護、家事、暮らしの支援など）をともに考える

　また家族の意向は、「主たる介護者のみ」の意向となりやすいので、「お子さんたちは（他のごきょうだいたち）はどのように望まれていますか？」と、ほかの家族（きょうだい）の意向の把握を通じて「担い手の数」を増やすことを試みるのもよいでしょう。

＜表記のポイント＞
- 「家族」でなく、配偶者、長男・次男、長女・次女など「家族のなかの立場」を記載する。
- 本人の了解がとれるなら人称代名詞（例：長男）でなく、<u>本名と年齢</u>が表記されるのが望ましい。
- 息子・娘は総称なので表記はしない。

介護認定審査会の意見及びサービスの種類の指定の表記

　被保険者証に記載がある場合には、これを確認して転記しておきます。記載について、あらかじめ市区町村の介護保険課などに照会を行い、その理由などを情報収集しておきます。

■「総合的な援助の方針」のプランニング

　総合的な援助の方針は、担当ケアマネジャーだけの援助方針ではありません。「私たち」が主語となるチームの方針です。そしてケアチームの中に利用者本人（家族）も含まれていることを忘れてはいけません。

　総合的な援助の方針は、チームケアの方向性とそれぞれがどのようなかかわり方をするのかが読み取れるものでなければなりません。具体的には、第2表の課題と目標、サービス内容を統合したケアの方向性を記載します。とくに各サービス計画担当者が個別サービス計画を作成する際のポイントや配慮すべき点、緊急時の対応などリスクマネジメントなどについても記載されていることが重要です。

　暫定ケアプランの段階では、2～3週間のかかわりで「検証すべき課題」やアセスメント項目などにも触れておくようにしましょう。そのことでケアチームや各専門職として行うことが明確になります。

- ケアチームの方向性と各サービス事業所の方向性が明らかである
- 各サービス事業所のかかわり方と役割分担が明らかである
- 緊急事態の際の対応方法や医療機関（主治医、専門医）、家族の連絡先（電話番号、FAX番号、Eメールアドレス）などが明らかである

なお、この欄の記載は第2表を作成した後に行います。

＜表記のポイント＞

- 「である調」だと威圧的・指示的な印象になるので、丁寧な「です・ます調」で書く。
- 全体を自助（本人が行うこと）、互助（家族・親族・近所が行うこと）、共助（介護サービス、医療が行うこと）、公助（行政などが行うこと）の4つに分けて書く。
- 最初の1～5行で全体的な方針を示し、課題別の方向性や方針は「箇条書き文」で書くとうまくまとまる。
- 緊急連絡先は、主たる介護者、医療機関などの電話番号やEメールアドレス（携帯電話含む）を記載しておく。

「私たち」が主語

※「生活援助中心型の算定理由」の考え方と記載のポイント

　生活援助中心型の算定理由には「1.一人暮らし　2.家族などが障害・疾病　3.その他」となっています。注意したいのは「3.その他」で、「家族と同居」なら生活支援サービスを算定できないという解釈が一部ありますが、同居であって、家族に障害・疾病がなくても「同様のやむを得ない事情」により家事が困難な場合と保険者が認める場合には、市町村によって算定を行うことができます。

です・ます調
箇条書き文
Eメールアドレス

レッツ チャレンジ！

- ☐ 本人の口ぶりを意識して書き換えてみよう
- ☐ 家族の役割を「生活への意向」欄に書こう
- ☐ 個別サービス計画を意識して「総合的な援助の方針」を書いてみよう

Ⅱ. 第2表：課題、長期・短期目標、サービス内容、種別、頻度のプランニング

◻「課題」のプランニングのポイント

1. 課題設定の「4つのポイント」
　～めざす・改善・向上・維持～

　ケアプランは「これから」に着目した未来形のシートです。かかわるケアチームが個別サービス計画をつくるうえでの「共通となる課題」を示すことが第2表の役割です。

　課題には「めざす・改善・向上・維持」の4つの種類があります。

1）めざす課題

　めざすとは「新たなこと」ができるようになることです。その出発点は「本人の動機」です。心身の機能低下や体調の悪化でできないとあきらめている、やり方がわからないので無理と思っていることはよくあることです。利用者のなかの「前向きになれる動機」に着目し、利用者（家族）が「どのような自分になりたい」のか、どのような暮らし（役割、仕事、趣味）を再び始めたいのかに着目します。

　次のような問いかけにより、「めざす課題」を浮き彫りにします。

- どのようなことならやってみたいと思われますか？
- いままでであきらめてしまったことはどのようなことですか？
- もし仮に〜ができるようになれば、どのようなことをやりたいと思われますか？

2）改善する課題

　改善とは「悪い状態を改める」ことです。その基準は「いまの暮らしぶり」です。以前よりできなくなったことを聞き取り、利用者（家族）が「どのような暮らしぶり」を取り戻したいのか、何をどのように改善をしたいのかに着目します。

- どのような暮らし（方）に戻れたらいいなと思われますか？
- どのような生活習慣が取り戻せたら、毎日が楽になりますか？
- もし仮に〜のように良くなれば、どのような暮らしをされたいですか？

3）向上する課題

　向上とは「さらに良くなる」ことです。リハビリテーションや食事改善・服薬管理、治療などで改善された暮らしぶりの「さらに上をめざす」ことを課題にします。なにごとにも積極的になれる前向きな性格の人やコ

課題と目標
「問題と課題」は「同義語」ではない。問題は一般的に「好ましくない、できない」現状を表す言葉。「課題」とは、現状の問題点を分析し、これから解決をめざして取り組むこと。めざす方向・めざす到達点を意味する「前向き」な言葉。「目標」とは、課題を達成するために期間（3〜6ヵ月か1年間）ごとに達成する「目安」、あるいは取り組む「項目」。

本人の動機

問いかけ

さらに上をめざす

居宅サービス計画書（第2表）

生活全般の解決すべき課題（ニーズ）	援助目標				援助内容				
	長期目標	（期間）	短期目標	（期間）	サービス内容	サービス種別	※2	（頻度）	（期間）

ツコツと努力をすることで物事を達成することを好む性格の人には、向上する課題を示すことで本人の動機（意欲）を引き出すことができます。
・どのようなことがさらに良くなればよいと思われますか？
・ご自分なりにどのようなことをめざしてみたいですか？
・もし仮に〜が良くなれば、さらにどのようなことをやりたいですか？

4）維持する課題

　老人性うつ症や長い介護生活や入院生活から、改善や達成などのポジティブ（前向き）な課題に意欲的になれない利用者（家族）はいます。また90歳以上の要介護高齢者の場合、<u>維持することを課題化</u>する視点は大切です。

　その際には、<u>維持することの意味（大切さ）</u>に着目した課題設定を行います。現在の状態を維持することで可能となっている暮らしに着目することで、利用者（家族）が自己肯定感を持て、要介護度の維持（暮らしの維持）が図れることをめざします。
・今の暮らしでどのようなことを続けたいですか？
・〜は自分で続けたいとお考えですか？
・自分なりに人に頼らずに続けたいことはどのようなことですか？

2. 4つの領域ごとの課題設定
〜ＡＤＬ・ＩＡＤＬ・ＣＡＤＬ・疾患管理〜

　課題設定にも、利用者の心身の状況や受容度、家族の介護力やかかわり

> 維持することを課題化
>
> 維持することの意味

のレベル、医療的視点からの必要性・緊急性により、課題設定の「重みづけ」（優先順位）は異なります。第2表（居宅サービス計画書(2)）の課題設定を1つの領域のみでプランニングするのか、2～3つの領域とするか、4つの領域を網羅するのかは、利用者（家族）の心身の状況や緊急度、利用者（家族）の生活への意向およびケアチーム・医療チームのかかわり方を含んだ話し合いを行い適切な設定をします。

|重みづけ|

アセスメントから課題の抽出、課題の優先順位化は「課題整理総括シート」（課題整理総括表：p58、98参照）を活用して行います。

|課題整理総括シート|

では、どのような視点で課題設定を行えばよいでしょうか。

1）ADLを課題設定するポイント

ADLは日常生活で常に行っている移動から、数日おきの入浴まで、頻度も困難性も異なります。そして心地よい生活の基本にあるものであり、基本的に「本人流」（その人なりのやり方）があります。それができない（支障がある）ことで、行けない場所、ガマンしてしまうこと、恥ずかしいこと、情けないこと、痛い・つらいこと、ガマンできないこと、あきらめていることなどがあります。

|本人流|

課題を設定する際は、排泄や食事を目的化するのではなく、それが可能となることで「取り戻せる暮らし」が利用者（家族）とケアチームにわかるように課題設定します。

|取り戻せる暮らし|

2）IADLを課題設定するポイント

料理・掃除・洗濯などのIADLは1日3回行う料理と週に数回の掃除・洗濯・買い物などでは、「取り組む回数」が異なります。また利用者の育った環境や生活史、受けた躾（しつけ）、家風と家柄、家族内での役割、得意・不得意（能力、好み）なども影響します。いずれのIADLも「道具」を使うので、心身の状態によって使いこなせない状況も想定されます。

|取り組む回数|

課題設定にあたっては、かつてのIADLの様子をヒアリングし、できなくなることで困っていること、ガマンしていること、また他人や業者に依頼することでかかっている費用なども大切な情報です。

とりわけ性別による「得意・不得意」があるのがIADLです。女性高齢者は、これまでの生活歴のなかで「暮らしの行為」を行ってきた経験があり、「取り戻す暮らし」を課題化することができます。一方、男性高齢者では「暮らしの行為」は未経験の人も多く、「初めて取り組む」暮らしの行為として課題化することになります。

|得意・不得意|

IADLが目的化することなく、それらの「ひとくくりの暮らしの行為」が持つ意味（例：料理がつくれることで家族に感謝される、掃除ができることで部屋が整理され心地よいなど）を押さえ、ケアチームが共有化しやすい表記を心がけます。

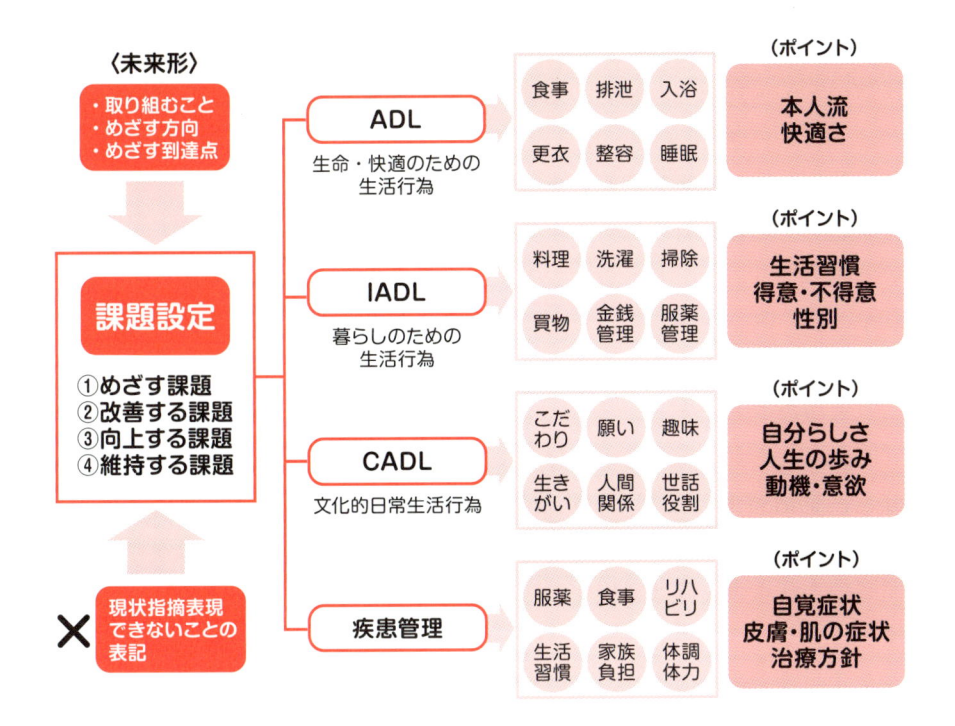

```
〈未来形〉
・取り組むこと
・めざす方向
・めざす到達点
        ↓
   課題設定
  ①めざす課題
  ②改善する課題
  ③向上する課題
  ④維持する課題
        ↑
  ✕ 現状指摘表現
    できないことの
    表記
```

```
ADL  生命・快適のための生活行為
  食事 排泄 入浴
  更衣 整容 睡眠
  （ポイント）本人流 快適さ

IADL 暮らしのための生活行為
  料理 洗濯 掃除
  買物 金銭管理 服薬管理
  （ポイント）生活習慣 得意・不得意 性別

CADL 文化的日常生活行為
  こだわり 願い 趣味
  生きがい 人間関係 世話役割
  （ポイント）自分らしさ 人生の歩み 動機・意欲

疾患管理
  服薬 食事 リハビリ
  生活習慣 家族負担 体調体力
  （ポイント）自覚症状 皮膚・肌の症状 治療方針
```

3）CADLを課題設定するポイント

　CADL（文化的日常生活動作）は利用者のこれまでの「人生の歩み、生活歴、家族歴、教育歴、仕事歴、人間関係、社会的活動」などによって千差万別の個別性あふれるものです。「その人らしさ」は、本人にとっては「自分らしさ」です。ADLやIADLは生活するうえでの生命・快適行為や暮らしの行為であり、あくまで手段です。その手段を使って実現をめざすのがCADLであり、それをめざすのが「Wish プラン」です。課題分析標準項目の「社会とのかかわり」はCADLの中に含まれます。

　課題設定にあたっては、これまでの「人生の歩み」をたどりながら、本人の中にある「望み・願い」などの聴き取りから「動機づけられる」ことを抽出し、ケアチームで共有できる課題設定を心がけます。CADLを課題設定する場合、ADLやIADL、医療的ケアは、目標やサービス内容に含まれることになります。

　次のキーワードから、利用者のCADLを課題設定しましょう。
　憧れ・・・かつての望み、夢みたこと、会いたい人、立ち会いたい場面
　輝き・・・かつて輝いていた思い出（仕事、趣味、仲間、役割など）
　懐かしさ・・・思い出の場所（学校、記念碑、旅行先）、出会い、人間
　　　　　　　関係（幼なじみ、同窓生、同級生、同僚、趣味の仲間など）
　楽しさ・・・観劇、映画、祭り、食事、お喋り、イベントなど
　嬉しさ・・・担った役割、感謝されたこと、夢の実現（孫の結婚式）
　夢中・・・趣味、仲間、体験、出会い、恋、子育て、仕事など

自分らしさ

願い・・・再会、悲願、祈り、参拝など
　　報い・・・恩返し、感謝、謝罪、贖罪、お詫びなど
　　志（こころざし）・・・叶える、刻む、伝える、形に残すなど

4）疾患ケアと体調管理などを課題設定するポイント

　疾患ケアと体調管理は、本人にとっては「痛み・だるさ・しびれ・めまい・ふらつき・ほてり・むかつき・かゆみ・膨満感」などのつらい自覚症状や「むくみ、かさつき、ただれ、黄疸、発赤、発汗、チアノーゼ、皮下出血」などの皮膚や肌に現れる外的症状が緩和され、毎日を楽に送るためには大切なことです。

　服薬忘れや食事管理の不十分さ、リハビリテーションや自己管理の不十分さ、生活習慣の乱れが、疾患の症状を重篤化させ、結果的にADLやIADL、CADL、会話や認知機能に大きく影響を与えることになります。同時にこれらの放置は家族をふくむ介護者の負担を重くすることになります。

　とりわけ、医療依存度の高い利用者（人工透析、自己注射、胃ろう、経管栄養、中心静脈栄養法（IVH）、人工呼吸器、バルーンカテーテルなど）の課題設定にあたっては、医療・看護チームからの見立てと治療方針を十分理解して行います。

　表記は、「○○ができることをめざして〜を行う」など、目的を明確にすることで利用者（家族）を含めてケアチームが共通の方向性を持つことができます。また目標・サービス内容のなかに医療的行為が不慣れな家族への医療専門チームの支援を設定することも重要です。

「目標」のプランニングのポイント

目安

　目標とは、期間を軸にした「目安」（標：しるべ）です。課題設定によっては目標の期間は数ヵ月から1年にわたることになります。それをどのような期間と目安で目標化するかは、個別サービス計画に影響します。

目標の数

　目標のプランニングのポイントは「目標の数」です。注意したいのは目標は1課題に1つと限定されないということです。

1課題＋複数目標の例
　・1つの課題＋1つの長期目標＋3つの短期目標
　・1つの課題＋2つの長期目標＋それぞれに2つの短期目標

複数目標

　このように1つの課題に目標を2つの領域（例：服薬管理、リハビリテーション）で設定するなど、障害となっている要因別に「複数目標」を掲げることでより具体的な取り組みが可能となります。

　目安のプランニングのポイントは「期間・目標・力量・環境」の4つの

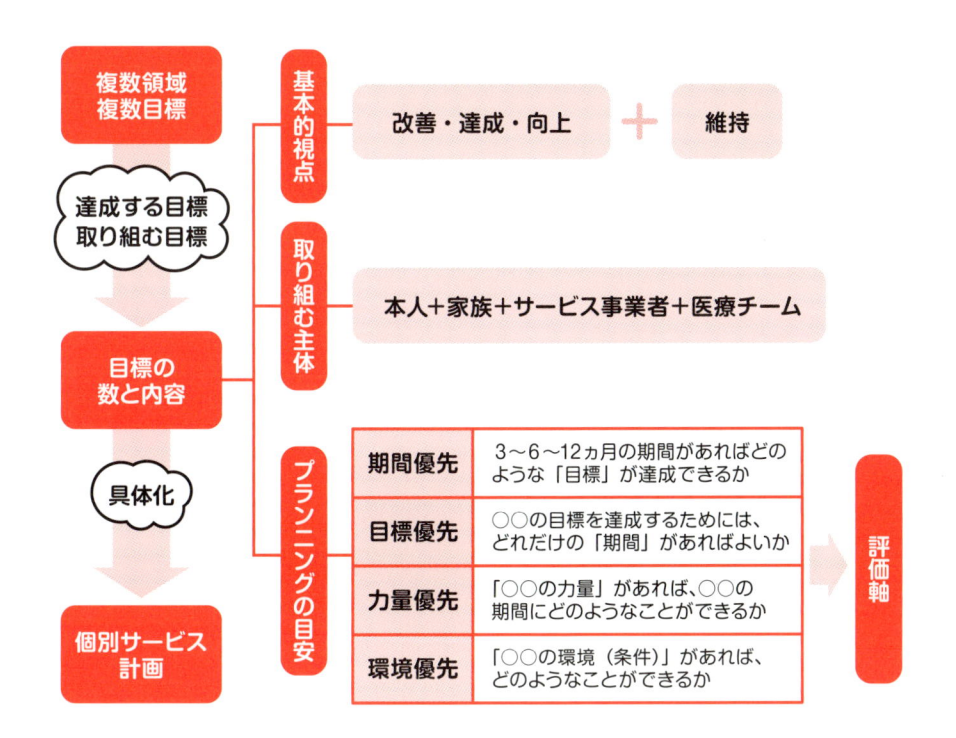

```
複数領域        基本的視点 ── 改善・達成・向上 ＋ 維持
複数目標
  ↓
達成する目標    取り組む主体 ── 本人＋家族＋サービス事業者＋医療チーム
取り組む目標
  ↓
目標の                  | 期間優先 | 3～6～12ヵ月の期間があればどのような「目標」が達成できるか |
数と内容 ── プランニング | 目標優先 | ○○の目標を達成するためには、どれだけの「期間」があればよいか | → 評価軸
  ↓       の目安        | 力量優先 | 「○○の力量」があれば、○○の期間にどのようなことができるか |
具体化                  | 環境優先 | 「○○の環境（条件）」があれば、どのようなことができるか |
  ↓
個別サービス
計画
```

視点です。忘れてはいけないのは、目標をめざしサービスを利用・提供するのは利用者（家族）と介護サービス事業所や医療機関であるということです。ケアマネジャーの一方的な決めつけや思い込みで目標設定することは利用者（家族）の意思や事業所の主体性を無視することになります。目標設定についてはサービス事業所や専門職（医師、看護師、理学療法士、作業療法士、ヘルパーなど）に次の項目の質問をして、目標欄とサービス内容欄・頻度をプランニングすることで、専門職の主体性を尊重します。

- <u>期間優先</u>：3～6ヵ月～12ヵ月の期間があれば、どのようなことが達成できるか
- <u>目標優先</u>：○○の目標を達成するためには、どれだけの期間があればよいか
- <u>力量優先</u>：○○の力量（例：利用者の能力と体力・意欲、家族の支援、介護サービスの量、医療的ケアの支援）があれば、○○の期間にどのようなことができるか
- <u>環境優先</u>：「○○の住環境、○○の家族関係、○○の人間関係」があれば○○の期間にどのようなことができるか、どれだけの期間があればできるか

注意したいことは、目標設定はすべてが改善・達成・向上目標となるわけではないことです。低下しがちな機能を維持することを目標として位置づけることも重要です。できること（可能性）を段階別に分けて期間別に表記すると、モニタリング時やサービス提供時の「<u>評価軸</u>」となります。

では ADL、IADL を目標設定する際に、どのような考え方で進めればよいでしょうか。

1. ＡＤＬを目標設定するポイント

目標設定のなかに ADL の領域を入れる際には、利用者なりのやり方（本人流）を丁寧に聞き取り、それを尊重し、「この〇ヵ月間でどのあたりまでできるようになりたいですか？」と具体的にヒアリングします。

ポイントは ADL の「ひとくくりの生命行為」「ひとくくりの暮らしの快適な行為」を、1つひとつの身体行為に<u>細分化</u>して、行為別に「いつまでに達成するか」「どうやれば達成できるか」を検討し目標化することです。その際、ケアに直接かかわる事業所や医療チームにも意見を求めるようにします。

> 細分化

食事・飲水・排泄・睡眠などの生命行為は1日の生活のなかで複数回以上頻繁に行われます。また、暮らしの快適さの基礎となる整容・着替え（1日1～2回）や入浴（1週間に複数回程度）は、利用者の状態に応じてどのレベルをめざすかを利用者及びケアチームで相談しましょう。

> 名称や店舗名

行きたい場所や食べたい料理、食べたい場所、着たい外出着なども<u>名称や店舗名</u>まで具体的に表記することで、利用者の「動機づけ」に役立ちます。

ＡＤＬの項目別の目標化のポイント

- 移動・・・場所（例：居室、居間、廊下、トイレ、台所、風呂、玄関、庭、道路、階段、店舗、コンビニ、神社、寺、公民館など）、手段（例：徒歩、1本杖、4点杖、シルバーカー、歩行器、車いす、自動車、バス、電車など）
- 起居・移乗・・・起き上がり（例：ベッド、ソファ）、寝返り（時間帯、回数）、移乗（ベッド、車いす、自家用車など）
- 食事・・・時間帯（朝、昼、夕）、量、種類（例：和食、中華、洋食など）、好みの食材（例：肉、野菜、米、麺類、パスタなど）、好みの調理法（例：煮物、焼き物、炒め物、生もの、汁物、鍋物、湯がき物など）、好みの食べ方（箸、フォーク、ナイフ）、好みの場所（例：居室、居間、レストラン、寿司屋、そば屋など）、好みの食べる相手（例：配偶者、子ども、孫、友人など）
- 排泄・・・頻度（大便、尿）、時間帯（朝・日中・夜・深夜）、場所（便所、ベッド脇）、方法（和式、洋式、ポータブルトイレなど）
- 睡眠・・・睡眠時間、入眠・起床、寝間着の更衣
- 入浴・・・頻度、時間帯、入浴時間、脱衣・着衣、洗身（胸、腕、

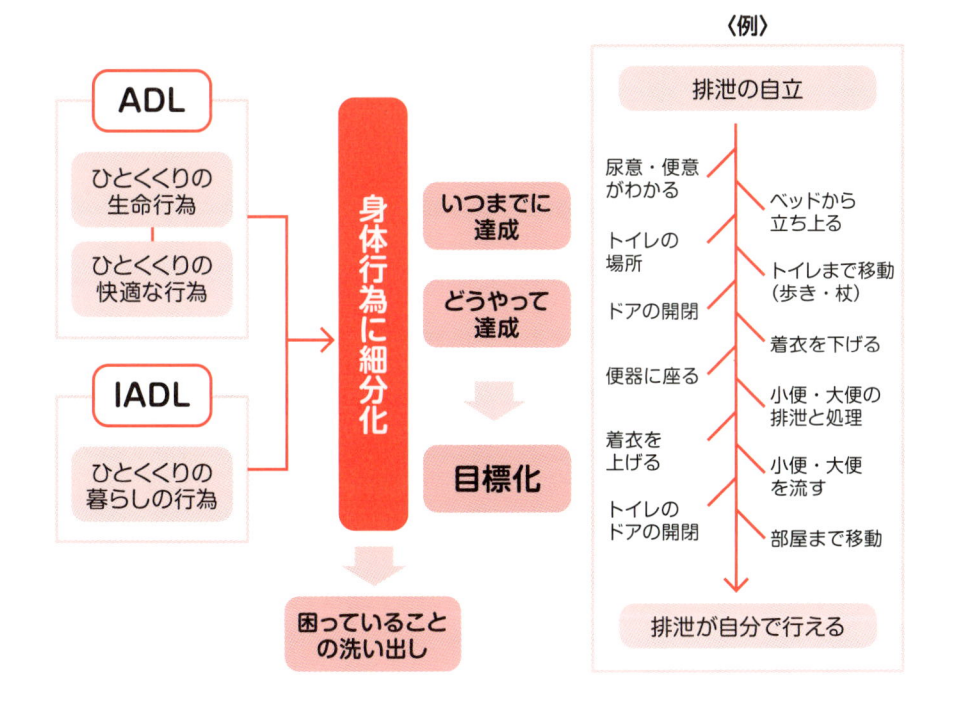

```
        ADL                                           〈例〉
   ┌─────────┐                                    ┌──────────┐
   │ ひとくくりの │                                    │ 排泄の自立 │
   │  生命行為  │                                    └──────────┘
   └─────────┘      ┌────┐    ┌────┐       尿意・便意  ベッドから
   ┌─────────┐      │身体│    │いつまでに│  がわかる   立ち上る
   │ ひとくくりの │─→ │行為│    │ 達成   │    トイレの   トイレまで移動
   │  快適な行為 │    │に細│    └────┘      場所     （歩き・杖）
   └─────────┘      │分化│    ┌────┐    ドアの開閉  着衣を下げる
       IADL         │   │    │どうやって│
   ┌─────────┐      │   │    │ 達成   │    便器に座る  小便・大便の
   │ ひとくくりの │    └────┘    └────┘               排泄と処理
   │ 暮らしの行為 │                  ↓         着衣を    小便・大便
   └─────────┘                ┌────┐       上げる    を流す
                              │目標化│      トイレの   部屋まで移動
                              └────┘       ドアの開閉
                                 ↓
                           ┌──────────┐       ┌──────────┐
                           │困っていること│       │排泄が自分で行える│
                           │ の洗い出し  │       └──────────┘
                           └──────────┘
```

　　　　　足、背中、陰部など）、洗髪（シャンプー、リンスなど）、
　　　　　浴槽のまたぎ、お湯につかる
・整容・・・歯磨き、うがい、髭剃り、お化粧（化粧水、口紅など）、
　　　　　整髪（ブラッシング、櫛など）
・更衣・・・部屋着、寝間着、外出着（例：和服、洋服、普段着など）

◎例：排泄時に自分の力でトイレで用を足せるようになる

・もよおすことがわかる：尿意・便意がわかる
・今いる場所（ベッド、ソファ、コタツ、畳）から立ち上がれる
・移動する（自力で歩く、4点杖を使う、手すり・室内用シルバーカーを頼りに歩く）
・トイレの場所がわかり、ドアを開ける・扉を引く
・ズボン、下着を下げる
・便器に座る（しゃがむ、手すりを使う）
・排泄をする
・小便、大便の処理をする（紙で拭く、陰部などを水洗する）
・小便、大便を流す
・下着、ズボン、スカートを上げる
・ドアを開ける・扉を引く、扉を閉める
・部屋まで移動する

2．IADLを目標設定する

　IADLでは料理・洗濯・掃除などの「ひとくくりの暮らしの行為」ができるようになるためには、次の視点でプランニングをします。

- どのような心身の機能が回復・改善できればよいか
- どのような道具が使いこなせるようになればよいか
- どのような目的（誰のため）なら利用者が動機づけられるか
- どのようなサポートがあれば行うことができるか

　IADLを目標化するためには、要介護状態となる前にどのような暮らしぶりだったのか、本人なりのこだわりをヒアリングし、現在の「ひとくくりの暮らしの行為」を身体行為で細分化し、どの部分にどのようなサポートがあればできるようになるのかを身体行為別に検討し目標化します。

ＩＡＤＬの項目別の目標化のポイント

- 掃除・・・頻度と場所（例：居室、居間、廊下、トイレ、台所、風呂、玄関、庭、ペットのトイレなど）
- 洗濯・・・頻度と洗い物の種類（例：下着、部屋着、寝間着、タオル、シーツなど）
- 料理・・・頻度と料理の領域（例：和食、中華、洋食など）と食材（例：肉、野菜、米、麺類、パスタなど）
- 買い物・・・品目（例：食材、日用品、衣服、化粧品、小物など）と店舗（商店街、スーパー、なじみの店など）
- 金銭管理・・目的（例：年金、貯金、生活費など）、種類（例：通帳、キャッシュカード、印鑑）、保管場所（タンス、金庫、その他）、引き出し場所（銀行、郵便局、農協、コンビニなど）
- 服薬管理・・服薬の頻度と時間帯、薬の種類、保管場所（タンス、冷蔵庫など）、管理方法（一包化、服薬確認表、お薬ボックス、服薬カレンダーなど）、投与法（錠剤、カプセル、散剤、細粒・顆粒、内用液、ゼリーなど）

◎例：お盆に集まった子ども家族を懐かしの地元料理でもてなす

- 食材を買い出しに行けるようになる
- 台所で立位が20分とれるようになる
- 包丁を持って野菜などを切る・剥くができるようになる
- 鍋やフライパンを両手で使いこなすことができる
- ガスレンジ（電子レンジ）で煮炊きができるようになる
- 煮込んだ料理に味付けができるようになる
- 皿を用意し、箸で盛り付けができるようになる
- 盛り付けた皿の配膳の指示ができるようになる

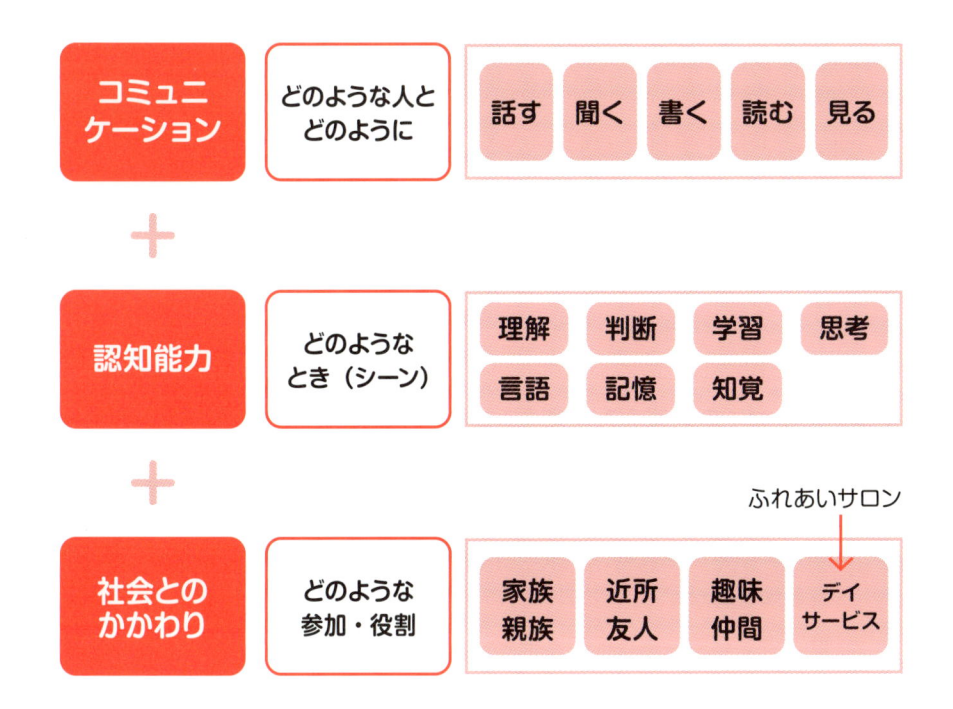

コミュニケーション	どのような人とどのように	話す　聞く　書く　読む　見る
＋		
認知能力	どのようなとき（シーン）	理解　判断　学習　思考 言語　記憶　知覚
＋		
社会とのかかわり	どのような参加・役割	家族親族　近所友人　趣味仲間　デイサービス（ふれあいサロン）

これらを具体的に情報収集し、名称や店舗名などを目標の表記に盛り込むことで、利用者とケアチームがイメージしやすくなります。

またIADLは行政の生活支援サービスや介護給付以外の民間サービスで対応できるものがあります。自費負担で利用する場合は、目標とサービス内容に位置づけましょう。

＜介護給付以外のサービスの例＞

配食サービス、食材配達サービス、スーパーやコンビニの商品配達サービス、清掃サービス、クリーニング、家事代行サービスなど

3. コミュニケーション、認知能力、社会とのかかわりを目標設定する

ADL・IADLの目標に取り組むうえで、コミュニケーション、認知能力、社会とのかかわりの目標化が必要な場合があります。

次の視点で目標を設定します。

・どのような人とコミュニケーションができるようになればよいか
　（例：配偶者、息子・娘、孫、隣近所、ヘルパー、デイサービス利用者、医師、看護師、理学療法士、店員、タクシー運転手など）
・どのようなときに認知の混乱が起こらないようにすればよいか
　（例：家族との会話、料理づくり、散歩、デイサービス、通院、ゴミ分別、ゴミ出し、スーパー・コンビニでの買い物など）
・どのような社会とのかかわり（役割）があれば意欲的になるか、孤独

でなくなるか

(例：家族行事、町内会、趣味サークル、デイサービス、地元行事、老人会、民生委員など)

　コミュニケーション、認知能力、社会とのかかわりを目標設定するためには、要介護状態となる前にどのくらいのレベルだったのか、利用者・家族などからヒアリングし、どの部分にどのようなサポートがあればできるようになるのかを目標化します。

> ◎例：かつての同僚3人と集まって懐かしの雀荘で麻雀を楽しむ
> ・同僚3人に麻雀のお誘いを電話（Eメール、FAX）する
> ・懐かしの雀荘に4点杖を使って地図を持って歩いて出かける（見当識）
> ・麻雀をしながら昔話（長期記憶、話す、聞く）をする
> ・麻雀牌を見ながら（見る）、次の手を考える（思考、予測、想像）
> ・麻雀牌を打つ（実行機能：牌をつかむ、並べる、サイコロを転がす）
> ・計算された麻雀の勝ち点数を、表に記録する（短期記憶、書く）
> ・麻雀終了後、3人とカラオケを楽しむ（歌う、発声する）

1）コミュニケーションの項目別の目標化のポイント

- 話す・・・相手（例：夫・妻、息子・娘、孫、近所、趣味仲間）、頻度（日、週、月）、時間（分、時間）、話題（例：昔話、趣味の話、時事ネタ）、手段（例：対話、電話）
- 聞く・・・相手、頻度、時間、話題、手段（例：電話、会話）
- 書く・・・対象（例：はがき、手紙、習字、原稿用紙）、相手、目的（例：季節の挨拶、年賀状、礼状）、方法（例：鉛筆、マジック、ボールペン、毛筆、パソコン、スマートフォンなど）
- 読む・・・対象（例：新聞、雑誌、小説、絵本、手紙など）、場所（例：自宅、図書館、書店など）、手段（例：メガネ、拡大鏡、家族などによる代読）
- 見る・・・対象（例：表情、動作、景色、テレビなど）、場所（例：自宅、公園、喫茶店など）、手段（例：メガネ、拡大鏡）

2）認知能力の項目別の目標化のポイント

- 理解・・・対象（例：会話、テレビ、表示・標識、新聞、雑誌など）、相手（家族、友人、店員、看護師、介護スタッフなど）、内容（例：道順、日時、場所、料理手順、食べ方など）
- 判断・・・対象（例：食べ物、衣服、行き先、居場所、服薬、排泄）、内容（食べ方、着替え方、行き方、料理の方法と手順な

　　　　　　ど）、頻度（日中、夜間）
- 学習・・・領域（例：料理、洗濯、掃除、片づけ、移動方法など）、
　　　　　　内容（例：手順、道具の使い方、危険な行為など）
- 思考・・・領域（例：ADL、IADL、CADL、ゲーム、趣味など）、
　　　　　　相手（家族、近所、友人、知人、介護スタッフなど）
- 言語・・・会話の相手（例：家族、近所、友人、介護スタッフなど）、
　　　　　　内容（例：行為、要求、望み、好み、思い、願い、感想・
　　　　　　印象、感覚、感情、悩み、困りごと、不安）
- 記憶・・・数分〜数十分の短期記憶（例：食事、排泄、会話、外出）、
　　　　　　対応（例：会話、記録、メモ書き）
- 知覚・・・身体感覚（例：痛い、冷たい、熱い、眠い、だるい）、伝
　　　　　　える（例：言葉、文字、身振り、表情、イラスト）

3）社会とのかかわりの目標化のポイント

- 家族・・・頻度（日・週・月単位）、相手（夫・妻、息子・娘、孫・
　親族　　　ひ孫、兄弟姉妹など）、場所（例：居室、自宅、子ども宅、
　　　　　　レストランなど）、行うこと（例：会話、会食、鑑賞、見
　　　　　　学、参観、旅行、遊びなど）
- 近所・・・頻度（日・週・月単位）、相手（お隣、近所、町内会員、
　友人　　　店員など）、場所（例：自宅、相手宅、公園、公民館、路
　　　　　　上、店舗など）、行うこと（例：会話、散歩、買物、ゴミ
　　　　　　出し、お祭り、地域行事など）
- 趣味・・・頻度（週・月単位）、相手（趣味の先生、趣味仲間）、場所
　仲間　　　（例：自宅、教室、公民館など）、行うこと（例：例会参
　　　　　　加、発表会など）
- デイサービス・・・頻度（週・月単位）、相手（介護スタッフ、デイ
　ふれあい　利用者、アクティビティ指導者）、場所（例：デイサービ
　サロン　　ス）、行うこと（例：おしゃべり、お手伝い、レクリエー
　　　　　　ション参加など）

◻︎「期間」のプランニングのポイント

　援助期間は、目標達成の「見込み」です。短すぎると過重な負担がかかり、長すぎると日々の取り組みがあいまいになりがちです。期間（いつからいつまで）は、ケアマネジャーの判断や利用者（家族）の希望だけでなく、サービス提供側からどれくらいの期間が必要か（見積もり）を提案してもらうことがポイントとなります。

　「○○のことなら、○ヵ月間あれば行える」という目安をサービス事業

見込み

見積もり

者や専門職から情報収集し、根拠のある期間を設定します。更新期間に準じて、3〜6ヵ月（1年更新）、6〜12ヵ月（2年更新）とパターン化しないように注意します。期間の表記は○月○日〜○月○日と期日が明確となる表記とします。

□「サービス内容」のプランニングのポイント

サービス内容は、短期目標の目標設定と期間によって決まります。短期目標が実践的になるためには、暫定プランや継続プラン作成のプロセスやサービス担当者会議でサービス提供を担う事業所からの積極的な提案などを盛り込むことがポイントです。このことにより個別サービス計画とケアプランとの「連動・連続性」が可能となります。

サービス内容が介護サービスのみになることがないよう、自助（本人の取り組み）とともに、互助・共助・公助でどのように支援していくのか、どのようなことが可能かをプランニングの際に明確にし、ケアプランに表記します。

その視点は次の6つとなります。

・自助：本人が取り組むこと（取り組めそうなこと）は何か？
・互助：家族・親族が取り組むこと（取り組めそうなこと）は何か？
　　　：近隣などの支え合いの資源（例：町内会、ボランティア、サークル）が取り組むこと（取り組めそうなこと）は何か？
・共助：介護保険サービス、市町村サービス、社会福祉協議会などでできること（できそうなこと）は何か？
・公助：各種制度や社会保障などでできることは何か？
・医療看護：医療・看護・リハビリテーションなどでできること（できそうなこと）は何か？
・生活支援サービス：家事代行、外出支援、買物支援、緊急通報、配食支援、旅行支援でできること（できそうなこと）は何か？

ポイントは、介護サービスやインフォーマル資源などが「できること」から組み立てるのではなく、課題（ニーズ）及び短期目標の達成のために必要な支援内容を考え、そのために何をやればよいか、どこがどのように分担すればよいかという視点をもつことです。

プランニングにあたり、「家族構成図」や「ハートエリアマッピング」（p57、97参照）をつくることで、予想外のサービス資源や援助内容がひらめくことがあります。

記載にあたって、ケアの手順書や支援項目の羅列にならないように注意しましょう。長い文章はわかりづらいので「箇条書き」とし、「番号」を

6つのサービス資源

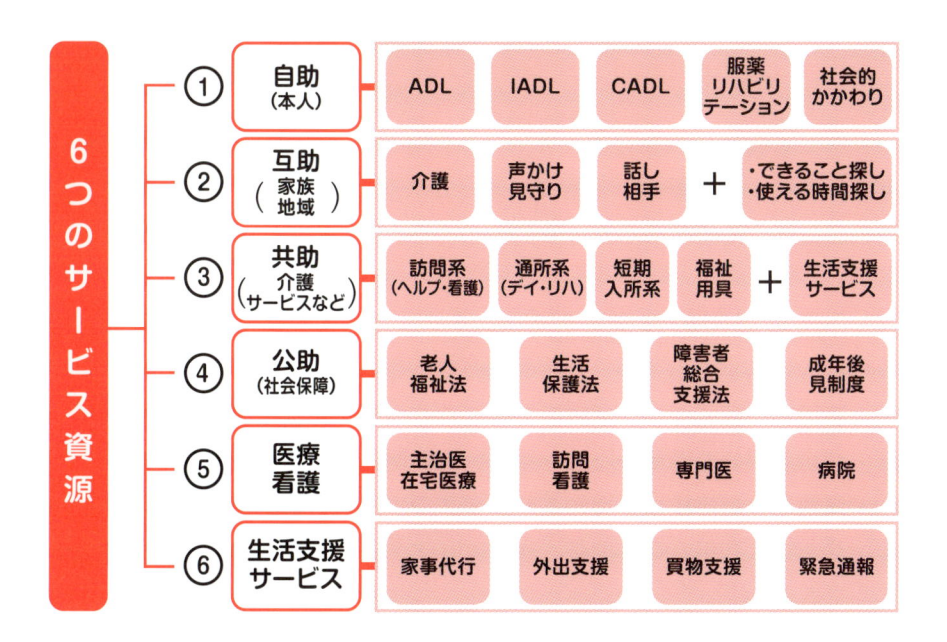

①	自助（本人）	ADL	IADL	CADL	服薬リハビリテーション	社会的かかわり
②	互助（家族・地域）	介護	声かけ見守り	話し相手	＋	・できること探し ・使える時間探し
③	共助（介護サービスなど）	訪問系（ヘルプ・看護）	通所系（デイ・リハ）	短期入所系	福祉用具 ＋	生活支援サービス
④	公助（社会保障）	老人福祉法	生活保護法	障害者総合支援法	成年後見制度	
⑤	医療看護	主治医在宅医療	訪問看護	専門医	病院	
⑥	生活支援サービス	家事代行	外出支援	買物支援	緊急通報	

つけるとよいでしょう。詳細なサービス内容は各個別サービス計画で具体化されることに配慮した表記をします。

　また短期目標とサービス内容・種別に「同じ番号」をつけて対応関係を明示すると、利用者（家族）やケアチームにわかりやすくなります。サービス内容の表記のしかたは、居宅介護支援事業所として「ルール化」（標準化）を行うことで統一感のあるケアマネジメントが可能となります。

　また福祉用具を利用する場合には、サービス内容欄に「福祉用具を利用する理由（例：歩行の補助、転倒の予防）」を記載します。

　なお、介護給付対象内サービスについては「※1」欄に「丸印」を記載します。

同じ番号

【サービス加算のポイント】

　基本のサービスに加えて、サービス加算が幾種類も増えています。このサービス加算の狙いは2つあります。
　・利用者の個別の状況とニーズに対応したサービスを提供している
　・「質の高いサービス」が提供できる体制が整えられている
　これらを「報酬上評価する」ことで事業所や現場スタッフのモチベーションを上げ、質の向上への動機づけとすることが狙いです。
　大切なことは、加算サービスをつけるだけの根拠がケアプランと個別サービス計画に位置づけられていることです。また加算サービスは利用者の自己負担に直接反映するので、利用者（家族）へのわかりやすい説明を行うことは居宅介護支援事業所の「説明責任」として重要です。
　なお、介護保険制度改正ごとに「サービス加算」の項目と報酬は増減します。また市町村やその他の保険者ごとに「ローカルルール」があり、取り扱いの基準や加算報酬も異なることがあるので、事前に情報収集をしておくようにします。

サービス加算

説明責任

ローカルルール

◻ 「サービス種別」のプランニングのポイント

サービス種別は短期目標とサービス内容に連動します。「自助・互助・共助・公助・医療看護・生活支援サービス」別にできるだけ候補をあげ、それに対応する事業所や資源を選定します。

1. 介護事業所の選定と説明のポイント

<u>選定のポイント</u>　事業所の<u>選定のポイント</u>は次の4つです。
- 利用者の状態やニーズに応えられるサービスが提供できる
- 利用者が好む環境やなじみやすい人間関係がある
- 課題や目標達成につながるサービスや専門職の対応が期待できる
- サービス利用日や時間帯、送迎エリア、<u>送迎時間</u>などに柔軟な対応ができる

送迎時間

このように、あくまで利用者本位であることが大前提です。また家族の就労などの条件（例：夜間延長デイ、送迎時の<u>居宅内介助</u>）に対応できる、家族の要望（例：緊急ショート）などにも対応できることも事業所選定では大切です。

居宅内介助

事業所の候補を示し、利用者（家族）に選んでもらうことにより、利用者（家族）の主体性と自立（自律）を尊重することにも配慮します。

◎利用者（家族）への事業所説明のポイント

①事業所のサービス内容と自費分の料金を示す

自費サービス
実費の費用

事業所ごとのサービス内容、サービス加算の有無、独自・<u>自費サービス</u>の有無、<u>実費の費用</u>（昼食代など）などを説明します。なお、利用者と契約をするのはサービス事業所です。洩れがないように、詳細な説明については事業所の担当者から直接行ってもらいましょう。とりわけ自費サービスとなる部分は内容・範囲・料金の設定がさまざまなので、正確を期すためにも<u>事業所から説明</u>してもらうようにします。

事業所から説明

②利用者説明では「わかりやすさ」に配慮する

価格一覧表

口頭だけではわかりづらいので、事業所のパンフレットを使う、<u>価格一覧表</u>を示す、利用者の属性（性別、要介護度別、疾患・障害別）ごとの感想を紹介する、利用者のエリアなどを示すようにします。サービスの特徴は、利用者（家族）の不安に着目した説明を心がけます。えこひいきにならないように配慮し、事業所ごとの特徴や価格を比較して示すことも効果的です。

③事業所もサービス内容も変更できることを利用者（家族）に説明する

いったん決まってしまうと変更することを躊躇する利用者（家族）がいます。しかしそれが結果的にサービスへの不満を生むことにもなります。

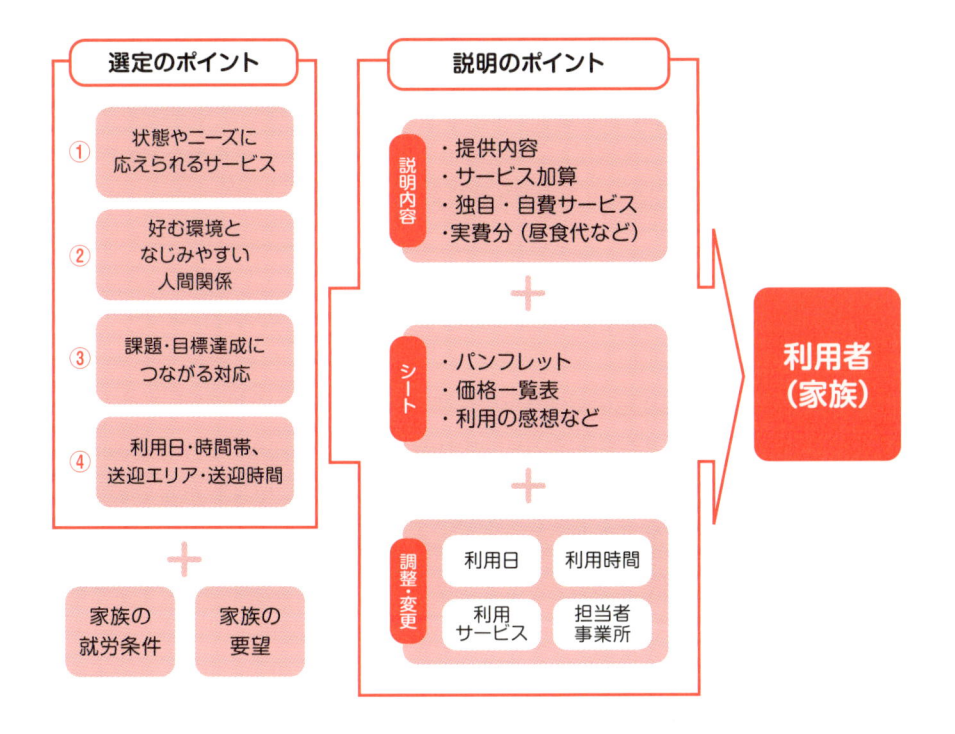

選定のポイント

- ① 状態やニーズに応えられるサービス
- ② 好む環境となじみやすい人間関係
- ③ 課題・目標達成につながる対応
- ④ 利用日・時間帯、送迎エリア・送迎時間

＋

- 家族の就労条件
- 家族の要望

説明のポイント

説明内容
・提供内容
・サービス加算
・独自・自費サービス
・実費分（昼食代など）

＋

シート
・パンフレット
・価格一覧表
・利用の感想など

＋

調整・変更
利用日／利用時間／利用サービス／担当者事業所

→ 利用者（家族）

利用者の好みや家族の事情などによって事業所や利用時間帯は変更可能であることを例をあげて説明しておきます。

【特定のサービス事業所の集中的利用の弊害】

リスク①：特定のサービス事業所ばかりを優先する

　介護サービス事業所などの介護資源が少ないなどの事情以外で、事業所側の意向を優先させてしまう危険があります。

・特定の事業所ばかりを選ぶ（決めている）
・母体法人系列の事業所を優先する（作為的・恣意的な事業所誘導）
・集合住宅などの住まい（例：サービス付き高齢者向け住宅、住宅型有料老人ホームなど）の同一敷地内にある事業所を優先する

　これらは利用者本位の姿勢から逸脱したケアマネジメントであり、介護報酬の減算対象や保険者からの指導・監査対象となるだけでなく、利用者のニーズを優先しない姿勢は利用者（家族）に不満や不信を抱かせ、苦情となってトラブル化することにもなります。

リスク②：サービス資源の発見・開発が進まなくなる

　プランニングにあたり「この地域にはサービス資源がないから理想のプランが組めない」と嘆くケアマネジャーがいます。注意しなければいけないのは、サービス資源の「種類・量・質・エリア」のいずれが不十分なのかです。

　ケアマネジャーの「資源がない」という思い込みは、サービス資源の開発・発見という「介護支援専門員の基本的姿勢」をないがしろにすることに通じます。ケアマネジャーは、多様なサービス資源の情報収集と利用者への情報提供だけでなく、サービス資源の発見・開発・育成も大切な役割とされています。現在のサービス資源に妥協するのでなく、半年後や１年後を見通し、介護サービス事業所や地域包括

支援センター、行政に投げかけましょう。また、近隣、家族、ボランティアへの働きかけや協力の依頼をしておくことで、いざというときにインフォーマル資源との連携を組むことができます。

さらに、介護サービス事業所に「新たなサービスメニュー」の提案などを行い、事業所の力量を伸ばすかかわりも大切な役割です。

2.「家族・親族のかかわり」のプランニングのポイント

利用者の在宅での暮らしを支えるために、近距離・遠距離にとらわれない家族・親族（本人の兄弟姉妹）の多様なかかわり方を提案することは、ケアマネジャーの大切な仕事です。細やかで多様なかかわり方を組み立てることで、家族の身体的・精神的な負担を減らし、サポートが長く続けられることをめざします。

＜家族のかかわりの例＞

- 本人が好む環境や暮らし方、なじみの人間関係を知っている
- 同居なので朝夕の食事介助やトイレの介助ができる
- 近距離なので週3回ほど立ち寄れ、土日はお泊り介護ができる
- 遠距離でも電話による3度の食事や服薬の確認、夜の電話の話し相手、手紙を書く、孫がEメールを送るといったことができる

 <!-- 余白注: Eメール -->

このような前向きなかかわり方がある一方で、家族は多くの制約のなかで介護をしなければいけない事情を抱えています。

- 老老介護のため体力・体調に不安があり、介護への不安がある
- 仕事が休めず「共倒れ」しそうで「介護離職」も考えている
- 親子だからこそ遠慮がないため、介護ストレスで手が出そうになる
- やって当たり前と周囲は思っていて、誰も手伝ってくれない
- 失業して親の年金しかなく、希望する介護サービスが使えない
- 介護をしたいがやり方がわからず不安でいっぱい

 <!-- 余白注: 共倒れ -->

このような状況にある家族に、前述のような家族介護の多様なかかわり方についてイメージを持ってもらえるよう、ノウハウの提供やアドバイスをすることが大切です。「できない」発想から「なにができるか」「使える時間はどれだけか」などへの発想の切り換えをサポートしましょう。

 <!-- 余白注:「できない」発想 -->

家族（親族）の参加の動機づけにも配慮し、家族歴と家族関係、家族力をアセスメントして、長い目（半年～1年単位）で家族のかかわりを地道に積み上げていく視点でプランニングします。

 <!-- 余白注: 長い目 -->

◎家族（親族）への介護の役割提案のポイント

①見守り・声かけ・体調管理

要介護高齢者であっても見守り・声かけがあるだけでスムーズに食事や排泄などの生活行為ができること、服薬や飲水などの日々の確認作業は体

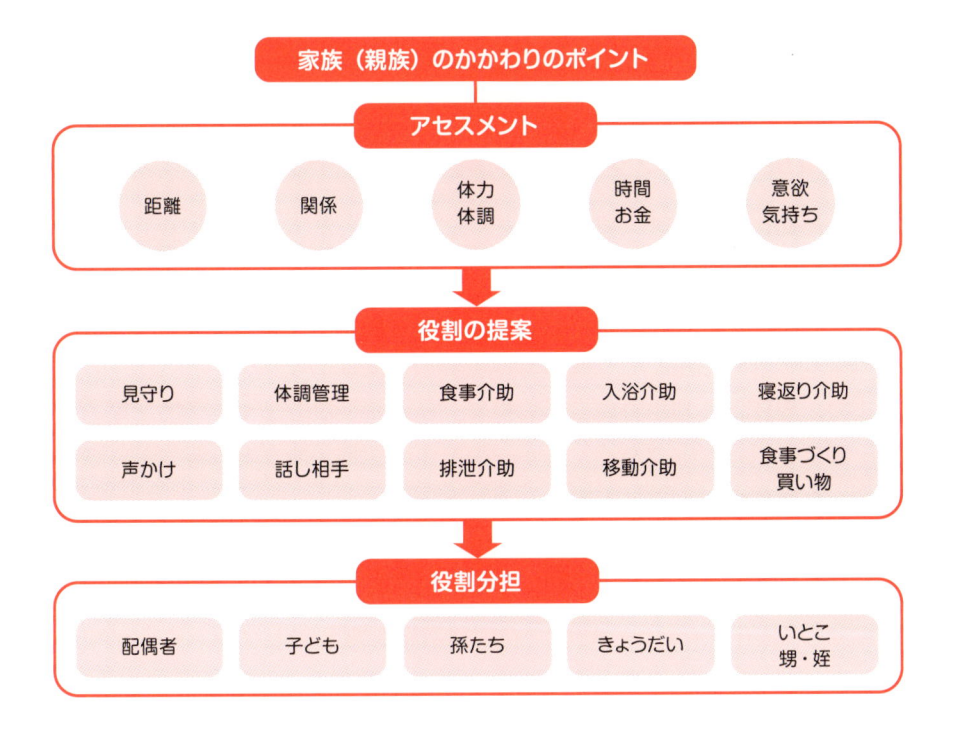

家族（親族）のかかわりのポイント

アセスメント
- 距離
- 関係
- 体力・体調
- 時間・お金
- 意欲・気持ち

↓

役割の提案
- 見守り
- 体調管理
- 食事介助
- 入浴介助
- 寝返り介助
- 声かけ
- 話し相手
- 排泄介助
- 移動介助
- 食事づくり・買い物

↓

役割分担
- 配偶者
- 子ども
- 孫たち
- きょうだい
- いとこ・甥・姪

調の維持や脱水予防にはとても大切な役割であることなどを説明します。

②食事介助・排泄介助・入浴介助・移動介助・寝返り介助など

　多くの家族はヘルパー3級レベルの講習を受けることなく、いきなり家族介護をせざるをえない立場になるため不安と戸惑いの中にいます。基本的な方法と注意点はパンフレットで説明を行い、実践的な介護方法は訪問介護事業所のヘルパーやサービス提供責任者から教習を受けられるようにマネジメントします。

　なお、介護者の疾患（腰痛など）や持病、体力のレベル、子育てや介護の経験の有無などを把握し事業所に伝えておきましょう。

③認知症へのかかわり

　認知症の特徴（中核症状、周辺症状：BPSD）により、利用者本人の中にどのような混乱（例：帰宅願望、せん妄、徘徊、失行、失語、異食）が起こり、暮らしやコミュニケーションにどのような支障が生まれるかを説明します。そのなかで家族が行えること（例：話し相手、見守り、声かけ）とコツを説明し、役割を担ってもらいます。

④食事づくりをする、一緒に食事をする、話し相手になる

　要介護者にとって1人暮らしの食事づくりはとても手間で面倒なことです。配食サービスも毎日では飽きてしまいがちです。数日～2週間分の食事をまとめてつくる（冷凍保存）、遠距離の家族がクール宅配便で冷凍した料理を送るなどの方法もあります。

　また月に1回～数回食事をともにする、話し相手になることで家族の目

が行き届き、心の支えともなります。

■「頻度」のプランニングのポイント

なじみの具合　援助の頻度は利用者（家族）のサービスへのなじみの具合や自立度、体力、家族介護の状況によって変わっていくものです。また初期のステージ**慣らし運転**（3ヵ月）で集中的にサービスを入れる場合と慣らし運転のように順次サービスを入れ込んでいく流れでは適切な頻度は異なります。

自己負担分　また、頻度は「利用料の自己負担分」に直接反映します。多め・厚めにサービスを組むだけでなく、万が一のときの短期入所なども想定し、余裕を持った頻度の組み方にも配慮しましょう。

また利用者（家族）からの「なんとか安くしたい」（1割の自己負担分を下げたい）という要望から、支給限度基準額でなく、本人の可能な自己負担分の10倍の金額から頻度（利用回数）を割り出しプランニングすることには、とりわけ注意が必要です。

ムダなくムリなく　サービスを「ムダなくムリなく」上手に利用できる頻度を利用者（家族）と話し合いをして、決めていきます。

レッツ チャレンジ！

□ 課題を「めざす」「改善する」「向上する」「維持する」で設定してみよう
□ 課題を「ADL」「IADL」「CADL」「疾患管理」で設定してみよう
□「1課題＋複数目標」でプランニングしてみよう
□「ハートエリアマッピング」を使ってプランニングしてみよう
□ サービス事業所から「目標＋サービス内容＋頻度」を提案してもらおう

Ⅲ. 第3表：主な日常生活と1週間の暮らしのプランニング

☐「1週間の暮らしと1ヵ月の暮らし」のプランニング

　利用者（家族）にとって日々の暮らしの送り方がもっともわかりやすいのは「1週間」を示した第3表（週間サービス計画表）です。第2表でプランニングした短期目標の内容を1週間の暮らし方や介護サービス、医療サービスなどで具体的に「見える化」します。

　その際に大切なのは、ADL（主に離床、整容、食事、体操、排泄、散歩、入浴、就寝など）やIADL（主に料理、掃除、洗濯、買物、服薬）の「ひとくくりの行為」を支援する自助・互助・共助・公助および保険外サービス（自費サービス含む）が「月曜日〜日曜日の帯」のなかで、どのように位置づけられ、「サポートの流れ」をつくっているか、各自の「役割」と「担う内容」を明確にします。

　「隔週の3日間の短期入所」や「第1・3週の土日は次女が介護」のように、月単位で利用するサービスや家族支援もあるので、第3表の下欄に記載をしておくようにします。

> 見える化
>
> サポートの流れ

1.「主な日常生活上の活動」のポイント

　主な日常生活上の活動欄がケアプランの記載上、つい軽視されがちなのは、右端にレイアウトされているためです。利用者の日常生活上の活動を支えるのがケアプランですから、本来は左端に位置づけられることが望ましいといえます。プランニングにあたり、要介護状態になる前の「日常生活」と現在の日常生活を把握し、これから「めざす日常生活」を利用者（家族）と話し合い、認識を一致させておきましょう。

1）「24時間」の暮らしの把握

　まず、アセスメント時に「生活リズムサポートシート」（p57、97参照）を用意し、「起床・離床、整容、食事（朝食、昼食、夕食）、排泄（大便、小便）、テレビ、会話、入浴、掃除、散歩、着替え、入眠」などの基本的な流れを把握します。ポイントは現在の24時間と数年前まで送っていた24時間を把握し、どのような暮らし方をするために、どのような支援が必要か（有効か）の視点から情報を収集します。

2）生活リズムを把握してプランニング

　1日24時間の規則正しい生活のなかには、利用者にとって心地よい

> 右端にレイアウト
>
> めざす日常生活
>
> 生活リズムサポート

生活リズム
なじみの生活習慣

「生活リズム」があります。生活リズムとは、利用者の暮らしのなかでパターン化した「なじみの生活習慣」ととらえればよいでしょう。

これらの生活リズムを把握し、利用者にとってやりづらくなっていることと症状（例：痛み、しびれ、だるさ）と原因（疾患、けが）を明らかにし、1日24時間を通じてどのような支援が必要かをプランニングします。

2.「1週間の流れ」のポイント

一般的に私たちは1ヵ月を「4週間」に区分けして暮らしています。しかし要介護状態の利用者は曜日の感覚があいまいになり、「1日＝24時間」が365日間続くことになり、暮らしにメリハリがなくなりがちになります。つまり「無為な時間」がただ流れることになるのです。

無為な時間

介護サービスや医療サービスなどの利用と家族・近隣の支援は、単調になりやすい利用者の暮らしにメリハリと生活リズムをつくる視点からプランニングしましょう。

1）利用者の1週間の暮らし

利用者の生活を、本人の活動（例：散歩、趣味、買物、外出、楽しみなど）と介護サービス、医療サービスでメリハリをつけます。

2）介護サービス

介護サービスの利用は、利用者の条件や希望だけでなく、かかわる家族や主たる介護者の予定（例：勤務状況など）によって、利用日や利用時間が決まってきます。24時間訪問介護のように1日に数回利用するサービスや小規模多機能型居宅介護は、利用者の生活リズム（例：食事、排泄、入浴）や家族の事情によって決まってきます。また週単位以外で利用する短期入所サービスなどは、本人の希望や介護者の事情（例：勤務、冠婚葬祭、介護負担の軽減）などを勘案して日数を決めます。プランニングにあたり、支給限度額と負担できる利用料1割分にも配慮が必要となります。

3）医療サービスなど（病院、主治医、専門医、薬局など）

専門医

利用者は複数の疾患や障害を抱えていることも多く、主治医への通院だけでなく、専門医（例：眼科、皮膚科、泌尿器科、神経内科、歯科）への通院などを定期的に行っています。また足腰の疲れをとるためにマッサージなどを定期的に利用している場合も多くみられます。

基本的に本人の身体の治療・ケアにかかわる資源は記入するようにしましょう。その際診察時間だけでなく、通院にかかわる移動時間と移動手段（例：徒歩、シルバーカー、タクシー）についても記載をします。

4）家族・近隣のかかわり

家族（親族含む）や近隣のかかわりがどの程度見込めるか、曜日別に「時間数、頻度、時間帯、内容」を把握し、1週間の表に記載します。中

週間サービス計画表（第3表）　　　作成年月日　平成○○年○○月×日

利用者名　　　様		主な日常生活上の活動	月	火	水	木	金	土	日
深夜	4:00								
早朝	6:00								
	8:00								
午前	10:00								
	12:00								
午後	14:00								
	16:00								
夜間	18:00								
	20:00								
	22:00								
深夜	24:00								
	2:00								
	4:00								

| 週単位以外のサービス | |

重度の利用者の場合、空白部分にいかに対応するか（例：緊急通報サービス）などの視点からプランニングします。

表記は「家族」とするのではなく、家族のなかのだれか（例：妻、長女、次女、長男）まで具体的に記載することであいまいさを避けます。家族本人の同意があれば、個人名を記入するのもよいでしょう。

3.「週単位以外のサービス」

週単位以外のサービスとして福祉用具、住宅改修、短期入所など月単位となる介護サービスや随時のサービス（例：近隣の不定期の見守り・声かけ・安否確認）、専門医への不定期な通院などを把握します。週単位以外の家族・親族などの<u>不定期の支援</u>についても記載します。

不定期の支援

レッツ チャレンジ！

☐ 生活リズムサポートシートで「24時間」のアセスメントをしよう
☐ 自助・互助・共助・公助の視点で１週間をプランニングしよう
☐ 週単位以外のサービスをしっかりと書き込もう

---

2 ケアマネジメント・プロセス

Ⅳ. 家族支援のアセスメントとプランニング

　介護保険制度は、家族介護の軽減と社会的な支援が基本理念の1つです。家族介護の「肩代わり」という意味ではないのですが、介護サービスですべてが肩代わりできるという家族の誤解がまだあります。一方、現実には多くの家族がさまざまな形で介護にかかわっています。

　しかしひたむきな家族介護（老妻介護、老夫介護、息子介護、娘介護）が、<u>自己流の介護</u>だったり、スパルタ介護だったりして、専門職からみると余裕のない乱暴な介護になっています。さらに慣れない介護の連続で家族はストレスを溜め、虐待的な環境をつくり出したり<u>共倒れ寸前</u>のところにいます。また家族自身が問題を抱えている例（例：統合失調症、うつ病、持病の悪化、<u>重い障害を持つ子どもがいる</u>、リストラ、介護離職、離婚、未婚、無収入など）も多く、ケアマネジメントのなかに「家族支援」を位置づける必要性は高まるばかりです。

　同居介護・近距離介護にかかわらず家族の人間関係と家族の介護力と家事力をアセスメントし、「<u>ケアチームの一員</u>」としての家族支援を行うことで、利用者本人が望むケア環境をつくることをめざします。

　※家族の範囲は、利用者本人が「育った家族」（兄弟姉妹）と、結婚して「育てた家族」（夫・妻、息子・娘）とする。ただし、それに連なる「親族（親戚）」を含めることで「嫁・婿・孫・甥・姪」資源を支え手として加えることができる。

自己流の介護

共倒れ寸前

ケアチームの一員

1. 家族の「介護力」のアセスメントとプランニング

　多くの家族は事前にホームヘルパーなどの資格をもっているわけではなく、「<u>介護の素人</u>」であることを忘れてはいけません。子育て経験があっても、0〜3歳児のときであり、やること（例：おむつ交換、食事介助）は似ていても高齢者の介護とは基本的に異なります。家族への愛情が深く介護への理解や情熱はあっても、技術的な力量が備わっているわけではありません。かかわり方は本人の「自立支援」のためではなく、個人的な感情を優先した先回りの「<u>お世話介護</u>」に陥りやすいのが実際です。

　男女によって介護の認識やかかわり方も異なります。男性介護者に多いのは医師などから言われたことを極端にやる「<u>スパルタ介護</u>」、女性介護者に多いのが安静・安全を強調する「<u>躾（しつけ）介護</u>」です。

　経験主義と思い込みの介護は本人の意向を無視しがちで、依存性を高め廃用性の心身の機能低下や介護事故、家族間・親族間のトラブルを生む危険をはらんでいます。介護にかかわる家族の思いと介護力のレベルにあっ

介護の素人

お世話介護

スパルタ介護
躾（しつけ）介護

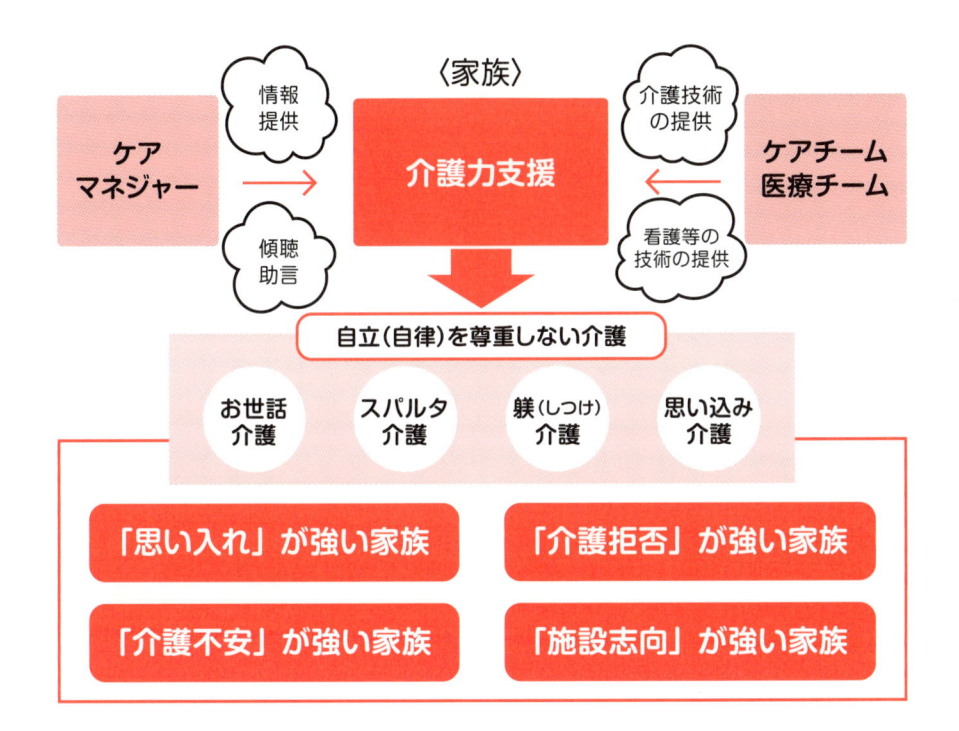

```
       〈家族〉
  情報              介護技術
  提供              の提供
ケア    →  介護力支援  ←   ケアチーム
マネジャー              医療チーム
  傾聴              看護等の
  助言              技術の提供

       ↓
   自立（自律）を尊重しない介護

  お世話   スパルタ   躾(しつけ)   思い込み
   介護    介護     介護      介護

 「思い入れ」が強い家族    「介護拒否」が強い家族
 「介護不安」が強い家族    「施設志向」が強い家族
```

たプランニングをしましょう。

① 「思い」が強い家族のアセスメントとプランニング

　恩返しをしたい・最後まで面倒をみたいなど「思い」が強い家族がいます。しかし配偶者と子どもたち、嫁・婿たちでは、その背景や事情、思いに違いがあるので、それぞれの微妙な温度差と家族間の力関係に配慮が必要となってきます。

　思いが強いタイプには、自分流の介護（かかわり方）をしたい<u>自己流タイプ</u>と介護の本や新聞・雑誌の特集などから情報収集をしてはっきりとした「介護のイメージ」を持った<u>知識・教養タイプ</u>があります。

　いずれのタイプも一歩間違えると自己中心的な<u>主観的介護</u>になりやすいので、本人の「自立（自律）」を支援するにはどのようなサポートやヘルプが適切なのかをケアチームとともに話し合う機会を持ち、家族としての「役割と分担」を具体的にしましょう。

　見守り・声かけや励ましが「意欲の維持」に役立つことを伝えるとともに、<u>過剰な励まし</u>はやらされ感や義務感を生み、本人のストレスになることも理解してもらうようにしましょう。

② 「介護拒否」が強い家族のアセスメントとプランニング

　介護拒否が強い家族には、介護サービスの利用に積極的になれない心情が働いています。その理由には、他人を入れたくない、<u>近所の評判</u>が気になる、自己負担分などの出費をできるだけ抑えたいなどがあります。また介護そのものにかかわることを拒否する家族がいます。その理由には、仕

［欄外注］
自己流タイプ
知識・教養タイプ
主観的介護
過剰な励まし
近所の評判

事が大変でかかわれない、介護そのものが面倒・やり方がわからない、これまでの関係のこじれからやりたくないなどがあります。

これらには「<u>仕事と介護の両立</u>」の事例を伝える、介護のやり方を学ぶ機会（家族介護教室など）を紹介する、訪問介護や通所介護に立ち会い、介護の方法を実践的に学ぶ、グループホームで認知症介護の<u>ボランティア体験</u>をするなど、さまざまな工夫を紹介しアドバイスをしましょう。

また介護拒否には、家族史の「<u>負の出来事</u>」が解決されずに、恨み・憎しみや不満・不信となっていること（例：子育てで協力してくれなかった、浮気で苦労をかけられた、今でも許せないことがある）があります。介護ができない理由に寄り添いながらも、どういう条件ならかかわれるか、どのようなかかわり方ならできるか、どのような関係になりたいのかなどを丁寧に聞き取り、<u>単純な決めつけ</u>（例：この家族はアテにならない）をせず、半年〜１年をかけてゆっくりと「しこり」を取り除くことに配慮したかかわり方を心がけましょう。

③「介護不安」が強い家族のアセスメントとプランニング

介護不安が強い家族には、次のようなタイプがあります。
・世間の「<u>大変な介護イメージ</u>」で押しつぶされそうになっている
・医療依存度が高い（例：胃ろう）ために自宅で看病する自信がない
・出費が増えて将来的に支えきれないと家計に不安を抱えている
・職場に迷惑をかける、職務が続けられないかもしれない

不安にも、いま直面している現実から生まれる不安から、憶測や知識不足から生じる不安、新聞や雑誌などメディアの情報からくる不安、さらに介護者自身の加齢や介護ストレスなどの心身の不調、定年や失職・減収など経済的見通しからくる不安までさまざまです。

まず家族が抱える不安に寄り添って聞き取りを行い、介護サービスで対処できること、医療サービスで対処できること、家族自身が向き合い取り組むこと（介護・看護の知識・手法・心構えなど）、行政的な対応で対処できること、保険外サービスで解決できることなどを整理し、半年〜１年をかけて、不安を解消・解決できるかかわり方を行います。

④「施設志向」が強い家族のアセスメントとプランニング

施設志向が強い家族には、在宅でも介護ができるイメージがない、万が一のために早めに施設を考えておきたい（<u>早めの住み替え</u>）など、介護不安からくるものが大半です。また介護する側に問題が発生した（例：病気、けが、入院、転勤、体調不良など）、身体の機能がいちじるしく低下し日常生活全般に介護が必要になったなど直近の事情もあるでしょう。

一方、利用者本人が「家族の世話にならない・なりたくない・なれない」などの事情から、積極的に施設への住み替えを希望しながらも、家族

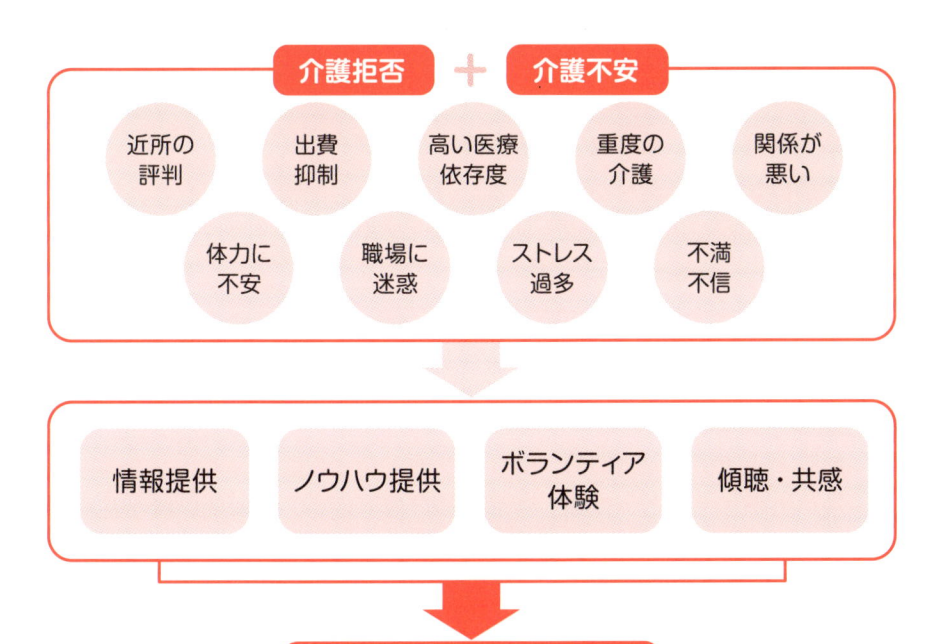

```
┌─────────────────────────────────────────┐
│    介護拒否  ＋  介護不安                │
│                                         │
│  近所の  出費   高い医療  重度の  関係が │
│  評判    抑制   依存度    介護    悪い   │
│                                         │
│    体力に  職場に  ストレス  不満        │
│    不安    迷惑    過多      不信        │
└─────────────────────────────────────────┘
                    ↓
┌─────────────────────────────────────────┐
│  情報提供  ノウハウ提供  ボランティア    │
│                          体験  傾聴・共感│
└─────────────────────────────────────────┘
                    ↓
            ┌─────────────────┐
            │ 在宅介護の可能性 │
            └─────────────────┘
```

は施設入所を希望していないという「意向のズレ」もあります。

 さらに施設には特別養護老人ホーム、老人保健施設、有料老人ホーム、認知症グループホーム、サービス付き高齢者向け住宅などさまざまあり、それぞれに施設生活のイメージは異なります。

 施設への希望を「在宅介護の限界」「介護放棄」ではなく、「施設で新しい介護生活を始める」「施設と一緒に介護する」と積極的に受けとめている利用者（家族）もいます。

 どのレベル（例：要介護度、生活状況、介護負担）で施設への住み替えを検討しているのかについても必要に応じてヒアリングし、在宅での介護生活をプランニングします。

2.「家事力」のアセスメントとプランニング

 介護生活の「大きな負担」は炊事や洗濯、掃除、布団干しなどの「家事」にかかわる部分といわれています。日本では家内分担制が家庭に徹底され、家事は女性が主に担ってきた歴史があります。多くの男性介護者（夫、息子）にとって三大介護より家事が大きな負担となっています。一方、高齢女性では心身機能の低下や持病や障害により家事が行えない、働く息子・娘世代では家事をする時間もない・能率的にどう行えばよいかわからないことなどから、日常生活に大きな支障が生まれ、在宅介護に限界を感じる原因になっています。

 かかわる家族構成員の家事力の「レベル」を把握し、インフォーマル資

〔欄外キーワード〕
意向のズレ
在宅介護の限界
介護放棄
家内分担制

家事力の向上

源（例：男の料理教室）や介護者家族の会での家事教室などもプランニングし、「家事力の向上」をめざします。

①炊事（料理、洗いものなど）のプランニング

　一般的に炊事とは食材を料理するだけでなく、配膳・洗いもの・片づけの一連の行為を含めて「炊事」と位置づけます。どのような点を介護者の課題にすればよいでしょう。

　・料理のメニューを増やす（ご飯もの、麺類、煮物、炒め物など）
　・料理の手順を効率化する（時間の短縮、作り置きの工夫など）
　・調理器材を工夫する（軽量化、電子レンジの活用など）
　・配膳を工夫する（食器類、箸、スプーンなどの改善など）
　・洗い方を工夫する（洗剤、洗具、つけ置き洗い、食器洗い機など）

料理の作り置き

　主婦の知恵や介護経験者の体験談も大いに参考とし、家族に具体的に情報提供します。近隣・近距離家族の料理の作り置きの支援（例：週1回）、遠距離家族の宅配便を使った調理済みの料理や食材の発送なども現実的な支援として取り組まれています。

②洗濯、掃除のプランニング

　介護生活の洗濯や掃除の大変さは、尿失禁・便失禁などによる洗濯の量の多さと部屋の汚れ・散らかりにあります。失禁で汚れた寝巻やシーツなどの繰り返しの洗濯や部屋の汚れなどの繰り返しの掃除は介護者にとって体力が求められるものであり、過度なストレスがかかるものです。

　洗濯・掃除は家電製品で解消できそうですが、高齢者は洗濯機の操作ができない、握力など上肢の機能が落ちて干すことができない、掃除機が重くて扱えないなどの困難さを伴っています。どの部分に困難さがあるのかをアセスメントし、同居であっても必要と判断すれば訪問介護による生活援助サービスを導入することを検討します。

本人の「流儀」

　とくに洗濯と掃除には利用者本人の「流儀」があります。介護者のやりやすいやり方が本人にとって気に入ったものとは限りません。洗濯物の干し方・たたみ方、食器類の整理・整頓の仕方を利用者（家族）から丁寧に聞き取り、利用者（家族）の了解をもらい必要に応じてデジタルカメラで撮影し、介護職が閲覧できるようにプリントアウトおよびファイリングしておきます。

③家の管理のプランニング

　高齢になると支障が生じる代表格が家の管理（例：電球の交換、雨漏り・トイレの修繕、灯油の補充、庭木の剪定、ゴミ出し、回覧板、冠婚葬祭のつきあい、公共料金の支払い、宅配便・郵便の受け取りなど）です。その細かさは地域特性や町内会によって異なりますが、働く息子・娘世代には煩雑に思えるものです。

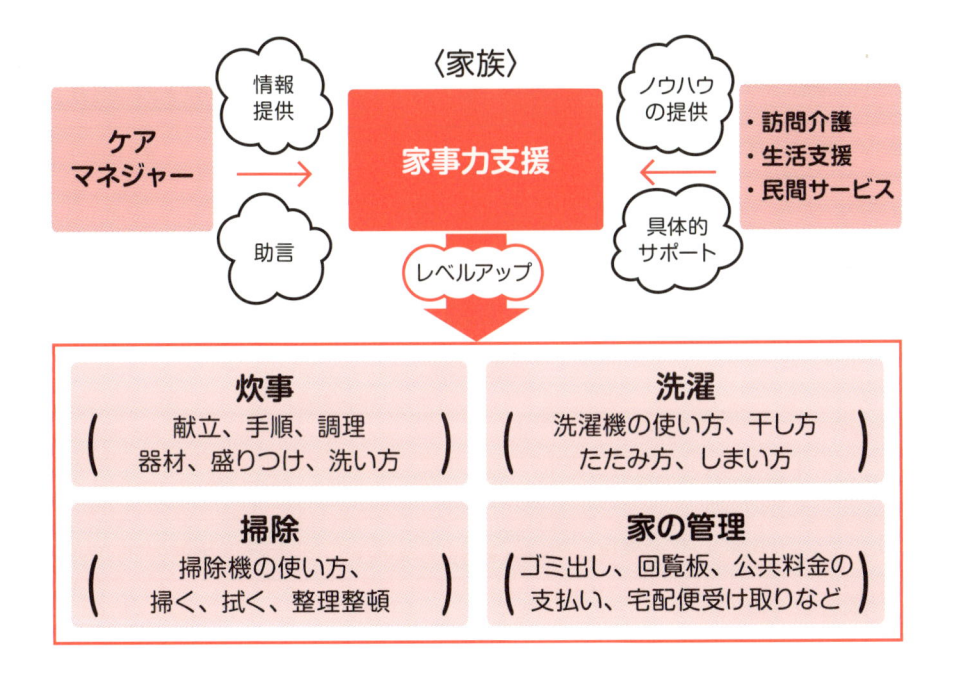

```
                    〈家族〉
  ┌─────┐  情報     ┌─────────┐  ノウハウ   ・訪問介護
  │ケア  │  提供     │          │  の提供     ・生活支援
  │マネ  │ ────→   │家事力支援│  ←────   ・民間サービス
  │ジャー│  助言     │          │  具体的
  └─────┘          └─────────┘  サポート
                    ↓レベルアップ
  ┌──────────────────────────────────────┐
  │   炊事                    洗濯                      │
  │  (献立、手順、調理      (洗濯機の使い方、干し方   │
  │   器材、盛りつけ、洗い方)  たたみ方、しまい方)    │
  │                                                    │
  │   掃除                    家の管理                  │
  │  (掃除機の使い方、      (ゴミ出し、回覧板、公共料金の│
  │   掃く、拭く、整理整頓)  支払い、宅配便受け取りなど)│
  └──────────────────────────────────────┘
```

　しかし家の管理を怠るとゴミ屋敷化するだけでなく、地域とのつきあいにも支障が生じ、結果的に「支え合いの信頼関係」(互助の関係)が崩れるリスクもあります。

　同居介護より、近隣・近距離介護や遠距離介護のほうが家の管理はあいまいになりがちです。家族の支援のなかに家の管理の重要性を位置づけ、「実家の片づけ」など家の管理が家族間で役割分担が行われるようにプランニングします。

　次ページからは、これまでのⅠ～Ⅳを考慮したK・Mさん(84歳、男性、要介護2)のプランニング例を掲載します。

ゴミ屋敷化

実家の片づけ

レッツ チャレンジ！

☐ 家族の「介護力」と「家事力」をアセスメントしよう
☐ 家族の「介護力」と「家事力」向上のためのプランニングをしてみよう
☐ 家族の介護力の向上のために、サービス事業所に協力してもらおう

利用者基本情報シート

通し番号 TX-40214　　作成日 平成 ○○ 年 ○ 月 ○○ 日　　　　　記入者　ケアタウン道子

受付日	平成 ○○ 年 ○ 月 ○○ 日	依頼者(続柄)	U.M （妻：78歳）
課題分析理由	(初回)・更新・区変・その他（　）	(来所)・電話・その他（　）	

本人氏名	K.M	男・女	M・T・(S) ○○年 3 月 ○○ 日 生 (84 歳)
		身体状況	身長 170 cm　体重 92 kg　BMI (31.8)

肥満度がわかります。

住所地	東京都○○区○○町○○○番地一○　(自宅)・病院・施設・その他	電話	03－××××－××××
		FAX	03－××××－××××

緊急連絡先

氏名(続柄)	住所	移動時間	電話／FAX	Eメール等アドレス
Y.T (長女)	同居	0分 (手段:同居)	080-○○○○-××××	ke-○○@ezweb.ne.jp
E.M (長男)	千葉県○○市○○番地	60分 (手段:電車)	090-○○○○-××××	T-34○○@docomo.ne.jp

移動時間と手段が記入されているので、目安となります。

緊急連絡先としてEメールアドレスを聞いてあります。

認定情報(被保険者情報)

介護保険	認定中・(認定済)／要支援(　)／要介護(2)／未申請
	有効期間　平成 ○○ 年 ○ 月 ○ 日 ～ 平成 ○○ 年 ○ 月 ○ 日
	認定審査会意見　(無)　有(　)
医療保険	後期高齢者医療保険
身体障害者手帳	(無) 有(　種　級)
公費助成	(無) 有(　)

主治医	氏名	加藤○○ (○○ (医院)・病院)
	連絡先	03－××××－××××
	現病歴	脳梗塞、糖尿病
	既往歴	45歳で糖尿病の診断。喫煙習慣あり(10本／日程度)

主治医の判断による「自立度」が記入できています。

経済状況	年金	□厚生年金　□国民年金　☑他(共済年金)
	家計状況	(良好)　　　(生活保護　有)

心身の状況	脳梗塞で右半身マヒとなり、転倒の危険性があり、屋内の移動に4点杖が必要。もの忘れはあるが、日常生活は声かけがあれば行える。人前では前向きな言葉が多いが、夕方、時おりふさぎ込むことがある。

日常生活自立度

障害高齢者	自立・J1・J2・A1・(A2)・B1・B2・C1・C2
認知症高齢者	(自立)・I・IIa・IIb・IIIa・IIIb・IV・M　　BPSD

生活歴
京都府舞鶴市生まれ。貧しい農家の4男。上京後、大学を出て下町の中学校の教員となる。職場の後輩だった妻と32歳で結婚。子どもは1男2女をもうける。教員時代は組合活動でがんばったのが自慢。生活指導を長く務め、非行に走った生徒からの信頼も厚く、年賀状のやりとりも多い。校長をめざさず現場にこだわる。教員時代の交流も広く、山登りが趣味だった。

生活状況
糖尿病だったがつきあいのよさから大酒を続け、半年前に脳梗塞で倒れる。78歳の妻と離婚をして戻ってきた長女と孫(13歳、9歳)と暮らす。他にペットの小型犬2匹とインコがいる。
老健入所中に3回のお試し退所を行い、玄関・トイレの住宅改修行う。移動が不安定なため横になっていることが多い。服装は妻がチェックしている。妻「ときおり考え込むときがある」とのこと

家族構成

(87歳)(84歳)(78歳)(80歳)(85歳)
(43歳)(40歳)(38歳)(36歳)
(13歳)(9歳)　(9歳)(6歳)(3歳)

KMさん夫妻の親族関係も記載されています。

間取り
洗面台／キッチン／廊下／押し入れ／リビング／居室／段庭／玄関ポーチ

近隣の地図
K.Mさん／公園／神社／公民館／クリニック／喫茶店／書店／川／友人宅

間取りと近隣の地図は大切な利用者情報です。

意向・願い
本人:このままでは教え子にはずかしい。脳梗塞になったのは仕方ないが、リハビリをがんばって、愛犬の散歩やインコの世話、山の仲間の集まりや教え子の同窓会に顔を出したい。末っ子の娘夫婦に手づくりの野菜を送ってやりたい。
妻:無理しないでリハビリをやり、また明るく元気な夫になってほしい。
長女:元気に孫の相手のできる父であってほしいです。子どもたちにもできることは手伝わせようと思います。

不安・困り
本人:糖尿病持ちなので、脳梗塞の再発が不安です。まだしっかりしているが、呆けてきたら妻と長女に迷惑をかけないか心配です。突然、不安になり眠れなくなるときがあります。
煙草はどうしてもやめたくない。
妻:がんばり屋なのが心配です。腰痛持ちなので腰に負担のない介護のやり方がわからない。
長女:身体が大きいので介護のやり方が不安。呆けることも心配です。

利用しているサービス（予定含む）
○○○○通所リハビリセンター
◎福祉用具（電動ベッド、4点杖）
○○○治療院（週2回マッサージ）

96

生活リズムサポートシート 〈記入例〉

※小規模多機能型居宅介護・グループホームのケアマネジメントで活用されているライフサポートプランを一部改変

時間	私の暮らしの流れ			できること	支援してほしいこと		
	以前の暮らし(75歳)	現在	めざす暮らし		困っていること(内容)	支援してほしい内容	かかわる人
5:00	起床		起床		起床時の着替え	着替えの介助	妻
6:00	犬の散歩	起床	朝食・服薬	洗面			
7:00	朝食	朝食・服薬		食事	食事の摂取	例:食事のセッティング	妻
8:00	緑のオジサン						
9:00							
10:00	畑で土いじり	テレビ	デイケア(週3回)		排泄の処理		妻
11:00							
12:00	昼食	昼食・服薬	(月・水・金)・リハビリ・PCトレーニ				
	(月・水・金)ボランティア(土)寺子屋先生				入浴時の着替え	デイケア 衣服	デイケア PCボランティア
					家族新聞をPCで作る。(在宅時)	PCの操作	
18:00					食事の摂取	食事のセッティング	妻
19:00	夕食	夕食・服薬	夕食・服薬	食事			
20:00	テレビ	テレビ	テレビ	テレビ・DVDの操作	就寝時の着替え		妻
21:00			DVD視聴				
22:00	読書	就寝	就寝				
23:00	就寝						
24:00							
1:00		約2時間おきの排尿	熟睡をめざす				
2:00							
3:00							
4:00							
不定期で行っている事柄(通院、趣味、娯楽等) || ○○クリニック、○○治療院(週2回、マッサージ)						

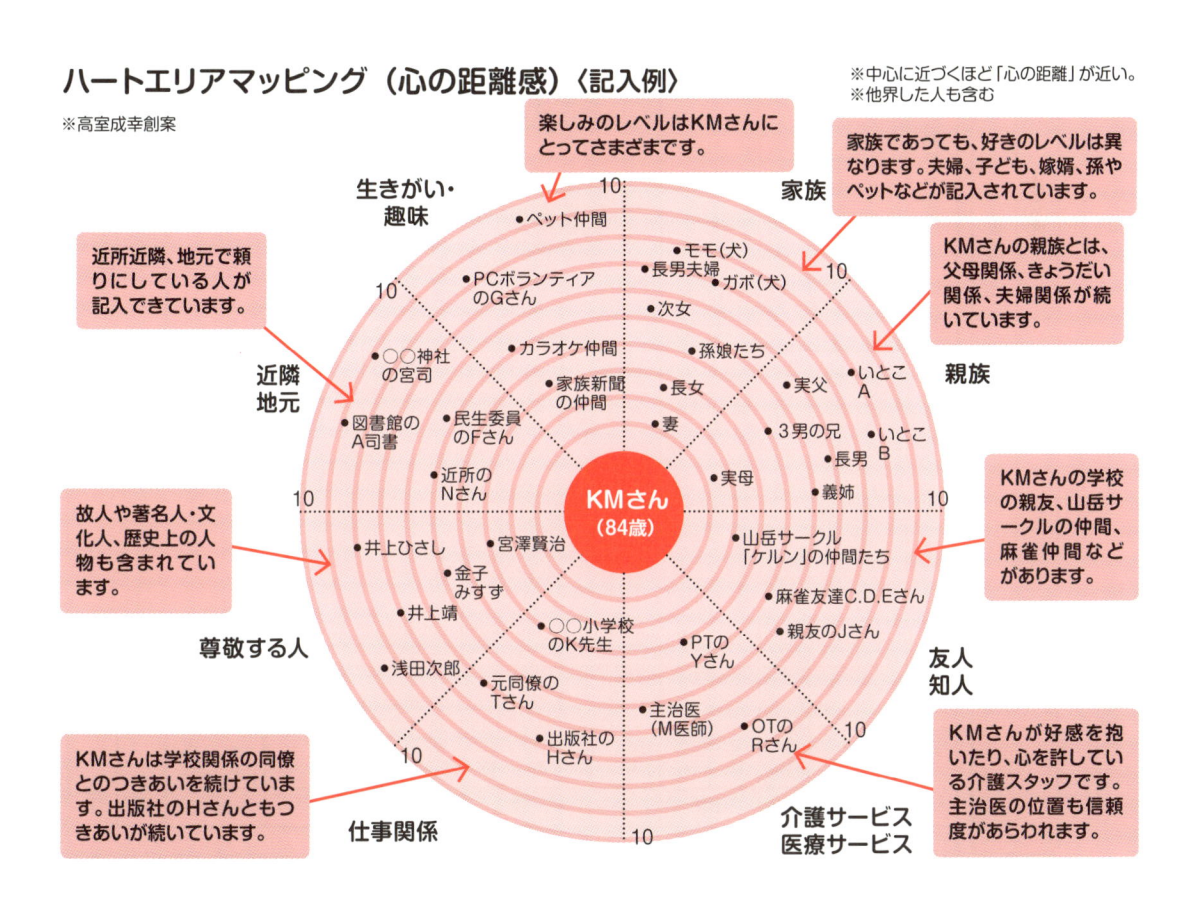

注釈:
- 75歳の頃のKMさんの暮らしぶりです。
- 現在の暮らしの流れが24時間で記入されてます。
- 3ヵ月～6ヵ月後に取り戻したい暮らしの流れを聞き取り、記入されています。
- 現在、DVDの操作は行えています。
- 困っていること、できないこと、手伝ってもらいたい人が記入されています。
- この内容はケアプラン第3表に記載されています。

2 ケアマネジメント・プロセス

ハートエリアマッピング（心の距離感）〈記入例〉

※高室成幸創案
※中心に近づくほど「心の距離」が近い。
※他界した人も含む

中心：KMさん（84歳）

生きがい・趣味：ペット仲間、PCボランティアのGさん、カラオケ仲間、家族新聞の仲間

家族：モモ(犬)、長男夫婦、ガボ(犬)、次女、孫娘たち、長女、妻、実母

親族：いとこA、いとこB、実父、3男の兄、長男、義姉

近隣・地元：○○神社の宮司、図書館のA司書、民生委員のFさん、近所のNさん

尊敬する人：井上ひさし、宮澤賢治、金子みすず、井上靖、浅田次郎

仕事関係：○○小学校のK先生、元同僚のTさん、出版社のHさん

介護サービス・医療サービス：主治医(M医師)、OTのRさん、PTのYさん

友人知人：麻雀友達C.D.Eさん、親友のJさん、山岳サークル「ケルン」の仲間たち

注釈:
- 楽しみのレベルはKMさんにとってさまざまです。
- 家族であっても、好きのレベルは異なります。夫婦、子ども、嫁婿、孫やペットなどが記入されています。
- KMさんの親族とは、父母関係、きょうだい関係、夫婦関係が続いています。
- 近所近隣、地元で頼りにしている人が記入できています。
- 故人や著名人・文化人、歴史上の人物も含まれています。
- KMさんは学校関係の同僚とのつきあいを続けています。出版社のHさんともつきあいが続いています。
- KMさんの学校の親友、山岳サークルの仲間、麻雀仲間などがあります。
- KMさんが好感を抱いたり、心を許している介護スタッフです。主治医の位置も信頼度があらわれます。

97

課題整理総括シート

作成日　平成○○年○○月○○日
記入者　ケアタウン道子

K.M 様

自立（自律）した日常生活の主な阻害要因（心身の状態、環境等）	① 脳梗塞	② 下肢筋力低下	③ 妻の腰痛
	④ 偏った食事	⑤ 糖尿病	⑥ 肥満

本人（家族）の生活への意向
(本人) ペットの世話と野菜作りをしながら自宅で暮らし続けたい。
(家族) (妻) 元気な頃のような暮らしをしたい。

	項目	現状	現状の要因	現状、支援内容等	改善/維持/悪化の可能性（見通し）	見通し	必要な支援内容及び見通し	生活全般の解決すべき課題（案）	優先順位
起居動作	寝返り	自立 見守り (一部介助) 全介助	①	・寝返りは妻の一部介助を受けている。	改善 維持 向上 (悪化)		・膝関節運動などで寝返りを自分で行えるようになると思える（PT）。・骨盤の傾きに注意が必要である（PT）。		①
	起き上がり	自立 見守り (一部介助) 全介助	①②	・起き上がりは電動ベッドで行える。・座り続けることができる。	改善 維持 向上 (悪化)				
	座位	(自立) 見守り 一部介助 全介助			改善 維持 向上 (悪化)				
移動	室内・屋内	自立 見守り (一部介助) 全介助	①②③	・居室内は4点杖と伝い歩きまで移動できる。・4点杖を使って屋内を移動できる。	(改善) 維持 向上 悪化		「長嶋監督のように歩けるようになった」と前向きな発言が家族にある（妻）。		
	屋外	自立 見守り (一部介助) 全介助	①②③		(改善) 維持 向上 悪化				
食事	摂取	(自立) 見守り 一部介助 全介助			改善 維持 向上 (悪化)				
	内容	支障なし (支障あり)	⑤	・後遺症での飲み込みに時間がかかる。・妻は医師の指示で塩分制限に配慮している。	(改善) 維持 向上 悪化		・塩分制限とカロリー管理で寝て体重を減らす等、血糖値を安定させる必要がある（主治医、栄養士）。		
排泄	排尿・排便	自立 見守り (一部介助) 全介助	①②		改善 維持 向上 (悪化)		・夜間はトイレまで間に合わないことも多く、内服薬で頻尿の回数改善ができないか希望している。		
	排泄動作	自立 見守り (一部介助) 全介助	①②		改善 維持 向上 (悪化)				
口腔	口腔衛生	自立 見守り 一部介助 (全介助)	①	・入院後、歯の虫歯の治療ができていない。・健側の手を使い歯磨きは行えている。	改善 維持 向上 (悪化)		・歯科に通院し、虫歯の治療をしたいと希望している。		
	口腔ケア	自立 見守り (一部介助) 全介助	①		改善 維持 向上 (悪化)				
入浴	洗身・洗髪	自立 見守り 一部介助 (全介助)	①⑥	・背中、両下肢は左手でなんとか洗える。・着脱衣は長女に手伝ってもらっている。	改善 (維持) 向上 悪化		・本人は「リハビリで着脱衣を自分で行えるようになりたい」と前向きである。		
	着脱衣	自立 見守り (一部介助) 全介助	①⑥		改善 (維持) 向上 悪化				
健康管理	服薬	自立 見守り (一部介助) 全介助	①②	・飲み忘れがあるので、服薬は定時に行えている。・通院は長女が付き添っている。	改善 維持 向上 (悪化)		・現状は長いが、ものの忘れが進むことを想定すると、お薬カレンダーで一包化早めに検討する必要がある（薬剤師）。		
	通院	自立 見守り (一部介助) 全介助	①⑥		改善 維持 向上 (悪化)				
更衣		自立 見守り (一部介助) 全介助	①⑥	・ズボンの着脱、セーター類などは家族の介助を受けている。	改善 維持 向上 (悪化)		・お気に入りの服が着れないのが不満で妻にいつも当たることがある。		
睡眠		(自立) 見守り 一部介助 全介助		・発熱といトイレで、夜間は2時間おきに目が覚める。	改善 維持 向上 (悪化)		・内服薬により2時間おきに目が覚めるに変えると思われる（主治医）。		

2 ケアマネジメント・プロセス

IADL	調理	自立 見守り 一部介助 全介助						
	掃除	自立 見守り 一部介助 全介助				改善 維持 向上 悪化		・本人の掃除やテーブルの整理は本人にやってもらうように助言づける。
	整理・物品の管理	自立 見守り 一部介助 全介助				改善 維持 向上 悪化		
	洗濯	自立 見守り 一部介助 全介助				改善 維持 向上 悪化		
	買い物	自立 見守り 一部介助 全介助	妻か長女が行っている			改善 維持 向上 悪化		
	金銭管理	自立 見守り 一部介助 全介助				改善 維持 向上 悪化		
CADL	楽しみ(野菜づくり)			①②⑥	・相手でジョーナベルの操作ができない。	改善 維持 向上 悪化		・野菜作りのためにホームセンターなどに長女と係と一緒に買い物に行くことで意欲を図る。	③
	趣味(家族新聞)			①	・手書きでは書けないので、パソコン作成を検討中。	改善 維持 向上 悪化		・リハビリでパソコンの使い方などに助言づけるとなって効果があると思う(PT)。	④ 全国家族新聞コンクールに応募して、大人賞をめざす。
	人間関係(山の仲間)			①②⑥	・山の仲間とは電話で連絡を取り合っている。	改善 維持 向上 悪化		・体調を安定させ、教員時代の山の仲間や出席支援をしてもらう(PT)。	10年以上前に一緒の夫のカポモモーの仲間の集まりや教え子の同窓会に参加を続ける。
	役割(ペットの世話)			①②⑥	・ペットの世話のエサやりはやっている。	改善 維持 向上 悪化		・大切ごとの散歩やすずロに入れるなど位置づけられ気になる(長女・妻)。	②
意思疎通	話す				支障なし 支障あり	改善 維持 向上 悪化		・元教員なので、詩などの明読をリハビリに位置づけるといいだろう(PT)。	
	聴く			①	・わずかに構音障害があり、電話は話しづらい。	改善 維持 向上 悪化		・スマホばかりだと指先との巧緻性の改善が図られないと予測される(PT)。	
	書く			①②	・ペンは持てない、友人などはスマホとメールのやりとりをしている。	改善 維持 向上 悪化		・手測されるリスクを理解させる。	
	読む				支障なし 支障あり	改善 維持 向上 悪化		・専門医の認知症テストにより疾患の特定を行い、適切に対応を行う(PT)。	
	見る				支障なし 支障あり	改善 維持 向上 悪化			
認知力	理解力				支障なし 支障あり	改善 維持 向上 悪化			
	見当識			①	・ものの忘れ中間にはなっている。	改善 維持 向上 悪化			
	記憶力				支障なし 支障あり	改善 維持 向上 悪化			
意欲	社会との関わり			①②	・教員仲間とはやりとりをしている。	改善 維持 向上 悪化			
	褥瘡・皮膚の問題				支障なし 支障あり	改善 維持 向上 悪化			
	行動・心理症状				支障なし 支障あり	改善 維持 向上 悪化			
居住環境	居室環境			①⑥	・がんばり過ぎるところが懸念される。	改善 維持 向上 悪化		・居室内の整理整頓をする(家族)。	
	屋内環境			①⑥	・居室内が散らかっていて動きづらい。	改善 維持 向上 悪化		・トイレ内に手すりを設置する。	
	屋外環境			①⑥	・トイレで転倒の危険がある。・玄関の階段アプローチが危ない。	改善 維持 向上 悪化		・階段アプローチに手すりを設置する。	
家族関係	家族関係			③⑥	・長女、孫との関係はよい。	改善 維持 向上 悪化			
	介護力				支障あり 妻と長女が介護をしている	改善 維持 向上 悪化		・ペットの世話は娘と一緒に行うと意欲的になれる(長女)。	
	家事力			③	・寝返りや入浴介助で妻・長女が苦労している。	改善 維持 向上 悪化		・寝返りの介助やへ入浴介助の方法を学ぶことで負担の軽減ができる(PT)。	

吹き出し注釈：
- CADLの4項目ごとに、カッコの中に具体的に記入されています。
- K.Mさんは、コミュニケーションはかって通りはできています。電話・PC・スマホが使えるかが記入されています。
- 居住環境だけでなく家族関係まで視点を広げましょう。
- 家族関係だけでなく親族関係まで視点を広げましょう。
- 妻と長女が行っている介護の内容が記載されています。
- 専門職や本人・家族の意見が盛り込まれています。
- K.Mさんは前向きな人なので、CADLの視点で課題をまとめています。
- 妻・長女の介護不安に応えるアドバイスが盛り出せています。

※本シートは、あくまで課題を導くための整理総括シートであり、アセスメントシートではありません。必ず詳細な情報分析によるアセスメントを行っていることが前提となっています。

※厚生労働省老健局振興課「課題整理総括表」を一部改変

居宅サービス計画書（第1表）

[初回] 紹介 継続　　　[認定済] 申請中

利用者名　K・M（男）　様　　生年月日　昭和○○年3月×日　　住所　T区××町××××-45

居宅サービス計画作成者氏名　ケアタウン道子

居宅介護支援事業者・事業所名及び所在地　東京都○○○区○○町×××2-3××○○ビル1階　（管理者名：○○○頼子）

居宅サービス計画作成（変更）日　平成××年×月×日　　初回居宅サービス計画作成日　平成××年3月×日

認定日　平成××年3月××日　　認定の有効期間　平成××年3月××日～××年3月××日

要介護状態区分　　要支援　　要介護1　　（要介護2）　　要介護3　　要介護4　　要介護5　　前回の要介護度（　　）

本人及び家族の生活への意向（希望）	ご本人：(84歳) なにより腰痛持ちの女房には苦労をかけたくはないですね。ミニチュアダックスのモモとが、今回、脳梗塞で利き手側が不自由になられても、これまで続けられてこられたK・Mさんらしい暮らしぶりが取り戻せるように応援しています。そのために、これまでやってこられた生活（一日の流れ、生活習慣、食の好み、趣味、いきがい、おつきあいなど）をうかがい、どうしたら再び参加したいね。時間があるので5年前にやめた家族新聞もまた再開したいね。利き手が使えなくてもできることから始めてもらうんだ。だからリハビリがんばりますよ。あと10年はできるちゃね（笑） ご家族：(妻：78歳) 主人はがんばり屋なので、ついオーバーワークになるのが心配です。主人と一緒に、ペットのモモとが、ココの世話や野菜作りができるように、私も娘たちと協力します。私も週2回のフラダンスをやっています。昼間はリハビリのためにデイケアに行ってもらうらで安心です。腰痛持ちで介護の経験
介護認定審査会の意見及びサービスの種類の指定	特になし
総合的な援助の方針	K・Mさんを支えるケアチームとして、今回、脳梗塞で利き手側がご不自由になられても、これまで続けられてこられたK・Mさんらしい暮らしぶりが取り戻せるように応援しています。そのために、これまでやってこられた生活（一日の流れ、生活習慣、食の好み、趣味、いきがい、おつきあいなど）をうかがい、どうしたら再びできるようになるか、ご家族とともに一緒に取り組みます。また教え子の方々との思い出や当時の山の仲間との経験、ペットのお世話や野菜作りのおもしろさなどもうかがい、それがいきがいづくりにもつながっていくようにご支援できるか、医師や、ご家族とも相談しながら応援していきます。ケアチームでのが担う、食事・排泄・入浴や移乗・移動への介助のおちなどもお伝えしていきます。 本人の不安に対して、具体的な対応策を示しています。 緊急連絡先：K.T（長女）080-○○○○-○○○○　ke-○○@ezweb.ne.jp　○○クリニック（主治医）03-0000-×××× 等が障害、疾病　3　その他（
生活援助中心型の算定理由	K・Mさんの本人らしい生活（めざす目標）を支援する姿勢をわかりやすく示しています。　　等が障害、疾病　3　その他（

下記の項目について、介護支援専門員より説明等を受けました
①居宅サービス計画(1)(2)について、説明を受け、同意しました
②介護保険サービス等に対してのサービス種類や内容の説明を受けました
③様々なサービス提供事業者から選択できる事の説明を受け、自ら事業者を選択しました

説明・同意・受領日　　平成××年×月×日

利用者署名・捺印　　K・M　㊞

（代筆：　　　　　　　㊞）

居宅サービス計画書（第2表）

生活全般の解決すべき課題（ニーズ）	支援目標 長期目標	（期間）	短期目標	（期間）	支援内容 サービス内容	サービス種別	*2	（頻度）	（期間）
もっとやせて身体を軽くして、脳梗塞にふたたびならないようにする。	食生活を改善し、体重を6カ月で6キロ減量する。	○○年○月/○日～○月/○日	食事の栄養バランスと塩分に配慮し、体重を3カ月で3キロ減量する。	○○年○月/○日～○月/○日	①塩分制限（8グラム／日）の食事づくりを学ぶ ②栄養バランスのよい食事（献立）と適切な食事量を学ぶ ③朝夕の体重をはかる ④規則正しい服薬をする	①栄養士 ②妻、長女 ③本人 ④薬剤師	①○○通所リハビリセンター ④○○薬局	①週3回 ②随時 ③随時 ④随時	○○年○月/○日～○月/○日
健康管理を最優先順位の1番にもってきました。長期目標を3つに設定しました。	楽しくカロリー制限を行えるようになる。	○○年○月/○日～○月/○日	400kcal／1食以内のおいしい献立を夫と工夫する。	○○年○月/○日～○月/○日	①食品交換表の上手な使い方を伝える ②妻による過食を避けるためにゲームを楽しむ	①栄養士 ②本人、妻	①○○通所リハビリセンター ①本人、妻	①随時 ②随時 ②週2回	○○年○月/○日～○月/○日
脳梗塞が再発しないため、主治医、栄養士からのアドバイスを目標にサービス内容に具体的に記載してあります。	転びにくいバランスのよい体づくりをする。	○○年○月/○日～○月/○日	ベッドで寝返りを打てるようになる。爪先や足のケガを予防する。	○○年○月/○日～○月/○日	力を使う方に体に負担のかからない繰り返り助の方法を学ぶ。足のケガの定期的な爪切りを予防する。	①理学療法士 ②妻、長女 ③看護師	①○○通所リハビリセンター ①本人 ②○○通所リハビリセンター ②妻、長女 ③看護師	①週3回 ①随時 ②随時 ③随時	○○年○月/○日～○月/○日
10年以上飼っている犬のカがとてものお世話ができるようになる。	犬のカがとてもと近所の山城神社（500m）まで朝夕の散歩ができるようになる。	○○年○月/○日～○月/○日	毎日の食事とトイレ、お風呂（3日に1回）の世話ができるようになる。	○○年○月/○日～○月/○日	①上肢・下肢の運動機能の回復（個別機能訓練プログラムの提供） ②患側でない左手の機能向上を図り、できることを増やす ③服薬による体調の回復・維持をする	①理学療法士 ②本人 ②理学療法士 ③主治医	①○○通所リハビリセンター ②本人 ②○○通所リハビリセンター ③○○医院	①週3回 ①週3回 ②週日 ②週1回 ③毎日	○○年○月/○日～○月/○日
「お世話」とすることで、本人にとって広く解釈できるようにしました。	ペットと散歩することを目ざした目標設定となっています。		家の周囲を10分程度、ゆっくりと散歩ができるようになる。	○○年○月/○日～○月/○日	①マシーンによる下肢の筋力トレーニング（個別機能訓練プログラムの提供） ②4点杖を使って歩行訓練 ③家族が一緒に散歩をする	①理学療法士 ②福祉用具 ③家族	①○○通所リハビリセンター ①本人 ②福祉用具 ②妻、長女、孫	①週3回 ①週3回 ②適宜 ②適宜	○○年○月/○日～○月/○日
全国家族新聞コンクールに応募して、入賞をめざす。	家族新聞の記事を取材し、自分で編集できるようになる。	○○年○月/○日～○月/○日	ワープロでつくった家族新聞（A4判）の原稿を打てるようになる。	○○年○月/○日～○月/○日	①作業療法士によるパソコン操作のリハビリテーション ②ワープロのトレーニング	①作業療法士 ②パソコンボランティア ②本人	①○○通所リハビリセンター ①本人 ②シニアPC倶楽部 ②本人	①週3回 ①週3回 ②週1回	○○年○月/○日～○月/○日
家族関係をよくするための課題と目標を位置づけてあります。			家族新聞掲載用のデジタル写真を撮りに子どもや孫、地元の親戚に会って撮影する。	○○年○月/○日～○月/○日	①新聞掲載用のデジカメで子ども、孫、親戚に合って会いに行って撮影する ②決まった時間にトイレに行く習慣をつける ③通院時に服薬を行う	①老人会の写真クラブ ②車の運転（子ども、孫）	①山本○○ ②車の運転（子ども、孫）	①週1回 ①週1回	○○年○月/○日～○月/○日
本人が意欲的になれることを位置づけています。	転倒しないで迷ったりせず、安心して目的の会場まで到着できるようになる。	○○年○月/○日～○月/○日	1人で外出しても、ぶらつくことなく歩けるようになる。	○○年○月/○日～○月/○日	①自分で歩けるように訓練する ②決まった時間にトイレに行く習慣をつける ③通院時に服薬を行う	①理学療法士 ②看護師 ③本人	①○○通所リハビリセンター ①本人 ②○○医院 ③本人	①週3回 ②通院時 ③毎日	○○年○月/○日～○月/○日
体調を安定させ、教員時代の仲間の集まりや教え子との同窓会に参加を続ける。			体力に配慮し電車の乗り換えができる。	○○年○月/○日～○月/○日	①スマートフォンの乗り換えマップの使い方を覚える	①孫たち ①本人	①孫（高1：綾香ちゃん等）	①週1回（土曜日）	○○年○月/○日～○月/○日

週間サービス計画表（第3表）

利用者名　K.M　様　　　　　作成年月日　平成○○年○○月×日

時間	区分	主な日常生活上の活動	月	火	水	木	金	土	日
4:00	深夜								
6:00	早朝	6時に起床 7時に朝食・服薬 NHK朝の連続TV小説 ↕ペットのお世話	6時に起床 7時に朝食・服薬	6時に起床 7時に朝食・服薬 ↕ペットの 食事の世話 ↕○○治療院通院	6時に起床 7時に朝食・服薬	6時に起床 7時に朝食・服薬 ↕ペットの 食事の世話 ↕○○クリニック通院	6時に起床 7時に朝食・服薬	6時に起床 7時に朝食・服薬 ↕ペットの 食事の世話 ↕ペットと家の周囲の散歩（長女・孫） 読書 ↕○○治療院	6時に起床 7時に朝食・服薬 ↕ペットの 食事の世話 ↕ペットと家の周囲の散歩（長女・孫） ドライブ 買い物
8:00	午前		○○通所 リハビリ センター	パソコン トレーニング （自宅） PCボランティア	○○通所 リハビリ センター	パソコン トレーニング （自宅） PCボランティア	○○通所 リハビリ センター		
10:00		12時に昼食・服薬							
12:00			送迎		送迎		送迎		
14:00	午後	↕ペットのお世話							
16:00		19時に夕食・服薬 読書、TV・ビデオ鑑賞、 入浴（シャワーのみもあり） 22時就寝	↕ペットの 食事の世話	↕ペットの 食事の世話	↕ペットの 食事の世話	↕ペットの 食事の世話	↕ペットの 食事の世話	↕ペットの 食事の世話	↕ペットの 食事の世話
18:00	夜間		19時に夕食・服薬	19時に夕食・服薬	19時に夕食・服薬	19時に夕食・服薬	19時に夕食・服薬	19時に夕食・服薬	19時に夕食・服薬
20:00			TVなど	TVなど	TVなど	TVなど	TVなど	TVなど	TVなど
22:00									
24:00	深夜								
2:00									
4:00									

- 本書では利用者の暮らしを基本とする意味で左端に置きました。→（主な日常生活上の活動）
- 曜日によってできることは具体的に記載します。
- インフォーマルサービスも位置づけています。
- 本人の意欲づくりとして「ペットの世話」が記載されています。
- 介護サービスだけでなく定期的に利用しているサービスはすべて記入しましょう。

週単位以外のサービス	福祉用具レンタル（4点杖、特殊寝台（3モーター））、○○クリニック、○○治療院（週2回マッサージ）

☑介護事業所　□医療機関等　□ご家族（成年後見人含む）　□その他（　　　　）

○○通所リハビリセンター　御中　　　　　　　　平成 ○○ 年 ○○ 月 ○○ 日

成年後見人にはかならず出席をしてもらいましょう。

サービス担当者会議のご案内

今回、[☑新規　□区分変更　□更新] の目的で、サービス担当者会議の開催を予定しております。
ご多忙の折、ご出席いただきますようよろしくお願い致します。

主治医の情報提供による自立度を記入します。

○○居宅介護支援事業所
担当：　ケアタウン道子
TEL ○○○○－○○○○
FAX ○○○○－○○○○

利用者様	K.M 様	要介護度（2）	日常生活自立度（A2）認知症自立度（Ⅰ）	認定日　H○○年 ○ 月○○日　認定有効期間　H○○年 ○ 月○○日～H○○年 ○ 月○○日

日時	平成 ○○ 年 ○ 月 ○ 日　13：00 ～ 　：　（予定）
場所	☑ご利用者宅　　□その他（　　　　　　　）

デイサービス、クリニック、病院など自宅以外の場所を記入します。

目的	☑居宅サービス計画書(1)(2)(3)の検討　　☑課題 □個別サービス計画書（　　　）の検討・評価　☑目標（短期・長期） □サービス内容（　　　　）の検討・評価　　☑福祉用具 □その他（　　　　　　　　）の検討　　　□住宅改修 ☑リスクの情報共有　　　　　　　　　　　□モニタリング □退所支援　　□退院支援　　　　　　　　□住み替え支援

複数になってもチェックは入れましょう。

グループホーム、介護保険施設、サービス付き高齢者向け住宅等への住み替え時に開くことも習慣化しましょう。

検討内容及び理由	①居宅サービス計画書の検討 ②KM様の生きがいづくり

検討内容と理由は箇条書きで簡潔に記入します。

準備いただきたいこと及び書類等	①通所リハビリテーション計画書 ②起居動作および寝返り介護を家族が行ううえでの方法と注意点

準備いただきたいことと書類や利用状況がわかるもの（記録、写真）を箇条書きで記入します。

※出欠席の確認を以下にお願いします。出欠席にかかわらずコメント・意見・提案をお願いします。

□出席　　□欠席　（理由：　　　　　　　　　　　　）

検討してもらいたいこと確認してもらいたいこと	□無 □有	ケアプラン、個別サービス計画等への意見・提案など	□無 □有

ケアチームの参画意識をつくることになります。

積極的に記入してもらいましょう。

※申し訳ありませんが、○月○日までにFAX返信をお願いします。尚、書ききれない際には、別紙をご用意いただきたくお願い致します。

NPO法人　神奈川県介護支援専門員協会『三訂 オリジナル様式から考えるケアマネジメント実践マニュアル 居宅編』サービス担当者会議の開催依頼書を一部改変

第5節 カンファレンス
事業所内プラン検討

■ 事業所内カンファレンスの目的

<u>事業所内カンファレンス</u>は、担当者の「<u>個人の仕事</u>」を「<u>居宅介護支援事業所の仕事（責任）</u>」にする大切なプロセスです。事業所内カンファレンスでは、サービス事業所の調整・依頼およびサービス担当者会議を開く前に、事業所としてアセスメントの結果を検討し、支援の方向性を確認、そしてケアマネジメントおよびケアプランの話し合いを行います。

一般的に担当ケアマネジャーにアセスメントからケアプラン作成・サービス担当者会議、給付管理すべてに責任を持たせる「<u>暗黙のルール</u>」があります。これは「偏った認識」であり、このような事業所では、担当者が困っていても担当者本人からの申し出がないとカンファレンスが開かれることはありません。これらは「<u>事業所責任</u>」をケアマネジャー個人に押しつけている（肩代りさせている）ことになります。

このようなことが起こる原因は「居宅介護支援事業所としての責任」が曖昧なためです。利用者と契約している主体は、あくまで「居宅介護支援事業所（者）」であり、ケアマネジャー個人ではありません。カンファレンスを通じて事業所全体で支援する意識づくりを行うことにより、困難時への複数応援体制、管理者同行による緊急モニタリング、スムーズな引き継ぎなどが可能となります。

■ カンファレンスの「進め方」

事業所内カンファレンスは、随時でなく定例化することがポイントです。とりわけ特定事業所加算を算定している事業所は毎週の利用者情報などの伝達会議が義務化されているので、その場を活用するとよいでしょう。

なお、検討ケースの内容によって話し合う時間は異なります。効率的に進めるために利用者基本情報シートやアセスメントシート、ケアプランだ

サイドノート: 個人の仕事／居宅介護支援事業所の仕事（責任）／暗黙のルール／事業所責任

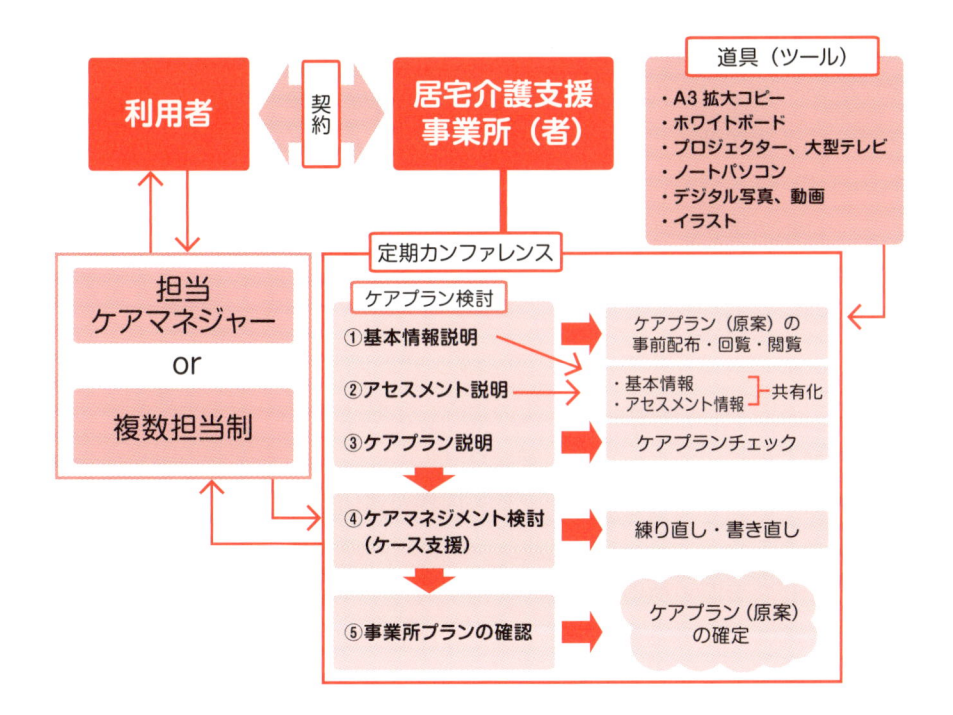

道具（ツール）
- A3 拡大コピー
- ホワイトボード
- プロジェクター、大型テレビ
- ノートパソコン
- デジタル写真、動画
- イラスト

利用者 ←契約→ 居宅介護支援事業所（者）

担当ケアマネジャー or 複数担当制

定期カンファレンス

ケアプラン検討
① 基本情報説明 → ケアプラン（原案）の事前配布・回覧・閲覧
② アセスメント説明 → ・基本情報／・アセスメント情報 ─ 共有化
③ ケアプラン説明 → ケアプランチェック
④ ケアマネジメント検討（ケース支援）→ 練り直し・書き直し
⑤ 事業所プランの確認 → ケアプラン（原案）の確定

2 ケアマネジメント・プロセス

けでなく、事業所として統一した「支援検討シート」（p110、111 参照）をもとに進めるとよいでしょう。

支援検討シート

　カンファレンスでは、依頼先（例：病院・医院、地域包括支援センター、行政、居住型施設など）、介護保険を利用することになった経緯、訪問日と訪問時間などの順番で説明します。検討したい項目があれば、冒頭に示しておくと、メンバーは意識的に話を聞くことができます。

1）基本情報（フェイスシート）の説明
- 家族構成・生活歴・疾患歴（入退院歴、入退所歴含む）
- 要介護認定の経緯、インテーク時の利用者（家族）の状況
- 要支援の介護予防プランの内容、他事業所からの引き継ぎケースならその経緯と受けていた支援の内容

2）アセスメントの説明

　まず利用者（家族）の要介護状態となる前のこれまでの生活の様子、これからの生活への意向と生活上でかかえる不安や困りごと・悩みごと、疾患および障害の状況と日常生活に与えている影響、家族・親族関係および介護力と家事力、近隣とのつきあいなどを説明します。また介護保険制度や介護保険サービスへの理解度なども大切な情報です。

　成年後見制度を利用している場合は、補助・保佐・後見人のプロフィールや利用した背景・時期なども必ず報告をします。

3）ケアプランの説明

　ケアプランの説明は、利用者（家族）の意向とアセスメントから導き出

されたニーズ（望む生活）と達成のための短期・長期目標、それらを支援するためのサービス内容とサービス種別（自助・互助・共助・公助・医療看護・生活支援サービス）と頻度、現在検討中のサービス事業所について行います。

とくに担当者としてこだわった点や慎重に考えた点などを説明し、最後に質問をもらい、ケアプランへの認識を一致させます。

4）ケース検討

> 事業所が責任を持つケアプラン

ケースの検討は「事業所が責任を持つケアプラン」の視点で行います。検討してもらいたい点があれば次のように示します。

- 自分で納得いかない点、不安な点
- 課題、長期・短期目標、サービス内容が適切か、他にどのような選択肢があるか
- サービス資源・種別（自助・互助・共助・公助・医療看護・生活支援サービス）によって「できること」は他にないか

5）事業所プランとしての確認

検討を終え、最終的に事業所のプランとして提案できる内容かどうかを確認します。

■「ケアプラン（原案）」〜チェック・練り直し・書き直し〜

> 更新ケース

カンファレンスは新規だけでなく更新ケースも対象に行うことが基本です。しかし時間的な制約があるため、効率性に配慮した進め方を事業所で工夫しましょう。

新規・更新ケースは居宅介護支援事業所として提案するケアプランとして「不備・不足」や「不明な記載」「課題と長期・短期目標・サービス内容の整合性」などについて「事業所チェック及び話し合い」をします。

支援困難ケースは連携する介護サービス事業所や地域包括支援センターの主任介護支援専門員を含めた事例検討会として事業所で行います。

①ケアプラン（原案）の事前配布・回覧・閲覧

カンファレンス時にいきなりケアプランの説明を行われても質問・提案などをすることはむずかしく「場当たり的」になりがちです。あらかじめ数日前までには「原案」（たたき台）としてメンバーが閲覧できるように配布・回覧するか、パソコン上に専用フォルダを設けておきます。あらか

> 赤字チェック

じめメンバーが閲覧用のプランに疑問点も含めて「赤字チェック」を入れておくと、話し合いをより効率的に進めることができます。

②ケアプラン（原案）のチェックのポイント

ケアプランチェックは、次の視点を参考に行います。また「ケアプラン点検支援マニュアル（厚生労働省老健局作成）」などの項目も盛り込んだ事業所オリジナルのチェックシートを作成するとよいでしょう。

> ケアプラン点検支援マニュアル

【参考例】

［第1表］

1）利用者（家族）の意向欄

☐ 利用者（家族）の意向欄が感想・感謝・お詫び・言い訳、介護サービスの希望のみの表記になっていないか

☐ 1～2行の抽象的な記載ですませていないか

☐ 利用者（家族）の「語り口」（方言含む）を活かせているか

☐ 「家族」でなく、家族内の位置（例：夫・妻、長男・次男、長女・次女）が記載されているか。年齢が記載されているか

※年齢表記により健康度や時間的余裕度、介護負担度が予測できる

2）総合的な援助の方針

☐ 主語が「ケアチーム」となっているか

☐ 各サービス事業所、利用者（家族）、インフォーマル資源、担当居宅介護支援事業所が、どのような方向でこれから半年～1年間取り組んでいくのかが具体的に表記されているか

☐ 利用者（家族）が読んで難解な専門用語や表現となっていないか

☐ 主治医および緊急連絡先の記載、家族の携帯番号と携帯メールなどの記載はあるか　（※都道府県によって記載項目の指導は異なる）

［第2表］

1）課題

☐ 利用者（家族）の意向や生活ニーズ、医療ニーズを実現する課題となっているか

☐ 否定的な表記、現状の指摘の表記となっていないか

☐ 利用者（家族）の気持ちを動機づける表記になっているか

☐ ワンパターンのありがちなフレーズとなっていないか

☐ 抽象的なあいまいな課題になっていないか

2）長期・短期目標

☐ 課題達成に向けて長期・短期目標に、具体的な「プロセス」がイメージできるように記載されているか

☐ 目標表記が「小分け」のスタイルで具体的になっているか

☐ 抽象的であいまいな表記や、がんばることを目的化したような表記（例：○○ができるようにがんばる）になっていないか

> 3）サービス内容・種別
> 　□サービス内容が短期目標を達成する内容となっているか
> 　□種別が「自助・互助・共助・公助・医療看護・生活支援サービス」の6つの領域を検討した上で書き込まれているか
> 　□ケアチームや利用者（家族）が「何に取り組めばよいか」がわかりやすく記載されているか
> 　□各個別サービス計画が作成しやすいような内容となっているか
> 　□各サービス事業所が個別で行う加算サービス（例：機能訓練加算、口腔機能向上加算など）が位置づけられているか
> 4）頻度・期間
> 　□頻度と期間は適切な表記となっているか
>
> [第3表]
> 　□「主な日常生活上の活動」が利用者の1日を具体的に把握できる記載内容となっているか
> 　□「1週間の生活」とサービス（介護・医療・生活支援・介護保険外サービス、家族支援など）が記載されているか
> 　□「週単位以外のサービス」に福祉用具、不定期通院、介護保険外サービスなどが記載されているか

③ケアプラン（原案）の練り直し

　カンファレンスで行う「練り直し作業」は、担当ケアマネジャーが描く支援の方向性や取り組みをどのように表記すればよいか、事業所としてどのようなチームケアにするかの視点で必要に応じて練り直しを行います。
- 　・第1・2表の表現・表記を検討する
- 　・課題の優先順位を検討する
- 　・長期・短期目標の項目を細分化する
- 　・サービス内容の表記・表現を検討する
- 　・サービス種別・頻度・期間を検討する
- 　・各サービス事業者にとって個別サービス計画が作成しやすいような表記を検討する

　※なお、練り直しにあたり、サービス事業所の見解（意見、提案）を聞くこともチームケアの点から大切です。

④ケアプラン（原案）の書き直しの確認

　カンファレンス時に実際の書き直し作業はできないので、その場では書き直しを行うにあたってのヒントや視点などを示すほか、アドバイスをするのみとし、担当ケアマネジャーはケアプラン（原案）に赤字で記録しま

す。最後に書き直しのスケジュールを確認します。

◻ カンファレンスに活用する道具

　カンファレンスは印刷されたケアプラン（原案）をもとに進めることが一般的です。しかし手元の資料を読み込むために「うつむき」の姿勢が多くなります。全員が顔を上げ、1つのケアプランを検討する雰囲気づくりのためにさまざまな機器類を活用しましょう。

①書き込む（A3判の拡大コピー、ホワイトボード）

　少人数なら、ケアプランをA3判に拡大コピーしボードなどに貼り付け、それにじかに書き込むのもよいでしょう。またホワイトボードに第2表だけを黒字で大きく書き出し、赤字で修正し仕上げていく方法もあります。仕上がった修正版はデジタルカメラで写し、保存します。

②全体で見る（プロジェクター、大型テレビ）

　パソコンからケーブルをつないでプロジェクターに映し出すことや、「HDMI端子」があるパソコンとテレビをケーブルでつなぎテレビ画面にケアプランを映し出すことなどが可能です。

③各自が閲覧する（ノートパソコン、タブレット型パソコン）

　これまで紙で印刷していたのをやめ、各自がノートパソコンやタブレット型パソコンを使い、事業所のサーバーにアクセスして、それらを見ながら会議を進める方法もあります。

④デジタル写真、デジタル動画、イラストなどで示す

　身体機能の状況や周辺の地域環境や住環境は、口頭で述べるより、デジタル写真やデジタル動画、あるいは手書きのイラストや地図で説明することで、より具体的な検討が可能となります。なお、自宅や本人の撮影にあたり利用目的を示し、利用者（家族）の了解をもらっておきます。

　またインターネットの「グーグルアース」に住所を打ち込むと、家屋まで識別できる近隣の航空写真を閲覧することができるので、近隣の見守りや支え合いマップづくりに役立ちます。

レッツ チャレンジ！

- ☐ 事業所内カンファレンスを定例化しよう
- ☐ 事業所の「支援検討シート」のオリジナル版をつくってみよう
- ☐ ケアプランの「チェック・練り直し・書き直し」をやってみよう

支援検討シート

※ケアプランおよび必要書類（利用者基本情報シート、生活リズムサポートシート、課題整理総括シート、評価シート等）は別に添付

氏　名		（男／女）　歳 要介護度	担当者	

〈ケースの要素〉　該当する項目（複数チェック可）

☐1人暮らし　　　　☐同居介護　　　　☐通い介護　　　　☐遠距離介護　　☐日中独居

☐男性介護（夫、息子）　☐認知症（病名：　　　　）　　　　☐BPSD（　　　　　）

☐虐待（身体的、精神的、経済的、放棄、性的）　☐障害（　　　　）　☐援助拒否　　☐援助混乱

☐経済困窮　　　　☐生活保護　　　　☐共依存　　　　　　☐家族不和

☐近隣トラブル（　　　　　　）　　☐消費者被害　　　　☐権利侵害

☐医療重度（　　　　　）　☐終末期　　☐苦情　　　　　☐その他（　　　　　）

> ケースの要素は全体像を把握するうえで役に立ちます。

支援経過とケースの概要

> 支援経過は時系列で箇条書きで記入し、概要は全体像を把握するためのポイントを書きます。

家族構成図及び支援マップ

- 訪問看護（水曜日）
- 福祉用具（車イス）（ベッド）
- デイサービス（月、水、金）

本人（家族）の現状と検討項目

①心身の機能・身体機能（疾患・障害）
〈課題・問題〉
〈理由〉

②活動（ADL、IADL、CADL）
〈課題・問題〉
〈理由〉

③参加（役割：家族、地域など）
〈課題・問題〉
〈理由〉

> ICF（国際生活機能分類）に基づき、現状を分析。課題・問題と理由（根拠）を記入します。

> 家族構成図（ジェノグラム）に介護サービスやインフォーマルサービスを記入し、支援を見える化します。

④環境因子（住環境・近隣）
〈課題・問題〉
〈理由〉

⑤個人因子（性格、生育歴、職業歴等）
〈課題・問題〉
〈理由〉

〈本人の生活・介護への意向〉

〈家族の生活・介護への意向〉

検討日　　年　　月　　日（　）　　：　～　　：　　　　　　　　作成日　　年　　月　　日

間取り

隣家／道路／入口／仏間／居間／居室（本人）／居室（妻）／台所／トイレ／洗濯機／風呂場

居室の配置

窓／入口／TV／PT／タンス／ベッド／棚

居室内のベッドや家具の位置を記入します。

地域資源マップ

いとこのYさん（75歳）／医院／美容院／本人宅／○○川／300m／○○スーパー／友人Tさん／民生委員Nさん

〈課題整理表〉

屋内の間取りを記入することで生活導線を把握することができます。

本人　↑
急がない ← → 急ぐ
　　　　↓ 周囲

カンファレンスで話し合いながら、本人・周囲にとって何を急ぎ、何をじっくり取り組むかを「見える化」します。

ケアチーム・地域等からの情報

〈介護サービス〉

〈医療機関など〉

〈地域包括支援センター、近隣〉

地域資源マップには、地域の支え手や友人・知人、なじみの場所などを記入します。
距離や移動時間を表記すると、より立体的にイメージできます。

ケアチームや地域包括支援センター、地域から得られた情報を記入します。

	取り組む課題	支援内容	期間	担当	協力事業所協力者等	モニタリング
①						
②						
③						
④						
⑤						

課題整理総括シートが完成したら、次に課題に優先順位をつけて、支援内容・期間、担当などを決めます。

※高室成幸作成

2　ケアマネジメント・プロセス

第6節 コーディネート ～サービス資源の調整と交渉～

ケアマネジメントにはサービス資源の調整・交渉という大切なプロセスがあります。プランニングとカンファレンスを通じて明確になった「サービス種別」に対して、本人を含め具体的なサービス資源（介護系サービス、医療系サービス、家族・近隣などのインフォーマル資源、ボランティア、行政サービス含む）の調整を行います。しかし利用者（家族）の状況と利用条件が事業所の条件と合わない場合には交渉が必要になります。

これらのプロセス全体を「コーディネート」といいます。

◻ サービス資源のコーディネート ～調整と交渉の考え方～

コーディネートの際には、まず利用者本位の姿勢に立ち、利用者（家族）の<u>「代弁者」（アドボカシー機能）</u>としての姿勢を堅持することが重要です。

1. 調整（マッチング）と交渉（ネゴシエーション）の考え方

調整とはマッチングです。利用者（家族）の希望や利用条件と事業所側の提供内容が「一致」するならばマッチングは容易です。しかし、利用者（家族）が求める要件に事業所側が対応できない「不一致」が生じるときに交渉（ネゴシエーション）作業を行います。条件の変更などの話し合いをとおして、双方が「合意」に達することをめざします。交渉は押し付けやゴリ押しではありません。先方の状況を理解し、双方が<u>「折り合える条件」</u>を提示し、具体的に合意することです。

ケアマネジャーの業務でもっとも時間をとられる業務の1つです。しかし、事業所選定の段階で、丁寧に調整を行っておくと後々の「思い違い」や「期待違い」から生じる苦情・クレームを予防することができます。

＜交渉が必要となる項目：例＞

・利用時間、送迎時間、ケア内容（例：食事介助、入浴介助、排泄介

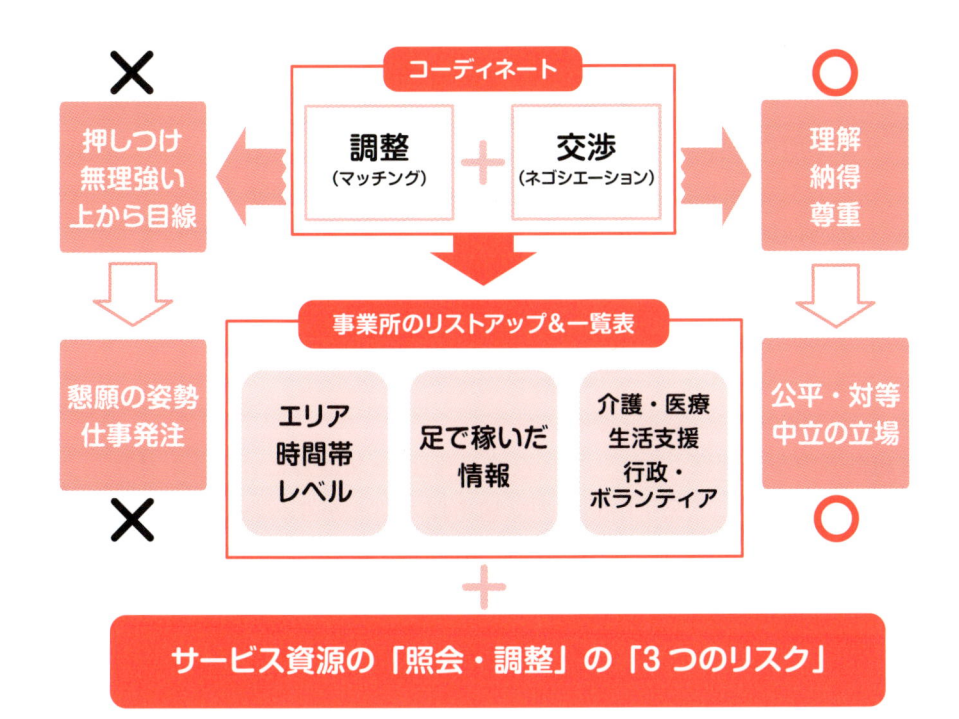

```
   ×                コーディネート                    ○
┌────────┐      ┌──────────┬──────────┐       ┌────────┐
│ 押しつけ │ ←─── │   調整    │   交渉    │ ───→ │  理解   │
│ 無理強い │      │(マッチング)│(ネゴシエー│       │  納得   │
│上から目線│      │          │ ション)  │       │  尊重   │
└────────┘      └──────────┴──────────┘       └────────┘
    ↓                      ↓                       ↓
┌────────┐         事業所のリストアップ&一覧表      ┌────────┐
│ 懇願の姿勢│      ┌──────┐┌──────┐┌──────┐     │公平・対等│
│仕事発注 │      │エリア││足で稼いだ││介護・医療││     │中立の立場│
└────────┘      │時間帯││ 情報  ││生活支援││     └────────┘
    ×           │レベル││      ││行政・  ││        ○
                │      ││      ││ボラン  ││
                │      ││      ││ティア  ││
                └──────┘└──────┘└──────┘
                            +
            ┌─────────────────────────────┐
            │サービス資源の「照会・調整」の「3つのリスク」│
            └─────────────────────────────┘
```

助、移動介助、アクティビティ、リハビリテーションなど)、対応エリア、担当スタッフなど
・受け入れレベル、疾患レベル、認知症レベル、医療依存度、年齢・世代・性別対応、家族のかかわりなど

2. 利用者(家族)の希望を「調整・交渉」する勘所

　利用者(家族)は生活の意向のヒアリングのなかで、利用したいサービスの種類や事業所名を希望する場合があります。その際に、利用者(家族)の要求だからとそのまま決めるのではなく、なぜそのサービスや事業所を希望するのか(例:情報、評判、口コミ、縁故、お誘い)を丁寧に聴き、利用者(家族)が望む暮らしの実現にとって「ベスト or ベター」なのか、ともに話し合うことが大切です。利用者(家族)が「ベスト or ベター」に選べる条件を整えるのが、ケアマネジャーの大切な仕事の1つとなります。

ベスト or ベター

3. 介護サービス事業所・医療サービスとの「距離感」の取り方

　調整・交渉の際、事業所や医療機関への姿勢は「ピラミッド型」(上下関係)ではなく「フラット型」(平等・公平・対等関係)で行うことが基本です。
　多くの場合、居宅介護支援事業所や介護事業所は母体法人にとって1つの部署・部門であるため、母体法人の地域での歴史や影響力が調整・交渉

フラット型

に影響することもあります。

＜例＞

新参者
- 事業所や母体法人の歴史が浅いと「新参者」扱いされて、調整・交渉に労力を要する
- 事業所や母体法人の歴史が長いと影響力も強く、多少の無理も通りやすい
- 母体法人が大きい（規模、人数、部門）と法人グループ内での調整・交渉となりやすい

連携
　ケアマネジャーは利用者本位の立場に立ち、サービス資源とは「連係」（組織の内なる関係：上下）ではなく「連携」（組織外との関係：対等、水平）となるよう、「公正中立」の立場を保つことがきわめて重要となります。

コーディネートを円滑に進めるために行う「3つの準備」

　コーディネートを円滑に進めるためには、利用者（家族）に複数の事業所や複数の選択肢（条件）を情報提供し、判断（自己決定）をしてもらいやすい環境づくりをすることが重要です。そのために居宅介護支援事業所として次のような作業を事前に行っておきます。

①「エリア・時間・レベル」別にリストアップしておく

　介護サービス事業所や医療サービスなどの資源を、基本情報（場所、人員、対応エリア、対応時間、対応レベル）を特徴別に整理し、リストアップしましょう。

- 対応エリア別事業所一覧
- 対応時間別事業所一覧
- 対応レベル（例：認知症、医療依存度、精神疾患など）別事業所一覧
- 医療機関別一覧（病院、医院・診療所、歯科医院など）

②「足で稼いだ情報」をストックし一覧表にしておく

　市町村や地域包括支援センターが住民向けに作成しているサービス資源の一覧表は、公平性を期するために「単調なレイアウト」になっており、特徴や強み・持ち味がわかりづらく、利用者が適切な選択をするには情報不足気味です。また、都道府県が行っている第三者評価やインターネット上で閲覧できる介護サービス情報の公表も参考になりますが、「サービスの質」まではなかなか見えてきません。そこで、居宅介護支援事業所として実際に足を運び、見学する、写真を撮る（了解をとる必要あり）、インタビューする、利用者の感想を聞く、ケアマネジャーの口コミを集めるな

ど、直接得た情報をつねにストックしておくことが重要となります。

次の項目でオリジナルの一覧表および評価表をつくっておくと、サービス資源を選定するときに便利です。

- 信頼性（歴史、理念、地域における浸透度、信頼度、口コミ、評判など）
- 利用人員の規模と事業所の広さ・快適さ
- 利用時間、土日祝日対応、年末年始対応、夜間延長対応、緊急時対応
- 対応エリア（日常生活圏域、小・中学校区、市町村、過疎地、中山間地、冬期の対応エリア、災害時対応など）
- サービスメニューの内容（例：食事、おやつ、入浴、排泄、アクティビティ、リハビリテーション、接遇、趣味サークル、送迎など）
- 実務的仕事の迅速さ、丁寧さ（個別サービス計画、アセスメント、モニタリングなど）
- 職場の雰囲気（例：明るい・暗い、人間関係が密・疎遠、職員の年齢構成と男女構成など）
- リスクマネジメント（例：職員教育マニュアル、転倒・徘徊・嚥下・感染症等対応マニュアル、虐待・身体拘束マニュアル、災害時対応マニュアル、送迎車運行マニュアルなど）
- 職員構成（資格別有資格者数、事務部門、正規職員、非正規職員、職員定着率など）
- 人材育成（例：研修の内容、年間計画、新人職員の育成など）
- 連携・提携先の傾向と信頼度（例：病院、老健、特養、グループホームなど）

③サービス資源の「連絡一覧表」をつくる

サービス資源のコーディネートを効率的に行うために介護サービス・医療サービス・生活支援サービス・行政サービス・社会福祉協議会・ボランティアサービス・介護保険外サービス（例：配食、移送）などの連絡先一覧表を作成し「見える化」をします。

- 連絡先（電話番号、携帯番号、Eメールアドレス）、担当者、対応時間帯・定員、注意点（備考）

■ コーディネート時のケアマネジャーの姿勢

調整・交渉を行うプロセスでケアマネジャーが注意・配慮しなければいけないのは「調整・交渉の姿勢」です。例えば、照会の際の問い合わせのフレーズ１つで先方が抱く印象は変わります。ケアマネジャーが話す言葉が与える印象はチームケアやケアマネジメント全体に微妙な影響を与えることになります。

「お願いできないでしょうか？」「可能でしょうか？」「なんとかできるでしょうか？」などのフレーズは言い方次第で相手の受け取り方が違うので、事業所でおたがいにチェックしましょう。

- ○依頼・照会の姿勢（公平・対等関係）
- ×<u>押し付け・懇願の姿勢</u>（お願い姿勢、無理強い、下手(したて)に出る）
- ×仕事を回す姿勢（上から目線、無理強い、押しつけ）

> 押し付け・懇願の姿勢

何とかしなくてはという「思い」ばかりが先行し、サービス内容や時間帯、利用者（家族）の事情を一方的に言い募る「押し付け・懇願の姿勢」は、依頼される側にとっては「<u>やっかいなケアマネジャー</u>」と映りかねません。また「おたくに利用者を回してやる」など、あからさまな仕事発注的姿勢のケアマネジャーは対等な関係を歪め、利用者本位ではなくケアマネジャー本位のケアマネジメントとなる危険性をはらんでいます。

> やっかいなケアマネジャー

また調整・交渉の作業は場所を選ぶことが大切です。利用者の個人情報保護と集中的な照会作業を行う点で、居宅介護支援事業所で電話をするのがよいでしょう。ただし利用者（家族）の前で調整・交渉を行うこともあります。その場合には、専門用語や短縮語は使わない、長電話にしない、懇願の姿勢にしない、失礼な表現はしないなどの配慮をしましょう。

🔲 利用者本位、公正中立の姿勢を貫く調整・交渉のポイント

コーディネート時には、さまざまな予期しない圧力や影響力により、利用者本位の姿勢や公正中立・権利擁護の姿勢を「<u>歪める</u>」事態が起こることがあります。具体的には次のような力が働きます。

> 「歪める」事態

- ・本人（利用者）本位を軽視する家族の影響力（例：本人でなく家族の要求を一方的に優先させようとする）
- ・利用者のニーズには適切ではないが、選ばざるを得ない事情（例：地域にサービス資源が少ない、引き受けてくれる事業所がない、同一建物内に事業所がある）
- ・公正中立を侵す影響力（例：法人グループや提携事業所を利用しなければいけないという圧力）

これらの力に対してどのように公正中立の立場、利用者本位の立場を守りながらコーディネートをすればよいでしょうか。

1.「本人（利用者）の意向」を軽視する家族との調整・交渉

利用者本人が意向を表明できるか否かにかかわらず、家族が利用者の意向を軽視（無視）する状況下でサービスコーディネートをしなければなら

ない場合があります。

  ・本人は利用には拒否的だが家族が積極的に要望する
  ・本人は希望するが家族が拒否的である

　このように、双方が相容れない場合があります。その理由（例：本人／人前に出ると疲れる・不安である・怖い、家族／勤めに出れない・ストレスがたまる）を把握し、ケアプランの内容とサービスの使い方と効果の説明を行い、いくつかの選択肢を提案しましょう。

  ・期限を決めてまず利用してみる（例：<u>お試し利用</u>、見学など）
  ・本人にとって負担のない回数から始めてみる
  ・どういう条件が整えば利用したいかを聴き取る
  ・ストレス解消の手立てを考える

　サービス利用の必要性や効果を医師や看護師、影響力のある人から説明してもらうのも1つの方法です。利用者・家族双方の意向が一致すれば、細かい調整はサービス担当者会議などケアチームが集まった場で検討を行いましょう。

2. 「利用者のニーズ」と異なるが選ばざるを得ない場合の調整・交渉

　利用者のニーズや長期・短期目標に対応できるサービス内容を提供できる事業所ではないが、その事業所を選ばざるを得ないケースがあります。

  ・その地域にサービス資源が少ない
  ・引き受けてくれる事業所がない（例：BPSDがあり、断られてしまう）
  ・空きがなくて利用できない（例：訪問看護、短期入所、通所介護）
  ・サービス付き高齢者向け住宅、住宅型有料老人ホームの同一建物内に訪問介護・通所介護事業所があり、利用することを強要される
  ・入所先が決まらないために継続的に利用するしかない

　これらは利用者本位の理念とは相反するわけですが、中山間地の過疎地や島嶼部（とうしょぶ）などではつねに立ちはだかる問題であり、都市部でも日常的に起こっています。若年性認知症者や重度の寝たきり高齢者などは受け入れに困難が伴うケースとして問題になっています。

　これらの問題に少しでも対応できるように、次のような準備や対応をしておくとよいでしょう。

  ・どのような条件なら引き受けることができるかを情報収集しておく
  ・空き情報をもらえるように「顔の見える関係」をつくっておく
  ・自立（自律）支援型ケアマネジメントの必要性を説くとともに、特定事業所集中減算や同一建物内・敷地内減算、保険者の監査・指導のリ

お試し利用

スクなどを伝える
・事業所の特徴と得意分野、対応エリア、送迎の内容などをあらかじめ把握しておく
・他のチーム連携の「成功事例」を集めておく
・サービス資源の開発と充実、基準該当サービスの指定などを地域包括支援センターや市町村と連携をとり進める

> **成功事例**

3. 公正中立・利用者本位を侵す可能性のある事業所の調整・交渉

　サービスのコーディネートで現場のケアマネジャーにとって悩ましいのは、「勧めたくない事業所」を調整・交渉しなければいけない立場に立ったときです。例えば、利用者の評判がよくない、周囲のケアマネジャーの間で問題視されている、介護事故や苦情・クレームなどが多い、職員の定着が悪くサービスの質が低い・改善の姿勢がみられない、不正請求や過誤請求をしていることがうかがえる、虐待的環境に利用者をおいている、介護保険制度や老人福祉法などの制度上に問題があるサービスを提供している、元職員の口コミで悪い評判を耳にする、サービスの利用により重大なトラブルが予想されるなどの事業所です。

> **勧めたくない事業所**

　利用者（家族）の要望で調整した場合でも、介護事故やトラブルが発生したら結果的に調整・交渉を行ったケアマネジャー（居宅介護支援事業所）の責任が問われることになります。

　この場合、次のようなリスクマネジメントを心がけましょう。

・サービス利用にあたってのメリット・デメリットと予想されるリスクをあらかじめ説明し、利用者（家族）の合意をとる
・サービス事業所側の重要事項説明書を読み込み、予想されるリスクや事故への対応を確認しておく
・期限付きで利用することを利用者（家族）と話し合っておく
・サービス担当者会議などの場でリスク対応について話し合う
・居宅介護支援事業所として推薦できない理由を説明する
・地域包括支援センターおよび市町村の介護保険課などに相談し、調整・交渉を進める

> **期限付き**

訪問系サービスのコーディネート

　訪問系サービスは、利用者の自宅での暮らしを支えるために活用できる重要なサービスです。サービスが居宅に「出かけてくる」わけですから、利用者の「自分らしい暮らし」を前提としたいわば「オーダーメイドの介護サービス」を提供することになります。

訪問系サービス

- 訪問介護
- 訪問看護
- 訪問リハビリ
- 訪問入浴
- 居宅療養管理指導

把握しておく情報

- 訪問エリア
- 対応時間帯
- 対応レベル
- 特色特長
- 人材資源人材育成

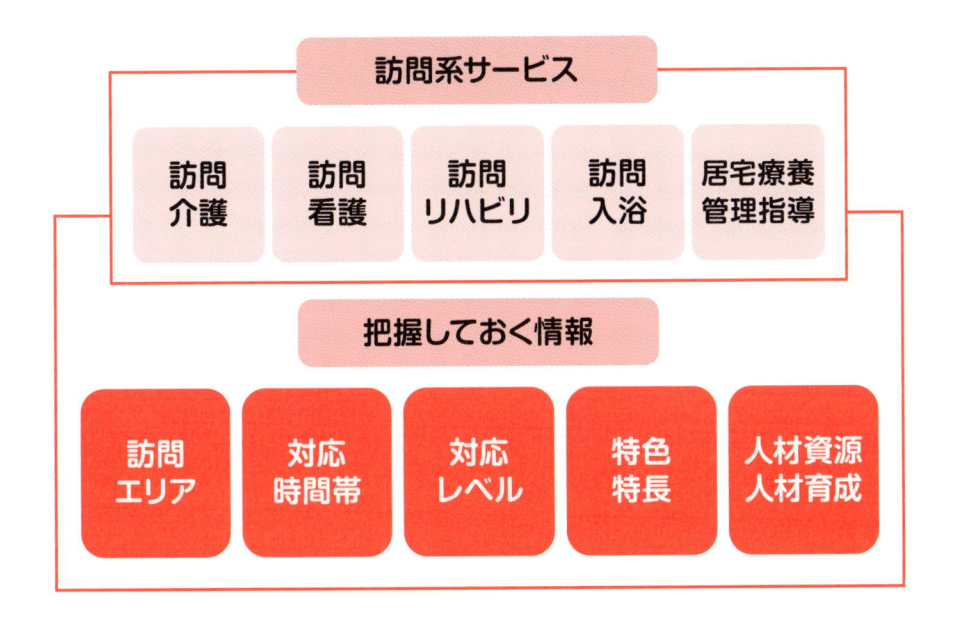

1. 訪問介護サービス

訪問介護は「パーソナルサービス」です。利用者の暮らし方は、これまでの生活習慣や家族史、人生観が色濃く表れ、建物や間取り、部屋の環境などに大きく影響されます。介護サービス（生活援助、身体介護）を利用者の暮らしぶりを支えるために「パーソナル化」することで、利用者を軸にした生活支援が可能となります。

また家族は主たる支え手です。同居・近距離・遠距離のいずれであっても「介護家族」の位置づけに変わりはありません。家族と「介護の連携と共有化」を行うことで、家族の心身の負担と介護負担の軽減をめざします。

● 事業所の選定・調整・交渉のポイント

次の項目ごとに事業所に情報収集を行い、定期的に見直します。

1）訪問エリア、時間帯を知る

訪問介護は利用者の生活サイクルと生活リズムに合わせるサービスです。事業所ごとの訪問エリアやサービス提供時間帯（例：早朝、日中、夕方、24時間対応）を把握します。特に地理的条件（中山間地、過疎地など）と移動方法（晴天時、雨天時、積雪時）に注意を払い、個々の利用者が利用可能な曜日と時間帯などを押さえておきましょう。

2）事業所ごとのサービスの特色と対応レベルを把握する

事業所ごとに得意とする要介護度と、対応できる医療レベル（例：認知症、嚥下困難、胃ろう、経管栄養、糖尿病、そのほか難病など）を確認しておきます。

提供できるサービスの「特色」は身体介護・生活援助別に把握し、介護

パーソナルサービス

2 ケアマネジメント・プロセス

保険外サービスの提供を行っている場合は「内容・時間・費用」も情報収集しておきます。

□**身体介護**

　食事介助・排泄介助・オムツ交換・体位変換・着脱・入浴介助・清拭・洗髪・手足浴・口腔清潔・通院介助・安否確認・服薬確認・整容（爪切り・髭剃りなど）

□**生活援助**

　調理・配膳・後片付け・布団干し・シーツ交換・衣類の補修・ゴミ出し・換気・採光・火の始末・生活必需品の買い物・薬の受け取り代行など

□**介護保険適用範囲外のサービス（自費サービス）**

　家族のための家事・台所や仏間などの掃除・草むしり・花木の手入れ・ペットの世話・洗車・大掃除や家屋の修理・介護を伴わない通院などの待ち時間の見守り・話し相手など

3）サービス提供体制と事業所の姿勢を把握する

　客観的な情報を集めるなかで、サービス提供体制と事業所のサービス向上に対する姿勢を把握します。

- 勤続年数別の構成と定着率
- 資格別の構成（介護福祉士、旧ヘルパー１～３級、その他）
- 男女比（男性ヘルパーと女性ヘルパーの人数）
- ヘルパーミーティングの有無と頻度、ヘルパー向け研修会の有無と頻度・テーマ（例：移動・移乗・排泄・食事介助・入浴介助の技術、掃除・料理・洗濯の技術、ICF・疾患・薬などの知識など）
- サービス提供責任者の経験年数と資格

2. 訪問看護・訪問リハビリテーションサービス

　訪問看護・訪問リハビリテーションは、医療依存度が高い利用者の在宅での生活を支える定期的な訪問医療系サービスです。

　訪問看護は病院にいるのと同じレベルの医療処置を受けることが可能であり、利用者・家族が在宅療養の知識と方法を直に学ぶことができます。

　また訪問リハビリテーションは、心身機能と生活機能（ADL・IADL）の改善・向上・維持をめざし、「自宅」という空間で個人の暮らし方に応じたパーソナルな「生活リハビリテーション」を受けることが可能となります。

> 生活リハビリテーション

　定期的に医療的な予後予測ができる体制が整うことはリスクマネジメントとしても大切であり、服薬や食習慣などの自己管理ができない利用者には「予防的看護」として導入することもできます。

> 予防的看護

　介護サービスを利用拒否されることがあっても、「看護師さんが来てく

れるなら仕方ない」と訪問看護ならば受け入れる利用者（家族）も少なくありませんので、特に虐待的状況が予見されるケースでは有効です。

　ケアプランに位置づける際には、医療保険と介護保険のどちらで導入するのか、主治医などに確認して進めます。また、根拠（例：嚥下障害、便秘、脱水、皮膚トラブルなど）を明確に、頻度と時間を考えます。

　訪問看護計画・訪問リハビリテーション計画を作成しやすくなるよう、各事業所には利用者（家族）の暮らしぶりや在宅生活への意向と不安・困っている点、達成したい課題・目標などを情報提供します。

　また「報酬単価が高い」ために利用者（家族）の合意をもらいづらいこともあるので、訪問看護と訪問リハビリテーションの内容とメリットをわかりやすく説明しましょう。

● **事業所の選定・調整・交渉のポイント**

　次の項目ごとに事業所の情報収集を行い、定期的に見直します。

1）訪問エリア、時間帯、対応時間、連携医療機関を知る

　事業所ごとの訪問エリア（中山間地域などへの対応含む）や時間帯（例：早朝、日中、夕方、24時間対応）、対応時間（訪問看護：20分未満、30分未満、30分以上～1時間未満、1時間以上～1時間30分未満）などを把握します。病院系、診療所系、単独系などの設立形態によって連携をしている医療機関（例：病院、老健、医院・クリニック、医師会、歯科医）が異なるので把握しましょう。

2）事業所ごとのサービスの特色を把握する

　基本的なサービスは、病状観察・心理的支援などの行為、療養上の世話、医療的な処置、理学療法士・作業療法士等によるリハビリテーションなどです。事業所の特色として次の点を把握しておきましょう。

- 看護・介護方法の家族へのアドバイスの丁寧さ
- カテーテルなどの医療処置や在宅医療機器類の使用方法のアドバイスの丁寧さ
- 看取り、緩和ケアの有無と疾患別の対応内容
- 認知症や精神疾患の利用者への看護・リハビリテーション対応の内容
- かかりつけ医などへの情報提供の迅速さと丁寧さ
- 家族など介護者の心の支援（心の緩和ケア）の内容
- 24時間緊急時対応の有無と迅速さ
- 年末年始、ゴールデン・ウィーク、お盆などの対応

3）人数・資質と勤務スタイルを把握する

　訪問看護師と理学療法士・作業療法士の人材に関する情報を把握します。

- 勤続年数別の構成（定着率）

- 経験年数および年齢別の構成
- 理学療法士・作業療法士・言語聴覚士の位置づけ（常勤、非常勤）
- 勤務スタイルの構成（常勤、非常勤、パート、受け持ち制、フリー制、時間・曜日制）

3. 居宅療養管理指導

在宅療養患者

在宅の要介護者は、なんらかの疾患・障害を持つ「在宅療養患者」です。治療ではなく在宅での「居宅療養管理指導」を受けることで、生活習慣が改善され、心身の機能の改善・向上・維持を図ることができます。具体的には、医師・歯科医師が、利用者の居宅を訪問して、利用者本人（家族）やケアチームに（ケアマネジャーに対しては必須）、計画的・継続的な医学的管理にもとづいた情報の提供や留意点・介護方法などについて文書などにて指導および助言を行うものです。

また、医師・歯科医師以外では、次の専門職が居宅療養管理指導を行うことができます。

- 薬剤師：医師・歯科医師の指示（処方せんによる指示）に基づき、薬学的な管理指導を行う
- 管理栄養士：低栄養や特別食（治療食含む）を必要とする利用者に医師の指示に基づき、具体的な献立に従って実技を伴う指導を行う
- 歯科衛生士：歯科医師の指示に基づき、療養上必要な指導として、患者の口腔内の清掃・有床義歯の清掃に関する実地指導を行う
- 看護職員：通院が困難な在宅の利用者に、医師の指示に基づき、療養上の相談・支援を行い、その内容を医師・ケアマネジャーに情報提供する

利用者（家族）には、サービス利用料は他のサービスと同様の利用者負担がありますが、支給限度基準額には含まれないことを説明します。

4. 訪問入浴介護

訪問入浴サービスは、寝たきりなどで自宅の風呂に入れない、通所介護を利用できない利用者を対象としています。訪問入浴による清潔の保持は皮膚の疾患や褥瘡予防に役に立つだけでなく、浴槽につかる風呂文化を持つ日本人にとって「心のリラックス（心の介護）」を提供することができます。また家族の入浴介護の負担軽減を図り、事故（例：転倒、溺水、ケガ、腰痛）を回避できます。

心のリラックス

● 事業所の選定・調整・交渉のポイント

次の項目ごとに事業所の情報収集を行います。

1）訪問エリア、時間帯、車両台数を知る

　訪問入浴における訪問エリアは比較的広くカバーされています。移動入浴車の台数や効率性から、利用できる曜日や時間帯、エリアなどに制約が生じやすいので「この地域で利用する場合に、どの曜日のどの時間帯なら可能ですか」と事前に情報収集します。

2）事業所ごとの対応レベルを把握する

　事業所ごとに対応できる医療レベル（既往症、感染症、皮膚病、胃ろう、経管栄養、認知症など）を確認しておきます。

● 利用者（家族）からの情報提供と確認事項

　複数のスタッフの前で裸の状態になるため、その心理的抵抗感は相当です。「洗身は女性スタッフを希望」などの声を事業者に伝えます。また利用者の体格や風呂好きかどうかなども確認し、伝えます。

● 事業所への情報提供

　訪問入浴介護事業所にとっては、利用者の住環境と近隣の道路事情は重要な情報です。

・家の構造（戸建て、マンション、アパート）と階数
・入浴場所（ベッド脇、居間、台所、廊下、縁側など）
・駐車位置（家の脇、集合住宅の脇など）
・入浴場所までの距離（ホースの長さに影響）

通所系サービスのコーディネート

　通所系サービスは、利用者が事業所に「出かけて」利用するサービスです。期待できる効果の第1は、引きこもりがちの生活に「人との出会い・ふれあい」が生まれること（社会参加）です。さまざまなアクティビティによる楽しさづくり・生きがいづくり、リハビリテーションによる心身の機能改善は利用者の心と身体を活性化させます。

　第2は「半日～1日」を通したサービスであり、乱れがちな生活リズムを取り戻す効果が期待できます。食事・入浴・リハビリテーションのほかに遊び・趣味などを行い、ADL・IADLの維持・改善・向上をめざします。

　第3は、通所系サービスの利用時間は介護者にとっては週1～5回の「休息」であり、何よりのリフレッシュタイムとなることです。また家事や用事、仕事などができる「貴重な時間」でもあります。とりわけ認知症高齢者を介護する家族にとっては介護負担の軽減を図ることができる大切なサービスです。

1. 通所介護（デイサービス）

　通所介護サービスはもっとも人気の高いサービスの1つです。初期投資が少なくて人員基準が緩い小規模型から従来の通常規模型、大規模型まで規模によって提供されるサービスも異なります。「居場所」「預かり」以上の機能をめざす事業所の工夫も日進月歩です。利用者ニーズとサービスリソースが多様化するなかで、事業所選びの情報提供がますます重要になっています。

● **事業所の選定・調整・交渉のポイント**

　次の項目ごとに事業所の情報収集を行い、定期的に見直します。

1）利用が多い要介護度、男女比と医療依存度の対応レベルを把握する

　事業所ごとに得意とする要介護度と利用が多い要介護度は異なります。また1日を過ごす利用者にとって男女比は大切な情報です。そして医療依存度の高い利用者の受け入れ可能な対応レベル（例：認知症、嚥下困難、胃ろう、経管栄養、糖尿病、難病など）があります。どの程度の疾患・障害レベルまでなら対応できるのかを確認しておきます。また、入浴介助、食事介助（特別食・治療食含む）でどのような対応が可能なのかも確認をします。

2）提供できるサービスの「特色」を把握する

　提供するサービスが<u>おもてなし系</u>と<u>非おもてなし系</u>ではコンセプトが異なるので、提供内容はかなり多様です。従来の女性を主な対象としたサービスだけでなく、男性利用者向けにかなり工夫を凝らしている事業所もあります。またサービス時間も利用者ニーズに合わせて多様化しています。また「お泊りニーズ」に対応できることを特色としている小規模の事業所もあります。パンフレットだけでなく足を運んで情報収集しましょう。

　昼食は自己負担となるので、献立の内容（行事食含む）、食材へのこだわり（例：無農薬、地産地消）、調理法（例：施設内調理、セントラルキッチン方式、配食）、特別食・治療食の有無と内容などを利用者（家族）に情報提供します。

①預かり機能に特化したサービス（おもてなし系）

　　利用者の出会い・交流、生きがい・心の活性化、家族のレスパイトが目的で、主にサロン型やカルチャー型といわれるものです。

- アクティビティ（例：絵手紙、アクセサリーづくり、フラワーアレンジメント、囲碁、将棋、カラオケなど）
- カルチャー（例：書き取り、習字、朗読、芝居、演奏など）
- 季節行事（例：豆まき、お花見、夏祭り、収穫祭、クリスマス、お正月、秋の文化祭）
- ギャンブル性のあるゲーム（例：バカラ、ブラックジャック、スロッ

通所介護（デイサービス）

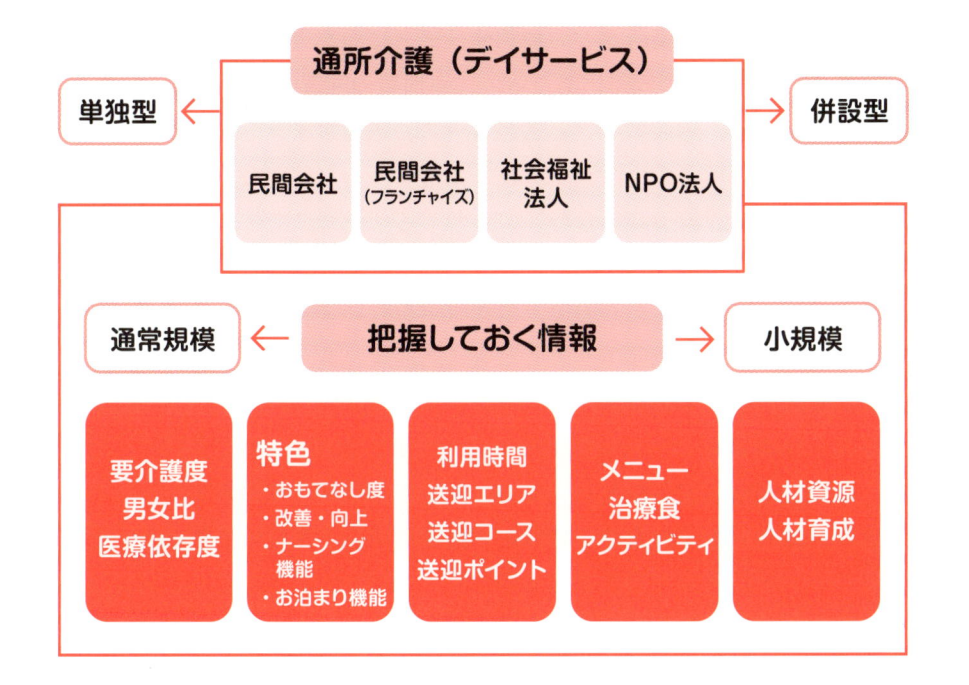

```
単独型 ← 通所介護（デイサービス） → 併設型
         民間会社／民間会社（フランチャイズ）／社会福祉法人／NPO法人

通常規模 ← 把握しておく情報 → 小規模

・要介護度／男女比／医療依存度
・特色：おもてなし度／改善・向上／ナーシング機能／お泊まり機能
・利用時間／送迎エリア／送迎コース／送迎ポイント
・メニュー／治療食／アクティビティ
・人材資源／人材育成
```

ト、パチンコ、麻雀など）

・入浴サービス（例：個浴、銭湯風、温泉）

②**身体機能の維持・向上を中心とした自立支援（要介護度の改善）をめざしたサービス（非おもてなし系）**

　利用者の要介護度の改善をめざし、トレーニングマシンや体操などで機能訓練を行うリハビリテーションから、あらゆる生活行為（例：料理、洗濯、パソコン）がリハビリテーションになるような仕掛け・工夫（例：200種類以上のプログラム）を凝らしたものまであります。

　短時間滞在型（3〜5時間）で男性利用者に好まれるメニューやトレーニングまたは入浴などに「特化」したサービスを提供します。

③**ナーシング機能（療養通所介護）を持つサービス**

　療養通所介護は、医療的なケアを重視した介護サービスです。難病を持つ中重度者やがん末期の利用者、医療処置が必要な人（気管切開、留置カテーテルなど）が対象です。

　個別対応（職員1人に対して利用者1.5人）が基本で、看護師がほぼマンツーマンでかかわり、入浴、排泄などの日常生活上の世話および拘縮予防の関節可動域訓練や呼吸ケア、嚥下訓練などを行います。ケアスタッフに、専従の看護師が1人は必ず配置されます。

　在宅療養生活は訪問看護でケアするので、訪問看護ステーションとの連携が必要となります。

④**各種の加算サービス**

　通所介護では、求められる個別ケアごとに細かい加算サービスが設定

されています。事業所がどの加算サービスに力を入れているのかは大切な特色です。加算の取得にあたっては専門職の配置が決められています。

3）利用時間帯、送迎エリアと送迎コース、送迎ポイントを知る

通所介護は利用者の生活サイクルと生活リズムだけでなく、介護者家族の生活サイクル（就労時間含む）に合わせるサービスです。利用時間帯も「3〜9時間」の範囲で選べますが、事業所として<u>短時間滞在型</u>などを特色にしている事業所もあるので、情報収集を行います。

> 短時間滞在型

また事業所ごとの送迎エリアとともに送迎コース・送迎ポイントを把握し、利用者のお迎え時間帯を調べます。特に地理的条件（特に中山間地、過疎地、島嶼地など）と気候別の対応（台風、大雨、増水、積雪）、災害時（地震、浸水、雪害など）の対応についても把握しておきます。

またバスストップ方式なら居室から送迎ポイントまでの距離を誰がどうするのか（例：訪問介護による送迎支援）、<u>ドア to ドア方式</u>でも集合住宅の階段介助をどうするか、着替えなどの<u>居宅内介助</u>を行っているか、巡回車の車体サイズは何人乗りかなどの情報は貴重な判断材料です。

> バスストップ方式
> ドア to ドア方式
> 居宅内介助

なお、送迎時の交通事故も心配されるので、運転手の運転レベルと健康チェック、<u>運転技術講習</u>の有無なども把握しておきましょう。

> 運転技術講習

また中山間地域などに居住する利用者へのサービス提供加算が設定されています。

4）サービス提供体制、スタッフの人数・資質を把握する

母体法人の理念や事業コンセプトがスタッフの人数と勤務シフト（常勤、非常勤）、職員の資質、サービスの内容に大きく影響します。サービス提供体制強化加算を取得している事業所は、どのような取り組みをしているのか、情報収集をしましょう。

- 勤続年数別の構成（定着率）
- 資格別の構成（介護福祉士、旧ヘルパー1〜3級、その他）
- 男女比（男性スタッフと女性スタッフの人数）
- スタッフ研修会の有無と頻度・テーマ（例：移動・移乗・排泄・食事介助・入浴介助の技術、認知症ケア、ICF・疾患・薬などの知識など）
- <u>生活相談員</u>の経験年数と基礎資格

> 生活相談員

なお、急増する小規模型通所介護事業所は、職員が少ないためにサービスが偏りがちになる、職員の欠勤時の対応が困難、機能訓練ができない、スタッフに負担増となりやすい、などの傾向があるので十分情報収集をしましょう。

5）母体法人の属性と特性（単独型、併設型）を把握しておく

通所介護はもっとも他業種からの参入がしやすいため、事業所間で介護サービスへの意識に大きな差がみられます。母体法人は民間会社が多くを

占め、社会福祉法人、NPO法人などが続きます。小規模型通所介護事業所ではフランチャイズ方式で展開している事業グループもあります。施設も「施設併設型」から家庭的な雰囲気でサービスを提供する「**民家改修型**」、空き店舗を改修して明確なコンセプトを打ち出している「**店舗改修型**」までさまざまです。

- 施設併設型：特別養護老人ホーム、老人保健施設、住宅型有料老人ホーム、サービス付き高齢者向け住宅など
- 医療機関等併設型：専門病院、医院・クリニック、鍼灸・整骨院、薬局・ドラッグストアなど
- 民間施設併設型：スーパー銭湯、銭湯、ショッピングモール、アミューズメント施設、温泉旅館、寺院、古民家、フィットネスジムなど

なお、2014（平成26）年の介護保険法の改正で、利用定員18人以下の小規模の通所介護事業所は、大規模事業所のサテライト型や、地域密着型サービスへと移行していきます。法改正による運営基準や介護報酬の改定にも目を配りましょう。

2. 通所リハビリテーション（デイケア）

通所リハビリテーションとは、病状が安定期にある利用者が介護老人保健施設や病院・診療所に通い、食事や入浴などの日常生活上の支援や、生活機能向上のための機能訓練、口腔機能向上サービス、レクリエーションなどを日帰りで受けるサービスです。

主に次の3つの目的があります。

- **機能回復**：体力の維持や改善、日常生活動作能力の維持・改善、身体機能の維持・改善、生活意欲の向上
- **社会性回復**：閉じこもりの防止、人間関係の充実、コミュニケーション能力の向上、生活範囲の拡大
- **介護者・家族支援**：介護ストレスの軽減（レスパイトケア）、利用者の機能回復による介護負担の軽減

● 事業所の選定・調整・交渉のポイント

次の項目ごとに事業所の情報収集を行い、定期的に見直します。

1）利用が多い要介護度と男女比と医療依存度の対応レベルを把握する

事業所ごとに得意とする要介護度と利用が多い要介護度は異なるので情報収集します。男女比の把握は大切で、一般的に男性利用者には「預かり、居場所、語らい」を重視する通所介護（デイサービス）より「改善・向上」や成功体験をめざす通所リハビリテーションが好まれるようです。その点から一般的に男性利用者が多いのが特徴です。

医療依存度ごとの受け入れ可能レベル（例：認知症、嚥下困難、胃ろ

う、経管栄養、糖尿病、難病など）も把握します。

２）提供できるサービスの「特色」を把握する

「できるようになる」ことをめざすリハビリテーションでも、次に示すように提供するサービスは事業所のコンセプトや所属する専門職の専門性によって異なります。

・利用者の身体機能の改善・向上をめざす（理学療法士）
・利用者の生活機能（生活行為）の改善・向上をめざす（作業療法士）
・利用者の発声・発音機能や言語機能の改善・向上をめざす（言語聴覚士）

利用者の各種機能の向上をめざしたリハビリテーションにどのように取り組んでいるのか、具体的なプログラムを確認します。

昼食（自己負担）、献立の内容（行事食含む）、食材へのこだわり（例：無農薬、地産地消）、調理法（例：施設内調理、セントラルキッチン方式、配食）、特別食・治療食の有無と内容などを把握し、利用者（家族）に情報提供をします。

①身体機能および生活機能の改善・向上を中心とした自立支援（要介護度の改善・維持・向上）をめざしたプログラム

次の３つの療法等をどのように実践しているのか、事業所の特色を把握します。

理学療法　・理学療法：運動療法（関節可動域運動・筋力増強運動・機能訓練・歩行訓練など）や物理療法（マッサージ・温熱・電気など）、補装具や生活環境の調整

作業療法　・作業療法：「身の回りの動作や家事、仕事、趣味、遊び、社会参加などすべての諸活動」の回復をめざした治療、指導、援助

言語聴覚療法　・言語聴覚療法：言葉によるコミュニケーションや嚥下困難による障害の回復をめざした訓練、指導、助言その他の援助

・その他の療法：事業所として独自に取り組んでいる特色ある療法（音楽療法、園芸療法、回想療法、アニマルセラピーなど）

②各種の加算サービス

個別リハビリテーションだけでなく、「短期集中」的なケアを行うことによる改善の可能性を追求したのが加算サービスです。どの加算サービスに力を入れているのかは、事業所の大切な特色です。

３）利用時間帯、送迎エリアと送迎コース、送迎ポイントを知る

通所リハビリテーションは利用者の生活サイクルと生活リズムだけでなく、介護者家族の生活サイクル（就労時間含む）に合わせるサービスです。利用時間帯も「１～８時間」の範囲で選べますが、短時間サービス（１～４時間未満）を特色にしている事業所もあるので、情報収集しま

```
通所リハビリテーション（デイケア）
  機能回復 / 社会性回復 / 介護者家族支援

把握しておく情報
・利用者の男女比
・要介護度 医療依存度
・特色（リハビリプログラム、短期集中プログラム、各種の療法）
・利用時間 送迎エリア 送迎コース 送迎ポイント
・人材資源 専門職 人材育成
```

しょう。

　また事業所ごとの送迎エリア・送迎コース・送迎ポイントを把握し、利用者のお迎え時間帯を調べます。特に地理的条件（中山間地、過疎地、島嶼地など）と気候別の対応（台風、大雨、増水、積雪）、災害時の対応についても把握しておきます。

　またバスストップ方式なら居室から送迎ポイントまでの距離を誰がどうするのか（例：訪問介護による送迎支援）、ドア to ドア方式でも集合住宅の階段介助をどうするか、送迎時の居宅内介助の有無、巡回車の車体サイズは何人乗りかなどの情報は貴重な判断材料です。

　なお、送迎時の交通事故も心配されるので、運転手の運転レベルと健康チェック、運転技術講習の有無なども特色として把握しておきます。

　また、中山間地域などに居住する者へのサービス提供加算が設定されています。

4）サービス提供体制とデイケアスタッフの人数・資質を把握する

　デイケアスタッフの人数と勤務シフト（常勤、非常勤）と職員の資質と資格はサービスの質に大きく影響します。

・勤続年数別の構成（定着率）
・資格別の構成（理学療法士、作業療法士、言語聴覚士、看護師、社会福祉士、介護福祉士など）
・男女比（男性スタッフと女性スタッフの人数）
・スタッフ研修会の有無と頻度・テーマ（例：理学療法、作業療法、言

語聴覚療法、接遇、移動介助・食事介助・入浴介助、認知症ケア、疾患・薬などの知識など）

支援相談員 ・支援相談員の経験年数と基礎資格

3. 認知症対応型通所介護サービス（地域密着型サービス）

認知症対応型通所介護サービスでは、要支援1～要介護5と認定され、認知症と診断された利用者に対して認知症グループホームにおいて、食事・入浴などの日常生活上の支援や生活機能向上のための機能訓練、口腔機能向上訓練などを日帰りで提供します。認知症の利用者の社会的孤立感の解消や心身機能の維持回復、家族の介護の負担軽減（レスパイト）などを目的としています。

認知症グループホームで行う「共用型」は食堂や居間などを共有スペースとして利用します。「単独型・併設型」は通所介護と一体的に行わず、パーテーションなどで間を仕切るなど空間の確保をします。生活相談員と

機能訓練指導員 機能訓練指導員（リハビリテーション専門職か生活相談員・介護スタッフの兼務）を置きます。

● 事業所の選定・調整・交渉のポイント

次の項目ごとに事業所に情報収集を行います。

1）対応できる認知症レベルを把握する

サービスを利用する経緯には、一般の通所介護・通所リハビリテーションでは十分ケアができない症状である、BPSDが極端に現れる、他の利用者への迷惑行為（危害含む）が多いというケースもあれば、認知症ケアに特化した事業所のほうが本人が落ち着くといった場合もあります。

「うちのスタッフではとてもケアができません」という事業者側からの中途拒否を回避するため、アルツハイマー型、脳血管型、レビー小体型、前頭側頭型などの認知症疾患、若年期（～44歳）や初老期（45～64歳）

若年性認知症 の若年性認知症など、対応できる認知症レベルと医療レベルを把握します。

2）どのような個別ケアを行っているかを把握する

在宅から「通い」で利用する認知症の利用者にどのようなケアを提供しているのか、事業所の特色を3つの視点から把握します。

- ・自立支援（利用者のペースに合わせ、少しでも自分で行えることの支援）、自律支援（利用者が考え、決める・選ぶことの支援）
- ・個別ケア（症状とレベルに合わせた個別的なかかわり、本人らしさを尊重した安心できる環境づくり）
- ・地域密着型（なじみの場所や地域の人間関係のなかでともにつくるケア）

3）各種の加算サービス

認知症対応型通所介護では、個別ケアに合わせて細かい加算サービスが

設定されています。どの加算サービスに力を入れているのかは、事業所の大切な特色です。

短期滞在型サービスのコーディネート

短期滞在型サービスには、短期入所生活介護（ショートステイ）と短期入所療養介護（メディカルショートステイ）の2種類があります。

いずれも利用者が事業所に出かけて「短期間のお泊り」付きで通所介護を利用するサービスと考えればよいでしょう。

利用する理由の第1は介護家族の介護負担の軽減（心身の休息）、第2は介護家族の緊急時（例：入院、出張、冠婚葬祭）の対応、第3が介護放棄や虐待的環境、引きこもりや孤立による心身機能低下から利用者を「一時避難」することです。

一時避難

また特別養護老人ホームへの入所待ちや病院、療養病床の代替施設として利用する人もおり、「ミドルステイ（1～3ヵ月間）」「ロングステイ（3～6ヵ月間）」化している例もあります。

ミドルステイ
ロングステイ

コーディネートにあたっては、利用者の利用への納得度、利用者の性格（人柄）と認知症レベル、体力・体調、医療依存度、希望する利用日数と自費利用の有無などを事業所側に伝えます。

● 事業所の選定・調整・交渉のポイント

次の項目ごとに事業所の情報収集を行い、定期的に見直します。

1）受け入れの要介護度と医療依存度の対応レベルを把握する

事業所で受け入れできる要介護度と医療依存度が高い利用者の受け入れ可能な対応レベル（例：認知症、嚥下困難、胃ろう、経管栄養、在宅酸素、難病など）を把握します。どの程度の利用者までなら対応できるのかを確認しておきます。

移動介助、排泄介助、入浴介助、食事介助、機能訓練などでどのような対応が可能なのかを確認します。

2）提供できるサービスの「特色」を把握する

短期滞在型で提供するサービスは施設サービスに近い性格を持っています。この特性を活かし、在宅では乱れがちな生活習慣づくりを行い、24時間スケールで1日の生活リズム（例：排泄の声かけのタイミング、不穏になる時間帯、夜間の排泄介助など）を把握するなど、在宅介護の改善のきっかけとすることも可能です。

①出会い・交流、生きがい・心の活性化（短期入所生活介護）に着目したサービス

日中の過ごし方は、利用者の心身の機能改善や生活リズムに大きく影

響します。レクリエーション（例：ゲーム、カラオケ、歌声喫茶など）やアクティビティ（例：絵手紙、手工芸、生け花、習字、楽器演奏、囲碁、将棋など）、季節行事（例：豆まき、お花見、夏祭り、収穫祭、クリスマス、お正月、秋の文化祭）など、どのような特色を出しているのか、把握しましょう。

ナーシング機能　②<u>ナーシング機能</u>（短期入所療養介護）に着目したサービス

　　短期入所療養介護は、医学的管理の下で医療的なケアを重視した介護サービスです。難病を持つ中重度者やがん末期の利用者、医療処置が必要な人（重篤な合併症、気管切開、胃ろう、ストーマ、留置カテーテルなど）が対象です。

　　滞在型サービスとして中重度者向けに、サービスにどのような工夫（例：食事、機能訓練など）をしているのか、情報把握をしましょう。

③**食事（栄養管理、医学管理）に着目したサービス**

　　1日3回の食事は大切な楽しみの1つであり、療養的な視点では体調の管理と治療の意味を持ちます。献立の内容（和洋中、行事食含む）、食材（例：無農薬、地産地消）、調理法（例：施設内調理、セントラルキッチン方式、配食）、特別食・治療食の有無と内容、おやつのメニューなどを利用者（家族）に情報提供します。

　　また、刻み食・とろみ食・ミキサー食、特別食・治療食（糖尿病食、腎臓病食、胃潰瘍食、貧血食、膵臓病食、脂質異常症食、痛風食、特別な検査食）ではどのような対応や工夫（例：盛り付け、食器、配膳）を行っているのかを把握しておきましょう。

④**各種の加算サービス**

　　短期滞在型サービスでは、提供できるサービスごとに細かい加算が設定されています。どの加算サービスに力を入れているのかは、事業所の大切な特色です。

3）事業所の立地（併設型、単独型）と居室を把握しておく

居室によって利用料が異なるため、注意して情報把握します。

＜短期入所生活介護＞

　立地：特別養護老人ホーム、介護老人保健施設、単独施設など
　居室：多床室（療養強化型含む）、従来型個室（療養強化型含む）、ユ
　　　　ニット型個室・準個室（療養強化型含む）

＜短期入所療養介護＞

　立地：介護老人保健施設、療養病床を有する病院、老人性認知症疾患療
　　　　養病床を有する病院
　居室：多床室、従来型個室、ユニット型個室・準個室

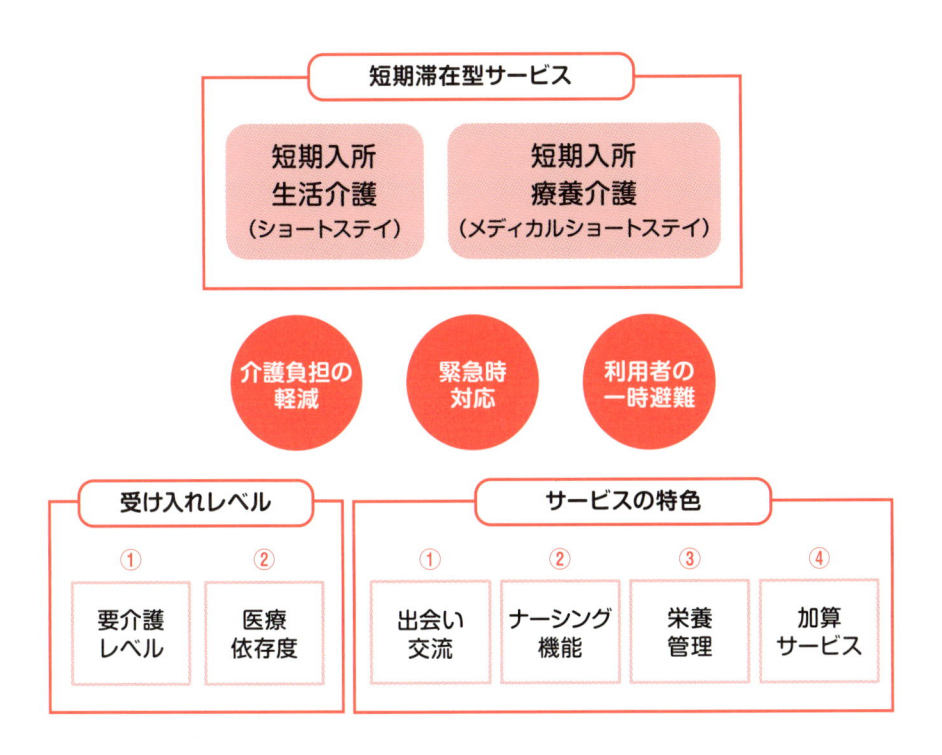

```
                    ┌─────────────────────┐
                    │  短期滞在型サービス  │
          ┌─────────┴─────────────────────┴─────────┐
          │  ┌──────────────┐    ┌──────────────────┐ │
          │  │  短期入所    │    │    短期入所      │ │
          │  │  生活介護    │    │    療養介護      │ │
          │  │ (ショートステイ) │    │(メディカルショートステイ)│ │
          │  └──────────────┘    └──────────────────┘ │
          └────────────────────────────────────────────┘
```

介護負担の軽減　緊急時対応　利用者の一時避難

受け入れレベル
① 要介護レベル　② 医療依存度

サービスの特色
① 出会い交流　② ナーシング機能　③ 栄養管理　④ 加算サービス

福祉用具、住宅改修のコーディネート

福祉用具と住宅改修は「道具と環境」を整備することで、利用者の自立（自律）した生活を支え、介護家族の心身の負担を軽減することが可能となります。

道具と環境

1. 福祉用具貸与・購入

福祉用具は、利用者の「自立（自律）」を支援する「暮らしの用具」であり、介護負担を軽減し介護事故を回避する用具、できることを増やし在宅生活を継続する用具です。

暮らしの用具

導入にあたっては、利用者（家族）やヘルパー、訪問看護師から日常生活でどのような場面で困っているかをヒアリングし、主治医や理学療法士・作業療法士などの専門職からのアドバイスを<u>福祉用具専門相談員</u>に情報提供します。導入にあたり、次の3つの点を整理しておきます。

福祉用具専門相談員

・使用する目的と品目
　使用する目的（例：移動、排泄、入浴、起居、寝返りなど）と、用具によって何を解決したいのか
・使用する人
　使用する本人あるいは介護者の年齢、体力、体調、理解力などによっては、操作ミスや介護事故に備える必要があります。

・使用する場所

　使用する場所（例：居室、居間、台所、廊下、浴室、玄関、道路、階段など）の「実際に使える広さ」は「使い勝手」に直接かかわってきます。福祉用具も住環境によっては、効果を十分に発揮することができないこともあります。家の間取り図と居室の見取り図をもとに、居室の広さとベッドの大きさや位置、廊下の幅と長さ、浴室・脱衣室・浴槽の広さ、玄関の広さと段差、階段の傾斜と段差など、住環境とのバランスで活用を考えます。必要に応じて住宅改修も想定します。

　介護保険では福祉用具は基本的に「貸与（レンタル）」ですが、排泄や入浴にかかわる品目は購入費（特定福祉用具販売対象品目）などが給付されることもあります。また市町村独自の福祉用具貸与サービスも情報収集し、可能なら組み込むようにします。

● 事業所の選定・調整・交渉のポイント

　次の項目ごとに事業所の情報収集を行い、定期的に見直します。

1）福祉用具の<u>品目のバリエーション</u>（価格帯も含む）は豊富か
2）<u>フィッティング</u>や<u>アフターフォロー</u>は丁寧か
3）介護事故への対応や、<u>リスクマネジメント</u>のマニュアルはあるか

　一見便利に思える福祉用具も、電動ベッドの操作がむずかしい、車いすのクッションが硬い、シャワー椅子が大きすぎる、ポータブルトイレが重いなど、使ってみて初めて実感する「<u>使い勝手</u>」があります。初期のモニタリングは福祉用具専門相談員と一緒に行い迅速な対応を依頼します。また「<u>ヒヤリハット体験</u>」などを利用者（家族）からヒアリングし、必要に応じて福祉用具の変更などを行います。

　なお、介護保険の福祉用具貸与の品目だけでなく、作業療法士などの専門的アドバイスを受けながら、高齢者向けにつくられた「暮らしのなかの道具」たち（例：軽量化されたまな板・鍋・フライパン・包丁など）も<u>生活支援機器</u>として活用する視点が大切です。

2. 住宅改修

　介護が必要となっても自宅で自立した暮らしを続けるためには、福祉用具だけでなく「要介護者向け」に住環境を整備することも重要です。住宅改修は、利用者本人だけでなく介護をする家族やヘルパーにとっても効果的な場合があります。住宅改修（住環境整備）にあたり、次の3つの点を整理しておきます。

・気がねのない自立した生活が送れる住環境づくり

　移動、排泄、食事、入浴など「生活の質」にかかわる基本的動作は

福祉用具の活用の流れ

目的
- ADL・IADLの改善・維持
- 介護負担の軽減
- 家庭内事故予防

福祉用具の活用

関係者：利用者、家族、訪問介護、訪問看護、主治医、PT・OT
→ ケアマネジャー

1. 情報提供
2. 基本情報
3. 生活情報
4. 使用環境
5. 介護者の状況

選定のポイント

条件：
- 目的と品目
- 使用する場所
- 使用する人

特徴：
- バリエーション
- フィッティング
- アフターフォロー
- リスクマネジメント

→ 福祉用具レンタルショップ（専門相談員）

居住環境のなかで行われます。段差解消、洋式便器への改修、浴槽の手すり設置などで、家族に気がねすることなく自立した生活が可能となります。

・家庭内事故（転倒、転落など）の予防

　老化現象によるふらつきや目測の誤りなどで敷居や段差につまづいたり、玄関の上がりがまちの踏み外しや階段からの転落、浴室での転倒などの家庭内事故を予防します。

・介護負担の軽減と地域社会への参加

　狭いトイレでの排泄介助、古い浴室での入浴介助は介護者の身体にかなりの負担がかかります。住宅改修による介助スペースの確保で利用者の安全が確保され、介護者の身体的負担の軽減（例：腰痛や肩こりの軽減）が可能となります。

　また、玄関にハーフステップを置く、道路への階段をスロープ化し、手すりをつけることで、地域社会への参加が可能となります。

なお、住宅改修ありきで考えるのではなく、まずは利用者（家族）の「生活動線」に沿って家具類などの模様替え、部屋の交換（住み替え）、家具や壁をつかった伝い歩き、福祉用具の導入（例：手すり、杖、歩行器）などを検討します。

住宅改修は介護保険対象の枠内でおさまらない場合もあります。利用者（家族）のニーズにもとづき、介護保険枠内でできること（例：手すり、段差解消、便器の交換、ドアノブの交換）と枠外のものを整理し、対応を

生活動線
部屋の交換

検討します。また市町村の助成金・補助金、公的金融機関の融資制度などもあるので、市町村の介護保険課・住宅課や地域包括支援センターで情報収集をしておきます。

●**事業所の選定・調整・交渉のポイント**

次の項目ごとに事業所の情報収集を行い、定期的に見直します。
1）事業者が「利用者本位の姿勢」を持っているか
2）事業者に住宅改修の「知識と経験」があるか
3）事業者が介護・福祉のネットワークを持っているか

住宅改修で力になってくれるのは地元の1・2級建築士や工務店です。事業者選びでは、住宅改修の実績を資料と写真で確認する、改修例を見学する、福祉用具を活かしたバランスのとれた改修プランが立てられる、利用者（家族）にわかりやすい説明をしてくれるなどを基準にするとよいでしょう。

指定制度　また住宅改修事業者の指定制度を行っている自治体や、住宅改修の勉強会を行っている工務店もあるので、地域包括支援センターや商工会議所・商工会で情報収集をしましょう。

■ 身内（家族・親族）資源のコーディネート

介護保険制度は「家族介護の軽減」をめざしていますが、現実的には利用者本人が求める家族からの支援があります。また家族しかかかわれない、家族だからこそできる支援があります。

ケアマネジャーがコーディネートする対象は介護サービスや近隣資源だけではありません。利用者を取り囲む「身内の方」（育てた家族と育った家族）たちの事情と心情に配慮しながら、「介護を通じたかかわり」を描き、時間をかけて調整・交渉するのもケアマネジャーだからこそできる大切な仕事です。

身内の方

介護を通じたかかわり

1. 家族資源（育てた家族のつながり）のコーディネート

家族資源は同居する家族や近隣で直接かかわる家族だけではありません。介護保険制度下では「主たる介護者」を重要視する傾向があるため、すぐにかかわれない子ども資源（兄・弟、姉・妹）・孫・ひ孫資源が「家族資源」から外されてしまい、それが家族関係に新たな「しこり」を生じさせていることもあります。また実子であっても「先妻の子」や「後妻の子」、子どもがいない夫婦で「養子縁組」の子など、さまざまなケースがあります。こういった複雑な「絡まり」も家族構成図（ジェノグラム）を使って全体を正確に把握しましょう。

家族資源

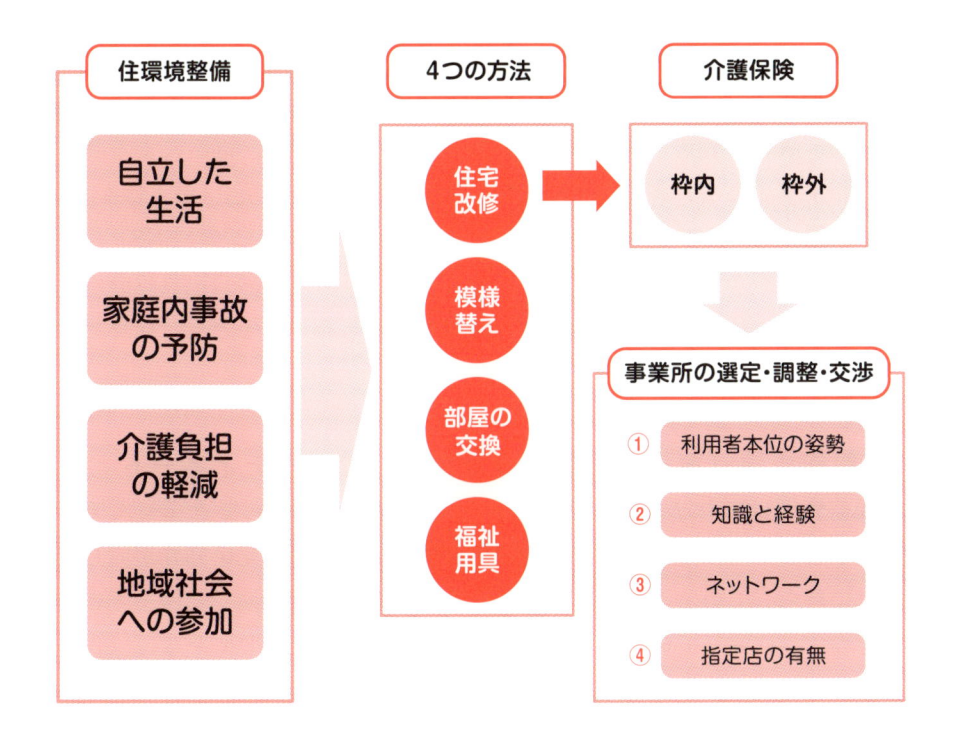

```
┌─住環境整備─┐      ┌──4つの方法──┐     ┌─介護保険─┐
│  自立した   │      │   住宅改修   │ →  │ 枠内  枠外 │
│   生活     │      │   模様替え   │     └──────────┘
│ 家庭内事故  │  →  │  部屋の交換  │           ↓
│  の予防    │      │   福祉用具   │     ┌事業所の選定・調整・交渉┐
│ 介護負担   │      └────────────┘     │ ① 利用者本位の姿勢  │
│  の軽減    │                          │ ② 知識と経験       │
│ 地域社会   │                          │ ③ ネットワーク     │
│  への参加  │                          │ ④ 指定店の有無     │
└──────────┘                          └──────────────────┘
```

　また未入籍ながら利用者本人の生活全般の世話を行っている同居の人（<u>事実婚状態</u>、内縁関係）がいる例もあり、今後は増えることが予想されます（例：<u>熟年離婚</u>、<u>熟年結婚</u>）。子ども・親族にとっては不本意であっても本人には「大切な支え手」です。本人の意向を尊重するために家族資源として位置づけることもあります。

　これらの事情に配慮して家族資源をコーディネートできるのもケアマネジャーです。家族のキーパーソンと一緒に「最善の策」を考えるスーパーバイザー的なポジションを意識しましょう。

● **家族資源の種類**
　・同居する配偶者（夫妻）・未入籍の同居者（男女）
　・実子（婚内子、婚外子）・継子とその配偶者と孫・ひ孫たち
　・養子（普通養子、特別養子）とその配偶者と孫・ひ孫たち

● **家族のかかわり方**

　子どもたちの生活スタイルだけで一方的に「決めつける」ことはせずに、どのようなかかわり方ができるのかを話し合いましょう。

　・同居介護：日々の介護（例：起居、移動、調理・食事、排泄、入浴、睡眠、寝返りなど）、日常的な世話、話し相手（子ども、孫など）、通所介護の送迎の立ち会いなど
　・近距離介護：週1〜7回程度の<u>部分介護</u>や「気がかり」を基本とする不定期の日中介護（例：移動、調理・食事、排泄、入浴）、夜間介護（睡眠、寝返り、トイレ誘導など）、話し相手（子ども、孫など）、食

（傍注）事実婚状態／熟年離婚／熟年結婚／部分介護

つくりおき	事の「つくりおき」(冷蔵庫保管)
全日介護	・遠距離介護：月1〜6回（1〜3泊付）の全日介護（例：起居、移動、調理・食事、排泄、入浴、睡眠、寝返りなど）、電話による話し相手（子ども、孫など）、通信手段による「心の支援」（例：はがき、手紙、ビデオレター、Eメール、Facebook・LINEなどのSNS）
心の支援	
	・介護にかかわれない子どものからの支援：介護費用の自己負担分の仕送り、生活費や食材の仕送り、電話での話し相手（子ども、孫など）、通信手段による「心の支援」

2. 親族資源（育った家族のつながり）のコーディネート

　親族資源はこれまで「支え手」としては位置づけられてきませんでした。子どもたちは遠く離れた土地に住んでも、利用者の兄弟姉妹が同じ市町村に暮らしていることはよくあります。利用者の幼少期や結婚までの様子をつぶさに知っているのは兄弟姉妹（親族）です。そしてそこにはきょうだいが結婚した相手（義兄・義弟、義姉・義妹）とその子どもたち（甥・姪）がいます。また父方・母方の親戚筋をたどると「いとこ」の存在があります。

親族とのつきあい　親族とのつきあい（例：子ども・孫の結婚式、お葬式、お盆の墓参り）は利用者が「育った家族」の家族歴そのものです。「本人らしさ」を知る貴重な資源であり、話し相手として「心の支え手」になれる人たちです。

　第三者のケアマネジャーだからこそ親族による支え合いを提案し、調整・交渉ができる場合も多くあります。とりわけ地方ではケアマネジャーと親族が「顔の見える関係」であることもあり、スムーズにつなげることができることも可能です。

● 親族資源の種類
　・利用者にとっての「兄・弟、姉・妹、いとこ」など
　　（配偶者にとっての「兄・弟、姉・妹、いとこ」など）
　・利用者にとっての「義兄・義弟、義姉・義妹、甥・姪」など
　　（配偶者にとっての「義兄・義弟、義姉・義妹、甥・姪」など）

● 親族のかかわり方
　これまでの親族間のつきあい方や支え合い方（例：子育て、看病、介護）などを聞き取り、「無理のないかかわり方」を家族・親族と一緒に話し合う機会を持つようにします。また、かかわる際には、具体的な例を示し、親族が「それならできる」とイメージできるようにすることが重要です。

　なお、家族・親族間には「他人に言えない・知られたくない葛藤」がいまも残っていることがあります。そのような場合は決して無理しないよう

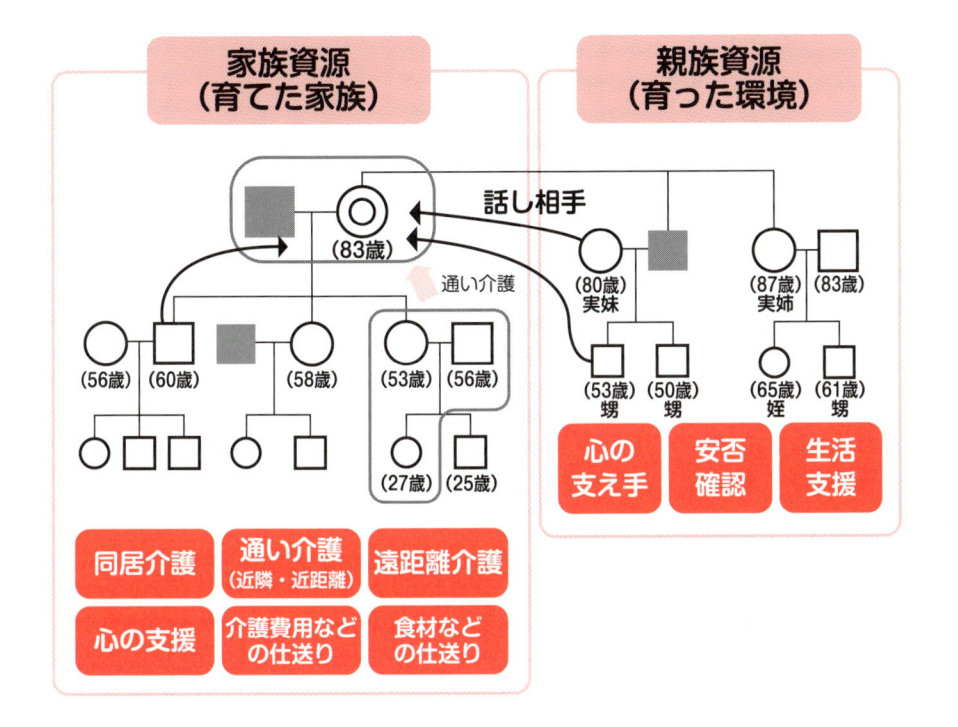

慎重に時間をかけてかかわるようにします。

- 心の支え手：話し相手（電話、手紙、Eメール、Facebookなど含む）
- 安否確認：定期・不定期の見守り・声かけ、徘徊時の捜索など
- 生活支援：食事づくり、おすそわけ、通院や買い出しの協力（自動車）、電球などの交換、冬場の支援（ストーブの給油、雪かきなど）

近所・近隣資源、地域ボランティア、生活支援サービスのコーディネート

　私たちは家のなかだけでなく「地域」のかかわりのなかで暮らしています。介護が必要となると外出に支障が出て家にこもりがちになります。介護サービスや家族・親族だけで利用者の暮らしを24時間支えることはできません。利用者がつくり上げてきた「地域との縁」を探し出し、地域にあるインフォーマルな「支え手資源」をつなぐことはケアマネジャーの大切な役割です。

地域との縁
支え手資源

1. 近所・近隣資源のコーディネート

　近所・近隣は利用者の暮らしぶりをもっともよく知っている人たちです。町内会・自治会・マンション管理組合や地域行事、ゴミ出しなどを通じて「顔見知り」だったり、いざとなったら助け合う関係ができているのかどうかを把握します。具体的には、最近起こった豪雨・積雪・地震など

顔見知り

の例を話題に出し、どのような支え合いがされたのか（されるのか）の聴き取りを通じて「支え合いの温度」と「支え合いの仕組み」を把握しましょう。

> 支え合いの温度
> 支え合いの仕組み

　基本的に近所・近隣の人ができることは、1人暮らし高齢者や老老世帯、認知症高齢者の「見守り・声かけ」などの安否確認や、消費者被害の早期発見や話し相手（茶飲み友達）などです。「ケアマネジャーの頼みごと」とするのではなく、「利用者のために」どのようなことならできるのかを相手に決めてもらうのがポイントです。

　また地域の簡単な地図（手書きOK）を利用者（家族）に示し、なじみの人・なじみの場所・なじみの店舗などを挙げてもらい、地域の「支え手」探しをしましょう。

> 「支え手」探し

2. 食事づくり・配食ボランティアのコーディネート

　食事は暮らしの楽しみであり、生活リズムを形づくるものでもあります。体力・体調にも直接影響し、生活の崩れは「食の乱れ」から始まります。

　地域には男性高齢者を対象とした食事づくりの会や配食ボランティアのサークルがあり、積極的に活動をしています。農協・生協・社協などの食事づくりの会や配食ボランティアの情報（対応エリア、頻度〈週別、月別〉、費用など）を把握し、必要に応じてケアプランに組み込みましょう。

3. 送迎・移動ボランティアのコーディネート

　公的な移動手段（例：電車・バス・地下鉄）がない・使えないために、自費でタクシーを使ったり、自家用車での移動を余儀なくされている高齢者が急増しています。一方で高齢ドライバーは、心身の機能低下と認知能力の低下による判断の遅れ、操作ミスなどから交通事故を頻繁に起こす危険があります。

　「移動手段の確保」は通院・生活用品の買い出し・お金の引き出しなどを保障するものであり、まさに「ライフライン」です。

> ライフライン

　地域の団塊高齢者（元バス・タクシー運転手を含む）などを中心とした送迎・移動ボランティアの情報（対応エリア、頻度〈週別、月別〉、費用など）を把握し、ケアプランに組み込みましょう。

4. 話し相手、傾聴ボランティアのコーディネート

　社会参加を目的にした通所介護の場に、好みの話し相手や好きな話題が用意されているわけではありません。若い介護スタッフとの会話で満たされることも少ないのが現実です。

相手が中高年や同世代だからこそ「盛り上がる話題」があり、高齢者にとっての「聞き手」になれます。

社会福祉協議会やボランティアセンターで話し相手ボランティア、傾聴ボランティア、地域のサロン活動の情報を把握し、どのような顔ぶれか、実践事例などを聞き取り、利用者に紹介してみましょう。

5. 商店・店舗、スーパーなどの生活支援サービスのコーディネート

商店・店舗、大型スーパーなどは消費者の高齢化とともに、商品の配列や小ロット化（例：惣菜の1人用パック詰め）などの工夫が進んでいます。積極的に認知症サポーター養成講座に取り組む例も増えています。「高齢者にやさしい店」「認知症でも安心できる対応をしてくれる店」などを、口コミや商工会議所、地域包括支援センターなどで情報収集しましょう。

また利用者（家族）が利用する店舗などに同行し、利用者（家族）の買物やトイレ誘導などへの協力を依頼することは、ケアマネジャーだからこそできる大切な支援です。必要に応じてケアプランに記載すると、ケアチーム内で共有することができます。

6. 防犯・警備・緊急通報サービスのコーディネート

高齢者を狙った犯罪（例：窃盗、引ったくり、代引き詐欺、悪質訪問販売など）は急増し、地域の「新たな不安」になっています。地域の見守り活動だけでなく、利用者（家族）が契約する行政の緊急通報サービスや警備会社の安全サービスも利用者の日常を「見守る目」です。

緊急通報サービスの内容や警備会社の安全サービスの範囲と中味を把握し、利用者（家族）とともに何を特に見守ってもらいたいかを情報提供し、必要に応じてケアプランに記載します。

> **消費者の高齢化**
> **小ロット化**

レッツ チャレンジ！

- ☐ コーディネート「3つの準備」を事業所で取り組んでみよう
- ☐ あなたの事業所の「選定・調整・交渉」のマニュアルをつくろう
- ☐ 身内資源、インフォーマル資源のコーディネート例を話し合おう

第7節 サービス担当者会議

■ サービス担当者会議の「意義」と「目的」

　サービス担当者会議とは、ケアチームのメンバーがそれぞれ持っているアセスメントおよびモニタリングを含めた「利用者（家族）情報」を交換し、認識を共有することで、利用者の自立（自律）した暮らしと、それを支えるケアプラン（個別サービス計画含む）を協議・合意・納得するための「顔の見える会議」の場です。

　新規ケースでは、ケアチームをマネジメントする大切な「スタート」であり、更新時においては「ゴール＆再スタート」の場となります。これまでの利用者の暮らしをチームで振り返り、これからの暮らしをともに描きます。

　サービス担当者会議は、「情報共有・モニタリング・信頼づくり」の場であり、次の5つの目的があります。
①多様な視点から見立て・手立てを考える
②これまでを振り返り、これからの暮らしを話し合う
③情緒的にお互いを支え合い、苦労やがんばりを共有する
④専門職の知識・経験を交流する
⑤これからの暮らしのリスクを予見し対応策を話し合う

> 顔の見える会議
> ゴール＆再スタート

■ サービス担当者会議がめざす「3つの効果」

　ケアチームが一堂に会するサービス担当者会議だからこそ可能となる「3つの効果」をめざします。
①「線の関係」を「面の関係」にする
　介護保険サービス、インフォーマルサービス、近隣の支え合いなどの暮らしの支援がケアマネジメントによって1人の利用者に提供されます。支援の1つひとつは利用者とサービス資源との「線の関係」です。ケアチームが一堂に会するサービス担当者会議で「面の関係」をつくることによっ

> 線の関係
> 面の関係

〈4つの機能〉
- 情報共有
- プランニング
- モニタリング
- 信頼づくり

↓

5つの目的
① 多様な視点から見立て・手立てを考える
② 「これまで」を振り返り「これから」を話し合う
③ 情緒的な支え合い苦労とがんばりの共有
④ 専門職の知識・経験を交流する
⑤ リスクを予見し対応策を話し合う

→ **サービス担当者会議**

3つの効果
- 「線の関係」を「面の関係」に
- 利用者（家族）とケアチームの信頼づくり・意欲づくり
- リスクの共有化リスクの分散化

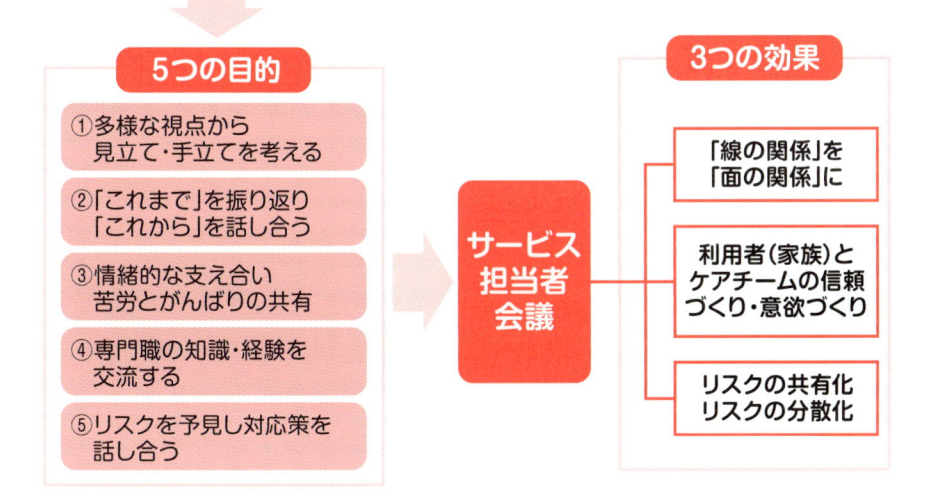

て総合的なケアサービスが可能となります。

　サービス担当者会議では、ケアプラン（原案）に示された利用者（家族）の意向・課題・長期目標・短期目標・サービス内容・種別と総合的な援助方針を協議します。このプロセスで個別サービス計画の方向性と内容、役割分担を明確にします。

②利用者（家族）とケアチームの信頼づくりと意欲づくりをめざす

　サービス担当者会議がケアチームのまとまりだけでなく、利用者（家族）の自立（自律）支援への動機づけや介護で疲れた心のケアに効果的といわれるのは、利用者（家族）の参加を基本としているからです。

　さまざまな専門職やサービス事業所の顔ぶれに会うだけでも「これだけのみなさんに支えてもらって…」という実感が利用者（家族）の心に湧いてきます。利用者の心身の機能や生活行為が維持・改善・向上した点を確認し、参加した１人ひとりが利用者のこれからの暮らしについて真剣に語り合うことによって、利用者（家族）の意欲や自発的な動機づけを引き出す効果を期待することができます。

　さらに利用者（家族）の生の声や願い・感謝をじかに聴くことで、ケアチームの側に「達成感」と「連帯感」が生まれていきます。

③「リスクの共有化と分散化」を行う

　ケアチームが利用者（家族）の状況を理解し支援方針と計画を全員で協議・確認するプロセスは、リスクマネジメントの視点からは「リスクの共有化」と「リスクの分散化」の両方の意味を持つことになります。介護ス

総合的なケアサービス

達成感
連帯感

リスクの共有化
リスクの分散化

トレスで家族が追いつめられるような状況を事前に回避する効果も期待できます。

◼ サービス担当者会議の集め方・開き方

サービス担当者会議の内容には、大きく分けて6つの種類があり、その目的によって集める顔ぶれ（メンバー）は異なります。また開催場所、時間、参加者、進め方なども目的に応じて工夫する必要があります。

●**会議の種類**

1）新規ケース会議

　利用者情報の共有と居宅サービス計画の検討・調整・確定（なお、1ヵ月後に確定会議、6ヵ月後にモニタリング会議を行う）

2）更新時会議

　要介護認定後1～2年の更新時期に行う。これまでの「振り返り」とケアプランおよび個別サービス計画の評価を行い、これからの生活支援の検討・調整、情報共有などを行う

3）テーマ別会議（随時）

　緊急時のサービスの調整・変更、福祉用具導入、住宅改修など

4）要介護度の変更時会議

　居宅サービス計画の再検討と、それにともなう変更・調整などを行う

5）退院退所時会議

　病院や老健からの退院・退所時に在宅での療養生活およびリハビリテーションの検討などを行う

6）施設入所時会議

　在宅での介護生活の振り返り、施設での新しい生活への引き継ぎなどを行う

●**会議開催の準備**

　会議は事前の準備がどれほど丁寧に行えているかで、その成果が決まります。会議の準備は「5W1H」をふまえると整理されます。

① **What：テーマ・目的を決める**

　「何を話し合うか」…会議のテーマ（目的）は明確であるほど参加者の参加意欲は高まります。反対にテーマ（目的）が曖昧だと参加意欲は減退し、義務的な参加となります。テーマ（問題解決、サービス調整、退院・退所対応、消費者被害対応、BPSD対応など）をはっきりと事前に伝えて、それぞれが下準備をして参加できるような環境をつくります。

② **Why：根拠、理由はなにか**

　なぜ会議で集まって話し合わなければならないのか、その根拠・理由を

参加者に伝えることは参加意欲に影響します。新規ケースや引き継ぎケースの会議はスタート会議として理由は明確ですが、数年間かかわっている更新ケースでは開催する根拠が曖昧になりがちなので注意します。

③ Who：参加者を決める

　参加者は、テーマ（目的）によって顔ぶれが決まります。どのような顔ぶれが想定されるでしょうか。

- ・利用者とその身内（配偶者、子どもとその配偶者、兄弟姉妹、甥姪、いとこなど）
- ・介護サービス事業者（訪問介護、通所介護、通所リハビリテーション、短期入所、訪問看護、訪問リハビリテーション、訪問入浴、福祉用具など）
- ・医療関係者（主治医、専門医、訪問看護師、歯科医師・歯科衛生士、薬剤師、理学療法士、作業療法士、言語聴覚士、栄養士など）
- ・障害福祉サービス関係者（相談支援専門員）
- ・権利擁護関係者（弁護士、司法書士、成年後見人、生活支援員など）
- ・近隣関係者（民生委員、近隣住民、町内会、老人会、自治会など）
- ・行政関係者（地域包括支援センター職員、保健師、福祉事務所など）

1）メンバーに優先順位をつける

　ケアチーム全員が参加することが原則ですが、むずかしい場合（例：緊急である、場所が狭い、困難ケース）には、事情に配慮してメンバーを決めることもあります。医師の参加は実際にはむずかしく意見照会となりがちです。医療にかかわるアドバイスをケアチームで共有したほうがよいケースの場合には、事前に利用者と同行受診し主治医の意見を聞く、医療ソーシャルワーカーや地域連携室を通じて意見をもらう、チームに訪問看護師がいる場合には医療面の情報の集約をお願いするなども効果的です。

2）近隣住民の参加には配慮が必要

　近隣の住民に参加してもらう場合には、守秘義務や<u>プライバシーの保護</u>の視点が重要となります。場合によってはトラブルとなることもあり、どの人に参加してもらうかは「利用者本人（家族）の許諾」をとるようにします。近隣に知られたくない話題などは事前に把握しておきます。また見守りの分担などを話し合う部分にだけ参加してもらう（<u>部分参加</u>）などの工夫もしましょう。

3）引き継ぎ会議は「顔が見える」顔ぶれにする

　居宅介護支援事業所の変更の引き継ぎ会議は前任・後任のケアマネジャーに参加してもらいます。施設入所の場合は生活相談員・支援相談員あるいは施設ケアマネジャーなどに参加をしてもらい「<u>顔の見える引き継ぎ</u>」を行います。

なお、施設で最初に行われるサービス担当者会議に利用者（家族）とともに同席し、在宅での介護の様子や暮らしぶりなどの生活情報などを、直近半年程度のケアプランや個別サービス計画などをもとに情報提供するようにします。

④ When：日程を調整する

　日程の調整は「利用者（家族）の希望」が基本ですが、主治医・担当医の予定優先で調整することもあります。その場合は候補日を医師から複数あげてもらい調整を行います。現実には認定調査の結果が出る日からの調整になりがちで、各サービス事業所や仕事をしている家族にとっても<u>スケジュール調整</u>がむずかしい面があります。あらかじめ結果が出る日の目安を伝え、多少前後することも説明しておくことで調整のトラブルを防ぐことができます。

● 調整の方法

・直接会う

・電話をする

・FAXやEメールで開催候補日を示し〇×をつけてもらう

　新規ケースの場合は50～70分以内とし、認定更新時は45～60分を目安とします。話し合うテーマ数や参加人数によって所要時間は変わります。効率性だけを重視した20～30分程度の会議時間では、それまでの振り返りやこれからの暮らし方、支援の内容についてしっかりと話し合うことは困難です。1回ごとが「<u>節目</u>」となる会議運営を心がけましょう。

⑤ Where：開催の場所を決める

　開催場所は利用者の自宅が基本となります。通所介護サービスの場所や主治医・担当医が参加しやすい病院・診療所・老健の会議室などで行うのもよいでしょう。サービス提供後にヘルパーや訪問看護師に参加してもらうなど、実際のケアを共有した後で行うのもひとつの方法です。開催する場所によって環境づくりに配慮します。

● 部屋の環境への配慮

・広さは十分か

・明るさ、室温、臭い、湿度、空気

　会議当日は早めに到着し、部屋の空気の入れ替えや室温の調整などを行いましょう。花などを用意するのも、参加者の心をなごます配慮として効果的です。

⑥ How：どのように進めるのか

　会議の進行にあたり、A4判用紙1枚程度の紙に会議の流れを書いた進行表や話し合う課題を整理したレジュメなどを用意すると、参加者も流れがわかるのでスムーズな進行がしやすくなります。

6つのサービス担当者会議

① 新規ケース会議
② 更新時会議
③ テーマ別会議
④ 要介護度変更時会議
⑤ 退院退所時会議
⑥ 施設入所時会議

サービス担当者会議

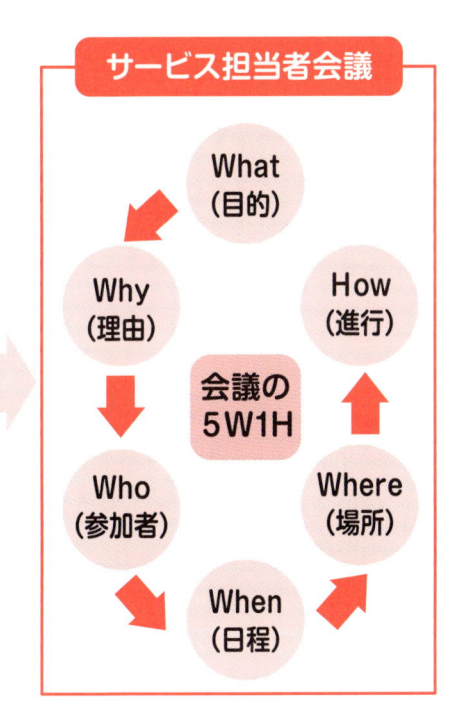

会議の5W1H
- What（目的）
- Why（理由）
- How（進行）
- Who（参加者）
- Where（場所）
- When（日程）

● **更新ケースの進行例**　※進行表は下記の流れを参考に作成
- 開会およびはじめに（担当ケアマネジャーあいさつ）
- 利用者、家族の紹介
- ケアチームの自己紹介（欠席者の紹介含む）
- 会議のテーマ（1～5つ程度）の説明
- 先のサービス担当者会議からの変化（維持・改善・向上および低下など）の<u>振り返り</u>
- 現在の状況とアセスメント結果、ケアプラン（第1～3表）の説明
- 質疑応答および各サービス事業者からの提案
- テーマにもとづく協議（困りごと、手立て、役割分担、ケアプランおよび個別サービス計画の修正・反映など）
- まとめ（方向性と手立て・役割の確認）
- その他の報告事項など
- 閉会

※**どのような資料を準備するか**

　会議の資料は会議の目的に応じて用意します。資料の基本はケアプランですが、そのほかに各種書類やパンフレット、イラスト（図解）、デジタル写真、ビデオ・動画などがあり、「<u>わかりやすさ</u>」がポイントです。

1）新規ケース会議

　利用者基本情報、アセスメントシート、暫定ケアプラン（第1～3表）、主治医からの指示書など（なお、1ヵ月後の会議では、確定ケアプラン、

振り返り

わかりやすさ

個別サービス計画を用意)
2）更新時会議
・これまでのケアプラン、個別サービス計画書、ケアプラン評価シート
・新規ケアプラン、新アセスメントシート
3）テーマ別会議
・福祉用具導入：ケアプラン、個別サービス計画書、福祉用具サービス計画書、住宅見取り図など
・住宅改修検討：ケアプラン、個別サービス計画書、福祉用具サービス計画書、住宅改修理由書、改修工事見積書など
・要介護度の変更時会議(居宅サービス計画の検討・変更・調整など)：新旧ケアプラン、新アセスメントシート、新旧個別サービス計画書、主治医意見書など
・退院退所時会議（在宅での療養生活及びリハビリテーションの検討など）：新旧ケアプラン、新アセスメントシート、訪問看護計画書、訪問リハビリテーション計画書、主治医意見書、他の個別サービス計画書など
4）施設入所時（在宅介護の振り返り、施設生活への引き継ぎなど）：利用者基本情報、ケアプラン、アセスメントシート、個別サービス計画書

◻ サービス担当者会議の進め方

サービス担当者会議もひとつの会議です。しかし法人内や事業所内の「タテ割りの組織内会議」ではありません。

タテ割りの組織内会議

サービス担当者会議は、利用者（家族）と法人格が異なる（例：社会福祉法人、医療法人、民間法人、NPO法人、行政機関など）組織の専門職、地域でかかわる人などが対等な立場で参加する「連携会議」です。

連携会議

また開催の間隔も1〜2年間に1回というきわめて貴重な会議となります。この重要な会議をどのように進めていけばよいでしょうか。

きわめて貴重な会議

＜会議の進行＞
どのような会議にも次のような「要素」があります。
・参加者の交流（顔の見える関係づくり）
・報告や連絡（情報の共有化）
・説明（状況の理解、方針の理解）
・テーマにもとづいた話し合い（協議→合意へのプロセス）
・合意（方針・方向性の一致）と確認

会議の目的によって進め方の順序は多少異なりますが、基本的な要素を押さえておくことでムリ・ムダのない、効率的な会議を不安なく進めるこ

サービス担当者会議の流れ（新規ケース）

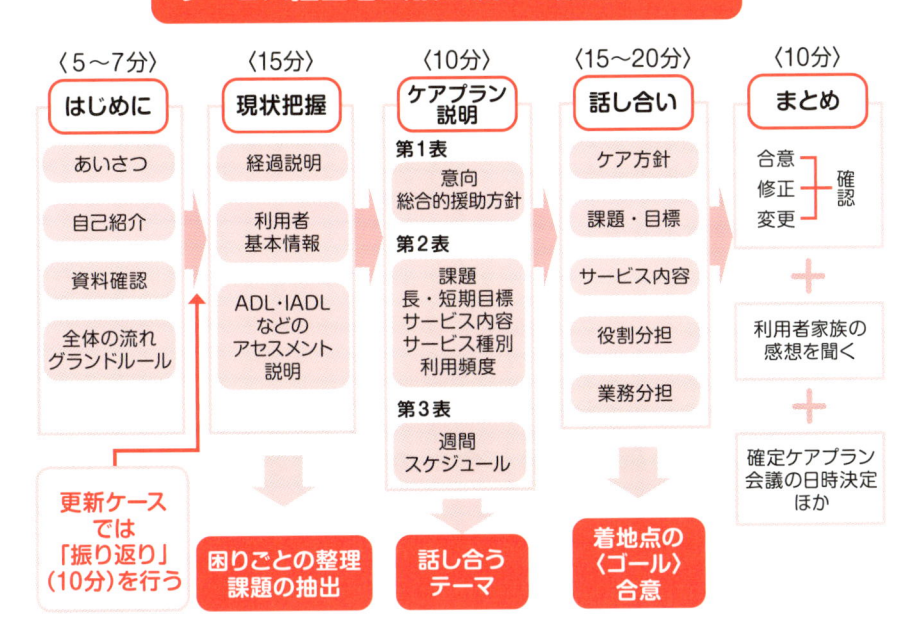

〈5～7分〉	〈15分〉	〈10分〉	〈15～20分〉	〈10分〉
はじめに	**現状把握**	**ケアプラン説明**	**話し合い**	**まとめ**
あいさつ	経過説明	第1表 意向 総合的援助方針	ケア方針	合意 修正　確認 変更
自己紹介	利用者基本情報	第2表 課題 長・短期目標 サービス内容 サービス種別 利用頻度	課題・目標	
資料確認	ADL・IADLなどのアセスメント説明		サービス内容	利用者家族の感想を聞く
全体の流れグランドルール		第3表 週間スケジュール	役割分担	
			業務分担	確定ケアプラン会議の日時決定ほか

更新ケースでは「振り返り」(10分)を行う

→ 困りごとの整理 課題の抽出
→ 話し合うテーマ
→ 着地点の〈ゴール〉合意

とができます。

1. 会議の開始：名刺交換と着席、定刻スタート

　会議は開始時間を守ることが大切です。定刻に始まらないと、時間を守った事業所と遅刻した事業所との間に「気持ちのズレ」が起こります。案内状には5分前集合・定刻開始を明記し、遅れる場合は「即連絡」を文面でお願いしておきます。初顔合わせの事業所の人がいれば名刺交換を促すことで、集まった人の緊張感をやわらげるようにします。

　遅刻する事業所があっても基本的に定刻には始めましょう（例：「では時間になりましたので始めさせていただきます」）。途中退席者・途中参加者、欠席者は最初に伝えます。いきなりの退席は会議のムードや進行に影響を及ぼすからです。開始前の待ち時間は、アイスブレイクタイム（緊張感をやわらげる時間）として工夫する（例：世間話、近況報告）のもよいでしょう。

　なお途中参加者には、進行の途中であっても2～3分以内でそれまでの話し合いの概略を伝え、話し合いに参加しやすい状態をつくります。また途中退席者には、話し合っているテーマへの意見や感想を必ず言ってもらい退席してもらうことで、「中途半端な空気」にけじめをつけることができます。

> 気持ちのズレ
>
> アイスブレイクタイム
>
> 中途半端な空気

2. 参加者の自己紹介をする

　出席者に自己紹介をしてもらう際には、進行役が自己紹介の仕方をさりげなく示すとよいでしょう。

　　・進行役：「事業所名、お名前、事業所の場所、主にどういうかかわりを行うか（行ってきたか）の順序で自己紹介をお願いします」

　利用者（家族）には、在宅生活に対する思いやサービスへの期待などを語っていただきましょう。

　なお参加者が多い場合には、ケアマネジャーが紹介することもありますが、事務的にならないように注意し、ひと言エピソードを付け加えるとよいでしょう。

3. 全体の流れの確認と話し合いの決めごと（グランドルール）を提示する

協働作業　　会議を進行する際に大切なのは「協働作業」というムードをつくることです。会議次第（レジュメ：Ａ４判用紙１枚程度）にもとづき、開催の目的と検討テーマ、話し合いの目標、全体の時間配分、出席者の役割（報告、情報提供、提案など）を確認します。これは「進行の地図」を渡すことを意味します。出席者は会議の全体像がつかめるだけでなく、どこで発言・発表をすればよいかの目安をつけることができるため、進行への協力を得ることができます。なお、「このような流れで進めさせていただきます。よろしいでしょうか。みなさんの方で付け加えることはありますか？」と確認をとりましょう。出席者に参加と責任の意識をもってもらうとともに、進行上の微調整を図ることができるからです。

進行の地図

進行への協力

　また、話し合いは進行役がつくるのではなく、出席者がつくり上げるものです。その際の動機づけに効果的なのが「話し合いの決めごと」（グランドルール）を冒頭に伝えることです。３つぐらいが適切でしょう。

話し合いの決めごと

＜グランドルールの例＞
- 「短い時間ですので、発言はおひとり１～２分を目安にお願いします」
- 「発言は、感想や印象でも結構なのでどしどしお話しください」
- 「質問される際には、その理由を述べてから質問をお願いします」
- 「発言の際はいくぶん大きめの声でお願いします」
- 「携帯電話の電源はできればお切りいただくか、マナーモードでお願いします」

4. 資料を確認する

　資料の確認ははじめに行います。ケアプランや個別サービス計画書などで資料が多くなる場合は、クリップやクリアファイル、封筒などに各自の

分をまとめておくようにします。事前配布資料を忘れる人がいた場合を想定し、複数の部数を用意しておきます。また欠席者の照会書類や、当日の配布資料がある場合はあらかじめ確認をとっておきましょう。

　回収予定の資料にはあらかじめ「通し番号」を振っておくなど回収漏れがないようにします。画像・動画の資料は、象徴的な場面を資料として用意する、DVDにファイル化して渡すなどの工夫も喜ばれます。

> 通し番号

5. 話し合い（検討）を行う

　話し合いを始めるポイントは、話し合うテーマ、その背景・理由・目的・着地点をはじめに述べることです。これらを確認をせずに始めてしまうと、出席者はどの方向で意見や質問を出せばよいかわからず、話し合いが混乱してしまいがちです。話し合いを進めるための5つの勘所を以下に示します。

◎勘所1：「着地点」を示す

　どこに向かって話し合いを進めているのか（着地点）を明確にすることで、発言がブレにくく、脱線も最小限になり、テーマに集中することができます。着地点の内容によって話し合いで配慮すべき点は異なります。

①ケアの方針や方向性、認識やかかわり方を一致させる

　参加者（事業所）ごとに総合的な援助方針や方向性の理解の度合い、受けとめ方を発言してもらいます。次に「できること、できないこと、検討すること」などについて意見を出してもらうようにします。

　「違い・ズレ」を明らかにし、なぜそう考えるのかを話し合うことで、認識や情報の一致を図ることができます。

②利用頻度、曜日、時間帯、ケア内容で合意を図る

　サービスを提供する曜日や時間帯などの提案については、その根拠（理由、事情）を具体的に説明します。またケア内容では参加者それぞれがどのようなイメージを抱いているのか（例：食事介助）を具体的に話し合うことで、合意を図るだけでなく、思わぬアイデアや工夫が生まれることも期待できます。

◎勘所2：わかりやすい「共通言語」を心がける

　発言や質問の際には、専門用語や業界用語は控え、利用者（家族）にとって「わかりやすい表現」をしてもらうように会議の冒頭で伝えることが大切です。理解しにくい・イメージが湧きにくい表現があれば、次のように促します。

> わかりやすい表現

　　・「いま話された失禁管理について、具体的にご説明いただけますか？」
　　・「下肢筋力の低下について、何かエピソードを挙げてもらえますか？」
　そして利用者（家族）やほかの出席者に「おわかりになりましたか？」

と確認をとり、つねに「目線合わせ」を心がけるようにします。とくに薬の知識や治療方法、病名などについてはわかりやすい表現を心がけてもらうようにします。

◎勘所3：具体的な「質問」で話し合いを広げる・深める

質問は、わからないからするものだと思われがちですが、話し合いを広げる・深める、参加者の認識や情報を一致させる場合などに効果的です。ただし質問が抽象的なフレーズ（例：〜についてどう思われますか？）になっては、返ってくる答えも抽象的で感想めいたものになりがちです。

具体的な質問をするだけでなく、質問する理由と回答する例についてもあわせて質問するとよいでしょう。ただし誘導するような回答例にならないように注意します。

- （悪い例）「排泄の介助はどうですか」→（良い例）「排泄の介助では、どのような行為に手間取りますか（困っていますか）」
- （悪い例）「口腔ケアは何を注意したらいいんですか？」→（良い例）「お口のケアでは、ヘルパーさんやご家族はどのようなことを注意すればよいでしょうか」
- （悪い例）「自宅でのリハビリ体操はどうやればいいですか」→（良い例）「自宅のベッド脇で行うリハビリ体操では、どのようなやり方（方法）が効果的ですか（負担なくできますか）」

質問の回答の後に「いまの説明でわかりましたか？」などと確認をとることも大切です。

◎勘所4：1人しゃべりを防ぐ、考える時間をつくる、持ち時間を示す、小まとめを入れる

①1人しゃべりを防ぐ

会議が長引く、話し合いが進まない原因の1つに、利用者（家族）や特定の人がしゃべり続ける、話が脱線して肝心の話し合いができないなどがあります。そのためにグランドルールとして確認してあれば「はじめに（冒頭で）全員がお話できるように、おひとり1〜2分以内とお願いしていますので、よろしくお願いします」とさりげなく割り込んでも違和感はありません。

②考える時間をつくる

だれも意見を言わない、利用者（家族）が沈黙していると話し合いは盛り上がらず、進行役のケアマネジャーばかりがひたすらしゃべり続けることになります。これは絶対に避けましょう。沈黙が続く場合は、いたずらに「何かありませんか？」「どなたか意見はありませんか？」と問いつめるばかりだと出席者をさらに追いつめることになります。

この場合「では2〜3分程度、考える時間にあてます」と言ったほうが

話し合いの「5つの勘所」

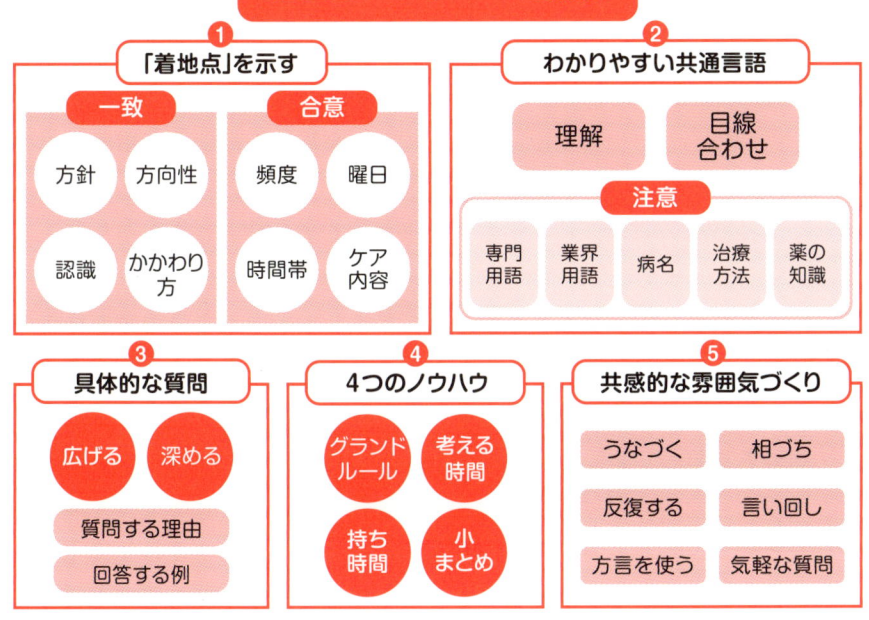

❶「着地点」を示す
- 一致：方針／方向性／認識／かかわり方
- 合意：頻度／曜日／時間帯／ケア内容

❷ わかりやすい共通言語
- 理解／目線合わせ
- 注意：専門用語／業界用語／病名／治療方法／薬の知識

❸ 具体的な質問
- 広げる／深める
- 質問する理由
- 回答する例

❹ 4つのノウハウ
- グランドルール／考える時間／持ち時間／小まとめ

❺ 共感的な雰囲気づくり
- うなづく／相づち／反復する／言い回し／方言を使う／気軽な質問

緊張が解け、その後、発言がグッとしやすくなります。

③持ち時間を示す

　「このテーマについて、今から10分程度時間を取りたいと思います」「～について1～2分程度で説明をしていただけますか」と、「持ち時間」を示すのは効果的です。

　脱線はある意味で「話し合いの盛り上がり」と位置づけ、数分間はタイミングを計り「そろそろ話を戻したいのですが……」と適宜ことわりを入れることで、スマートに話し合いを進めることができます。

　また資料の説明の際は、最初に「では、3分程度、資料を読む時間をとります」とすることで、参加者は読むことに集中でき、報告する側もとくに押さえたい・理解してもらいたい点を主に話すことができます。これは、効率的に時間を使う工夫といえます。

④小まとめを入れる

　話し合いのテーマごとや盛り上がった話のおわりに「小まとめ」（簡単な要約）をいれると、話し合いにメリハリが生まれ、また共通の認識づくりにも効果的です。

◎勘所5：「共感的な雰囲気づくり」で話しやすいムードをつくる

　サービス担当者会議はケア方針や内容について合意をする場だけでなく、利用者（家族）への「心の支援」という情緒的な役割を果たすことができます。利用者（家族）にはできるだけ自分の言葉（方言OK）で話してもらいましょう（代読含む）。また、事業所の報告・提案についても肯

（欄外キーワード）持ち時間／脱線／盛り上がり／小まとめ／代読

定的な姿勢で臨むようにします。

「共感的な雰囲気づくり」のためには、次にあげるリアクションを意識してとることが効果的です。

・うなづく

　進行役のケアマネジャーは、利用者（家族）だけでなく事業所の発言にも大きくうなづきましょう。進行役が意識的に行うことが重要です。注意する点は、発言する人はうなづく人にばかり話しがちになることです。すると進行役と話し手の「直線の関係」になり、他の人が入り込めない空気になります。進行役がうなづきを全員の顔を見ながら行うことで、「うなづく空気」（共感的雰囲気）をつくることができます。

・相づちを打つ

　ただうなづくだけでなく、発言に感嘆言葉（は〜、へぇ〜、ふ〜んなど）で反応してみましょう。また話している最中や終わりに「そうなんですかぁ」「よくがんばられましたね」「その点は大切ですね」と言葉を添えることも効果的です。

・反復する

　利用者（家族）や事業所の言葉を意識的に反復し「それはいいですねぇ」と賛同と共感の言葉を送ることは、とても効果的です。

・言い回し

　進行役の「〜しましょう」という言い方は指示・命令的な印象を与えてしまいがちです。「〜されてみるというのはどうでしょうか？」「〜と考えてみるのはいかがですか？」「もし仮に〜だったらどうでしょうか？」と提案スタイルで言葉がけするのも効果的です。

・方言を使う

　その地域の方言や生活習慣にまつわる表現、利用者が使う生活用語などを話し合いの中であえて意識的に盛り込むことで、利用者（家族）の世代への共感の姿勢を示すことができます。

・気軽な質問

　一般的に「なにか質問はありますか？」といきなり切り出されても、利用者（家族）や事業所は「ありません」と言うか、沈黙するしかありません。「たとえば食事の介助の方法で〜」などと例を示すことで、聞き手は何をどのように答えればよいかがわかります。

　なお、「なにか質問はありませんか？」と尋ねる言い回しは、フレーズの中に否定語「ありません」が入っているので使わないように注意しましょう。「どなたか（○○さん、○○事業所さん）質問はいかがでしょうか？」という言い方がスマートです。

6.「着地点」を合意する（決める）

　話し合いにおいては、方針や方向性などにどのように着地点を探すか、そのプロセスが大切です。情報を共有し、テーマに関する意見を出し合い（協議）、ひと通りの発言がされたら、方針・方向性を決める作業に進みます。その際の「着地点」の示し方がポイントとなります。

- あらかじめ用意をした結論を示して合意を図る
- 話し合いで出た意見を反映した方針・方向性・具体策を組み込んで合意を図る

　いずれの場合であっても、賛成・反対や正しい・誤りなど「2項対立」でどちらかを選ぶような決定の仕方には注意します。納得性のある「合意」を全員から得るところにこそ話し合いのポイントがあります。

　しかし、具体的な内容まで合意にいたらない場合もあります。その際もあわてることはありません。

- 部分的な方針・具体策・役割分担で合意する
- 考え方や認識で合意する
- 期限付きの方針・具体策・役割分担で合意を図る
  例：「ではこの3ヵ月間は、〜ということでまずはやってみて様子をみるということでいかがでしょうか？」

　このようになんらかの「一致点」を探すようにしましょう。さらに「先送り」「要検討事項」「個別検討事項」として別に話し合いの場をもつことで合意を得る方法もあります。

7.「決定事項」を確認する

　会議の終了時には、レジュメをもとに全体のまとめを行います。話し合いの流れをおさらいすると時間がかかるので、決まったことを箇条書きで整理し、全員で再度確認します。ただし、決定できなかった・合意にいたらなかったことについては協議を続けることを確認します。できれば次回の話し合い（打ち合わせを含む）の時期をおおよそ確認し、各自が取り組むべき事柄を「宿題」として決めておくとよいでしょう。

　なお、会議の基本は次の会議を決めておくことです。詳細なことで打ち合わせが必要な事項があれば、関係する事業所どうしでその場で日時を決めてしまえば、新たな連絡の手間を省くことができます。また次回の更新時会議（1〜2年後）のおおよその日程を示す、施設入所などが想定される場合は最後の担当者会議を開くことなどを確認して終了します。

■ サービス担当者会議の「プレゼンテーション」の 5つの勘所

　サービス担当者会議では、ケアプランを含め利用者（家族）やケアチームにプレゼンテーションをする機会が多くあります。しかし、10～20分でケアプランを利用者（家族）に説明するには、それなりの準備とともにプレゼンテーションの技術が求められます。ただ一方的に話すばかりでは、聞き手にとっては頭に入りにくくせっかくの会議の場が有効に機能しなくなるおそれもあります。サービス担当者会議という場で、どのような点に注意してプレゼンテーションをすればよいでしょうか。

◎勘所1：「わかりやすい」表現を心がける

　「わかりやすいかどうか」を決めるのは聞き手の利用者（家族）や事業所の人です。まず第1に専門用語（介護、看護、医療、薬など）を使う場合は必ず説明を行うようにします。利用者にとって身近な表現（方言含む）、使い慣れた<u>生活習慣用語</u>（例：更衣→お着替え）などを織り込んで説明をすると、話し方に「親しみ」が生まれます。

　また「漢字言葉」は、利用者（家族）がその漢字を知らないと意味が把握できないことに注意しなければいけません。漢字言葉の混乱と誤解を避けるために、漢字言葉は「ひらがな言葉」に変えて話すように心がけましょう。

＜漢字言葉→ひらがな言葉＞
- 入浴する…お風呂に入る　・歩行する…歩く　・介助する…お手伝い
- 食事する…食べる　　　　・着用する…着る　・協議する…話し合う
- 確認する…確かめる　　　・疲労する…疲れる　・睡眠不足…寝不足
- 嚥下困難…飲み込みができない　　・咀嚼する…噛む、噛み砕く

　さらに漢字言葉では、言い方が同じでも意味が異なる<u>同音異義語</u>は誤解や理解不足を生みがちですから、注意をします。

＜同音異義語の例＞
- 「いじょう」…移乗、異常、委譲　　・「しよう」…使用、私用、試用
- 「こうくう」…口腔、航空、高空　　・「きょうどう」…共同、協同、協働
- 「ほこう」…歩行、補高、補講
- 「かいじょ」…介助、解除　　　　　・「しんり」…心理、真理、審理
- 「きょうぎ」…協議、競技、教義　　・「かりゅう」…顆粒、下流、花柳
- 「ていか」…低下、低価、定価

◎勘所2：「見える化」を心がける

　私たちは言葉で説明を行います。話し言葉は声によって発せられ、すぐに消えてしまいます。その点、書類などの書き言葉は読み返すことができ

プレゼンテーション「5つの勘所」

① わかりやすい表現
- 説明
- 言い換え
- ひらがな言葉

② 見える化
- グラフ
- 地図間取り
- 写真動画
- 図解化

③ 結論を先に述べる
- 背景
- 状況
- 理由
- 原因
- 予測

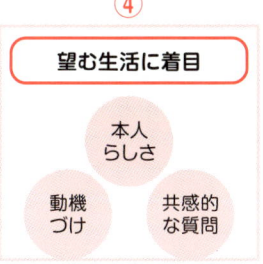

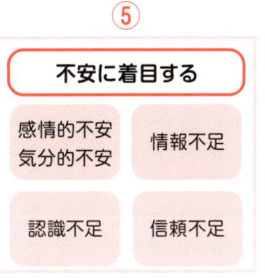

④ 望む生活に着目
- 本人らしさ
- 動機づけ
- 共感的な質問

⑤ 不安に着目する
- 感情的不安 気分的不安
- 情報不足
- 認識不足
- 信頼不足

ます。ただし、いくら知識や情報を伝えようとしても、読み手に基礎的な知識や情報がなければ、リアリティ（実感）を持って理解することはできません。

　施設の場所や利用風景などは、文字で書くよりイラストや写真で示すほうがよりわかりやすく伝わります。これらはすべて「見える化」をすることにより理解を促すことになります。

<見える化の工夫>
・数値をグラフ（棒グラフ、折れ線グラフなど）化する
・住所・地名を地図化（マップ化）する
・住環境を「間取り」でイラスト化する
・身体機能の改善（例：立位の姿勢、歩く速さ）を写真やビデオで見せる
・食事やリハビリテーション、アクティビティの様子を写真やビデオで見せる
・近隣の住環境などを航空写真（例：グーグルアース）で俯瞰する
・仕組みや仕事の流れなどを「図解化」する

◎勘所3：「結論」を述べてから「説明」を行う

　わかりやすい話とは「なにが言いたいか」が明確な話です。よく見られるのは、前提となる条件や背景・原因・感情などを話してから、結論（伝えたいこと）を述べるパターンです。これは話が横道にそれがちで、結果的に話が長引き、なにを言いたいのか聞き手に伝わりにくくなります。

　これを避けるためには、結論を述べてから理由・背景などを説明する話

見える化

間取り

図解化

し方（演繹式説明法）を心がけましょう。

箇条書き式　理由・背景などを説明する際には「第1番目に〜、第2番目に〜」と<u>箇条書き式</u>に話すとより整理された印象になり、聞き手の混乱を避けることができます。

根拠（裏づけ）　具体的資料（例：アセスメントシート、ケアプラン評価表、各種写真、動画など）をもとに話すことで、さらに<u>根拠（裏づけ）</u>のあるプレゼンテーションになります。

◎勘所4：利用者（家族）が描く「望む生活」に着目して話す

　サービス担当者会議でのプレゼンテーションのポイントは、利用者（家族）やケアチームの意識に「望む生活」（めざす目標）を明確にイメージ化することです。「元気で自宅で暮らす」という抽象的な言い回しではなく、要介護となる前に続けていた「本人らしい暮らし」を生活習慣や食べ物の好き嫌い、趣味など娯楽まで含めて具体的に話すことが大切です。

　その際に重要となるのが、かつての暮らしぶりをわかりやすく伝えてくれるアルバムや家族たちの思い出話などの利用者基本情報です。アセスメントシートは現在のADL・IADLの状態を情報収集し課題分析したものであり、「本人らしさ」を分析したものではありません。

本人らしさ

　本人らしい暮らし（望む生活）に着目し、それを取り戻すためには、どのような心身の機能とADL・IADLの能力、健康・体調管理、生活習慣の回復が必要なのかに着目し、それを支援するためにはどのようなケア（自助・互助・共助・公助）とキュア（治療・看護・服薬）が求められているのかを浮き彫りにします。

　この際、望む生活（目標）を「夢」や「憧れ」のように話してはいけません。望む生活をめざすことは、日々の暮らしへの「動機」になるべきです。

現実化　プレゼンテーションの際には、あくまでも望む生活（目標）を<u>現実化</u>することを前提として話をしましょう。

◎勘所5：利用者（家族）、ケアチームの「不安」に着目して話す

　聞き手を引きつけるポイントの1つは、相手にとっての魅力やメリット・デメリットに着目して話すことです。人はだれでも「得をしたい気持ち」とともに「損をしたくない気持ち」を強く持ちます。それはだれもが未来に「不安」を抱いているからです。

　初めて介護サービスを利用するのは、利用者（家族）にとって不安が強いものです。また、サービス利用から数年経過している利用者（家族）の場合は、更なる加齢による心身の機能低下や体調への不安（例：痛み・しびれ・だるさ）の増加などを感じている場合が少なくありません。ケアチームも、サービス提供時の直接的な不安（例：心身の急変、細かいこだわりへの対応）などを抱えています。

これらの「不安」に着目して、その原因と対策、生じた際の対応などを、リスクマネジメントの観点から具体的に話し合うようにします。このときにいたずらに「不安」を駆り立てたり、責任を追及するような話し方をしないよう注意します。

◻ サービス担当者会議の「事業所へのかかわり方」のコツ

サービス担当者会議の成功の秘訣は「参加者の発言の多さ（<u>盛り上がり</u>）」です。ケアチームの顔ぶれがいくらそろっても、ケアマネジャーがケアプランの説明と内容の確認に終始するようでは、出席者は発言の機会を得られません。「<u>報告だけの会議</u>なら集める必要はない。わざわざ時間をかけて参加した意味がない」と、事業所側からの苦情・不満は高まってしまいます。

事業所に積極的に参加してもらうために、あらかじめ次のような「<u>宿題</u>」を伝えておいて、準備をして参加してもらいましょう。

・アセスメント情報やケアプランのサービス内容などで事業所から説明してもらいたい点を伝えておく。
・モニタリング情報はわかりやすいエピソードをつけて説明をしてもらう。（デジタル写真、動画などをテレビに映し出す方法もある）

なお、欠席する事業所については、書面を提出してもらい、ケアマネジャーが「<u>代読</u>」あるいは代理で説明するスタイルをとります。主治医・専門医が欠席する際には、あらかじめ「申し送り」を受け、会議の場で代読・照会を行います。

盛り上がり

報告だけの会議

宿題

代読

※欠席した事業所へのフォロー

欠席者も重要なケアチームの「メンバー」です。欠席者と参加者の声の「重さ」を同じように扱うことで、事業所間のバランスがとれ、公正中立の立場が守られます。欠席者から利用者（家族）やケアチームに伝えたいこと・知りたいことをあらかじめ提出してもらい、会議で照会します。終了後は、同じ配布資料を送り、電話でよいので口頭で説明しましょう。

なお、欠席した担当者への照会内容やその回答は第4表（サービス担当者会議の要点）にケアマネジャーが記載します。

また、欠席者には家族も含まれます。伝えたいこと・知りたいことを把握し、会議で伝え、決まったことは電話・FAX・Eメールなどで伝えましょう。

■ サービス担当者会議の「利用者(家族)」の参加の勘所

　サービス担当者会議は担当するケアマネジャーにとっては数十ケースのなかの1つです。サービス事業所にとっても数多くいる利用者の1人です。しかし、利用者にとっては「年に1回」(2年間更新では2年に1回)の自分の思いを伝える場であり、家族にとっては、「ケアチームの事業所と話し合う<u>貴重な機会</u>」なのです。

　利用者はいつ入院・入所、死亡という状況になり、数年間にわたる在宅での生活を終えることになるかもわかりません。利用者(家族)の思いとケアチームがひとつになる場とするために、次のようなポイントをおさえましょう。

- ・利用者の思いをあらかじめ聴いて、なにを話してもらうか、話のタイミングとおおよその時間(例：3～5分)を決めておく。
- ・認知症などで自分の意向を話せない場合は、かつての意向などを参考にする、家族に代弁してもらうなどの準備をしておく。
- ・家族の思いをあらかじめ聴き、どのような内容をサービス事業所に直接伝えたいのかを話し合っておく。
- ・遠距離の家族や当日参加できない家族の希望や質問などは、開催のお知らせの際に「○○までにお寄せください」と伝えておく。
- ・利用者の兄弟姉妹や孫・甥姪、知人などの声や思いを代弁することで、家族・親族全体で支えている雰囲気をつくる。
- ・サービス担当者会議の議事録や実際の様子などを他の家族に知らせるとともに、「一体感」を演出する目的で終了後や最初に「<u>全員の記念写真</u>」を撮る、ビデオで収録する(あらかじめ許可をもらう)などの工夫をする。

■ 施設入所など「引き継ぎ」のサービス担当者会議

　特別養護老人ホームやグループホーム、有料老人ホームへの入所の前、またはサービス付き高齢者住宅への引越しの際に、サービス担当者会議が行われることはありません。しかし、施設入所や引越しは、自宅での支援の「<u>ひとつの終結</u>」であり、次には施設やグループホームでの暮らしとそれを支える「施設ケアマネジメント」が始まります。現在の施設ケアと施設ケアマネジメントは、在宅でのケア情報を持たずに始められているのが実情です。そのため、暮らしとケアに「<u>連続性と継続性</u>」がありません。

　在宅でのケアの終結と施設でのケアのスタートとなるサービス担当者会

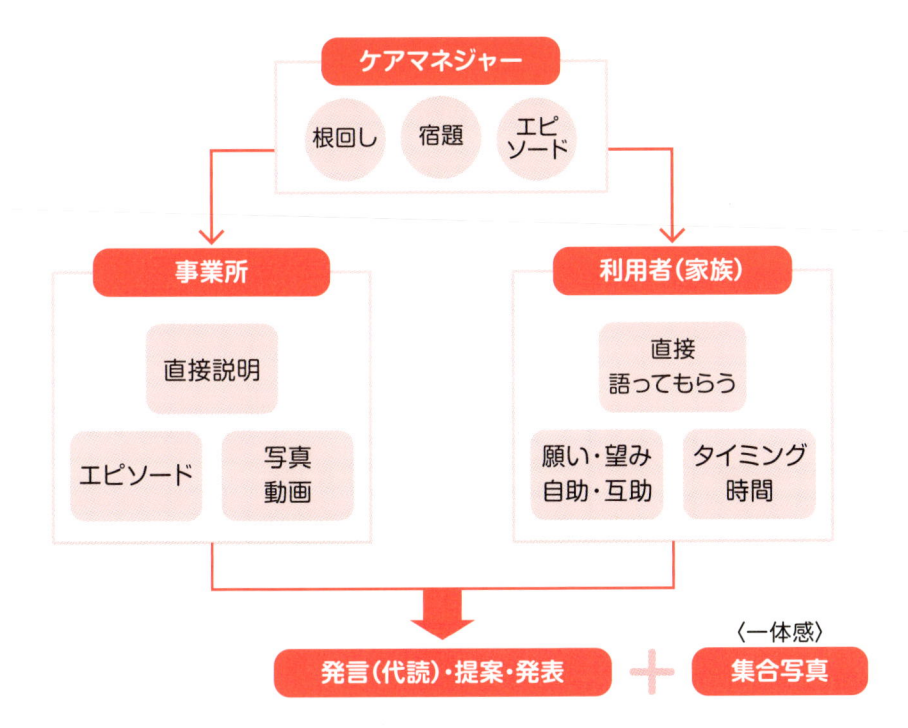

```
                    ┌─────────────────┐
                    │  ケアマネジャー  │
                    │ 根回し 宿題 エピ │
                    │           ソード │
                    └────┬───────┬────┘
                         │       │
              ┌──────────┘       └──────────┐
              ▼                              ▼
       ┌─────────────┐                ┌──────────────┐
       │   事業所    │                │ 利用者(家族) │
       │   直接説明  │                │    直接      │
       │             │                │ 語ってもらう │
       │ エピ  写真  │                │ 願い・望み   │
       │ ソード 動画 │                │ 自助・互助   │
       │             │                │ タイミング   │
       │             │                │    時間      │
       └──────┬──────┘                └──────┬───────┘
              │                              │
              └──────────────┬───────────────┘
                             ▼             〈一体感〉
                ┌──────────────────────┐ ┌──────────┐
                │ 発言(代読)・提案・発表│＋│ 集合写真 │
                └──────────────────────┘ └──────────┘
```

議を開くことで、利用者(家族)の在宅でのがんばりを振り返り、これからはじまる施設ケアへの不安を軽減することができます。

・参加者：利用者、家族、ケアチーム、施設ケアマネジャー(生活相談員)、グループホーム計画作成責任者、引き継ぎ先のケアマネジャー
・場所：自宅、入所先の施設やサービス付き高齢者向け住宅など
・内容：これまでの在宅ケアの情報交換、利用者(家族)のがんばり、入所にあたっての注意点、入所以降の施設と家族とのかかわり方など
・資料：過去2年間のケアプラン第1〜3表、アセスメントシート、個別サービス計画書、訪問介護・通所介護などでのケア手順書、写真・イラスト・動画など
・時間：40〜60分

レッツ チャレンジ！

☐ 事業所内の同僚が行うサービス担当者会議を見学してみよう
☐ 事業所でサービス担当者会議開催マニュアルをつくろう
☐ 参加依頼状、進行表、レジュメ、照会状のひな型をつくろう

□介護事業所　　□医療機関等　　□ご家族（成年後見人含む）　　□その他（　　　　　　）

_____御中　　　　　　　　　　　　　　　平成　　年　　月　　日

> 成年後見人にはかならず出席をしてもらいましょう。

サービス担当者会議のご案内

今回、[□新規　□区分変更　□更新]の目的で、サービス担当者会議の開催を予定しております。
ご多忙の折、ご出席いただきますようよろしくお願い致します。

> 主治医の情報提供による自立度を記入します。

○○居宅介護支援事業所
担当：_____
TEL　　　　－
FAX　　　　－

利用者様	様	要介護度（　）	日常生活自立度（　） 認知症自立度（　）	認定日　H　年　月　日 認定有効期間　H　年　月　日～ 　　　　　　　H　年　月　日
日　時	平成　　年　　月　　日　　：　　～　　：　　（予定）			
場　所	□ご利用者宅　　□その他（　　　　　　　）			

> デイサービス、クリニック、病院など自宅以外の場所を記入します。

目的	□居宅サービス計画書(1)(2)(3)の検討　　□課題 □個別サービス計画書（　　　）の検討・評価　　□目標（短期・長期） □サービス内容（　　　　　）の検討・評価　　□福祉用具 □その他（　　　　　　　　）の検討　　□住宅改修 □リスクの情報共有　　□モニタリング □退所支援　　□退院支援　　□住み替え支援

> 複数になってもチェックは入れましょう。

> グループホーム、介護保険施設、サービス付き高齢者向け住宅等への住み替え時に開くことも習慣化しましょう。

検討内容及び理由	

> 検討内容と理由は箇条書きで簡潔に記入します。

準備いただきたいこと及び書類等	

> 準備いただきたいことと書類や利用状況がわかるもの（記録、写真）を箇条書きで記入します。

※出欠席の確認を以下にお願いします。出欠席にかかわらずコメント・意見・提案をお願いします。

□出席　　□欠席　（理由：　　　　　　　　　　　）

検討してもらいたいこと確認してもらいたいこと	□無 □有 …………	ケアプラン、個別サービス計画等への意見・提案など	□無 □有 …………

> ケアチームの参画意識をつくることになります。

> 積極的に記入してもらいましょう。

※申し訳ありませんが、　月　日までにFAX返信をお願いします。尚、書ききれない際には、別紙をご用意いただきたくお願い致します。

NPO法人　神奈川県介護支援専門員協会「三訂 オリジナル様式から考えるケアマネジメント実践マニュアル 居宅編」サービス担当者会議の開催依頼書を一部改変

第4表　　　　　　　　　　　　　　　　　　　　　　　　　　　　　　　　作成日　平成　　年　　月　　日

サービス担当者会議（会議録）

> 担当してからの回数だけでなく、要介護認定を受けてからの回数を記入しましょう。

利用者氏名　　　　　　　　　様　　居宅サービス計画書作成者（担当者）　　　　　　　　　印

開催日時　平成　年　月　日　　：　～　　：　　開催場所　　　　　開催回数

会議出席者	本人および家族など		所属（職種）	氏　名
	本人	参加　不参加	①	
	家族・親族	参加　不参加	②	
	家族　氏名（続柄）		③	
	氏名（続柄）		④	
	成年後見人（氏名）		⑤	

> 成年後見人が出席した場合は記入します。

会議欠席者	所属（職種）	氏　名	照会（依頼）内容及び意見	備　考
			有・無	
			有・無	
			有・無	

> 欠席でも照会は行いましょう

検討項目	①　　　　　　　④ ②　　　　　　　⑤ ③　　　　　　　⑥

> 検討した項目は箇条書きで記入します。

検討内容 （意見・提案） （振り返り）	

> 話し合いで出た意見や提案、振り返りなどを整理して記入します。
> 利用者（家族）の言葉はセリフ（「」）で表記するとよいでしょう。

> 合意した内容を箇条書きで整理します。

結論 （合意内容）	①　　　　　　　④ ②　　　　　　　⑤ ③　　　　　　　⑥ □居宅サービス計画書を合意　　□その他（　　　）

> このチェックは重要です。

残された課題 （次回検討事項）	

> 話し合いのなかで明らかになった課題などはこの欄に記入します。

次回の開催時期	平成　　年　　月

> 次回の開催日はかならず確認して終了します。

NPO法人　神奈川県介護支援専門員協会「三訂 オリジナル様式から考えるケアマネジメント実践マニュアル 居宅編」サービス担当者会議（次第・会議録）を一部改変

2　ケアマネジメント・プロセス

第8節 モニタリング 〜定期訪問とチームモニタリング〜

◼ モニタリングはケアマネジメントの「中心的作業」

ケアマネジメント・プロセスのなかでもっとも多く繰り返すことになるのがモニタリングです。ケアマネジメントの<u>中心的作業</u>ともいえます。みなさんの事業所では、しっかりとしたモニタリングができているでしょうか。

- ・モニタリングの訪問時間が15〜20分程度である
- ・単なるおしゃべりや会話の時間になっている
- ・時間ばかりがかかり、肝心なことを聞き出せていない

このようになってしまうのは、モニタリングの目的があいまいであったり、<u>モニタリングの手法</u>を身につけていないことが原因です。モニタリングをする範囲は、往々にして「これまでの1ヵ月」の把握が中心となりがちですが、「<u>これからの1ヵ月</u>」の予測も大切な作業です。予測をするからこそ、リスクや心配ごとへの対応が可能となります。

担当ケアマネジャーによってモニタリングの方法や把握の範囲にバラツキがあるのは、居宅介護支援事業所（契約主体）として無責任です。個人の力量任せにするのではなく、「<u>モニタリング・マニュアル</u>」（ルール）をつくり、業務の平準化と質の担保を行うことが大切です。

●これまでの1ヵ月の把握

「これまでの1ヵ月」の把握は、次の5つの領域で行います。

① 「サービス提供の状況」と「自助・互助の取り組み」をモニタリングする

　ケアプランにもとづいた介護サービスや医療サービスの提供と、それらのサービスの利用が適切に行われているか、また互助（近隣住民、身内など）と自助の取り組みがどのように行われているかを把握します。

② 「ニーズの変化」をモニタリングする

　介護・医療サービスが提供され、自助・互助の取り組みにより、利用者（家族）の暮らしとニーズがどのように変化（改善、維持、向上、低下など）したのかを把握します。

モニタリングの流れ図

これまでの1ヵ月
① サービス提供の状況と「自助・互助」の行い
② ニーズの変化（改善・向上・維持・低下）
③ 暮らし・サービスの満足度（CS）と改善点
④ ケアプラン（小さなゴール）の進捗状況
⑤ 暮らしの全体の変化（生活トラブル・権利侵害）

× 個人の力量任せ

モニタリング（1ヵ月：1〜2回）
ケアマネジメントチェック ＋ 相談援助（心の支え手）
→ リスクの先取り

これからの1ヵ月
- 体調・体力
- 心の不安・心配
- 暑さ・寒さの予測
- 季節ごとの天災

モニタリング・マニュアル

---

③ 利用者（家族）の「暮らし・サービスへの満足度（CS※）」をモニタリングする

　介護サービスの提供において大切なのは「一方通行のサービス」ではなく、介護サービスを利用することで暮らしの困りごとがどのように改善され、望む生活（めざす課題）がどのように実現したのかという点です。

　介護サービスへの満足度をモニタリングするなかで、現在のサービスの良さと改善点（問題点）を浮き彫りにし、それらを事業所に伝えることで「双方向のサービス」が可能となります。

④「ケアプラン」の進捗状況をモニタリングする

　ケアプランは「小さなゴール（3ヵ月〜1年間）」の積み重ねです。サービス担当者会議で話し合われた課題と短期目標（目安）の取り組み状況および達成状況、サービス内容（手立て）の適切さを評価表などを使いモニタリングします。

　短期目標への取り組みが十分でなければ、短期目標を「小分け」にする、目標設定をやり直す、個別サービス計画の内容の検討やサービス種別、事業所の変更などを検討します。

⑤「暮らし全体の変化」（生活トラブル、権利侵害など）をモニタリングする

　暮らしを支えるのがケアチームの役割です。利用者はさまざまなリスクにさらされています。それらを想定し、事前に手を打っておくことは

※ CS－顧客満足度－（Customer Satisfaction）人が物品やサービスを購入したときに感じる満足感のこと

一方通行のサービス

小さなゴール

評価表

小分け

リスクの予防と軽減となり、ケアマネジャーの大切な役割です。不審な人の出入り、度重なる消費財の購入、高齢者を狙った悪質な訪問販売や詐欺商法などの生活トラブルの早期発見を意識します。

漏電や家電事故、ガス漏れ・水漏れは生活だけでなく生命に大きく影響します。認知症高齢者や1人暮らし高齢者では、これらのリスクが高くなります。月1回の訪問時に状況を把握することはとても大切です。

● これから1ヵ月間の予測

「これから」の1ヵ月を予測する目的は<u>リスクマネジメント</u>です。利用者（家族）が抱える心配や不安、現在の体調・体力から想定されるリスク（危険）をケアチームに伝えることで、在宅での自立（自律）した生活における危険を回避することができます。

とりわけ四季の気候を<u>先取り</u>した予測（例：夏期の暑さ・脱水・熱中症対策、冬期の寒さ・風邪・インフルエンザ対策など）や季節ごとの天災予測（例：集中豪雨、洪水、土砂災害、雪害・雪降らし、水道管破裂、断水など）、地震などの天災時の対応（例：安否確認、避難誘導など）は、生命や安全にかかわることなので、ケアチームで特に共有するようにします。

ケアマネジメント・ステージ別のモニタリングの勘所

モニタリングには、かかわりのステージ別に勘所があります。ここでは、新規にかかわってから1年間のモニタリングのポイントなどを押さえます。

①初期3ヵ月間は利用者（家族）が介護のある生活に「慣れる・なじむ」ことを重視する

はじめて介護保険サービスを利用する利用者（家族）の多くは、さまざまな不安と戸惑いのなかにいます。病院・老健から退院・退所したばかりの人が多く「介護のある暮らし」がイメージできないのが一般的です。そういう状況のなか、ケアマネジャーが一方的な<u>仕切り型のケアマネジメント</u>を行ってしまうと、利用者（家族）は「言われるまま」になる危険性があります。

初期の3ヵ月間は、介護サービスや医療・看護サービスなどを利用し、どのようにしたら「自分らしい暮らし方」ができるのか、心身の機能が低下せず体調が維持できるための方法などを、利用者（家族）が学び、ケアチームが発見していく時期と位置づけます。

また利用者（家族）が介護サービスそのものと介護のある暮らしのリズム（例：デイサービスの送迎、夜の過ごし方）に「<u>慣れる時期</u>」ともいえ

ケアマネジメント・ステージ別のモニタリング

```
〈初期1〜3ヵ月〉         〈初期4〜8ヵ月〉         〈後期9〜12ヵ月〉
介護のある生活に    →    自立・自律、調整    →    評価・改善・再調
「慣れる・なじむ」       工夫とプラン変更         整とストレスケア
```

「話し相手」も大切な支援

①利用者訪問（面接）

定期訪問
- □訪問日と滞在時間
- □巡回方法と巡回ルート

（持ち物）
- ・モニタリングシート
- ・メジャー、ノート、カメラ、カタログ
- ・来月のサービス利用表・別表
- ・サービスの最新情報
- ・行政の広報紙、お知らせ

＋

連絡ノート（申し送りノート）

2つのモニタリング手法

| 観察 | 体型
身だしなみ | 表情
動作 | 居室
屋内 |
| 傾聴 | 思い
願い・グチ | 話しぶり
音色・間 | 適度な
質問 |

＋

コミュニケーションがとりづらいケースへのモニタリング

ます。利用する曜日や時間帯の変更などの調整も多くなります。ケアチームも当初の1ヵ月間は暫定ケアプランのもとに「まずスタートする」時期であり、利用者（家族）との信頼関係をつくるだけでなく、それぞれのサービス事業所とも信頼関係をつくり<u>なじむ期間</u>として位置づけます。

②中期4〜8ヵ月は「自律・自立、調整、工夫」を重視する

　初期3ヵ月間が終了し、4〜8ヵ月目には、最初のサービス担当者会議で話し合われたケアプランの短期目標・長期目標の取り組み状況や達成状況をモニタリングします。生活の目標と活動の目標、服薬管理や通院など体調維持のための目標などがサービス内容のなかでいかに取り組まれ、どのように維持・改善・達成されたかを把握します。そして、利用者（家族）の暮らしや気持ちにどのように変化が生まれたのかをヒアリングおよび評価します。必要に応じてケアプランの調整や変更も行います。

　また必要に応じてサービス担当者会議を開き、ケアプランの変更（例：目標の細分化、新しい目標の設定など）を行います。

③後期9〜12ヵ月は「評価・改善・再調整」を重視する

　この時期になると、ケアプランの課題や短期・長期目標に対して、どのような取り組みがされ、どのような成果が生まれているかを、ほぼ把握・評価できます。また利用者は<u>「介護される暮らし」</u>に、家族は<u>「介護する暮らし」</u>にも慣れ、一定の生活リズムも生まれ、初期のステージで利用者（家族）が抱えていた不安や戸惑いが解決されている場合もあります。

なじむ期間

目標の細分化

介護される暮らし
介護する暮らし

167

また介護サービスを「使いこなす」ことにも慣れ、落ち着いた状況が生まれています。利用者（家族）は「介護のある暮らし」を受容でき、主体的・自発的に「新しい生活」を始める時期ともいえます。

ただし、当初の緊張感がゆるむことで、身体的・心理的な「疲れ」もでてきます。モニタリング時にじっくりと利用者（家族）の話に耳を傾けるストレスケアとレスパイトケアの時間を持ち、必要に応じて適切な提案・アドバイスを行います。

チームで行うモニタリング

モニタリングは月1回の定期訪問が基本ですが、その機会だけで利用者（家族）の暮らしの全体やサービスの満足度、心身の機能の改善度などを把握することは不可能です。食事・入浴・排泄・移動・起居などの生活の状況を具体的に把握しているのはヘルパーや家族です。また通所介護や通所リハビリテーションでの食事・排泄・入浴・移動の状況や他の利用者とのかかわり具合、アクティビティやリハビリテーションへの参加の様子などを把握しているのは介護職員や専門職です。

つまり、ケアマネジャーが行うモニタリングとサービス事業者が行っているモニタリングを「集約」することで「総合的なチームモニタリング」となります。

チームモニタリングを可能にするためには、サービス事業所に何をどのようにモニタリングしてもらいたいのか、その理由も含めてサービス情報提供書（p184参照）などを使用して具体的に伝えていくことが重要です。

把握した内容はサービス情報提供書でフィードバックしてもらいます。

●モニタリングの項目
1）利用者の何をモニタリングするか
　ADL・IADL・CADL・疾患・栄養状態、生活サイクル、人間関係、心理状態（感情、情緒）、生活環境、家計環境、虐待、詐欺被害など
2）家族の何をモニタリングするか
　健康状態、介護力、家事力、心理状態（ストレスなど）、就労状況など
3）介護サービス、医療サービスの何をモニタリングするか
　利用者の状況と体調変化、サービス内容の状況、スタッフの状況、通院の状況、服薬の状況など
4）行政サービス、生活支援サービスの何をモニタリングするか
　利用状況と利用者の変化、生活支援サービスの利用状況と頻度など
5）地域資源などの何をモニタリングするか
　家族・親族のかかわり、近所・近隣・町内会とのかかわり、民生委員や

ボランティアとのかかわりなど
6）予測されるリスクの何をモニタリングするか
家庭内事故（例：転倒、転落）、災害（例：地震、火事、水害）、移動に伴う事故（例：屋外での転倒、徘徊、交通事故）など

☐ 5つのモニタリング手法

前述したように、モニタリングの方法は月1回の定期訪問だけではありません。次の5つの手法と機会を効果的に活用します。いずれのモニタリングも、各種シート（アセスメントシート、ケアプラン、支援経過記録）を読み返し、「何をモニタリングするか」を明確にして臨みます。

1. 利用者訪問（面接）…月1～2回

利用者宅への定期訪問は月1回（年間12回）となっていますが、認知症や1人暮らしの高齢者宅には2回程度訪問することで、安否確認を兼ねたより丁寧なモニタリングが可能となります。

1）定期訪問（モニタリング）の準備

忙しいケアマネジャーが全利用者に効率的なモニタリングをするためには「スケジューリング」が必要です。週末には翌週・翌々週の訪問日時をあらかじめ立てておくことで「訪問の準備」ができます。

・訪問日と滞在時間
　訪問日を指定する利用者（家族）以外は、「来月の〇日と〇日ではどちらが都合がよいですか？」と尋ね、利用者（家族）に選んでもらうことで「自己決定」の自覚が生まれます。滞在時間も、月1回の定期訪問（30～40分）、3ヵ月に1回のケアプラン評価を含めた訪問（40分～1時間程度）など、目的に応じて決めておきます。話が長くなる人の話し相手も大切な支援と位置づけます。

・巡回方法
　巡回方法は移動時間や移動手段に大きく関係します。狭い商店街や住宅密集地では、徒歩・自転車・バイクが便利です。中山間地や過疎地・海岸部はバイクや自動車の利用が主となるでしょう。事業所所有の車両を使う場合はあらかじめ利用表をもとに決めることになります。

・巡回ルート
　巡回ルートは効率性が大切です。「滞在時間＋移動時間」をゆとりをもって計算します。

＜モニタリングの持ち物＞
・モニタリングシート

- メジャー、記録ノート、デジタルカメラ、福祉用具カタログ
- 来月のサービス利用表・別表
- サービスの最新情報（例：通所サービス・訪問系サービスの空き情報、ショートステイの空き情報、市町村の福祉・介護サービス情報など）
- 行政のお知らせチラシ、行政の広報誌など（新聞の購読をしていなかったり、町内会に入っておらず回覧板が回ってなかったりすると、行政のお知らせが届いていないことがあります）

＜多職種によるモニタリング情報の共有化＞

モニタリング情報はケアマネジャーだけに集中させるのではなく、利用者にかかわるサービス事業所間で共有されることで「生きた連携」が可能となります。その道具が「**ケア連絡ノート**」です。ケア連絡ノートには、ヘルパーや訪問看護師、家族が書き込みを行います。

- 利用記録とは別に、他職種への「**申し送りノート**」とする
- 利用者の状態変化、利用者の言葉、サービス提供のなかでの気づき、他職種に尋ねたいことを書く
- 通所系サービスや短期入所系サービスを利用する際にも持参し、生活相談員やケアスタッフが書き込む。

2）モニタリングの手段

モニタリングは観察と傾聴を基本に行います。洩れやブレを回避するために**モニタリングシート**を活用するとよいでしょう。ただし記録を嫌がる利用者には、メモの目的を説明します。それでも拒否された場合には「記憶に刻む」姿勢でモニタリングに臨みます。

◎**観察のモニタリング**

- 利用者の身だしなみの変化
- 体型・皮膚や表情（顔色）・体調・動作・息づかいなどの変化
- 居室・台所・トイレ・玄関などの住環境の変化

なお、風呂場や台所・居間・仏間など「**利用者（家族）のテリトリー**」に入る場合は、ひと声かけ、同意をもらうなどの配慮が大切です。

◎**傾聴のモニタリング**

- 話される言葉や話題から、今の思いや願い、暮らしぶりや体力・体調の変化を読み取る
- 話される言葉の「音色」や「間」から**感情の変化**を読み取る
- 家族関係や近隣住民との関係などの変化を読み取る
- 介護生活へのなじみ度や自分の状況の受容度を読み取る

できるだけ利用者がふだんいる場所で話を聞きますが、縁側や庭先などもリラックスできるのでよいでしょう。気候のことなどまず話しやすい話

題から入ります。そして利用者（家族）にモニタリングに関する質問の理由を説明します。質問に対する返答が遅くても、焦らせず<u>待つ姿勢</u>をとります。利用者を問いつめる印象を与えかねない質問（例：「そのために何ができますか？」など）には注意しましょう。

やりとりのなかでの「表情の曇り」や「目の輝き」、何気ない態度など、言葉にならない言葉（非言語コミュニケーション）にも注意を向けます。

3）コミュニケーションがとれない利用者（家族）へのかかわり方

認知症や失語症による言語障害、高次脳機能障害などで発語・発声が十分にできない利用者とのコミュニケーションでも「心を通じ合わせる」ことはできます。

障害の種類や程度（例：難聴、視力低下、全盲など）別に、次のような工夫をしましょう。

- 音声：大きな声で話す、はっきりゆっくりと話す、繰り返し話す
- 動作：動作で示す（身振り・手振りで説明する）
- 文字（筆談）：手書きで文字を書く、イラストと文字で説明する
- 写真・動画：動作、話題の物（例：果物、飲み物、食事）、場所、建物、アクティビティなどを見せる

そして、利用者の声を注意深く聞く、声の大小やトーンを聞き分ける、表情や瞳・目の動きを読み取る、指先や手足の小さな動きを読み取るなどで、利用者の意思を受けとめるようにします。

なお認知症の利用者とのやりとりは次の点に配慮します。

- 目を合わせ親しみやすいムードをつくる
- わかりやすい言葉づかい、<u>聴き取りやすい声</u>で話す
- <u>答えやすい質問</u>をする（注：1つの質問に1つの内容とする）

なお、相手の話をさえぎらず、混乱している際にはあわてず、利用者のペースに合わせるように話を傾聴します。

2. サービス提供現場のモニタリング（立ち会い含む）

ケアマネジャーが行うモニタリング手法に「サービス提供現場の<u>立ち会い</u>」があります。定期訪問を訪問介護の時間帯に重ねる、通所介護の昼食時やアクティビティの時間帯に見学するなどで、サービスへのなじみ方や利用への満足度などが観察できます。またケアプランの短期目標を踏まえたサービス提供（サービス内容）がされているかも確認します。

初めてのサービス利用時には、心理的サポートも必要なので極力立ち会うようにします。事前に事業所に伝え、担当者の名前も確認しておきます。立ち会う際の着目点は、利用者のなじみ具合、サービスに不具合がないか、ケアプランの主旨が個別サービス計画に反映しているかなどに着目

します。

　注意したい点は、サービスの流れをさえぎらない、利用者や事業所にプレッシャーを与えないことです。「チェックされている」と受け取られては信頼関係の醸成に支障が生じるからです。

　この手法は現場のスタッフとの「顔の見える関係づくり」としても効果があります。スタッフへのねぎらいの声かけは丁寧に行いましょう。ケアを提供しているなかで感じたことや工夫している点の聴き取りは重要です。参考となる情報はチームで共有しましょう。

1）訪問系サービスのモニタリング

　利用者の暮らしの環境のなかで提供されるのが訪問系サービスです。利用者の暮らしに寄り添ったサービス提供がされているか、サービスが入ることで暮らしがどう変化したか、家族関係や介護負担の軽減がどのように図られたかに着目します。

　サービスの提供が、利用者の自立（自律）を妨げる要因となっていないかどうかも重要なモニタリング項目です。支援内容の調整・修正を行う際は、利用者（家族）の意向をヒアリングし、ヘルパーやサービス提供責任者などと検討します。

2）通所系サービスのモニタリング

　通所系サービスは利用者が生活の場を離れて、他の利用者とともにサービスを受ける点に特徴があります。家族に気がねする必要がない「出会いの場」であるため、家庭では見ることができない人柄や笑顔に出会うことも多くあります。

　一方で慣れない人間関係や認知症の利用者とのやりとりなどがストレスとなりやすいため、疲れや違和感がないか聴き取ります。本人がやりたいアクティビティがあるか、雰囲気になじんでいるか、短期目標の達成に向けたサービス内容となっているか、利用時間は適切か、などに着目します。

　とりわけ男性利用者や若年の利用者などは雰囲気やアクティビティになじめず中途で利用をやめてしまうことも多いので、丁寧なサポート（サービス内容の調整含む）をしましょう。

　なお「お泊り」付きで利用する場合、夜間の様子などを聞き取り、利用日数が適切かどうか、夜間の緊急対応と安全性について事業所側と検討して利用日数を判断します。

3）入所系サービスのモニタリング

　入所系サービスは利用者が自宅を離れて、他の利用者とともに「入所」し、施設で24時間のサービスを受ける点に特徴があります。施設の専門職に24時間を通してADL・IADLや生活リズム、排泄リズム、不穏となる時間帯（帰宅願望含む）、夜間の様子などを把握してもらったデータは、

2. サービス提供現場のモニタリング

個別サービス計画
- ヒアリング
- 立ち合い

☐ 訪問系サービス
☐ 通所系サービス
☐ 入所系サービス
☐ 訪問看護・リハビリテーション
☐ かかりつけ医
☐ インフォーマル資源

＋

3. 電話モニタリングと不定期訪問（アポなし訪問）

4. サービス担当者会議（チームモニタリングの場）

5. サービス事業所でのモニタリング
☐ ナマの利用者情報
☐ 事業所の苦情・困りごと
☐ 事業所の雰囲気
☐ 事業所の「強み」

在宅でのケアに活用することができます。

家族には、入所系サービスを利用することが介護負担や介護ストレスの解消、就労の継続等にどのように役に立っているか、在宅での暮らしの変化について尋ねます。

なお、慣れない環境は利用者にとって苦痛です（<u>リロケーション・ダメージ</u>）。生活のしづらさ、人間関係の気まずさ、利用日数などについて本人の率直な思いを把握し、事業所と検討して今後の利用について判断しましょう。

4）訪問看護・訪問リハビリテーションのモニタリング

訪問看護は暮らしの場で療養する利用者が看護を受ける訪問系サービスです。疾患・障害、体調不良が暮らしにどのような支障を生み出しているのかを把握し、訪問看護を利用することで「暮らし」にどのような変化（解消、改善、低下）が生まれているのかをモニタリングします。

また短期目標の達成度合いに応じて、目標設定の変更や付加する目標がないか、また緊急時対応の内容や方法に変更がないかも確認します。看護師に安心感を抱き、心を許して相談することもあるので、そのようなことについては情報提供を依頼しておきます。必要に応じて服薬管理の工夫や家族への医療機器の操作の指導も依頼しましょう。

訪問リハビリテーションは暮らしの場でリハビリテーションを受ける訪問系サービスです。「～ができるようになる」というリハビリテーションの課題と取り組みの効果（生活範囲の拡大）を「暮らしの行為」のなかで

リロケーション・ダメージ

モニタリングできます。利用者（家族）の実感とリハビリテーションの効果を確認するとともに、福祉用具の活用なども相談しましょう。

5）かかりつけ医へのモニタリング

かかりつけ医へのモニタリングは、サービスの利用が利用者の疾患や身体状況に負担となっていないかの判断をしてもらうことが目的です。

情報提供 基本は「情報提供」のスタンスをとり、利用者（患者）の体力・体調の変化や生活の変化、服薬や医療機器の使用状況などを届けましょう。

今後の病状の経過（予後予測）や何に気をつけるべきか、ケアチーム内で共有しておくべき情報などを聞きます。往診時に立ち会わせてもらう場合は事前に了承を得るようにします。

6）インフォーマル資源（家族、身内、近隣・近所、友人・知人、ボランティア、当事者組織など）のモニタリング

インフォーマル資源のモニタリングは、利用者（家族）への支援の状況把握だけでなく、提供側であるインフォーマル資源のかかわり方（ふれあ**情緒的な満足度** い方）と情緒的な満足度、プライバシーへの配慮なども把握します。
プライバシーへの配慮 報酬が担保されている「職業としての支援」ではないので、「当たり前」になってしまわないように注意し、かかわり方に無理や負担・心配がないかを聴き取り、対応を一緒に検討して改善しましょう。

摩擦や遠慮 また関係性が近いゆえに「摩擦や遠慮」が生じることもあります。「あの人は○○だ」「わがまま過ぎる」と決めつけや思い込みが生じるリスクもあります。継続した支援にするには、効果や改善の変化があればともに喜び、困りごとは一緒に対応を考える姿勢が大切です。

なお、利用者（家族）がインフォーマル資源の支援をどのように受けとめているのか（感じているのか）についても聴き取りましょう。

3. 電話モニタリング（定期、不定期）と不定期訪問

1人暮らしや老老介護の利用者、物忘れが多く気にかかる利用者の場合には、定期訪問以外の不定期の電話確認をモニタリングとして行う場合が**声の音色** あります。電話では表情や暮らしの様子はつかめませんが「声の音色」は体調（例：ハリがある、弱々しい）や感情（例：気分がよい、悲しい、不安気味）を伝えてくれます。また耳の聞こえ（聴覚レベル）や認知能力のレベルを把握することもできます。

ただし構音障害がある場合や認知症高齢者などとの声のコミュニケーションには限界があるので、面談によるモニタリングを基本とします。

アポなし訪問 なお、不定期訪問（アポなし訪問）を行うことで、利用者（家族）の日常の姿や会話、自宅での様子などを把握することができます。定期訪問では出会えない「リアルな暮らしぶり」を見ることは、利用者の理解を深め

るうえで有効です。ただし、「突然うかがってすみません」とお詫びの言葉は忘れずに伝えましょう。

4. サービス担当者会議

サービス担当者会議も1年に1～2回の「チームモニタリングの場」といえます。ケアプランの取り組みと達成状況、サービスと暮らしへの満足度と必要な改善内容などを、利用者（家族）と事業所が集まって振り返る場は貴重なモニタリングの機会となります。

さらにサービス事業所と行う打ち合わせや調整作業も簡単なモニタリング情報の交換の場といえます。サービス事業所との連絡を電話で行うことが多くなりますが、その際はメモを取り正確に記録に残します。

> チームモニタリングの場

5. サービス事業所のモニタリング

サービス事業所を訪問することでサービス提供に関する記録に直接触れたり、スタッフから生で苦労話や改善・低下の状況、利用者の変化などを聞いたりすることができます。またケアマネジャーが訪問することで直接、苦情や要望を聞くことができ、これらを通じて信頼関係をより強くすることができます。

サービス事業所の訪問方法には、「近くに来たので顔を出しました」というような相手に負担をかけない訪問から、利用者（家族）の様子の聞き取りや個別サービス計画に関する相談などのアポイントを取った訪問までいくつかの方法があります。目的に応じて使い分けをしましょう。

また事業所の雰囲気（例：なごやか、にぎやか、暗い、ピリピリしているなど）を感じたり、命令系統や利用者情報の管理方法なども大切な情報です。これらを通じて事業所の「強み」を情報収集しましょう。

> 負担をかけない訪問
>
> 使い分け
>
> 事業所の「強み」

◻ モニタリングマニュアルとモニタリングシート

モニタリングは利用者（家族）の変化をキャッチする機会であり、今後の暮らしを予測する「予知予見の場」です。

このような重要な機会をケアマネジャーの経験や勘頼りで行うと、個人の経験年数や基礎資格・人柄や性格・価値観、そのときの体調や感情によってブレが生じることになりかねません。ブレは「洩れ」を生みます。主観的なモニタリングは潜在しているニーズを見逃してしまう危険性があります。とりわけ現場経験1～3年の新人ケアマネジャーの場合にはバラツキが生まれやすく、方向違いの「ムダ」や利用者（家族）に「ムリ」を強いるようなモニタリングになる危険もあります。

> 予知予見の場
>
> ブレは「洩れ」

1. モニタリング・マニュアルをつくる

平準化と統一化

ブラッシュアップ

　マニュアルは業務の平準化と統一化を図り、「質の向上」をめざして作成するものです。事業所としての特徴や強み、考え方（理念・事業方針）を反映したものをめざします。年1回はブラッシュアップのための見直しを必ず行いましょう。マニュアルの項目を考える際には、定期訪問（面談）、サービス提供現場の立ち会い、電話でのモニタリング、不定期訪問、サービス事業所訪問の5つの方法をマニュアル化するとよいでしょう。

　またモニタリングシートの活用方法と情報共有化の方法についてもマニュアル化をしましょう。

<例：利用者の自宅面談>

○モニタリング前の準備、訪問時の面接手順のイメージトレーニング
- 準備する物、移動手段（徒歩、自転車、バイク、自動車）の準備
- 玄関前での再チェック（例：モニタリングテーマ、どの話題から入るか、持ち物の確認）
- 家の外観・庭・玄関などの観察、あいさつの仕方、靴の脱ぎ方、居室への入り方など

○モニタリング（これまで、現状の把握、評価）の流れ（20～30分）
- 1ヵ月間の本人（利用者）の体調や心の変化・暮らしの変化、家族の体調・ストレスの変化・家族介護の変化、病状管理と服薬管理など
- 本人のADL・IADLの状況
- 本人のCADLの状況
- ケアプランの取り組み状況と目標の達成・改善・向上・維持・低下の状況
- サービス利用状況と満足度、改善の要望など
- 暮らしの不安や心配ごと、生活トラブルの状況など

○これから1ヵ月の暮らしに関する検討（10～20分）
- 体調管理、病状管理・服薬管理、サービス利用・変更への対応
- 利用者（家族）の予想されること（例：入院、通院）への対応
- 気候や気温への変化、熱中症、脱水症、災害時の対応（例：豪雨、豪雪、台風、地震）
- 予想される生活トラブルなどへの対応など

○モニタリングシートの活用の仕方
- 利用者向けモニタリングシートの使い方
- 家族向けモニタリングシートの使い方

○モニタリングの記録（居宅介護支援経過記録）の書き方
- 文字として残す記録の書き方
- イラスト、画像や動画として残す記録の書き方

2. モニタリングシートを活用する

①モニタリングシートをつくる

　モニタリングシートは、モニタリングを効率的に進めるためのツール

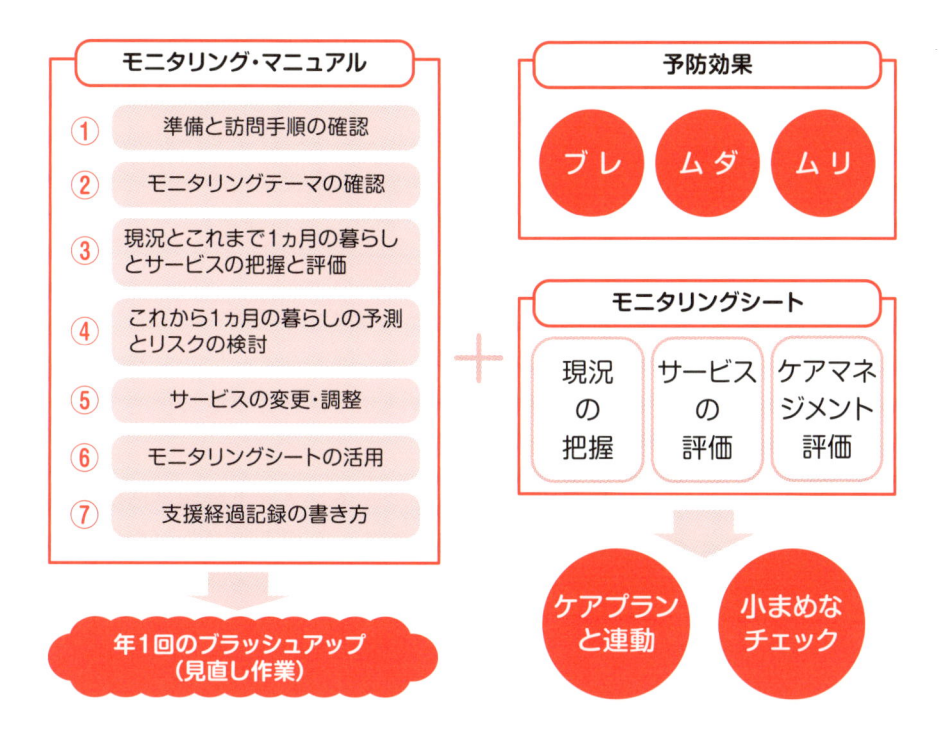

```
モニタリング・マニュアル              予防効果
①  準備と訪問手順の確認
②  モニタリングテーマの確認            ブレ  ムダ  ムリ
③  現況とこれまで1ヵ月の暮らし
    とサービスの把握と評価
④  これから1ヵ月の暮らしの予測        モニタリングシート
    とリスクの検討
⑤  サービスの変更・調整              現況    サービス  ケアマネ
⑥  モニタリングシートの活用          の      の        ジメント
⑦  支援経過記録の書き方              把握    評価      評価

        ↓                              ↓
  年1回のブラッシュアップ          ケアプラン    小まめな
    （見直し作業）                 と連動       チェック
```

（道具）です。洩れやブレを防止するためにも使い勝手の良いものをつくります。厚生労働省の通知では居宅介護支援経過記録（第5表）を使用するか、それに準じるものとなっていますが、定形化したモニタリング記録表としては十分ではなく、居宅介護支援事業所としての「<u>オリジナルのモニタリングシート</u>」を開発することで、事業所のケアマネジメントの特徴を見える化するとともに弱点の補強と改善を図ることをめざします。

なお、項目が詳細すぎるとシートを埋める作業に集中してしまい、利用者（家族）とのやり取りが質問攻めや記録作業になってしまうので注意します。作成のポイントは<u>ケアプランと連動</u>していることです。

・長期目標・短期目標を「生活目標と活動目標」に具体化した項目
・ADL、IADLの改善・向上および維持・低下・悪化がわかる項目
・家族の介護負担（身体的負担、心理的負担、生活リズムへの影響、仕事への影響など）を具体化した項目
・体調管理、病状管理、服薬管理を具体化した項目
・サービス種別ごとの満足度や要望、クレームを具体化できる項目
・新たな生活ニーズの発見やニーズの修正、サービス事業所への情報提供などを具体的に書ける項目

②モニタリング用アセスメントシートをつくる

利用者のADLの状態はつねに変化しています。モニタリング用のアセスメントシートを作成し、毎回テーマ（例：調理、掃除、移動）を決めて行う（10分程度）、2〜3ヵ月に1回（30分程度）行うなど定例化し、利

用者の心身の状況や ADL・IADL の変化や問題の発見・予見を行います。

　作成するポイントは「ひとくくりの生活行為」を「細かい生活行為」や「細分化された身体動作」を項目別に分けることで、具体的に何が改善され、何に困っているかを把握できるようにすることです。

　　・ADL ごと（移動、排泄、食事、入浴、整容、意思疎通）につくる
　　・IADL ごと（料理、洗濯、掃除、金銭管理など）につくる
　　・CADL ごと（趣味、楽しみ、願い、思いなど）につくる
　　・体調管理ごと（服薬、通院、体操、栄養、睡眠など）につくる

　利用者（家族）から情報収集できない点は、サービス事業者にモニタリングをします。

③モニタリングシートをサービス評価とケアマネジメント評価に活用する

　ケアサービスを利用することが目的ではなく、利用者の自立（自律）した暮らしを支えるための手段として効果があるかどうかがサービス評価の基準です。提供されるサービスが適切かどうか、利用者（家族）が満足しているかどうか、ケアマネジメントが適切かどうかを月 1 回の訪問のなかで「小まめなチェック」を行うことにより微調整を図ることが可能となります。

小まめなチェック

根拠（エビデンス）と評価

　近年、サービス項目ごとに「加算」が増え、それぞれに根拠（エビデンス）と評価が求められるようになっています。適切な評価がされないところにケアプランの達成はありません。援助（支援）の有効性はモニタリングでこそ検証されることになります。

　モニタリングシートはケアサービスだけでなく、ケアマネジメントの「評価シート」として活用することができるのです。

④利用者情報把握依頼書でケアチームから情報収集の依頼を受ける

　各サービス事業所は利用者宅を訪問して、サービス提供にかかわる質問をすることは時間的にむずかしいものがあります。ケアマネジャーのモニタリングはケアチームの情報収集の機会として位置づけ、利用者情報把握依頼書（p184 参照）で受けた内容をモニタリング時にヒアリングし、その内容をケアチームにフィードバックしましょう。

レッツ チャレンジ！

- □「5 つのモニタリング手法」を参考に、モニタリングをブラッシュアップしよう
- □ オリジナルのモニタリングマニュアルをつくろう
- □ オリジナルのモニタリングシートをつくろう

モニタリングシート①

[三訂 オリジナル様式から考えるケアマネジメント実践マニュアル モニタリング表を一部改変]
NPO法人 神奈川県介護支援専門員協会 居宅編

氏名　　　　　様　（平成　　年）

項目	評価基準	第1回 月 日	第2回 月 日	第3回 月 日	第4回 月 日	第5回 月 日	第6回 月 日	総合所見 月 日
サービス種別								
利用者・介護者の見解（満足度と変化） 利用者の変化（利用者自身）	1 大変満足　2 満足　3 不満 4 非常に不満　5 不明							
利用者の変化（利用者自身）	1 良くなった　2 変化なし　3 悪くなった 4 かなり悪くなった　5 不明							
利用者の変化（介護者見解）	1 良くなった　2 変化なし　3 悪くなった 4 かなり悪くなった　5 不明							
利用者の心の変化	1 良くなった　2 変化なし　3 悪くなった 4 かなり悪くなった　5 不明							
介護者の状況変化	1 良くなった　2 変化なし　3 悪くなった 4 かなり悪くなった　5 不明							
プラン実践状況 ①	①プラン実践状況（評価欄 左へ記入） 1 実践されている　2 実践されない事がある 3 実践されていない							
短期目標達成状況 ②	②目標達成状況（評価欄 右へ記入） 1 効果が見られている　2 変化無（現状維持） 3 悪化している							
所見 サービスの適正度	1 適正である　2 検討を要する 3 適正でない							
新しい生活課題	1 現状ではない　2 課題となる不安がある 3 課題がある							
ケアプラン変更の必要性	1 現状ではない　2 あり							
連絡・調整の必要性	1 現状ではない　2 あり							
サービス担当者会議等の必要性	1 現状ではない　2 あり							
再アセスメントの必要性	1 現状ではない　2 あり							

記入者＝介護支援専門員氏名

総合評価等

第1回	第2回	第3回	第4回	第5回	第6回	総合所見

モニタリングシート② (CADL版)

氏名　　　　　様　(平成　　年)　　　　　　　　　　　　　　　　　　　　　　　　　　　　　　　　高室成幸オリジナル版

項目		評価基準		第1回 月 日	第2回 月 日	第3回 月 日	第4回 月 日	第5回 月 日	第6回 月 日	総合所見 月 日
こだわり	こだわりとは、仏壇の掃除、月命日の墓参りなど本人が大切にしている生活習慣です。	1自立	3一部介助							
		2見守り等	4全介助							
願い	まだやってみたいこと、やりとげたいこと、そのために日々にがんばっていることなど。	1自立	3一部介助							
		2見守り等	4全介助							
楽しみ	利用者の楽しみはさまざま。ペットの世話やTV鑑賞まで、利用者にとっての心地よさに着目します。	1自立	3一部介助							
		2見守り等	4全介助							
趣味	趣味には創作系 (例：編物、習字) からゲーム系 (例：将棋、麻雀)、芸術系 (例：俳句、カメラ) までさまざま。	1自立	3一部介助							
		2見守り等	4全介助							
人間関係	家族、親族、きょうだい、友人、知人、趣味仲間との集りややりとり (例：電話、葉書、メール、SNS) など。	1自立	3一部介助							
		2見守り等	4全介助							
世話・役割	世話・役割は自己肯定感・有能感を得るためには大切。孫やペットの世話、親族や地域の役割など。	1自立	3一部介助							
		2見守り等	4全介助							
生きがい	生きがいとは、利用者がひたむきにがんばってきたことやがんばっていること。	1自立	3一部介助							
		2見守り等	4全介助							

※ 訪問日に評価基準にもとづき数字を記入します。

※ 6カ月間経過したら総合所見を記入します。

モニタリングシート③（ADL版）

氏名　　　　　　　様　（平成　　年）

項目		評価基準	第1回 月 日	第2回 月 日	第3回 月 日	第4回 月 日	第5回 月 日	第6回 月 日	総合所見 月 日
食事	飲水摂取	1自立　2見守り等　3一部介助　4全介助							
	食事摂取について	1自立　2見守り必要（介護者の指示含）　3一部介助　4全介助							
	形態	主に常食・楽・ミキサー等　副=常食・刻み・超刻み・ミキサー等							
排泄	排尿	1自立　2見守り等　3一部介助　4全介助							
	排便	1自立　2見守り等　3一部介助　4全介助							
	失禁	1あり　2ときどき　3まれにあり　4なし							
	方法	[日中] トイレ・P-トイレ・おむつ・カテーテル等							
		[夜間] トイレ・P-トイレ・おむつ・カテーテル等							
入浴	方法	1自立　2一部介助　3全介助　4行っていない							
		一般浴槽・機械浴槽（座位・寝たまま）							
着脱	上着の着脱	1見守り（介護者の指示含む）　3一部介助　4全介助							
	ズボン・パンツ着脱	1見守り（介護者の指示含む）　3一部介助　4全介助							
整容	口腔（歯磨き等）	1自立　2一部介助　3全介助							
	洗顔	1自立　2一部介助　3全介助							
移動・移乗	起きあがり	1つかまらず可　2何かにつかまれば可　3できない							
	両足ついた座位	1できる　2身もたれなくて自分の手で　3背もたれあれば可　4できない							
	立ち上がり	1つかまらず可　2何かにつかまれば可　3できない							
	歩行	1つかまらず可　2何かにつかまれば可　3できない							
	移乗	1自立　2見守り（介護者の指示含む）　3一部介助　4全介助							
	屋内移動	屋内=独歩・杖・シルバーカー・歩行器・車椅子・その他							
	屋外移動	屋外=独歩・杖・シルバーカー・歩行器・車椅子・その他							
コミュニケーション	意思の伝達	1伝達できる　2時々可能　3まれに可能　4できない							
	日常の意思決定	1できる　2特別な場合を除いてできる　3日常的に困難　4できない							
	指示への反応	1指示が通じる　2時々通じる　3指示が通じない							
暮らしの管理	電話の利用	1自立　2一部介助が必要　3全介助が必要							
	薬の内服	1自立　2一部介助が必要　3全介助が必要							
	金銭の管理	1自立　2一部介助が必要　3全介助が必要							
心理面・行動面	被害妄想	1ない　2ときどき　3ある							
	幻覚・幻聴	1ない　2ときどき　3ある							
	感情が不安定	1ない　2ときどき　3ある							
	昼夜逆転	1ない　2ときどき　3ある							
	暴言・暴行	1ない　2ときどき　3ある							
	大声を出す	1ない　2ときどき　3ある							
	介護に抵抗	1ない　2ときどき　3ある							
	徘徊	1ない　2ときどき　3ある							
	帰宅願望	1ない　2ときどき　3ある							
		サービス事業所名・記入者氏名							

［三訂］オリジナル様式から考えるケアマネジメント実践マニュアル　NPO法人　神奈川県介護支援専門員協会　居宅版
モニタリング表を一部改変

2 ケアマネジメント・プロセス

氏名 _____ 様（平成　　年）**モニタリングシート④（IADL版）**

NPO法人　神奈川県介護支援専門員協会
「三訂　オリジナル様式から考えるケアマネジメント
実践マニュアル　居宅編」モニタリング表を一部改変

	項目	評価基準	第1回 月 日	第2回 月 日	第5回 月 日	第6回 月 日	総合所見 月 日
調理	洗う（食材、食器類）	1 自立　3 一部介助 2 見守り等　4 全介助					
	切る（食材）	1 自立　3 一部介助 2 見守り等　4 全介助					
	むく（食材）	1 自立　3 一部介助 2 見守り等　4 全介助					
	調理機材を使いこなす	1 自立　3 一部介助 2 見守り等　4 全介助					
	味付けができる	1 自立　3 一部介助 2 見守り等　4 全介助					
	ガスの調整（着火・消火）	1 自立　3 一部介助 2 見守り等　4 全介助					
	電子レンジ・オーブンの使用	1 自立　3 一部介助 2 見守り等　4 全介助					
	食器の出し入れ	1 自立　3 一部介助 2 見守り等　4 全介助					
	食材の盛付け	1 自立　3 一部介助 2 見守り等　4 全介助					
	配膳・下膳ができる	1 自立　3 一部介助 2 見守り等　4 全介助					
	冷蔵庫が開けられる	1 自立　3 一部介助 2 見守り等　4 全介助					
	水道の蛇口がひねれる	1 自立　3 一部介助 2 見守り等　4 全介助					
	その他（　　　）	1 自立　3 一部介助 2 見守り等　4 全介助					
掃除	ホウキが使える	1 自立　3 一部介助 2 見守り等　4 全介助					
	ハタキが使える	1 自立　3 一部介助 2 見守り等　4 全介助					
	掃除機が使える	1 自立　3 一部介助 2 見守り等　4 全介助					
	置物等を動かせる	1 自立　3 一部介助 2 見守り等　4 全介助					
	捨てる物の分別ができる	1 自立　3 一部介助 2 見守り等　4 全介助					
	ぞうきんが絞れる	1 自立　3 一部介助 2 見守り等　4 全介助					
	拭ける（床、家具類など）	1 自立　3 一部介助 2 見守り等　4 全介助					
	整理整頓ができる	1 自立　3 一部介助 2 見守り等　4 全介助					
	玄関の掃除ができる	1 自立　3 一部介助 2 見守り等　4 全介助					
	トイレの掃除ができる	1 自立　3 一部介助 2 見守り等　4 全介助					
	居間の掃除ができる	1 自立　3 一部介助 2 見守り等　4 全介助					
	自室の掃除ができる	1 自立　3 一部介助 2 見守り等　4 全介助					
	台所の掃除ができる	1 自立　3 一部介助 2 見守り等　4 全介助					
	風呂場の掃除ができる	1 自立　3 一部介助 2 見守り等　4 全介助					
	窓がふける	1 自立　3 一部介助 2 見守り等　4 全介助					
	窓が開けられる	1 自立　3 一部介助 2 見守り等　4 全介助					
	フトンが干せる	1 自立　3 一部介助 2 見守り等　4 全介助					
	その他（　　　）	1 自立　3 一部介助 2 見守り等　4 全介助					
	洗濯物を仕分けする	1 自立　3 一部介助 2 見守り等　4 全介助					
	洗剤を入れる	1 自立　3 一部介助 2 見守り等　4 全介助					

分類	項目	評価基準						
洗濯	洗濯機を使う	1 自立　3 一部介助 2 見守り等　4 全介助						
	洗濯物を取り出す	1 自立　3 一部介助 2 見守り等　4 全介助						
	洗濯物を運ぶ	1 自立　3 一部介助 2 見守り等　4 全介助						
	洗濯物を広げる	1 自立　3 一部介助 2 見守り等　4 全介助						
	洗濯物を干す	1 自立　3 一部介助 2 見守り等　4 全介助						
	洗濯物を取り込む	1 自立　3 一部介助 2 見守り等　4 全介助						
	洗濯物をたたむ	1 自立　3 一部介助 2 見守り等　4 全介助						
	タンスにしまう	1 自立　3 一部介助 2 見守り等　4 全介助						
	その他（　　）	1 自立　3 一部介助 2 見守り等　4 全介助						
買い物	店まで移動できる	1 自立　3 一部介助 2 見守り等　4 全介助						
	品物を選べる	1 自立　3 一部介助 2 見守り等　4 全介助						
	お金を支払える	1 自立　3 一部介助 2 見守り等　4 全介助						
	品物を運べる	1 自立　3 一部介助 2 見守り等　4 全介助						
	必要な量が判断できる	1 自立　3 一部介助 2 見守り等　4 全介助						
	その他（　　）	1 自立　3 一部介助 2 見守り等　4 全介助						
ゴミ捨て	ゴミの分別ができる	1 自立　3 一部介助 2 見守り等　4 全介助						
	ゴミをまとめられる	1 自立　3 一部介助 2 見守り等　4 全介助						
	ゴミの収集日がわかる	1 自立　3 一部介助 2 見守り等　4 全介助						
	集積所まで運べる	1 自立　3 一部介助 2 見守り等　4 全介助						
	その他（　　）	1 自立　3 一部介助 2 見守り等　4 全介助						
暮らしに関わる事	電球が替えられる	1 自立　3 一部介助 2 見守り等　4 全介助						
	訪問者に対応できる	1 自立　3 一部介助 2 見守り等　4 全介助						
	エアコンが使える	1 自立　3 一部介助 2 見守り等　4 全介助						
	ストーブが使える	1 自立　3 一部介助 2 見守り等　4 全介助						
	緊急通報機が使える	1 自立　3 一部介助 2 見守り等　4 全介助						
	戸締りができる	1 自立　3 一部介助 2 見守り等　4 全介助						
	火の元の管理ができる	1 自立　3 一部介助 2 見守り等　4 全介助						
	その他（　　）	1 自立　3 一部介助 2 見守り等　4 全介助						
金銭管理	財布の場所がわかる	1 自立　3 一部介助 2 見守り等　4 全介助						
	印鑑・通帳の場所がわかる	1 自立　3 一部介助 2 見守り等　4 全介助						
	お金のやりとりができる	1 自立　3 一部介助 2 見守り等　4 全介助						
	キャッシュカードが使える	1 自立　3 一部介助 2 見守り等　4 全介助						
	その他（　　）	1 自立　3 一部介助 2 見守り等　4 全介助						
		サービス事業所名 ・ 記入者氏名						

2　ケアマネジメント・プロセス

□サービス情報提供書　□利用者情報把握依頼書

平成　　年　　月　　日

○○居宅介護
支援事業所　御中

※本依頼書は、ご利用者（患者）様の情報把握を担当ケアマネジャーに依頼する際にご使用ください。

利用者氏名	様（男・女）　要介護度（　　）
サービス 提供内容	提供しているサービス内容を記入してもらいます。

以下の情報について情報の（□提供　□把握）を依頼します。

情報提供	提供項目	理　由	提供内容
		情報提供する理由を記入してもらいましょう。	提供内容は箇条書きで書きましょう。
	①		①
情報把握	把握項目	理　由	把握内容
	簡潔に項目を記入してもらいます。	どのような理由で情報を把握したいのかを記入してもらいます。	把握内容は箇条書きで書いてもらいましょう。
	①		①
	②		②
	③		③

□事業所　□医院等　□病院　□地域包括支援センター

氏名

高室成幸オリジナル版

利用者情報提供シート

平成　　年　　月　　日

　　　　　　　　御中

以下の内容につきまして情報提供させていただきます。

利用者氏名	様（男・女）　要介護度（　　）
□訪問　□電話　□来所	
日時	平成　　年　　月　　日　　：　　～　　：
対象者	□本人　□家族　□成年後見人　□その他（　　）

種類	内　容	結　果
① □変化 □問い合せ □要望 □苦情	の件	
② □変化 □問い合せ □要望 □苦情	の件	
③ □変化 □問い合せ □要望 □苦情	の件	

利用者（家族）の情報提供の種類を示します。

内容は具体的に記入します。利用者（家族）の言葉は「隠語」として書くとよいでしょう。

事業所などから対応の結果をFAXしてもらいます。

以上の件につきましてご対応よろしくお願いいたします。
ご対応の結果について同紙に記入後、
FAXをいただければ幸いです。

○○居宅介護支援事業所
□担当者
□管理者　　　　　　　　氏名　　　　　　　　印

高室成幸オリジナル版

評価シート

利用者名 ＿＿＿＿＿ 様　　　　　　　　　　　　　　　　　　　　　評　価　日　　／　　　／

課題	短期目標	期間	支援内容				評価			
			サービス内容	サービス種別	サービス事業所等	結果 ※1	自己評価 ※2	ケアマネジメント評価	コメント（改善・維持・低下の状況、見直しを要する理由等）

- ケアプランの第2表の内容を転記します。
- 結果はサービス事業所などにも聞き取りを行い記入します。
- コメントは簡潔に記入します
- ケアマネジメントの評価を記入します。◎：適切に行われている、△：不十分である、×：サービス担当者会議等を開く必要がある。
- 自己評価は本人の動機づけにしても大切です。ていねいに聞き取りをします。

※1　短期目標の実現度合いを5段階で記入　◎：短期目標は予想を上回って達せられた、○：短期目標は達せられた（再度アセスメントして新たに短期目標を設定する）、△：短期目標は達成可能だが期間延長が必要、×1：短期目標の達成は困難であり見直しが必要、×2：短期目標だけでなく長期目標の達成も困難であり見直しが必要。

※2　◎：達成できたことで意欲的になっている、○：達成できて満足、△：達成できそうなので引き続き取り組みたい、×1：達成できず不満である、×2：達成は困難なので目標を見直してほしい。

※厚生労働省老健局振興課「評価表」一部改変

第9節 給付管理
コストマネジメント

☐ 介護保険制度のケアマネジメントと給付管理は「連動」する

　介護保険制度において位置づけられている「介護支援専門員」（ケアマネジャー）は、利用料（基本：1割自己負担）と給付費（介護報酬：9割の介護保険給付）にかかわる「コストマネジメント」を行う役割を担っています。「給付管理」は、人員規準や運営基準、加算報酬分の条件が複雑で、取り扱う書類も多く、煩雑であるうえに間違いが許されない業務です。

　また、給付管理業務のなかで利用者（家族）からの苦情（例：○日は通所介護を利用していません）や事業所からの相談（例：○○さんの自己負担分が、先月も銀行口座から引き落としができません）、経済的虐待（例：私の年金口座は次男の○○が使ってしまって私の自由にならない）などが明らかになることもあるため、リスクマネジメントの観点からも丁寧に行うようにします。

☐ 給付管理業務でミスをしないための配慮すべき注意点

　介護保険制度では、給付管理業務がそのまま「介護報酬請求業務」となっています。制度上、事業所の介護給付費請求はケアマネジャーが給付管理票に記載した点数までしか認められていません。そのため、報酬点数を間違えてしまう（例：サービスの未記入、加算サービスの誤記入、回数間違いなど）、出し忘れるなどのミスをしてしまうと、利用者だけでなくサービス事業者に介護報酬分の支払い遅延として迷惑をかけ、双方から相当なクレーム（苦情）がくることになります。

　このようなミスを防ぐために、次の5つの防止策を行います。

①未記入・誤記入は複数人でダブルチェック

　給付管理業務でのミスはどのような事態を招くでしょうか。わかりやす

```
ケアマネジメント
    利用料
  （自己負担分）
      ＋
    給付費
  （介護報酬）

① ケアプランの作成と同意
② サービス利用表・別表の交付
③ サービス提供票に実績記入
④ サービス提供票をケアマネジャーに提出（利用者負担の算出）
⑤ 給付管理票の作成

リスクマネジメント → 介護保険料・利用料の未払い、生活苦・経済苦によるサービス利用の減少
```

いのは、国保連から給付管理票が「返戻」され、介護報酬の支払いが1ヵ月以上遅れる事態となることです。あらためて翌月請求が行えても事業所への国保連からの報酬支払いがひと月遅れることに変わりはありません。そうなれば小さな事業所では給与や家賃などの資金繰りにも影響し、事業の存続自体が危うくなります。

給付管理票

居宅介護支援事業所としては、複数人による未記入・誤記入の「ダブルチェック」を行うようにしましょう。

ダブルチェック

②計算ミスは支給限度額オーバーを生む危険がある

さらに、給付管理業務の間違いや遅れは、サービス事業者だけでなく利用者にも大きな影響を及ぼします。例えば、当初の予定が変更となり、結果的に支給限度基準額をオーバーしたとすると、利用者側から要望された変更であろうとサービス事業者側の都合であろうと、そのオーバー分の全額が「利用者負担」になります。

このように「支給限度基準額管理」ができていないと、利用者にとって予期しない高額の負担が発生することになります。ミスが発生すると説明や調整などの事後対応業務が増えてしまい、利用者（家族）や事業所に精神的な負担を負わせることになります。

支給限度基準額管理

また同一のサービス事業所で、介護保険内サービスと介護保険外サービス（自費払い）を混在してサービス提供している場合は、請求実務はさらに煩雑になります。間違いがないように事業所の「給付担当者」とのやりとりを慎重に行いましょう。

給付担当者

③一度は手書きで記載し、電卓で計算することを体験する

　給付管理業務はパソコンの給付管理ソフトのサービス利用票・サービス利用表別表・給付管理票などを使って行います。給付管理ソフト内で各利用票は連動しているので計算ミスなどは起こらないのが前提となっています。しかしそれに慣れてしまうと給付管理業務の基本の流れを忘れてしまい、報酬改定時や給付管理ソフトの不備、操作ミス、地震などの災害によるパソコントラブルが生じた場合には、まったく対応できないことになります。

　パソコンソフトを使って入力する際には、ケアプランの第2表にもとづいて提供されるサービス内容を次のようなカテゴリーごとに利用料（<u>報酬単価</u>）をイメージし、サービスコード表を確認して行うようにします。

- ・サービスの種類（時間別、時間帯別、資格別など）
- ・加算サービスの種類（時間別、時間帯別、資格別など）
- ・サービス事業所の種類（人員規模、母体別など）
- ・サービス提供環境の種類（多床室、ユニット、個室、同一建物内）

　提供するエリアによっては、地域加算（例：地域区分、特別地域加算、中山間地域加算など）が異なるので、サービスコード表で確認します。

　できれば1ケースを「<u>手書き・手計算</u>」で行ってみると、帳票の中身と業務の流れをよく理解することができます。

④他の制度との給付の調整（公費優先、介護保険優先）に注意する

　介護保険法による給付の原則は「<u>介護保険優先</u>」となっています。医療保険について定めた各法律、高齢者の医療の確保に関する法律、精神保健福祉法、身体障害者福祉法、障害者総合支援法などの他の法令などによる給付に優先し、重複しての給付は受けられません。

　ただし、厚生労働省が定める疾病や状態が悪くなった場合などには医療保険を使うことができます。また介護保険では対応できない障害サービスなどは、障害者総合支援法のサービスを併用できます。なお医療保険と介護保険の訪問看護を同時に利用することはできないので注意します。

⑤介護支援専門員証の「更新手続き」忘れに注意する

　未更新のままケアマネジメントを行っていると、その間のすべてのケアプランは「無効」となり、事業所に介護報酬は支払われず、多大な迷惑となります。またケアマネジャーが急に退職し、ケアマネジャーでないものが請求事務を行う、勤務実態のないケアマネジャーの「<u>名義貸し</u>」で請求することなども違法となります。

コストマネジメント

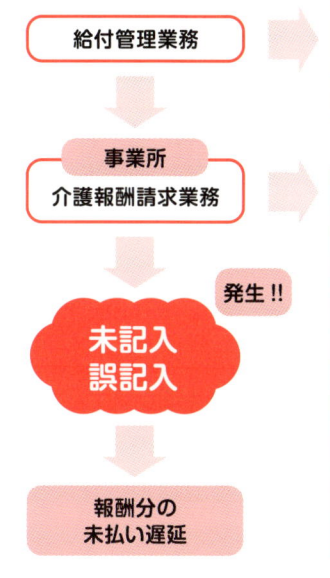

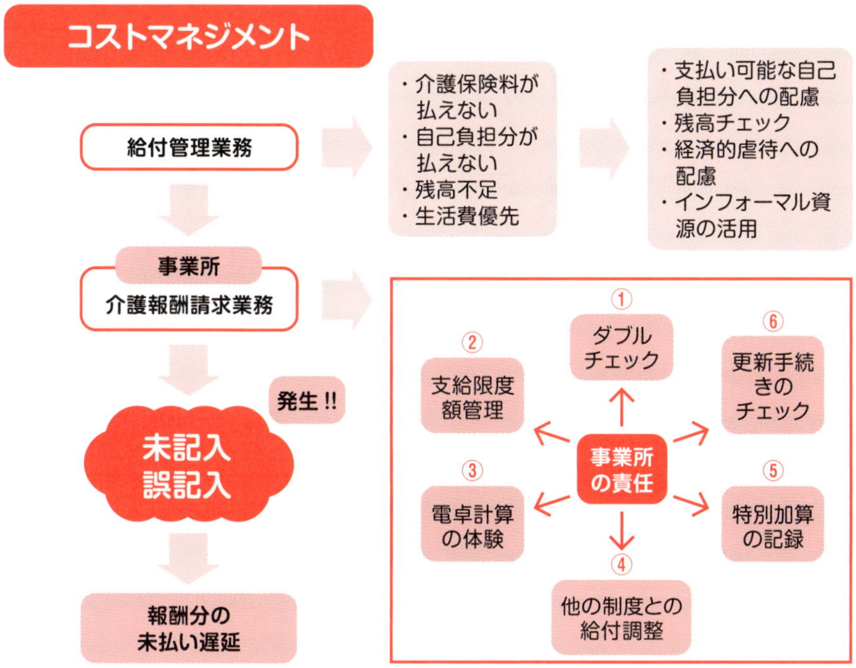

```
給付管理業務
    ↓
事業所
介護報酬請求業務
    ↓
未記入
誤記入  ←発生!!
    ↓
報酬分の
未払い遅延
```

- 介護保険料が払えない
- 自己負担分が払えない
- 残高不足
- 生活費優先

→

- 支払い可能な自己負担分への配慮
- 残高チェック
- 経済的虐待への配慮
- インフォーマル資源の活用

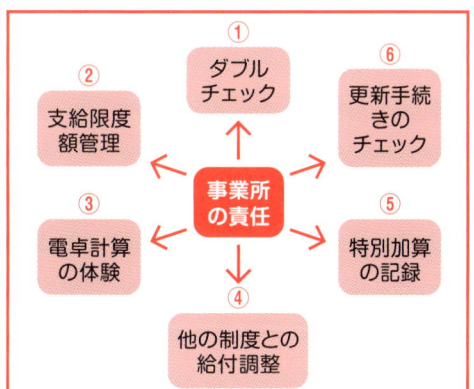

事業所の責任
① ダブルチェック
② 支給限度額管理
③ 電卓計算の体験
④ 他の制度との給付調整
⑤ 特別加算の記録
⑥ 更新手続きのチェック

◻ 利用者自己負担（基本）の利用料への配慮と対策

　給付管理のマネジメントにおいて、利用者の自己負担（基本）の管理は必要な作業です。利用料の未払いが続くと、サービス事業所の事業収益に深刻な影響を及ぼすことになり、結果的に事業所側からの「受け入れ拒否」という事態さえ生じてしまいます。

受け入れ拒否

　ニーズにもとづくケアマネジメントが本来の姿ですが、利用者の「支払能力」にも配慮をしたケアマネジメントも現場では必要なノウハウです。利用者（家族）およびサービス事業所から小まめに情報収集を行い、未払いへの支援も大切な業務の1つと位置づけます。

支払能力

　とりわけ低所得者世帯では介護期間が長引くほどに負担感は重くなる傾向があります。必要に応じて地域包括支援センターや福祉事務所に生活保護申請の手続きに関する情報照会や相談なども行うようにします。

レッツ チャレンジ！

- ☐ 他の居宅介護支援事業所の給付管理業務を取材してみよう
- ☐ 一度は手書きで記載し、電卓で計算することを体験してみよう
- ☐ 自己負担分が払えない利用者への支援策を話し合おう

第10節 リスクマネジメント

■ リスクマネジメントとケアマネジメント

ケアマネジャーが支援の対象とする要介護者は、さまざまなリスク（危険）とともに暮らしています。健康な身体なら階段や坂の昇り降りは足腰を鍛えることになりますが、介護が必要な身体となれば、それはリスクとなります。

これまでの生活環境に潜む不便がリスクになることを抑制し、さらに<u>クライシス（危機）やトラブル（事故）</u>とならないために、ケア（介護・看護）とキュア（治療）が効果的に機能することが求められます。そのためにケアマネジャーは、ケアマネジメントの手法を活用し、ケア資源とキュア資源が持てる能力を最大限に発揮して利用者（家族）にかかわれる状況を生み出す「裏方」として働きます。

ケアマネジメントには、リスクマネジメントの側面があります。具体的には次のステップで行います。

①リスクアセスメント（リスクの把握と評価）
②リスクコントロール
③リスク対策

クライシス（危機）
トラブル（事故）

■ リスクアセスメントの視点と2つの対象

利用者（家族）が抱えるリスクにはどのようなものがあるでしょう。

<u>ICF（国際生活機能分類）</u>が2001年にWHOで採択され、ケアマネジメントの現場でも本人のプラス面に着目し、環境因子と個人因子などを含めた生活機能をアセスメントする考え方が広まりました。しかし一部では、利用者（家族）のリスクを分析し予見するという視点が弱まり、介護サービスでヘルプ＆サポートすればよいという安易な発想のケアマネジメントが行われ、できることをできなくさせてしまう（過剰なサービス提供、<u>自立の阻害</u>）という本末転倒のケースもみられます。

ICF
（国際生活機能分類）

自立の阻害

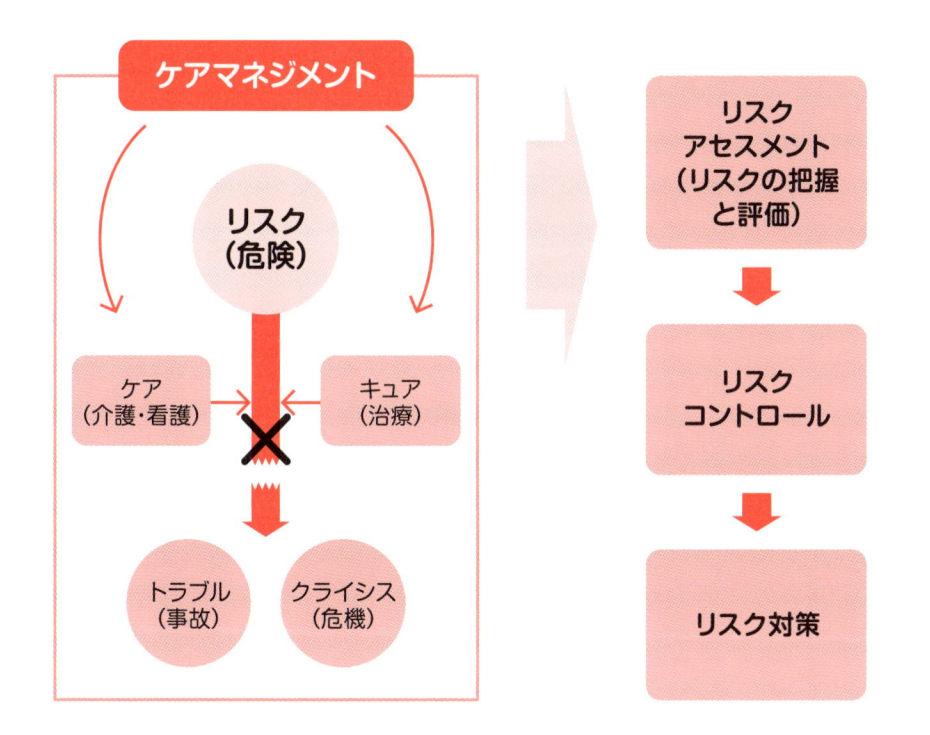

```
ケアマネジメント
  リスク（危険）
   ケア（介護・看護）　キュア（治療）
   ✕
   トラブル（事故）　クライシス（危機）

⇒ リスクアセスメント（リスクの把握と評価） → リスクコントロール → リスク対策
```

ケアマネジャーは、現在の状態と生活像を「強さと弱さ」の両面からアセスメントするだけでなく、「心身の機能低下・環境の変化」による「できないこと・できなくなること」の予知予見をするという視点を持つことが重要です。またサービス事業所のサービス自体が抱えるリスクについても把握・予測します。

予知予見

＜利用者（家族）のリスク＞

- 身体的機能の低下・悪化のリスク
- 心理面・精神面の機能低下・悪化のリスク
- 体調管理（服薬管理、食事、排泄、睡眠、脱水など）のリスク
- 家計面（例：生活費、自己負担分、収入の低下）のリスク
- 人間関係（家族、親族、近隣など）のリスク
- 生活環境（住環境・生活機器・地域環境・気候・天災など）のリスク
- 暮らし（消費者被害、家電事故、火災事故など）のリスク

＜サービス事業所などのリスク＞

- サービス内容の量と質（個別性、安全性）のリスク
- 認知症、医療依存度の高い利用者対応のリスク
- 運営と経営のマネジメントのリスク
- 個人情報保護とプライバシーのリスク

利用者（家族）のリスクマネジメント

利用者と家族が直面している「リスク」をアセスメントし、それらのリスク群が心身の状態と暮らし方にどのように影響するのかを予測し（<u>リスク評価</u>）、さらにリスクの原因となっているもの（<u>リスク要因</u>）を発見し、そのリスクを最小限にするための対策（<u>リスクコントロール</u>）を立てることになります。

ここでポイントとなるのは、リスクマネジメントと自立（自律）支援とのバランスです。リスク回避にやっきになる余り、ベッドで寝たまま（寝たきり）にすることや車いすでの移動を選択すると、筋力の低下を引き起こし、廃用症候群（生活不活発病）の進行から要介護度を重度化させることになります。

利用者の自立（自律）支援と利用者本位の立場に立ち、利用者の望む人生と暮らしを支える立場に立ったリスクマネジメントが行えるかがポイントです。

以下では、利用者（家族）が直面することの多いリスク別にリスクマネジメント上の留意点を解説します。

1. 身体機能の低下・悪化のリスク

利用者は何らかの疾患を持っており、それらが重複していることが多くあります。バイタルサインの測定をしたときは調子がよくても、急変する可能性はつねにあります。

循環器系、呼吸器系、消化器系、運動器系、脳神経系の疾患の特徴と暮らしのリスク、機能低下・悪化の予後予測を主治医・専門医ならびに看護師など医療専門職から情報収集を行い、ケアプランに位置づけるとともに、モニタリング時やサービス提供時に評価します。

2. 心理面や精神面の機能低下・悪化のリスク

利用者はこれからの暮らしへの不安や不満を抱いていたり、要介護状態となった自分と<u>折り合い</u>をつけられていなかったりするなど、不安定な心理状態から拒否的姿勢や<u>自己否定</u>などの態度をとることがあります。さらにこれらを深刻化させるのが、認知症や老人性うつ症、統合失調症などの精神疾患です。

それぞれの疾患の特徴を把握し、心理面・精神面での機能低下がどのように暮らしに影響するか（例：閉じこもり）を予測し、ケアチームと情報の共有化をすることがリスクマネジメントになります。

```
             ┌─────────────────┐
             │  利用者（家族）の │
             │ リスクマネジメント │
             └─────────────────┘

      ①              ②              ③
 ┌─────────┐   ┌─────────┐   ┌─────────┐
 │ 身体機能の│   │心理面や精神面│   │ 体調管理 │
 │低下・悪化の│   │の機能低下・ │   │   の    │
 │  リスク  │   │悪化のリスク │   │  リスク  │
 └─────────┘   └─────────┘   └─────────┘

   ④           ⑤           ⑥           ⑦
┌───────┐  ┌───────┐  ┌───────┐  ┌───────┐
│家計面 │  │人間関係│  │生活環境│  │ 暮らし │
│  の   │  │  の   │  │  の   │  │  の   │
│ リスク │  │ リスク │  │ リスク │  │ リスク │
└───────┘  └───────┘  └───────┘  └───────┘
```

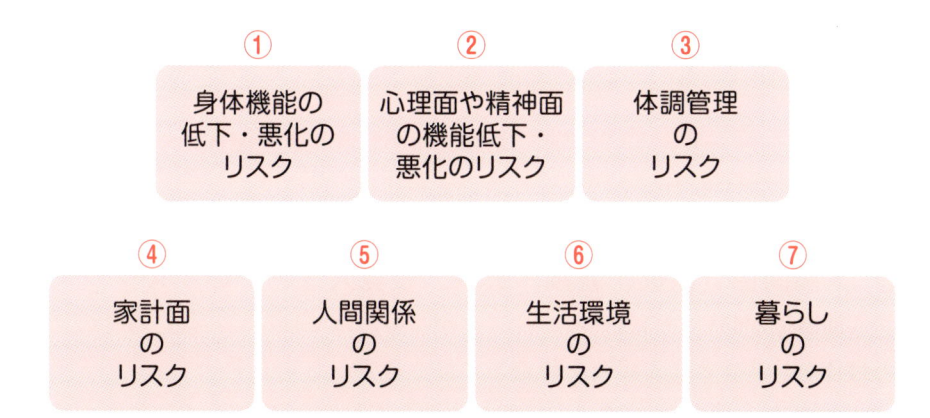

3. 体調管理（服薬管理、食事、排泄、睡眠、脱水など）の リスク

　なんらかの疾患を持つ要介護高齢者の体調変化に「服薬がされていないこと」が原因の場合が多くあります。さらに昼夜逆転による生活習慣の乱れと睡眠不足、食事の不定期化と偏食による低栄養、発汗や下痢、水分を控えることから生じる脱水、腸の蠕動運動の低下による便秘など、利用者の体調は多くの場合「不調の前兆」の状態にあります。

　服薬管理や定期的な食事摂取、十分な睡眠、水分補給、定期的な排泄などが行われない「原因」を予測し、その際のリスクに対してどのように対処するかをケアチームとして話し合うことは、リスクマネジメントとしてとても重要です。

4. 家計面（例：生活費の困窮、介護保険料・自己負担分の 未納）のリスク

　介護が長期化（3～7年以上）すると深刻になるのは、介護者のストレスと介護にかかる経済的なリスクです。デイサービスの食事代を含む自己負担分を支払えないために利用者（家族）がサービスの利用を控えるということが起こります。あるいは自己負担分の未納などが常態化してしまい、サービス事業者側もサービス提供を躊躇するといった事態を招くこともあります。

　介護の長期化と家計のひっ迫は両輪です。長命化を背景に、まさに「介護と家計の持久戦」という一面が浮き彫りになっています。

　介護費用の財源をどこに求めるのか。利用者本人の年金だけで不十分な

ら、家族の経済的支援（子どもからの仕送り）に頼れるのか。生活保護の申請を行うのか。もっとも苦しいといわれるのは、生活保護の受給認定が下りるかどうかの収入がある、いわゆる「ボーダーラインの利用者」です。

ボーダーラインの利用者

また主たる介護者（子ども）が50～60代で失職した場合、経済的に頼れない現実があります。

経済的にひっ迫してきたと感じたら、早めに利用者（家族）やサービス事業所と相談する機会を持つようにしましょう。

5. 人間関係（家族、親族、近隣、後見人など）のリスク

人間関係が良いからといってリスクがないわけではなく、むしろそのこと自体がリスクとなる場合を想定しておく必要があります。

関係が近い者

「関係が近い者」同士ほど「葛藤」を抱えており、「摩擦」も起こりやすくなります。その例として家庭内虐待のリスクがあります。

事例	事例
認知症となった母に対して献身的な介護をしてきた長女（責任感）だが、母の言動がわからないことや、母親の暴言によって心が傷つくこと（介護ストレス）などによって、暴力的行為にいたってしまう（虐待）。	関係が良すぎるために母が長男を頼り切り（依存）、頼られた長男は自分しかいないと思い込み（共依存）、母ができることも過度に介助し（自立を奪う）、やがて援助を控える・拒否してしまう（支援拒否）。

カプセル化

カプセル化した親子介護は、結果的に介護負担につぶれる（共倒れ）、職を辞める（失職）、苛立った息子・娘が親に手をあげる（家庭内暴力）という事態も想定できます。

介護の長期化

これ以外に、家族間で長年にわたって解決されずにきた恨みや妬み、歪んだ関係などが、介護の長期化とともに改めて葛藤として浮上し、やがてリスクとなる場合もあります。

近所・近隣住民は支え手になるばかりではありません。要介護高齢者の1人暮らしは周囲にとっては孤独死や火事、徘徊、ゴミ屋敷化などの心配のタネとなりやすく、認知症がわかると「施設入所への圧力」にさらに拍車がかかる場合もあります。

また、見守りで自宅をよく訪れていた近所の住民が金品を盗むという事態も起こることがあります。成年後見人が通帳などの管理を行える権限を悪用し、財産を横領するというリスクもあります。

人間関係は積み木です。ある「バランスのとれた状態」で成り立っています。そのバランスが崩れるとき、どのような痛みや歪みが人間関係に生

じるかを事前に予測し、ケアチームでいざというときのシミュレーションをしておくことがきわめて重要な作業です。

6. 生活環境（住環境・生活機器・地域環境・気候・天災など）のリスク

地域で暮らし続けることは、さまざまなリスクと向き合うことです。利用者が暮らす住環境と地域環境の面からアセスメントします。

1）住環境（転倒・転落事故、体調の急変など）

一般的に日本の家屋は高齢者にとっては「不便」な環境です。戦前は家屋は働くためのスペース（例：土間、納屋）が共存し、大家族を前提としたつくりとなっていました。戦後は高度経済成長の波に乗り、核家族化が進み、マイホームブームで、「1家族：1戸建て」が理想となり、子ども部屋がある「子育て環境」優先でつくられてきました。

しかし子どもたちが独立した高齢の親にとっては、決して暮らしやすい環境とはいえません。

- 敷居：つまずきの原因となる、転倒事故を生みやすい
- 階段：傾斜がきつい、昇るには体力がいる、降りるには転落の危険が高い
- トイレ：和式便器である、手すりがなくしゃがめない、立ち上がれない、狭い、冬場は寒い
- 廊下：すべりやすい、手すりがつけられない、車いすが通れない

居室内は「子育て家族」を前提とした造りになっており、高齢期には「不都合」となります。そこで、次の視点から「使い勝手」をアセスメントします。

- 時間別…早朝、朝、昼、夜、深夜
- 場所別…玄関、居間、居室、食堂、台所、トイレ、脱衣所、風呂場、廊下、仏間、客間、倉庫、駐車場など
- 季節別…春、夏、秋、冬

時間別・部屋別・季節別にそれぞれの場所の「明るさ・温度」を把握することは大切です。季節ごとに夜間帯に訪問する、各部屋を温度計で測るなどを行い、状況を把握しておきましょう。

2）生活機器（家電事故、ガス漏れ、風呂の空焚きなど）

私たちは、暮らしに便利なさまざまな生活機器に囲まれています。

テレビ、冷蔵庫、洗濯機、扇風機、エアコン、電子レンジなどは高齢者の暮らしにとっては「不便を便利」に変えてくれる必需品です。

しかし「便利がリスク」になることも増えています。電気に頼り過ぎた生活は「停電」や「節電」によって不便な生活に形を変えます。また家電

事故（例：10数年以上使用し、老朽化したエアコンの室外機の発火、タコ足配線による漏電）は火事の原因になります。またガス漏れや風呂の空焚きは事故を生み、さらに料理中などの火が衣服への燃え移ることにより全身やけどで亡くなる不幸な事故も増えています。

3）地域環境（過疎化・買物難民・孤立化）

日本の高齢化は急速に進み、いわゆる「限界集落化」は中山間地や沿岸部・島嶼部だけでなく、首都圏などの団地やかつてのニュータウンでも急速に進んでいます。

中山間地の過疎化は住む人のいない「空き家」を生み、都会では「空き室」となって、住民の「地域での孤立化」を生んでいます。さらに大型スーパーの進出で商店街の空き店舗が増え、高齢者の買物難民が深刻化しています。

商店街の空き店舗や空き室化した近所・近隣などの地域マップの作成を通じて、利用者（家族）や地域が抱える悩みやリスクを把握し、地域包括支援センターに情報提供するようにしましょう。

4）気候・天災（台風、地震、水害、雪害、原発事故など）

日本は四季を通じた災害列島です。梅雨時の水害や山崩れ、夏の台風とゲリラ豪雨、冬期の雪害と大雪による孤立化、さらに近年の地球温暖化による異常な夏の暑さは屋内での脱水症と熱中症を生んでいます。2011年3月11日に発生した東日本大震災以降、列島各地で地震が多発しています。これらの被害にもっとも対応できないのが高齢者や障害者です。

災害時のリスクマネジメントとして地域包括支援センターと連携し、次のシミュレーションをしておきます。

・水害時や地震時、原発事故時の避難経路と避難方法・避難場所・避難区域の想定
・被災後数日間～数週間の避難生活（食事、排泄、医療、介護など）の想定
・被災レベルとエリア別の医療・看護・介護サービス供給の想定

そして家屋の生き埋めとなった際に、消防署や消防団などの救命チームが作業を円滑に行えるように、利用者（家族）の居室内の居場所をイラストで描いた「間取り図」（昼用・夜用）を用意して事業所で管理しておきます。また利用者の医療情報をメモした書類を、火災・地震時でもかなりの耐久性を発揮する冷蔵庫内などに保管しておくことも重要な事前対応です。

災害時の避難マップを作成し、利用者宅だけでなく、ケアプランとともに各サービス事業所に備えておいてもらうことも、チーム・リスクマネジメントとして効果的です。

行政機関（例：防災課、消防署、消防団など）と地域（町内会）とケアチームが連携し、あらかじめリスクを予想し、リスク対応（高齢者対象の避難訓練の実施と参加など）を話し合っておくことも必要です。

7. 暮らしのリスク（消費者被害、交通事故など）

日々の暮らしのなかには、突然リスク（危険因子）が襲いかかるケースもあります。その例として、高齢者や障害者を狙った悪質訪問販売などの消費者被害や交通事故があります。

1）消費者被害（悪質商法、悪質訪問販売、代引き詐欺など）

地域に暮らす高齢者は悪質商法、悪質訪問販売などにもっとも狙われやすい対象です。消費者被害の種類には次のようなものがあります。

- 家庭訪販：健康器具・健康食品・消火器・珍味・布団・壺・印鑑・浄水器・家電製品など
- 点検商法：シロアリ駆除・リフォーム・太陽光発電・火災報知器・消火器・耐震設備・床下換気扇など
- 利殖商法：未公開株詐欺、義援金詐欺、架空請求詐欺、代引き詐欺など
- 電話勧誘商法：掛け軸、俳句・短歌の新聞掲載など

これら以外に、組織犯罪となっている<u>振り込め詐欺</u>も急増し、<u>なりすまし型</u>から<u>劇場型</u>（警察官、弁護士なども登場）など悪質化・巧妙化がいちじるしくなっています。

> 振り込め詐欺
> なりすまし型
> 劇場型

狙われやすい高齢者の特徴は3つあります。

- 孤独でさみしい、誰かと会話がしたい人
- やさしい人柄で断れない人、人を信頼しがちな人
- 得をしたい人、儲けたい人、勝ちたい人

さらに、忘れっぽい、判断を人に頼りがち、言いなりになりやすいタイプの高齢者も狙われやすい特徴です。

近所・近隣の見守りや定期巡回、民生委員の定期訪問、ヘルパーなどの訪問時の契約書や領収書のチェックなどで、早めの発見と対応、地域の高齢者への注意喚起と広報などを地域包括支援センターなどと連携して行います。

2）交通事故（自動車、バイク、電動三輪車、手押し車など）

中山間地や地方都市の高齢者にとって、自動車は移動における「<u>生活手段</u>」です。自動車が運転できるから、遠方のスーパーに買物に行け、徒歩ではとてもたどりつけない病院や医院への通院が可能となっています。まさに、「<u>高齢者の足</u>」となっているのが自動車です。一方で、高齢者の運転は事故のリスクが高く、警察と連携して対応にあたらなければならない

> 生活手段
>
> 高齢者の足

時期にきています。

　一般的に高齢者が事故を起こす原因には次の３つがあります。
・視力が低下し視野が狭い、聴力が低下し音が聞こえづらい
・判断力が遅く、運転操作が遅れがち
・運転動作がゆっくりで操作ミスをしやすい

　実は、要支援や要介護１～２の状態でも必要性から運転を続けている人がいます。その背景には、買物や通院ができなくなる、別の移動手段がないという事情だけでなく、車の少ない場所だから大丈夫、この程度の運転は慣れているからよいなどの思いこみ（過信）などもあります。

　しかし、高齢者ドライバーの事故は急増しています。判断の遅れやブレーキの踏み間違いなどによる追突事故や衝突事故、高速道路での<u>逆走事故</u>などがあります。また認知症による信号無視・蛇行運転・<u>徘徊運転</u>はさらに事態を深刻にしています。

　対応策の基本的な考え方は「運転しない・させない」だけでなく「運転をしなくてもよい」環境づくりにあります。そのために、次のような対応策を検討しましょう。
・運転しない：運転免許証を返納する、電動三輪車を使う
・運転させない：医師から自動車運転の危険度を利用者（家族）に直接説明してもらい納得してもらう、車のカギを自宅に置かない
・運転しなくてもよい：他の移動手段（バス、乗り合わせ、タクシーなど）を考える

　なお、これらは地域の事情（例：バス・鉄道などの公共交通機関の運行がない、隣の家や病院・医院・スーパーなどが遠い、冬季は雪に閉ざされる）などを考慮した柔軟な対応策を考えましょう。

■ サービス事業所のリスクマネジメント

　サービス事業所のリスクマネジメントでは、その資源の持つリスクをあらかじめ把握して、危機（クライシス）や事故（トラブル）にならないように留意し、そのような事態が生じた際には迅速に対応できるようにしておきましょう。

1. サービス内容の量と質（個別性、安全性）のリスク

　ケアマネジメント上の最大のリスクは、ケアチームとして「<u>めざすケアと提供されるケア</u>」の間に「乖離（かいり）」が生じることです。

　整理すると次の３つの点にまとめられます。

１）量のリスク：契約当初に説明された個別サービス計画のサービス内

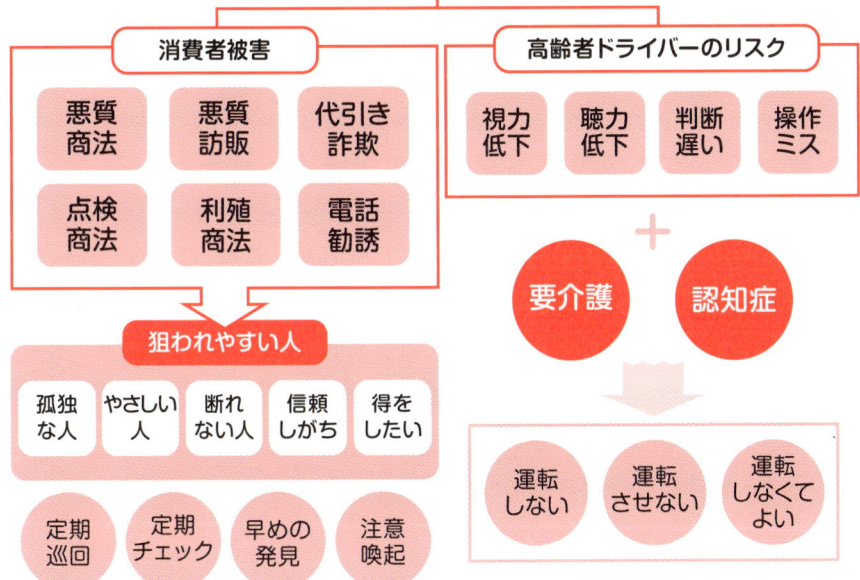

[図：暮らしのリスク]

- 消費者被害
  - 悪質商法／悪質訪販／代引き詐欺
  - 点検商法／利殖商法／電話勧誘
  - 狙われやすい人：孤独な人／やさしい人／断れない人／信頼しがちな人／得をしたい人
  - 定期巡回／定期チェック／早めの発見／注意喚起
- 高齢者ドライバーのリスク
  - 視力低下／聴力低下／判断遅い／操作ミス
  - ＋ 要介護／認知症
  - 運転しない／運転させない／運転しなくてよい

　容が提供されているか
2) **質のリスク**：個別サービス計画の内容が、利用者の個別性を重視した自立（自律）支援となっているか
3) **安全のリスク**：サービス提供にあたり、食中毒や感染症への対応、危険な介助方法の把握と改善、利用者の身体的・精神的安全を守り、個人の尊厳と人権を擁護する対応がとられているか

　これら3つのリスクに対して、サービス事業所での具体的な対策（例：リスク対応マニュアル、賠償責任保険の加入など）がどのようにとられているかを把握（評価）します。そして利用者（家族）から苦情や希望があれば、必要に応じてサービス事業所に改善提案および調整・交渉をすみやかに行うことが必要です。

　とりわけチェーン展開・多店舗展開をする在宅サービス事業所や、居住サービスと在宅サービスを同一建物の「合築型」で提供する新規事業所において、「利用者の個別性とケアの安全性」がどのように守られているのか、リスクチェックを事前に行うことは重要です。

　チェーン展開・多店舗展開の事業モデルでは、本部の「サービスモデル」にもとづいてつくられたケアマニュアルにしたがってケアの提供が行われます。「ケアの均質化」が質の担保と向上に効果的とはいえ、事業所ごとの利用者の特性（例：男女の割合、軽度・中等度・重度の割合、認知症の割合、年齢層など）や各利用者への個別対応、独自のケア技術の開発には「サービスの均質化と統一化」が壁となる場合があります。

> 合築型
>
> ケアの均質化
> 質の担保

また小回りのきく小規模事業所でも、単独型の場合、開設1年以内はスタッフが環境に慣れない、スタッフの入れ替わりがある、ケアの質を保障する仕組みがうまく回っていないなどの原因で、ケアの質に「バラツキ」が生じがちです。

2. 認知症、医療依存度の高い利用者対応のリスク

BPSDがみられる認知症高齢者（例：徘徊、失禁、幻覚・幻視・妄想・暴力行為）や消化器系疾患（例：胃ろう）、呼吸器系疾患（例：在宅酸素）、ターミナル期、がん末期といった利用者へのサービス提供において、どのようなリスクマネジメントをサービス事業所で行っているかを把握しておくことはきわめて重要です。

<例>　・利用者（家族）からの医療情報を含めた情報収集
　　　　・緊急時や予測されるリスクに関する事前の説明と同意
　　　　・緊急時対応を含めた職員教育、緊急時マニュアルなど

またここ数年、「自宅から自分で来られる要介護2までの方」「利用時間が3時間以内の方」など、サービス事業所側から利用者の選択が行われる例もあり、BPSDが強くなった認知症高齢者などは「うちの事業所では対応できない」と断られることも起こっています。どのレベルまでなら対応可能かをあらかじめ把握をしておくことが重要です。

3. 運営と経営のマネジメントリスク

サービス事業所の規模と母体法人の有無によって運営と経営のリスクは異なります。小規模事業所では人件費や運転資金、建設コストの償却などを介護報酬のみで行わなければなりませんが、母体法人（例：社会福祉法人、医療法人、民間法人など）が中・大規模であれば、初期1年間のリスク（例：利用者が十分に確保できない、職員の異動が頻繁になる）には資金面も含めて対応は可能です。本部機能として食材の共同購入や人材育成も行われ、コストの削減と効率的なマネジメントが行われる点では、小規模事業所にないメリットがあります。

継続性　　また、小規模事業所のリスクには「継続性」があります。経営者の高齢化、後継者の不在、競合事業所の急増と利用者の囲い込みによる利用者減などのほかに、介護事故（虐待含む）による評判の失墜と裁判費用や補償金の工面、さらに監査による報酬減算および報酬返還といった事態が生じると、サービス事業所の経営は根本的に揺らぎます。

さらに他業種からの新規参入事業所では、利用者（入居者）の伸び悩み→慢性的な職員不足→利用者（入居者）の減少（退去）という流れをたど

安易な撤退　　ることもあります。結果的に「安易な撤退」と「安易な事業移転（事業売

サービス事業所のリスクマネジメント						
①	サービス内容と質（個別性、安全性）	質のリスク	量のリスク	安全のリスク		
②	認知症、医療依存度の対応	BPSD	消化器系疾患	呼吸器系疾患	ターミナル期	
③	運営と経営のマネジメント	変動する介護報酬	小規模事業所	介護事故法令違反	安易な参入	
④	個人情報保護とプライバシー	紛失と漏えい	地域の噂話	手続きのミス	職員の背任行為	

却）」を生むことになり、その不利益は利用者（家族）がかぶることになります。

ケアマネジャーとしては、サービス事業所の運営・経営の健全性にも目を配っておきたいところです。

4. 個人情報保護とプライバシーのリスク

チームケアにおいては、利用者の個人情報（利用者情報、ケアプランなど）は、居宅介護支援事業所からサービス事業所および医療機関・行政機関などに情報提供（<u>第三者提供</u>）されます。

> 第三者提供

これらの利用者情報には他人に知られたくないプライバシー情報（例：生活歴や家族構成、居住環境、医療情報、年金情報など）も含まれるため、「入手」にあたっては利用者（家族）の同意をとり、「活用」の場面では細心の注意が求められます。

また介護保険を利用しているという事実が近所・近隣や地域に知られることを嫌がる利用者（家族）もいることに留意します。

サービス事業所として利用者（家族）と個人情報保護の同意書を交わしているか、職員と採用時および退職時に個人情報保護・プライバシー保護にかかわる<u>誓約書（覚え書き）</u>を交わしているかどうかも確認しましょう。

> 誓約書（覚え書き）

■ リスク対応と地域包括支援センターおよび専門機関との連携

リスクマネジメントにも居宅介護支援事業所やサービス事業所の連携で

対応できるレベルと自治体・広域行政や専門機関との連携で対応しなければいけないレベルがあります。

ケース別にリスクマネジメントのレベルを想定し、あらかじめクライシスとなった状況をシミュレーションした対応が求められます。

1. 困難ケースへのリスクマネジメント

ケアマネジメントにおける支援困難ケースは、サービス利用拒否、繰り返される苦情・クレーム、利用料等の未払い、利用者（家族）の心身の急激な変調、近所・近隣からの苦情などとして表れます。

その原因と背景ごとにレベルがあります。

- 家庭内虐待レベル（例：暴力、暴言、介護放棄、無視、要介護者の預金などの使い込み）
- 生命の維持にかかわるレベル（例：餓死の危険、他殺・自死の危険）
- 事件性にかかわるレベル（例：窃盗、横領、詐欺、暴力、他害）
- 近所・近隣のコミュニティに深刻な影響を与えるレベル（例：ゴミ屋敷、猫屋敷、徘徊、失火、夜間の怒鳴り声、近隣への威嚇）

このようなレベルに達している場合は居宅介護支援事業所のかかわりだけでは不十分で、むしろ「限界」があります。

この段階では、行政権限を持つ公的機関（例：警察署、消防署、保健所、福祉事務所など）と連携をとり、チームケアを展開することになります。その際の連携・調整の役割を担うのが地域包括支援センターの主任介護支援専門員です。居宅介護支援事業所として地域包括支援センターにすみやかに情報提供を行い、関係機関が加わった「地域ケア会議」や「虐待対応チーム会議」に参加・協力します。

虐待対応チーム会議

2. 災害時の対応とリスクマネジメント

災害時にどのような被害が利用者に想定されるのかをあらかじめシミュレーションし、利用者（家族）で対応できること、ケアチームで対応すること、地域や行政で対応しておくことなどを「申し合わせ」しておくことが大切です。

申し合わせ

災害には台風、地震、津波、猛暑、豪雪、原発事故などがあり、それぞれに被害のタイプとその影響には違いがあります。

- 台風：海・川の氾濫、土砂崩れ、山崩れ、家屋の倒壊・浸水など
- 地震：家屋・家具の倒壊、火事、土砂崩れ、山崩れ、生き埋めなど
- 津波：家屋・家具の浸水および倒壊、溺水など
- 猛暑：熱中症、脱水症、急激な体調変化など
- 豪雪：雪による家屋の倒壊、雪下ろし中の事故、道路の凍結など

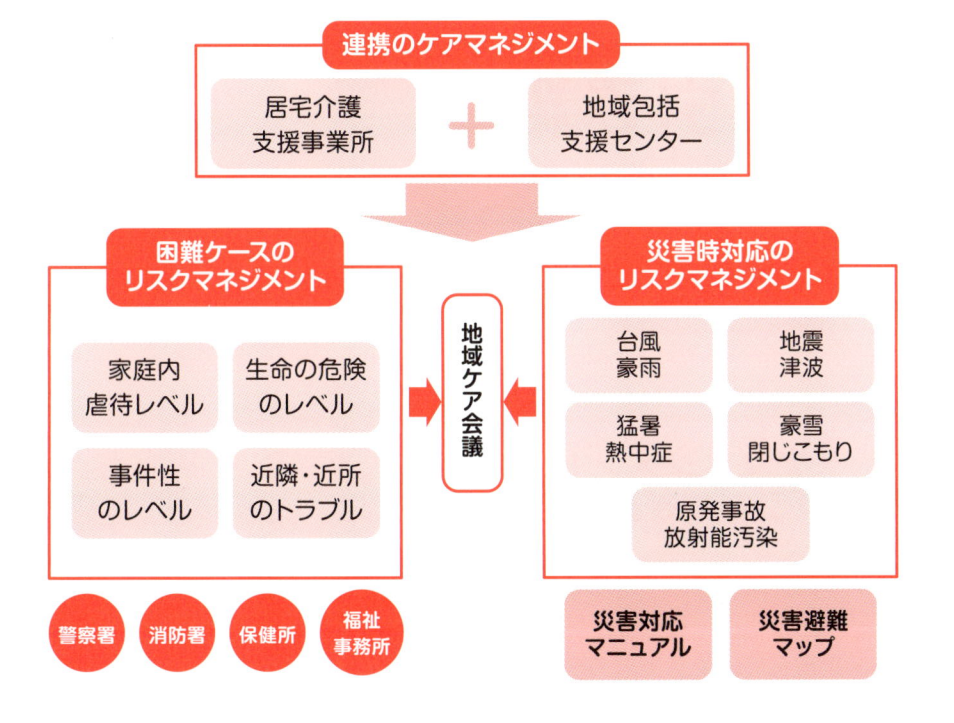

```
                    連携のケアマネジメント
            ┌─────────────────┬─────────────────┐
            │   居宅介護       │   地域包括       │
            │   支援事業所  ＋  │   支援センター    │
            └─────────────────┴─────────────────┘
                              ↓
   ┌─困難ケースの─────┐              ┌─災害時対応の─────┐
   │  リスクマネジメント │              │  リスクマネジメント │
   │ ┌──────┬──────┐ │   ┌────┐    │ ┌──────┬──────┐ │
   │ │家庭内 │生命の危険│ │   │地域 │    │ │台風  │地震  │ │
   │ │虐待  │のレベル │ │ → │ケア │ ←  │ │豪雨  │津波  │ │
   │ │レベル │      │ │   │会議 │    │ ├──────┼──────┤ │
   │ ├──────┼──────┤ │   └────┘    │ │猛暑  │豪雪  │ │
   │ │事件性 │近隣・近所│ │              │ │熱中症 │閉じこもり│ │
   │ │のレベル│のトラブル│ │              │ ├──────┴──────┤ │
   │ └──────┴──────┘ │              │ │  原発事故     │ │
   │                  │              │ │  放射能汚染    │ │
   └────────────────┘              │ └────────────┘ │
   ●警察署 ●消防署 ●保健所 ●福祉事務所    └────────────────┘
                                   ●災害対応マニュアル ●災害避難マップ
```

・原発事故：放射能汚染、農産物などの汚染、停電など

　これらが原因となりライフライン事故（例：停電、ガス漏れ、ガスの停止、水道管破裂、断水など）と、輸送（道路・航路・海路）が困難になることによる食料不足や医療機器・薬品不足、患者の搬送困難、通信（電話の不通、Eメールの送受信不可能）などが起こります。

　都道府県や自治体では、阪神淡路大震災や東日本大震災の経験をもとにした災害マップや災害対応マニュアルを作成しています。また都道府県レベルで医療関係や介護施設関係の対応や役割分担を明記したマニュアルを作成している例も増えてきています。

　これらのマニュアルに、担当する要介護高齢者や障害者の避難にかかわるプロセスがどのように表記されていて、利用者（家族）ごとにどのように救命作業および避難作業が行われるかを把握しておきましょう。

　また救命作業時に活用できる利用者宅の「間取り図」を作成しておくことは居宅介護支援事業所の義務と位置づけ、このことはあらかじめ地域包括支援センターなどに伝えておきます。

災害対応マニュアル

間取り図

レッツ チャレンジ！

☐ サービス事業所ごとのリスクマネジメントマニュアルを調べよう
☐ 利用者ごとに「リスクチェックシート」をつくり、整理しよう
☐ 避難経路と避難場所を利用者ごとにシミュレーションしてみよう

第11節 引き継ぎ
担当者変更、事業所変更、施設入所など

ケアマネジメントプロセス 〜「引き継ぎ」の意味〜

「終結」の業務

ケアマネジメントプロセスには「終結」の業務があり、その多くは「引き継ぎ」です。引き継ぎには次のようなパターンが想定されます。

- 担当ケアマネジャーの変更にともなう事業所内の引き継ぎ

引越し

- 他市・他県・入居施設への引越しに伴う事業所変更の引き継ぎ
- トラブルや利用者（家族）からの申し出による事業所変更の引き継ぎ
- 要介護度変更（例：要介護→要支援）にともなう引き継ぎ
- 小規模多機能型居宅介護への変更にともなう引き継ぎ
- 施設入所（グループホーム、居住系施設含む）・退所にともなう引き継ぎ
- 病院への入院・退院にともなう引き継ぎ

いずれの「引き継ぎ」も、利用者（家族）とケアマネジャー、受け入れ側（居宅介護支援事業所、サービス事業所、施設、病院など）にさまざまな負担となります。引き継ぎの段取りを効率的かつ効果的に行うことで、次のケアマネジメントサイクルの「よきスタート」とすることができます。

よきスタート
相応の時間

引き継ぎには「相応の時間」が必要です。計画された（予定された）引き継ぎなのか、突然に切り出された引き継ぎなのか、そのタイミングしだいでは利用者の理解と納得感は異なります。半年～数年にわたり「いずれやってくる引き継ぎ」（例：特養の入所）を待っているのと「いきなりやってきた引き継ぎ」（例：配偶介護者の入院による施設入所）では、利用者（家族）の側もケアマネジャーの側も「心の準備」は異なり、後者の引き継ぎ作業はかなりあわただしくなりがちです。

心の準備

いきなりの引き継ぎ
リロケーション・ダメージ

利用者の意向をないがしろにしたいきなりの引き継ぎは、利用者の心に「傷」となって残ります。新しい環境になじめないリロケーション・ダメージのように、認知症的な症状や自死願望、拒否的態度としてあらわれることもあるからです。

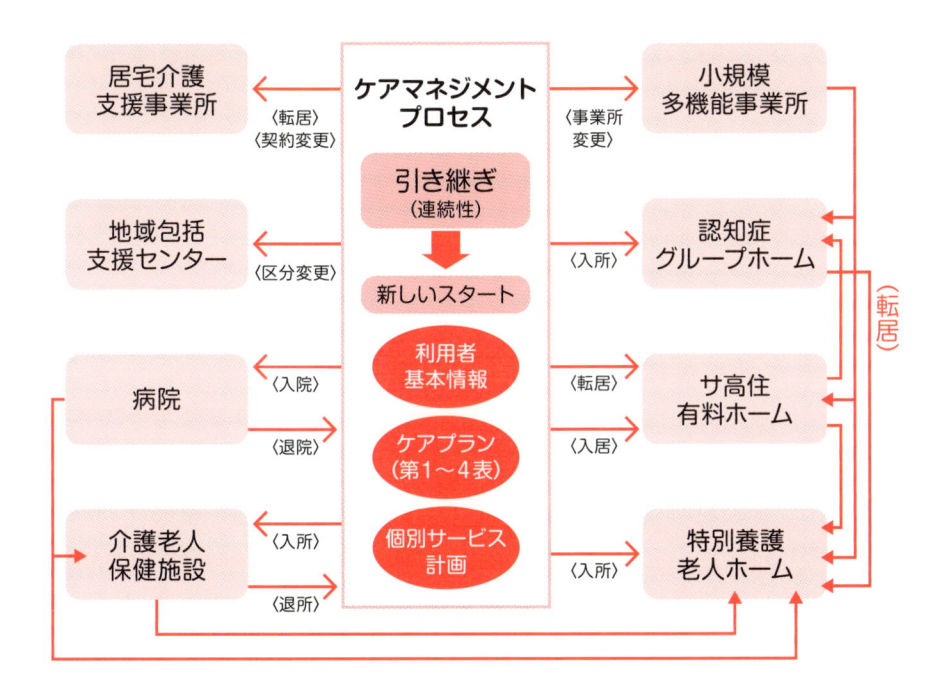

```
居宅介護              ケアマネジメント              小規模
支援事業所    ←      プロセス         →          多機能事業所
        〈転居〉              〈事業所
        〈契約変更〉           変更〉
                     引き継ぎ
地域包括              （連続性）              認知症
支援センター  ←                    →         グループホーム
        〈区分変更〉    ↓       〈入所〉
                   新しいスタート
                                                          〈転居〉
病院          ←    利用者        →           サ高住
            〈入院〉 基本情報    〈転居〉        有料ホーム
            〈退院〉            〈入居〉
                    ケアプラン
                   （第1～4表）
介護老人      ←                  →           特別養護
保健施設      〈入所〉 個別サービス  〈入所〉      老人ホーム
            〈退所〉   計画
```

　また、担当変更は前任のケアマネジャーにはとてもショックな場合があります。とくに、利用者（家族）から一方的に事業所変更（担当変更）の依頼があると、まるで自分が否定されたような気持ちになる例もあります。しかし「<u>自分しかいない</u>、自分だからできる」という思い込みは自分中心の考え方であり、他のケアマネジャーを否定していることにもなります。引き継ぎを前向きにとらえ、みずからのケアマネジメントを振り返る「いい機会（<u>仕切り直し</u>）」と位置づけているケアマネジャーもいます。

　地域包括ケアシステムでは、住み慣れた地域（市町村）にある自宅と施設・病院などを「<u>住み替え</u>」しながら介護サービスを受ける仕組みをめざしています。必然的に生じる「引き継ぎ」を想定し、ケアマネジメントの「連続性」によって、本人らしい（私らしい）暮らしをどの「住まい」でも可能にできることをめざしましょう。

引き継ぎの「3つの心得」

　引き継ぎのプロセスでは、どのような心構えを持ちながらケアマネジャーは「<u>引き継ぎの実務</u>」を進めていけばよいでしょう。

　まず引き継ぎ先は利用者の基本情報から現在の状態像、サービス利用状況まで「まったく知らない」状態だということを念頭におくことが大切です。数年間のかかわりで蓄積された利用者情報には、書面だけでなく、かかわった人だから知っている・わかっている膨大な「文字化されない<u>暗黙知</u>の経験・体験・工夫・コツ」があります。

ところが引き継ぎ先が「真っ白な状態」で利用者を迎えると、1から情報把握をする手間が生じてしまいます。利用者情報と在宅での暮らしの情報の提供不足は「ケアのつながり」に支障を生み、利用者の暮らしと現場のケアに混乱とリスク、そして事故を生じさせてしまいます。

これらの利用者情報をいかにリアリティをもって具体的・効率的に伝えるにはどのようにすればよいでしょうか。

1. 利用者基本情報を提供する

利用者にとって生活史や生活歴、家族構成、医療情報などはすでにケアマネジャーに伝えてある情報です。個人情報とはいえ共有化することに同意をもらっている内容であり、引き継ぎにあたり情報提供する旨の了解をとっておけばよいことです。利用者（家族）にとって同じ内容をいちいち尋ねられることはおっくうなことなのです。

なお、情報提供にあたり、引き継ぎ先がこれらの情報すべてを鵜呑みにすると「縛られる、思い込みをする」リスクが生まれます。また、もらった情報が不十分である場合もあります。受ける側としても、もらった情報を確認・追加する目的で、利用者（家族）にあらためて利用者情報を把握する作業を行ってもらうように依頼しましょう。

なお、利用者（家族）によっては触れてもらいたくない情報（例：家族構成および現在の関係など）もあり、それらは「取扱い注意」の情報として伝えます。なお、家族構成はジェノグラム（家族構成図）、住環境や地域環境などは手書きの間取り図やデジタル写真などで情報提供することで、より具体的に伝わります。

医療情報は主治医の意見書や訪問看護計画書、リハビリテーション計画書などをもとに情報提供します。

2. ケアマネジメントにかかわる情報を提供する

たとえ引き継ぎがあっても、ケアマネジメントは「連続」していなければいけません。その「糊しろ役」となるのがケアマネジメントにかかわる「シート類」です。ケアプランは事業所のものではなく利用者のものです。ケアプランという利用者の個人情報を事業所側が共有・活用しているという解釈を個人情報保護法はとっていることを押さえておきましょう。

引き継ぎでは、直近1年以内の次の資料を提供しましょう。

・ケアプラン第1表、第2表、第3表
・サービス担当者会議の議事録（更新時の会議は必須）
・居宅介護支援経過記録（要約あるいは一部抜粋）
・アセスメント表、課題整理総括シート（要約あるいは一部抜粋）

・モニタリング表およびケアプラン評価表（要約あるいは一部抜粋）

　提供する際には、事業所のものを複写して渡すだけでなく、ケアプランを口頭で説明するなど、コミュニケーションをとりながら行いましょう。話すことで「ニュアンス」が伝わり、やりとりすることで思い違いや勘違い、不足情報を埋めることができるからです。

3. 個別サービス計画と利用情報を提供する

　引き継ぎにおいて、利用者にとってもっとも大切なのは、ケアサービスの「連続性」です。利用者の状態像や好みやこだわり、ケアにあたり注意すべきこと（ちょっとしたコツも含む）、医療的配慮などは現場のヘルパーや介護職にとって「必須の情報」です。

　情報提供不足は利用者に不満や不安の感情を起こさせ、結果的に苦情や事故につながります。個別サービス計画書を提供することで、初期1〜3ヵ月のサービスを組み立てることを効率的に行うことができます。

・訪問介護計画書と介護手順書
・通所介護計画書、通所リハビリテーション計画書と介護手順書
・訪問看護計画書、訪問リハビリテーション計画書
・短期入所生活介護計画書および介護手順書
・訪問入浴計画書
・福祉用具サービス計画書など

　なお、居宅療養管理指導などの内容がわかる書面も情報提供します。通所介護や通所リハビリテーションの情報提供にあたり、本人や家族に承諾をもらったうえで利用者の写真やビデオ動画などもDVDにして情報提供することで、より具体的に引き継ぎ先のケアに活かすことができます。

　また、必ずしも「利用者の望み」にかなう引き継ぎばかりではないという点も忘れてはいけません。介護保険制度上の制約や家族介護の状況（共倒れ、虐待的環境含む）、利用者本人の状態像の状況（例：独居、認知症）などが施設入所の理由として想定される場合には、援助職として「利用者が不利な状況に陥らない」ために、利用者本位の立場、利用者の代弁者としてなにができるかを軸に引き継ぎ作業を進めます。

事業所内の引き継ぎ（担当者変更）の勘所

　担当ケアマネジャーが変更となる理由には、スタッフの異動や離職、新人育成、さらに利用者（家族）の希望（例：同性がよい、相性が合わない、若すぎる）や苦情・トラブル、担当者の希望（例：力不足、セクハラ、パワハラ）などがあります。

また、担当者が長期間変わらない場合、次のような「不都合」が生じることもあります。

共依存関係	・利用者と担当ケアマネジャーが共依存関係になる
誤った思い込み	・担当ケアマネジャーに誤った思い込み（例：私しかいない）が生まれる
見過ごしと見落とし	・利用者（家族）の変化に見過ごしと見落としが生まれる
慣れ合いの関係	・慣れ合いの関係になる（利害関係が生まれる危険もある）
	・ケアマネジメントの質が個人の力量と裁量で左右されてしまう
倫理上の問題	・倫理上の問題（例：金銭のやりとり）が発生していても発覚しない
担当する期間	

以上の理由から、あらかじめ事業所として、1人の利用者を担当する期間（3～5年）を定めておいた方がよいでしょう。そして、契約時もしくは重要事項を説明する際に、事業所から利用者に担当者の変更を打診するときには、利用者からの希望（例：継続）もふまえて検討することを利用者（家族）に伝えるようにします。

これらを含めて担当者変更がスムーズに行われるために、次のような引き継ぎ業務のマニュアルを作成しておきます。

1.「渡すとき」の心得

後任者　後任者に渡すときには事業所内カンファレンスを開き、利用者基本情報やアセスメントシート、ケアプラン、支援経過記録、個別サービス計画をもとに情報提供します。その際、書面上で抜けている部分や新たな情報は口頭で伝えます。また配慮すべき点として以下の項目を押さえます。

- キーパーソンは誰か。家族構成図をもとに家族の介護状況や力関係、配慮すべき家族・親族の有無など
- かかわりのなかで「引っかかっている部分」「ふれてはいけない部分」「今後気がかりな部分」の情報など

気がかり

- 利用者（家族）の人柄・性格、生活上のこだわり、感情の起伏、コミュニケーションレベル（話す、聞く、読む、書くなど）での特徴（例：一方的に話す、怒ったように話す、話すことが苦手、あがり症、平仮名なら読める、乱筆など）
- サービス事業所ごとの連絡・調整の方法と注意点
- 主治医と利用者の関係、主治医との連携状況、通院状況など

2.「渡すタイミング」と流れ

変更時期　基本的には、利用者（家族）に担当者変更となることを打診し、了承をいただいた後に「変更時期」を決めます。変更時期が決まれば、関係者（サービス事業所や主治医など）に担当者変更と後任者の紹介を行います。交替の時期にサービス担当者会議を開くのもよい方法でしょう。

```
担当ケアマネジャーの変更引き継ぎ

人材育成                                    異動・休職・退院
業務量と質の平均化  ← 担当期間制 →         苦情・トラブル・相性
                    （3〜5年間）

                        ↓ 予防

    共依存    誤った    見過ごし  慣れ合い  倫理上
    関係      思い込み  見落とし  の関係    の問題

                        ↓
              引き継ぎのプロセス

  渡す心得          引き継ぎの流れ       受けるときの流れ
  ・引っかかり  →   ・同行訪問      →   ・仕切り直し
  ・気がかり        ・あいさつ回り       ・ケアプランの見直し
  ・注意点          ・複数担当           ・再アセスメントと
                                         再プランニング
```

　また、実際に交替をするまでの「つなぎ」の時期に、後任者と一緒に利用者宅に同行訪問（モニタリング時）をする、事業所にあいさつ回り（例：サービス提供票の交付時）をするなど、後任者と関係者が「顔の見える関係」をつくることができるようにかかわります。

　なお、一定期間は前任者と後任者が「2人で受け持つ」体制をとると、「ゆるやかな移行」が可能となります。その際、後任者の個性やアセスメント視点などを尊重し、後任者が自分なりの判断で動きやすいように協力をします。

　事業所が同じなので前任者に容易に連絡がつくため、とくに担当が替わって間もない頃は、利用者は立ち入った話や重要な話を前任者にすることがあります。その際には、前任者は利用者（家族）の心情を受けとめつつ、対応については、後任者に話を回すことが大切です。

3.「受けるとき」の心得

　前任者から受けるときは、ケースの引き継ぎ後に起こる「ありがちなこと」をあらかじめ想定しておくことがリスクマネジメントとしてとても大切です。わからないことや疑問点は前任者に確認をとり、まずは利用者（家族）との信頼関係づくりを重視します。

● 担当変更で「仕切り直し」の機会とする

　前任者とのかかわりが長いほど、前任者と仕事ぶりを比較されることがあります。「○○さんはここまでやってくれた」と要求されることもある

ので、基本的には前任者の支援方法と内容をいったんは引き継ぎ、信頼関係ができてからケアプランの見直しを行うことで、スムーズな「仕切り直し」が可能となります。

● **事業所内カンファレンスでケアプランの見直しをする**

前任者のケアプランを見直すにも、1対1で話し合いを行うと、前任者との「見解の相違」に終始してしまう可能性があります。引き継ぎに際しては事業所内カンファレンスを開き、全員で「支援の振り返り」を行うことをルール化します。

> 支援の振り返り

● **後任者は再アセスメントと再プランニングを行う**

同じ事業所なので、直接担当をしていなくても、おおよそのケースの概要を把握できていることから、つい「わかっている」と思ってしまいがちです。後任者は必ず再アセスメントとケアプランの再点検および必要に応じたプランニングを行うようにしましょう。

居宅介護支援事業所間の引き継ぎの勘所

> 渡す引き継ぎ
> 受ける引き継ぎ
> ネガティブな事情

他の居宅介護支援事業所との引き継ぎにも「渡す引き継ぎ」と「受ける引き継ぎ」があります。そのきっかけは、転居によるもの、事業所へのクレームによる変更、困難事例による変更などさまざまです。ネガティブな事情（例：苦情、トラブル）がある場合はとりわけ慎重に行うようにします。

引き継ぎ先には次の事業所が想定されます。
・居宅介護支援事業所（同じ区市町村、他市町村への転居など）
・小規模多機能型居宅介護事業所（同じ区市町村内）
・サービス付き高齢者向け住宅や住宅型有料老人ホームに住む利用者を主とする居宅介護支援事業所（同じ区市町村、他市町村への転居など）
・地域包括支援センター、特定事業所加算Ⅰ〜Ⅲの事業所

これらの引き継ぎは利用者（家族）の希望や都合だけでなく状態像の変化により起こることも多く、事業所の変更は利用者への影響が大きいことがあります。「切れ目のないサービス提供」ができるよう、スムーズに引き継ぎを行います。

> 切れ目のないサービス提供

1.「ケースを渡すとき」の心得

介護サービスはそのままで居宅介護支援事業所のみが変更となる場合と、介護サービスも含めてすべてが変更となる場合では、引き継ぎ作業の量は異なります。

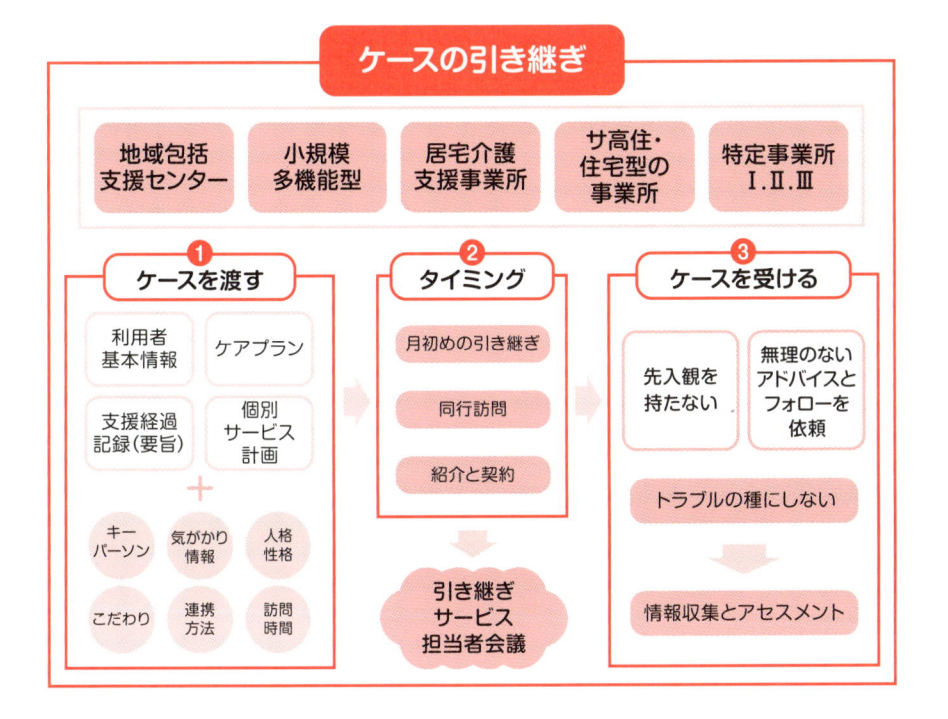

ケースの引き継ぎ

```
地域包括        小規模        居宅介護      サ高住・      特定事業所
支援センター    多機能型      支援事業所    住宅型の      Ⅰ.Ⅱ.Ⅲ
                                           事業所
```

❶ ケースを渡す
- 利用者基本情報
- ケアプラン
- 支援経過記録（要旨）
- 個別サービス計画
- キーパーソン
- 気がかり情報
- 人格性格
- こだわり
- 連携方法
- 訪問時間

❷ タイミング
- 月初めの引き継ぎ
- 同行訪問
- 紹介と契約

↓
引き継ぎサービス担当者会議

❸ ケースを受ける
- 先入観を持たない
- 無理のないアドバイスとフォローを依頼
- トラブルの種にしない
↓
- 情報収集とアセスメント

　次の居宅介護支援事業所と介護サービス事業所が「切れ目」なくスムーズに業務が行えるにはどうしたらよいかを考え、利用者基本情報やケアプラン、支援経過記録、個別サービス計画をもとに情報提供します。その際、書面上で書けない情報や新たな情報は口頭で伝えます。

　また配慮すべき点として以下の項目を押さえます。

・キーパーソンは誰か。家族構成図をもとに家族の介護状況や力関係、介護力および家事力、配慮すべき家族・親族の有無と背景
・かかわりのなかで「引っかかっている部分」「ふれてはいけない部分」「今後気がかりな部分」の情報など
・利用者（家族）の人柄・性格、生活上のこだわり、感情の起伏、コミュニケーションレベル（話す、聞く、読む、書くなど）の特徴（例：一方的に話す、怒ったように話す、話すことが苦手、あがり症、平仮名なら読める、乱筆など）
・サービス事業所ごとの連絡・調整の方法と注意点
・主治医と利用者の関係、主治医との連携状況
・利用者（家族）に都合のよい訪問時間、訪問時の駐車スペースの有無

　とくにサービス事業所まですべて変更となる際には、これまでの「私らしさ」につながる利用者情報（例：個別性、こだわり、好み）などは、ケアマネジャーだけでなくサービス事業所の管理者にも直接伝えるのが効率的であるため、「引き継ぎサービス担当者会議」を開くとよいでしょう。

引き継ぎサービス担当者会議

2.「ケースを渡す」タイミングと流れ

渡すタイミングは月途中での引き継ぎより、月初めに変更を行うほうがスムーズです。月途中となった場合は、サービス事業所の請求は両者で確認するようにします。

紹介と契約

できるだけ前任者と後任者が同行訪問し「紹介と契約」を行うことで、利用者（家族）に安心感と信頼感が生まれます。引き継ぎ後は、前任者は利用者（家族）とのこれまでの関係を引きずらずに、新しい居宅介護支援事業所に任せる「気持ちの切り替え」が大切です。

気持ちの切り替え

3.「ケースを受ける側」の心得

居宅介護支援事業所やケアマネジャーの基礎資格によって利用者（家族）像の見え方が異なるのはよくあることです。引き継ぎでケースを受ける際には、これまでのケアマネジメントの流れを踏まえながらも、提供された情報を「鵜呑み」にせずに、自らの目でアセスメントを行い、利用者（家族）の状態像を確認します。

鵜呑み

●ケースの判断に先入観を持たない

「困難事例のため対応が難しい」という理由で事業所変更の依頼が入る場合があります。あるいは退院にともないケアマネジメントの依頼が行われる場合があります。どんな理由であっても先入観でケースを見ないようにすることが大切です。ともすると、ネガティブな面ばかりに目が行くことがあるので、利用者（家族）の強さや意向の見落としに注意します。

先入観

見落とし

●前任者からの無理のないフォローを依頼する

引き継ぐのが新人や経験の浅いケアマネジャーの場合は、利用者（家族）および前任者と合意の上で、しばらくアドバイスやフォローに入ってもらうこともよいでしょう。ただし、やりとりは後任のケアマネジャーを窓口とします。

●「事業所変更」を居宅介護支援事業所間のトラブルの種にしない

家族から「いまのケアマネジャーとウマが合わない。母を担当してくれませんか」といった依頼が入ることがあります。そのようなときはすぐに依頼を受けてしまうのではなく、現在の事業所でどのような不都合や不安・悩みがあるのか、その事情を聴き取ります。事業所そのものに問題がなさそうであれば、「事業所内での担当変更などを要望できる」といったアドバイスをするのもよいでしょう。また、地域包括支援センターの主任介護支援専門員に間に入ってもらうことも選択肢の1つです。

引き継ぐ場合は利用者（家族）から現在の事業所に変更の希望を伝えてもらい、「利用者を取った・取らない」のトラブルが生じないようにしてもらいましょう。

取った・取らない

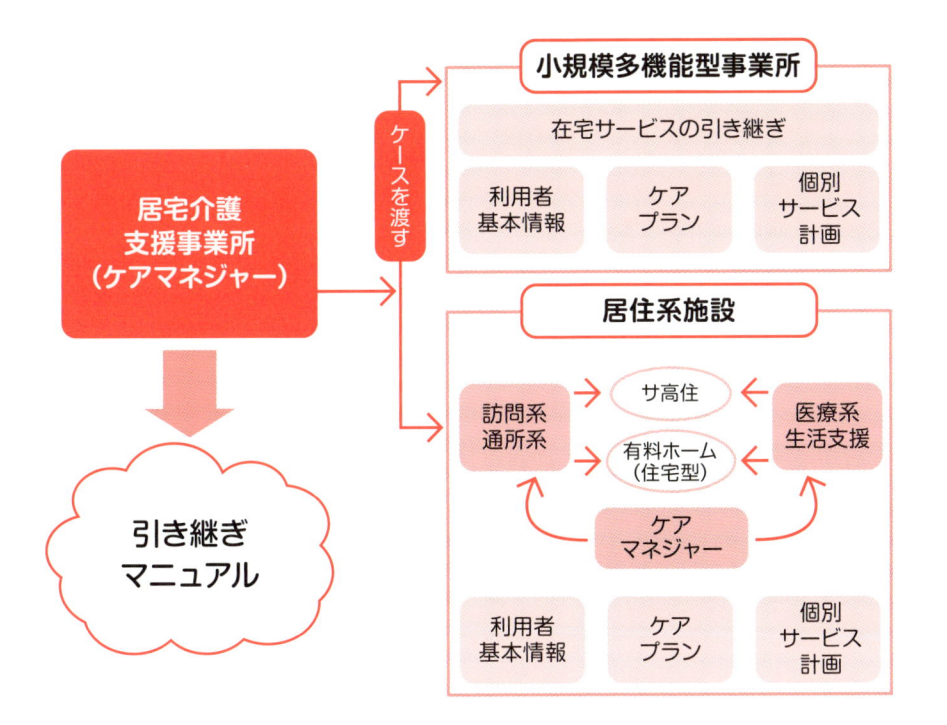

4. 小規模多機能型居宅介護事業所と居住系施設への引き継ぎ
①小規模多機能型居宅介護事業所への引き継ぎ

　小規模多機能型居宅介護は、可能な限り住み慣れた地域で暮らし続けるために、「訪問＋通所＋泊り＋ケアマネジメント」を総合的に提供する地域密着型サービスの1つです。

　利用者は訪問・通所・短期入所をバラバラに利用することになじまない、認知症のためなじみの顔でないと混乱する、支援困難化しているなどのケースが多く、利用者（家族）の選択だけでなく、ケアマネジャーや事業所が「お手上げケース」として依頼することも多くあります。

　小規模多機能型居宅介護事業所への引き継ぎはほとんどの在宅サービスを引き継ぐことになります。提供する情報は、利用者基本情報、アセスメントシート、ケアプラン第1〜3表、サービス担当者会議録、居宅介護支援経過、モニタリングシートのほかに、訪問介護・通所介護・短期入所の個別サービス計画（過去1〜2年分）も併せて情報提供を行います。後日、小規模多機能型居宅介護事業所と各在宅サービス事業者が電話などでやりとりをしてもらうことで、連続性のあるケアが可能となります。

　また、利用者（家族）への理解を深めてもらうために、家族構成、家族歴、生活歴、生活習慣、就労状況、介護状況などを丁寧に情報提供します。

お手上げケース

②居住系施設（サービス付き高齢者向け住宅など）併設の事業所への引き継ぎ

> 合築型

サービス付き高齢者向け住宅は「新しい住まい」（賃貸型居室）として比較的低額の賃料で利用できるのが特徴です。「合築型」といわれ、同じ建物の下層階（1～3階）に訪問介護やデイサービス、居宅介護支援事業所を併設していることも多く、バラバラの在宅サービスを「1つ屋根の下で」提供できるシステムとなっています。

入居をしてもこれまでのケアマネジャーや介護サービスを継続することが望ましい姿ですが、「住み慣れた地域」から隣市・隣県に引越しをして入居する場合も多く、同じ建物内の介護サービスを利用することが実際には一般的となっています。

引き継ぎに際しては、利用者基本情報、アセスメントシート、ケアプラン第1～3表、サービス担当者会議録、居宅介護支援経過、モニタリングシートなどを提供します。また訪問介護・通所介護・短期入所の個別サービス計画（過去1～2年分）を併せて情報提供を行うことで、連続性のあるケアマネジメントが可能となります。

■ 病院の入院・退院の引き継ぎの勘所

病院との引き継ぎには、利用者の状態の悪化による入院、利用者が回復したことによる退院、退院時に地域連携室などから照会があり契約をする新規ケースの3つがあります。医療機関との連携は地域包括ケアシステムの軸の1つです。入院時の情報提供や退院時のカンファレンス参加が重要な役割として介護報酬上も評価されています。

退院から数ヵ月のケアが利用者（家族）の暮らしや生活意欲を大きく左右します。在宅療養支援診療所や訪問看護ステーションとの連携も含めた「引き継ぎ」を行い、在宅での療養を位置づけたケアマネジメントをめざします。

> 在宅療養支援診療所

1.「入院する」ときの引き継ぎ

> 入院時情報提供書

入院時情報提供書を地域連携室および医療ソーシャルワーカー（MSW）に提出し、自分の事業所名と名前を伝えます。できる限り入院時カンファレンスに参加し、次のことを伝えます。

- ケースの支援経過を要約した文書を渡し、家族構成と家族介護の状況、キーパーソンは誰かを伝える
- 在宅での介護の状況や医療以外の問題点（家族関係や経済状況、コミュニケーションのレベル、病識の有無、病状の受容レベルなど）を

病院の入院・退院の引き継ぎの勘所

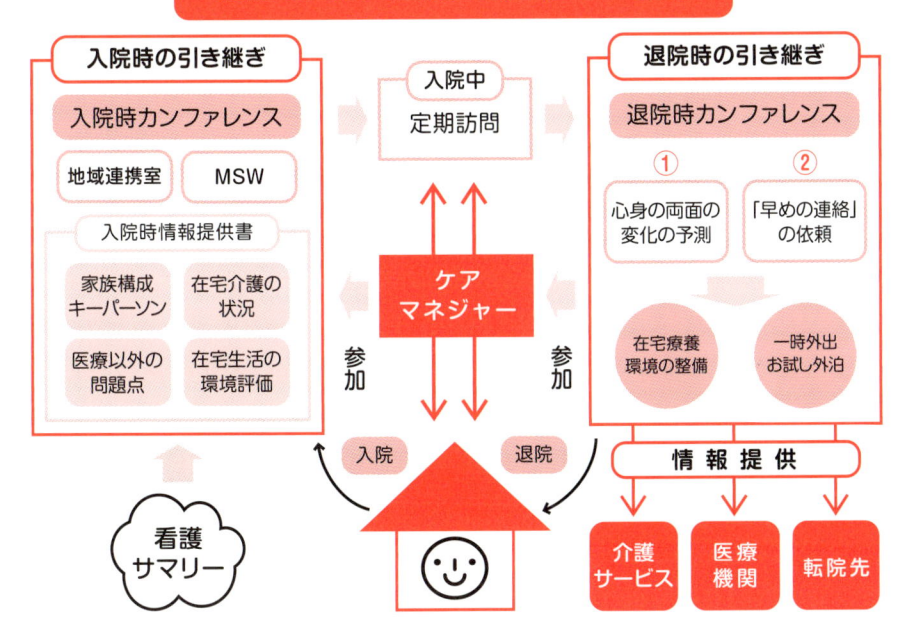

入院時の引き継ぎ
- 入院時カンファレンス
  - 地域連携室 / MSW
  - 入院時情報提供書
    - 家族構成・キーパーソン
    - 在宅介護の状況
    - 医療以外の問題点
    - 在宅生活の環境評価
- 看護サマリー

入院中 定期訪問

退院時の引き継ぎ
- 退院時カンファレンス
  - ① 心身の両面の変化の予測
  - ② 「早めの連絡」の依頼
  - 在宅療養環境の整備
  - 一時外出お試し外泊
- 情報提供 → 介護サービス／医療機関／転院先

ケアマネジャー（参加）／入院・退院

伝える

- リハビリテーションでは、在宅生活を想定し、理学療法士・作業療法士（PT・OT）の自宅訪問による<u>環境評価</u>を依頼する

なお、入院が決まったら早急にサービス事業所に伝えます。特に福祉用具は返却なのか保管なのかの判断が必要になるため、病院の入院計画から推測し伝えます。また訪問看護を利用している場合、訪問看護ステーションから病棟看護師や MSW に<u>看護サマリー</u>を届けてもらうことにより、医療情報が的確に伝わり、退院準備がスムーズになります。

2.「退院する」ときの引き継ぎ

退院時のカンファレンスには立ち会うようにします。入院中の経過、現在の身体状況、入院時との変化とその内容、在宅生活での注意事項などを説明してもらい、情報提供書や可能なら看護サマリーなどの書面をもらうようにします。

リハビリテーションなどを行っているなら見学し、PT・OT・ST（ST：言語聴覚士）から退院後のリハビリテーションについて意見をもらいましょう。また在宅生活を想定したリハビリテーションをお願いしたり、PT・OT などに自宅の住環境整備について意見をもらったりするのもよいでしょう。

在宅生活に移行するにあたり、医療系サービスに関する意見、環境整備に関する意見（例：福祉用具、住宅改修、模様替え）、ADL・IADL や栄

養管理・口腔ケアに関する意見をもらうようにします。

また入院中の担当医から、退院までに診療情報提供書を家族経由で在宅の主治医に渡してもらうのもよいでしょう。必要に応じてケアマネジャーが代行して行います。

3. 退院時の引き継ぎのポイント

退院時の引き継ぎのポイントには、次の2点があります。

第1に、退院前に整備した環境が退院時の状況と一致しないことがあります。入院時にできなかったことがリハビリテーションや治療によりできるようになった場合や、逆に進行性の難病で病態の変化が速いためにADLや生活動作が機能低下している場合もあります。どのくらいの期間でどのような変化が予測されるのか、心理面の変化も含めて医療機関に情報提供を依頼しましょう。

<u>お試し外泊</u>　適切な環境整備を行うために、一時的な外出（お試し外泊含む）をして、身体状況と在宅環境の照合をするのも有効な方法です。退院前にケアプランの変更が必要かどうかを見極めるために、病院内で担当医や専門職の参加のもとに、サービス担当者会議を開催するのもよいでしょう。

<u>早めの連絡</u>　第2に退院の時期は「早めの連絡」を依頼しておきましょう。退院ケースへの対応が混乱する要因に、退院時期が急に決まる、退院の連絡が遅い、転院するが必要な手続きが進んでいないということなどがあります。主治医や看護師長、地域連携室、MSWに「早めの連絡」をお願いし、退院時カンファレンスには必ず参加をしましょう。

施設入所・入居の引き継ぎの勘所

短期であれ長期であれ、施設に入所・入居することで慣れ親しんだ自宅から離れ、「生活の場所」が変わることになります。受けるケアの形も、決められた時間にやってくる訪問型のサービスと自宅から出かける通所型のサービスで構成される在宅ケアと異なり、「ケア資源に守られて暮らす」ことになります。

<u>終の住処</u>　入所・入居期間は「終の住処」として生涯暮らし続けることになる特別養護老人ホームもあれば、在宅復帰のためのリハビリテーションの場として利用する介護老人保健施設、施設の「待機待ち」としての入居が多いサービス付き高齢者向け住宅（サ高住）や有料老人ホーム（介護付き、住宅型）など、さまざまです。

施設入所・入居の際は、その目的に合わせた「引き継ぎ」を行いましょう。

施設入所・入居の「4つのパターン」

| 見学・比較後に納得して入所・入居 | 退院・退所後のリハビリ入所・療養入所 | 「空き床」発生による急な入所 | 「措置」による強制入所 |

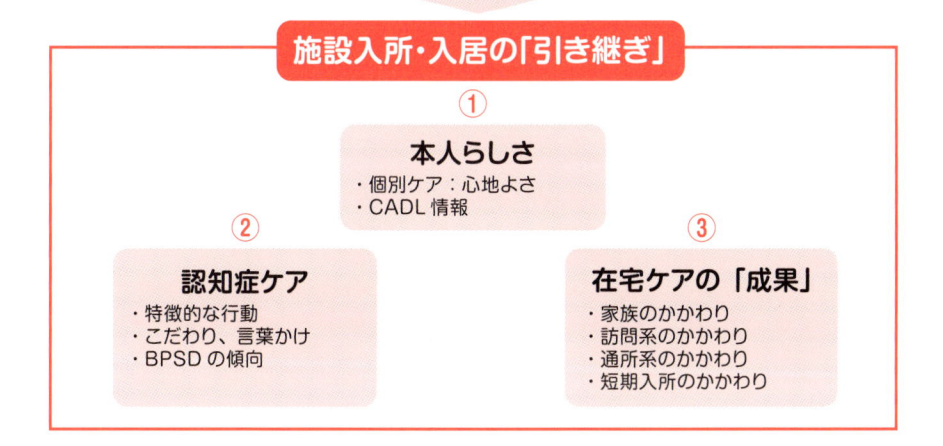

↓

施設入所・入居の「引き継ぎ」

① **本人らしさ**
・個別ケア:心地よさ
・CADL 情報

② **認知症ケア**
・特徴的な行動
・こだわり、言葉かけ
・BPSD の傾向

③ **在宅ケアの「成果」**
・家族のかかわり
・訪問系のかかわり
・通所系のかかわり
・短期入所のかかわり

1. 入所するときの「引き継ぎ」

　在宅から施設への転居時には、同時に「ケアの引越し」が行われます。施設への入所・入居時は「集合型ケア」のスタートです。住み慣れた自宅やなじんだ地域の人間関係はそこにはありません。新たな環境はリロケーション・ダメージをもたらす可能性があり、慣れない人間関係は利用者にとってストレスとなります。

　転居のダメージやストレスを軽減し、いかに「本人らしい」(その人らしい)生活を施設で継続するかが引き継ぎの焦点となります。

　施設への情報提供は以下のポイントで行います。

・6ヵ月〜1年以内のケアプラン(第1〜3表)、直近のサービス担当者会議議事録、直近数ヵ月の支援経過記録の要旨・訪問介護・通所介護・短期入所の個別サービス計画書、訪問看護計画書
・利用者基本情報、認定調査情報、医療・疾患情報など
・利用者(家族)の人柄・性格、職業、生活上のこだわり、感情の起伏、コミュニケーションレベル(話す、聞く、読む、書くなど)での特徴(例:一方的に話す、怒ったように話す、話すのが苦手、あがり症、平仮名なら読める、乱筆など)
・在宅生活で注意していた点(例:食事方法と好み、排便・排尿方法と時間帯、入浴方法など)
・利用者にとって安心できる環境(例:利用者が落ち着く声かけ・話題、好みの居室や居場所、BPSD が起こりやすい時間帯など)

ケアの引越し
集合型ケア

・施設生活で予測される問題点とその対応方法など

情報提供は「正直に（正確に）」行うことが大切です。なんとか受け入れてもらおうと、問題点（例：疾患、BPSD）などの説明を避けて入所した場合、施設側には大きな迷惑となり、その後の受け入れに支障が生じます。また利用者（家族）に「大丈夫、うまくいきます」など誤解を与えかねない安易な声かけや情報提供をすると、後々信頼関係を損ねる結果につながります。

在宅復帰をめざした入所のポイント

介護老人保健施設への入所や短期入所のように「在宅復帰」（在宅往復）が前提ならば、在宅生活継続のために入所期間中に何ができるのか、何をめざしてもらいたいのか（課題）を提案し、双方で共有します。

● **短期入所の場合**

短期入所（10日～3ヵ月間）の場合、家族のレスパイトケアのための利用では、利用者本人でなく家族の事情優先になりがちです。施設側は取り組む内容が明確でなく、かかわりに消極性が出てしまう場合（例：預かっておけばよい）があるので、目的によって受け入れ施設に情報提供するポイントは異なります。

・利用者の生活リズムの把握・構築…24時間シートの作成などの目的を示す。
・心身の機能改善によるリハビリテーション利用の例…単にADLのみを見た機能訓練になりがちなので、自宅で暮らすための機能回復を目的としたリハビリテーションプログラムをリハビリテーション専門職と一緒に考える。

● **介護老人保健施設入所の場合**

・入所中に確認をお願いしたい事項（例：排泄の間隔と状況、夜間の睡眠、集団でのかかわり、食事の量と食べ方、徘徊の頻度・時間帯・原因、24時間スケールなど）を示し、在宅の環境を想定したリハビリテーション訓練を要望する

これらは文書だけでは伝わりにくいので、できるかぎり施設で最初に行うサービス担当者会議（カンファレンス）に出席し、利用者の生活を理解してもらうように口頭で説明しましょう。

2. 介護老人保健施設・短期入所から退所するときの「引き継ぎ」

介護老人保健施設（老健）・短期入所から退所し在宅生活が再スタートする場合には、施設の職員から「在宅ケアの仕切り直し」を意識した「引き継ぎ」を受けます。次の項目の情報提供を受けましょう。

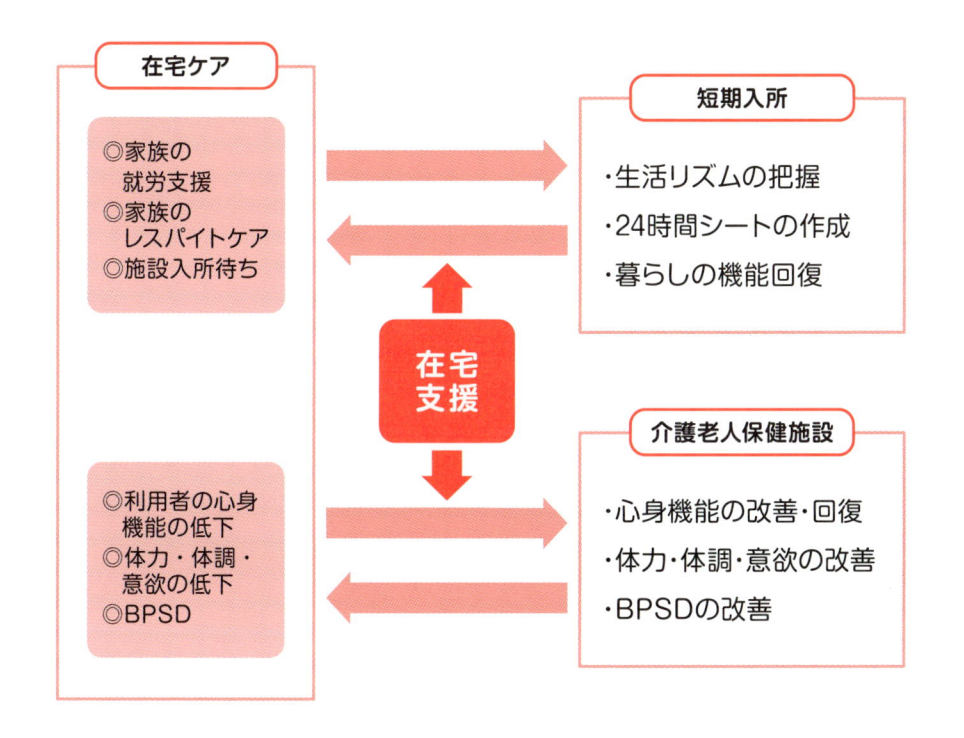

```
┌─────────────────┐                      ┌─────────────────────┐
│    在宅ケア      │                      │      短期入所        │
│ ◎家族の         │  ──────────→         │ ・生活リズムの把握   │
│   就労支援      │                      │ ・24時間シートの作成 │
│ ◎家族の         │  ←──────────         │ ・暮らしの機能回復   │
│   レスパイトケア │                      │                     │
│ ◎施設入所待ち   │                      └─────────────────────┘
│                 │        ↕                                   
│                 │     ┌──────┐         ┌─────────────────────┐
│ ◎利用者の心身   │     │ 在宅 │         │   介護老人保健施設   │
│   機能の低下    │     │ 支援 │         │ ・心身機能の改善・回復│
│ ◎体力・体調・   │  ──────────→         │ ・体力・体調・意欲の改善│
│   意欲の低下    │  ←──────────         │ ・BPSDの改善         │
│ ◎BPSD          │     └──────┘         │                     │
└─────────────────┘                      └─────────────────────┘
```

・入所時からの変化（改善・向上、維持・悪化）
・入所中にわかったこと（例：夜間の睡眠、徘徊の頻度と原因、食事の嗜好など）
・リハビリテーション専門職と面談し、退所後のリハビリテーションについてアドバイスを聞く

　在宅復帰にあたり、老健入所中にできれば「お試し外出・外泊」を行い、自宅に帰るまでにできる環境づくり（例：住宅改修、福祉用具）をします。必要に応じて理学療法士や作業療法士の在宅訪問による環境評価と提案（例：模様替え、福祉用具、住宅改修）も依頼しましょう。

　また退所後のセーフティネットとして、再入所や短期入所の再受け入れができるかどうかも確認しておきます。

3. 施設入所・入居の引き継ぎで「ありがちなこと」と「注意したいこと」

　施設入所にも、数ヵ月間に何か所も見学したうえで利用者（家族）の意向で入所・入居を決める場合（例：グループホーム、有料老人ホーム、サービス付高齢者向け住宅）と退院後のリハビリテーション先・療養先として決まる場合（例：介護老人保健施設、介護療養型病床）、空床が出て急な入所となる場合（例：特別養護老人ホーム）のように、その準備期間とプロセスはさまざまです。

　また利用者にとって住み慣れた地域内となることもあれば、なじみの地

（欄外）
お試し外出・外泊
再受け入れ
なじみの地域

域からかなり離れた施設に入所となる場合もあります。

1）「本人らしさ」（私らしさ）に焦点をあてた引き継ぎ

　従来、施設ケアマネジャーのアセスメントは、在宅ケアの情報を持たないまま、利用者（家族）からの情報に頼る傾向がありました。高齢の家族には、これらの情報提供は大変な手間です。施設の側も「本人らしさ」（私らしさ）を把握するのに6ヵ月〜1年近くかけていることがあります。

　多くの施設入所者はその前に3〜10年近い「在宅ケアの体験」を持っています。その期間に利用者の好みやこだわりが把握され、在宅や事業所では個別ケアが提供されています。利用者の「心地よさ」や「本人らしい暮らし方」（CADL）に焦点をあてた情報（例：食事→おいしさ、過ごし方→好きな音楽・テレビ番組、会話→好きな話題など）の提供を施設側のサービス担当者会議の場に参加して直接行うことで、施設側も個人のこだわりや価値観を尊重した個別ケアの実践が可能となります。

2）「認知症」に焦点をあてた引き継ぎ

　認知症の利用者の入所にあたって施設側が抱く悩みは「利用者情報」が把握しづらいだけでなく、利用者の混乱にどのように対応してよいかわからないことです。

- どの時間帯に不穏な行動や態度、妄想・幻聴が起こり、どのような原因が想定されるのか
- どのような声かけや対応で利用者が落ち着くのか、あるいは機嫌が悪くなるのか、怒り出すのか
- どのようなことに熱中するのか（例：趣味、手仕事、作業）、どのような話題（例：料理、旅行、遊び）なら好んで話したがるのか
- 日常生活でどのような特徴的な行動（例：探しもの、怒鳴り声）や姿勢（例：うつむく、横になる）をとるのか

　これらのヒントは、これまでの在宅ケア（通所ケア含む）の実践とこれまでの「地続きの人生」のなかにあります。利用者の育ちなどの生活歴、職業歴、幼少期を含めた家族構成とこれまでの家族内での役割、利用者の趣味や好み、性格や人柄、ADLなどの生活習慣などをアルバムやデジタル写真などを活用して施設の側に伝えるようにします。

　またこれらの情報をもとに利用者が落ち着ける居室の「配置と飾りつけ」なども一緒に考える場を持つとよいでしょう。

3）「安心・安全」だけでなく「利用者の思い」を尊重した引き継ぎ

　施設によっては介護事故を極端に警戒するあまり、安全面の情報を最優先し、それらに関連した情報ばかりを求めることがあります。こうした施設では「しない・させないケア」に陥る危険性があり、利用者の生活意欲が奪われることにもなりかねません。在宅においてどのような生活支援を

行ってきたのか、訪問介護や通所介護でどのような成果があったのか、施設のサービス担当者会議などで具体的に伝え、利用者の暮らしと思いを中心に据えたケアをしてもらえるよう働きかけましょう。

地域包括支援センターとの「引き継ぎ」の勘所

　地域包括支援センターからの引き継ぎの対象者は、介護予防プランの要支援高齢者が「要介護」となった場合と、高齢者実態把握から発見された要介護ケースや支援困難事例です。

　要支援高齢者の引き継ぎ（引き受け）では、介護予防プランとの連続性を図るために介護予防プランやアセスメントシートなどの情報提供を受け、担当した期間に生じた変化（身体面、心理面、介護環境、ADL、IADLなど）を把握し、再アセスメントに活かします。

　引き継ぎにあたっては、地域包括支援センターの担当者（介護予防プランナー含む）と同行し、三者面談の場をもつと、利用者（家族）の安心につながります。介護予防プランをもとに利用者（家族）がどのように取り組んできたのかなどを質問することで、いま抱える不安やこれからの意向を把握します。

　要介護ケースや支援困難事例（例：支援拒否、1人暮らし）の引き継ぎ（引き受け）は、どのような経緯で地域で発見され、どのようなかかわりで介護保険サービスを利用するにいたったかを情報入手します。とりわけ支援拒否や虐待が想定されるケースの場合は、ケアマネジメントでは慎重な対応が求められます。またかかわりのなかで虐待的状況から緊急ショートステイや措置入所の判断を求められることもあるので、地域包括支援センターにはケアチームの一員として継続的にかかわりをもってもらうようにします。

> 介護予防プラン
>
> 支援拒否
>
> 緊急ショートステイ
>
> 措置入所

レッツ チャレンジ！

- ☐ これまでの引き継ぎ（引き渡し）を振り返り話し合ってみよう
- ☐ 引き継ぎ（引き渡し）で大切な3つのことを箇条書きしてみよう
- ☐ 事業所でオリジナルの「引き継ぎマニュアル」をつくってみよう

第3章 居宅介護支援事業所のマネジメント

第1節 ケアマネジャーの採用

なぜ「人材の採用と育成」の技術が求められているのか

　居宅介護支援事業所における人材採用は、多くの事業所では「必要なとき」に随時行われています。「必要なとき」は、新規の事業所開設に伴う場合と、職員の異動・退職をきっかけにした緊急性のある場合がほとんどです。新規の事業所の立ち上げならば計画性をもって行えますが、職員の急な退職は担当する利用者にただちに影響が生じること、特定事業所加算の人員基準にもかかわることなどから、「待ったなし」の採用となりがちです。

<u>待ったなし</u>

　「待ったなし」ゆえに時間的に余裕がない採用をすることになり、採用リスク（例：採用基準が下がる、力量を十分に吟味できないなど）は高くなります。

<u>採用リスク</u>

　余裕がない採用は利用者にとってもマイナスです。採用リスクを小さくするために、人材の採用と育成の技術が必要となります。

＜ケアマネジャー採用の勘所＞
①経験に着目
②専門性に着目
③ネットワークに着目
④働ける時間・訪問できるエリア

人材採用の着眼点と面接のポイント

　居宅介護支援事業所の採用のポイントは、明確な採用基準を設け、応募者の希望や力量・事情を十分に吟味することにあります。余裕のない採用時は人員基準を気にするあまり「1日でも早く」となりがちで、結果的に望ましからぬ人材を採用することにもなりかねません。

<u>採用基準</u>

＜採用基準の例＞
・法人および事業所の理念と方向性への共感度

採用基準（例）

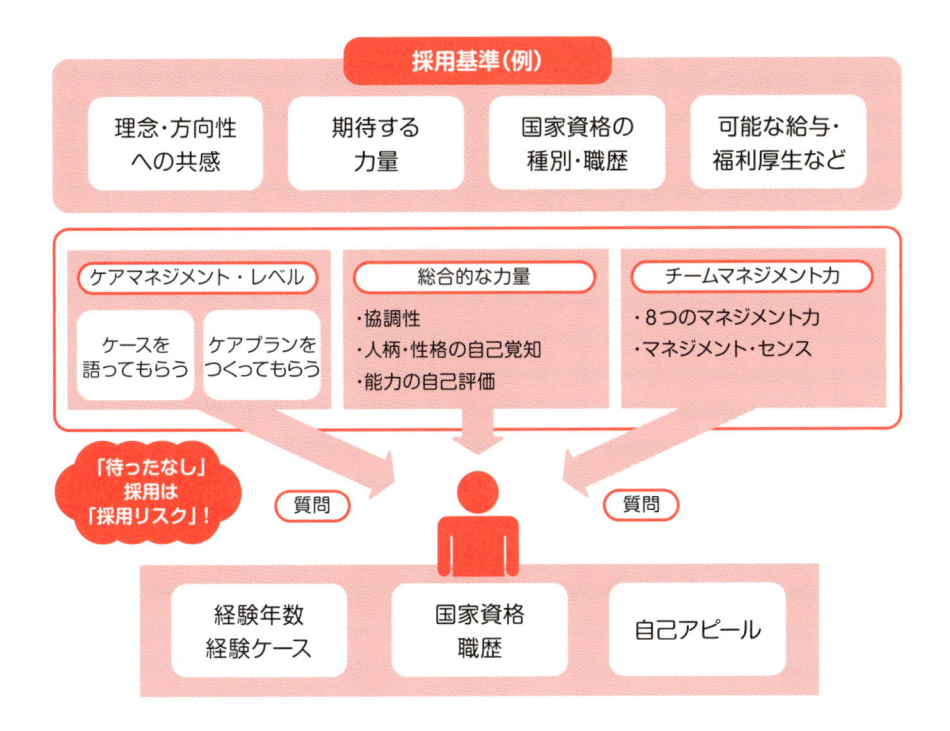

- 理念・方向性への共感
- 期待する力量
- 国家資格の種別・職歴
- 可能な給与・福利厚生など

ケアマネジメント・レベル
- ケースを語ってもらう
- ケアプランをつくってもらう

総合的な力量
・協調性
・人柄・性格の自己覚知
・能力の自己評価

チームマネジメント力
・8つのマネジメント力
・マネジメント・センス

「待ったなし」採用は「採用リスク」！

質問 → 質問

- 経験年数 経験ケース
- 国家資格 職歴
- 自己アピール

- 期待する力量（例：相談援助技術、経験ケース、マネジメント力など）のレベルと経験年数、経験した支援困難ケースなど
- 国家資格（任用資格含む）の種別と経験年数、これまでの職歴など
- 本人が希望する給与、福利厚生、交通費、勤務形態（常勤、非常勤）

＜採用の着眼点＞

　応募者はともに働く仲間であり、事業所が契約している利用者を引き継ぐ人です。経験年数や経験事業所、本人の自己アピールや基礎資格だけを頼りにするのではなく、事業所がめざす理念・方向性にもとづいた具体的な着眼点を持って面接に臨みましょう。

1. ケアマネジメントレベルをみる

　同じ経験年数であっても、ケアマネジメントレベルは人によりさまざまです。漫然と仕事をしている人もいれば、研修会などに積極的に参加し、学ぶ努力をしている人もいます。本人のケアマネジメントレベルと本人なりの仕事の癖（傾向）などを把握し、採用後の人材育成に活用します。

- これまでの経験ケースを語ってもらうことで、本人のアセスメント力や相談援助技術を把握することができる。（例：成功したケース、失敗したケース、忘れられないケース、支援困難ケース、ターミナルケース、認知症ケースなど）
- あるケースを示し、ケアプランを作成してもらうことでアセスメント力や文章力、プランニング力などを把握することができる。それをも

採用の着眼点

仕事の癖（傾向）

とに面接を行う。（むずかしいケースより、基本的な視点が把握できるケースにするほうがよい。）
- どのようなケースを担当したいかを語ってもらうことで、本人の仕事への意欲などを把握することができる。

2. 総合的な力量をみる

●協調性

ケアチームをコーディネートし、多職種多機関との連携・調整役となるケアマネジャーにとって、「協調性」はとても大切な要素です。これまでの経験を具体的に質問することで把握しましょう。

> 協調性

質問例
- 「これまで学校や職場で力を合わせて取り組んだ経験はありますか？」
- 「チームケアでうまくいった事例をお話しください」

●人柄・性格についての自己覚知

相談援助職としては自分の人柄や性格をどれだけ客観視できているかがポイントです。本人の自己覚知、自己認識レベルを把握します。

質問例
- 「自分はどのような性格だと思いますか？」
- 「家族や友人たちにはどのような性格だと思われていますか？」
- 「自分の性格は家族のうち、どなたにもっとも影響を受けていると思いますか？」

●能力の自己評価

自分の能力をどのように自己評価しているかは大切なポイントです。自己否定的な面が強い人は、仕事がうまくいかないと「言い訳」が多くなりがちです。本人が自分になんらかの自信および自己肯定感を持っていることは大切な要素です。

質問例
- 「自分の強みと弱みをそれぞれ3つあげてください」
- 「他の人と比べて、これは秀でているかなと思う点はどのようなことがありますか？」
- 「自分の弱みを克服するためにどのような努力をされてきましたか？」

3. チームマネジメント力をみる

ケアマネジャーの採用において「マネジメント力」をみるのは大切な視点です。ケアマネジャーの試験に合格したからといってマネジメント力があるわけではありません。一方、学校や組織のなかでグループを取りまとめた経験やデイサービスの生活相談員、サービス提供責任者、ユニット

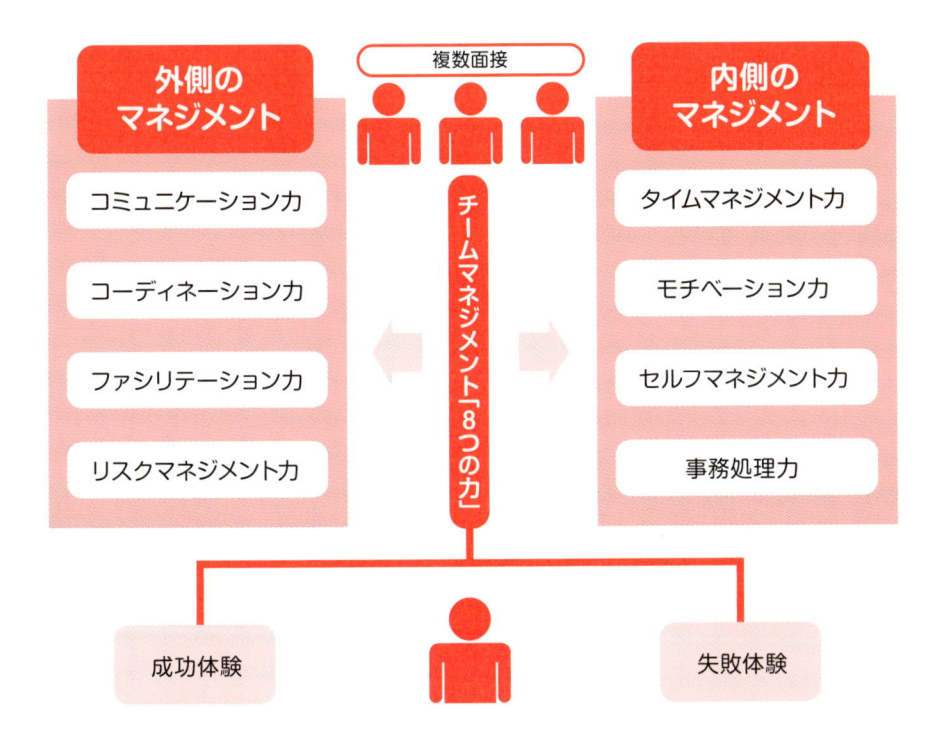

```
                    複数面接
┌─────────────┐    ┌───┐    ┌─────────────┐
│   外側の    │    │人人人│    │   内側の    │
│ マネジメント │    └───┘    │ マネジメント │
├─────────────┤      │      ├─────────────┤
│コミュニケーション力│  チ  │タイムマネジメント力│
├─────────────┤  ー  ├─────────────┤
│コーディネーション力│ ←ム→ │モチベーション力│
├─────────────┤  マ  ├─────────────┤
│ファシリテーション力│  ネ  │セルフマネジメント力│
├─────────────┤  ジ  ├─────────────┤
│リスクマネジメント力│  メ  │  事務処理力  │
└─────────────┘  ン  └─────────────┘
                  ト
                 「8
                  つ
                  の
                  力
                  」
         ┌────────┼────────┐
    ┌─────────┐  │  ┌─────────┐
    │ 成功体験 │  人  │ 失敗体験 │
    └─────────┘     └─────────┘
```

　リーダーのように、現場でなんらかのマネジメント経験を持つ人も多くいます。また、もともと<u>マネジメントのセンス（感性）</u>を持っている人もいます。面接を通じて、本人の持っている能力をしっかりと把握しましょう。

マネジメントのセンス（感性）

●コミュニケーション力

　本や書類・通知類を読む力、ケアプランや居宅介護支援経過などを書く力、利用者（家族）や専門職と話す力、相手の話を聴く力、また話を深める・広げる・絞り込むための質問力などの力量をどのくらい持っているかを把握します。

質問例

- 「どのような本や新聞、雑誌を読みますか？　<u>ひと月の読書量</u>はどれくらいですか？」
- 「人とコミュニケーションを取るのは得意ですか？苦手なほうですか？」
- 「ケアプランを1件作成するのに、どれくらいの時間をかけますか？」

ひと月の読書量

●コーディネーション力

　ケアマネジメントではサービス事業所との調整・交渉は日常の仕事です。介護サービス事業所や医療専門機関、民間サービスとの調整・交渉の経験と力量、ノウハウをどのくらい持っているかを把握します。

質問例

- 「調整・交渉ごとは好きですか？　苦手ですか？」

・「独居の認知症の方の支援にはどのような資源が必要だと思いますか？」

● リスクマネジメント力

　ケースの現状を分析し、利用者（家族）やケアチームの危機を予測し、対策を立てる視点と、力量および経験をもっているかを把握します。

質問例

・「ケアマネジメントにおいてどのようなリスクに注意を払うべきと考えますか？」
・「モニタリングの際にどのようなリスクに注意を払っていますか？」

● ファシリテーション力

　マネジメント力とファシリテーション力は比例します。<u>会議の進行の経験と力量</u>をどれくらい持っているか。チームの力を最大限に引き出すノウハウと経験をどれくらい持っているかを把握します。

質問例

・「サービス担当者会議を平均何分くらいかけて行ってきましたか？」
・「会議では発言をするほうですか？　進行役ではどのような点が苦手ですか？」

● タイムマネジメント力

　ケアマネジメントのコツはスケジューリングです。1日・1週間・1ヵ月の<u>時間管理の経験</u>とスケジューリングに合わせた仕事の経験があるかを把握します。

質問例

・「これまでに自分でスケジュールを立てて動く仕事に就いたことがありますか？」
・「時間には比較的厳しいほうですか？　ルーズなほうですか？」

● モチベーション力

　仕事に対する自らの意欲づくりと動機づけ、落ち込みからの<u>回復力</u>、困難への対応力や<u>打たれ強さ</u>などの力をどのくらいもっているかを把握します。

質問例

・「自分を元気づけるときにはどのようにしていますか？（例：好きな曲を聴く）」
・「今までもっとも落ち込んだときはどのようなときで、どのようにして立ち直りましたか？」

● セルフマネジメント力

　職業人として、<u>自己管理</u>（例：体調管理、セルフケア、メンタルケア、ストレスケアなど）にどのくらい留意しているかを把握します。

欄外キーワード
- 会議の進行の経験と力量
- 時間管理の経験
- 回復力
- 打たれ強さ
- 自己管理

質問例
- 「どのように体調管理をされていますか？」
- 「ご自分なりにどのようにストレスケアをされていますか？」
- 「睡眠時間は何時間あればいいほうですか？」

● **事務処理力**

書類や文書類の整理整頓、<u>ファイリング</u>、パソコンの入力の速さとソフトの使いこなし度（例：Word、Excel など）はどれくらいのレベルかを把握します。

<u>ファイリング</u>

質問例
- 「パソコンの入力は何本の指を使っていますか？」
- 「パソコンはどれくらい使いこなせますか？」
- 「書類の整理は苦にならないほうですか？」

レッツ チャレンジ！

☐ 人材採用マニュアルを作成しよう
☐ 人材採用計画を立てよう
☐ 採用面接の質問シートを作成しよう

第2節 ケアマネジャーの人材育成
自己成長と自分育て

■ 学び方のスタイルを身につける

学び方とは手法でありトレーニングです。だれにも好き嫌い・得意苦手があるので、自分好みの「学び方のスタイル」をまずは知り、自分流（その人流）に前向きに学べるスタイルを増やしていくことがコツです。

1）「自学自習」で学ぶ

学びの基本は自学自習です。自分の時間をどれだけ使うか。これを「将来への投資」と考えられるかがポイントです。自分の時間のどの部分を学びにあてるのか。まずは1日〜1週間で時間配分をしましょう。

2）「研修会」で学ぶ

研修会での学びは「直接的」なのでインパクト十分です。講師の表情・身振り・声があるため、飽きることなく知識や情報が入ってきます。テーマも絞られているので、効率的な学びの場になります。

3）「スーパービジョン・事例検討会」で学ぶ

ケアマネジャーの育成で注目されるスーパービジョンと事例検討会。スーパービジョンは支持的・教育的・管理的・評価的視点から行われ、スーパーバイジーの「自己覚知」「気づき」を基本とします。事例検討会は、ケースへの考え方やとらえ方・アプローチの手法を参加者の多様な視点で話し合い、深めることを基本とします。いずれも実際のケースを扱うので、とても身近で刺激的な学びができます。

4）「多職種会議」で学ぶ

会議も大切な学びの場です。とりわけ多職種が集まるサービス担当者会議は実際のケースにかかわる内容がテーマになり、それまでの仕事の振り返りもできるので「実践的な学び」の場となります。

■ 基礎資格別に配慮したい人材育成のポイント

介護支援専門員は指定された国家資格および任用資格の取得者であるこ

学び方のスタイル

- 本人
- 自学自習
- 研修会
- スーパービジョン
- 事例検討会
- 多職種会議
- 事業所法人

基礎資格
① 介護系資格者（介護福祉士、ヘルパーなど）
② 相談援助資格者（社会福祉士、精神保健福祉士など）
③ 医療専門資格者（看護師、医師、リハビリ専門職など）

人材育成のポイント

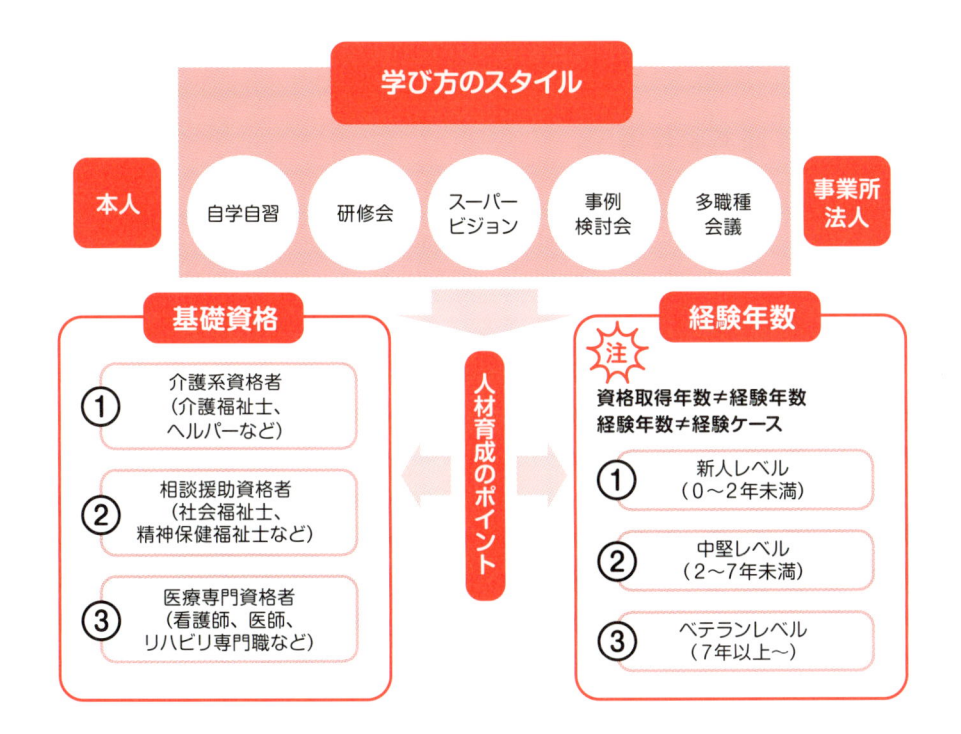

経験年数
注：資格取得年数≠経験年数　経験年数≠経験ケース
① 新人レベル（0〜2年未満）
② 中堅レベル（2〜7年未満）
③ ベテランレベル（7年以上〜）

と、それに5年以上の現場経験があることが前提となっています。基礎資格によってケアマネジャーとして備えるべき知識や技術、考え方や職業観などに「違い（特徴）」があります。採用・育成においてもしっかりと考慮する必要があります。

> 違い（特徴）

1. 介護系資格者

　介護系のケアマネジャーは前職で「介護をする現場」（介護福祉士、ヘルパーなど）にいたために、ケアマネジメントが自立支援型より「サービス提供型」（困っていることへのサポート中心のケアマネジメント）になりやすい人がいます。また2014年（第17回試験）までに受験し、ケアマネジャーになった人は受験問題から「福祉サービスの知識等」が免除されており、ソーシャルワークや社会資源などの知識と技術を十分に学ばずに合格した人もいます。医療専門職へのコンプレックスが強い人も多く、医療との連携に尻込みする傾向は無視できません。

> サービス提供型

＜育成のポイント＞
・ソーシャルワークや社会資源の活用、関連する諸制度（障害者福祉、生活保護、高齢者医療制度、成年後見制度など）の知識と技術の養成を行う
・疾患や障害、薬や看護などの知識と手法、医療専門機関との連携（情報提供、カンファレンスへの参加）についての基礎的な知識と技法の養成を行う

・基本的なマネジメント力の知識と技術の養成を行う

2. 相談援助系資格者

　社会福祉士や精神保健福祉士、社会福祉主事任用資格などの資格を持つケアマネジャーは、これまでに相談援助の経験があり、利用者（家族）支援の経験があります。また利用者（家族）を<u>ソーシャルワークの視点</u>から支援する視点も持っています。しかし、なかには現場で相談援助の経験をしたことがない社会福祉士や精神保健福祉士もいます。また、生活相談員・支援相談員業務の経験者は施設内業務が多く、在宅支援の経験が少ないために、多職種連携のケアマネジメントにとまどうことも少なくありません。

> **ソーシャルワークの視点**

＜育成のポイント＞
・多職種連携や社会資源の実践的活用にかかわる知識とコーディネート技術の養成を行う
・医療専門機関との連携の基礎的な知識と技法の養成を行う
・在宅支援や介護サービスの基礎などの知識と技法の養成を行う

3. 医療専門資格者など

　医療専門資格（保健師、看護師、薬剤師、理学療法士、作業療法士、歯科衛生士、栄養士など）を持つケアマネジャーにも得意分野があります。医療・看護・薬の領域、機能訓練（身体機能、生活機能）の領域、口腔ケアなどの領域、さらに終末期ケアや慢性期医療の領域などさまざまです。疾患や障害の視点からケアマネジメントをするため、「利用者＝患者」とみてしまう傾向のある人もおり、ケアプランが<u>医療専門用語</u>を多用した看護計画・リハビリテーション計画になってしまう人もいます。

> **医療専門用語**

　また、柔道整復師、あん摩マッサージ指圧師、はり師、きゅう師は「1対1」の職人的仕事が特徴で、利用者の身体機能の改善・回復だけでなく、痛みの緩和・改善の領域には強いのが特徴です。これらの資格者にはソーシャルワークや社会資源活用、多職種連携などのチームケアの知識と手法をしっかりと研修することで、利用者が日常的に求める要望に応えられるケアマネジメントが可能となります。

＜育成のポイント＞
・ソーシャルワークや社会資源、関連する諸制度活用の知識と手法の養成を行う
・行政機関や介護サービス事業所との連携および調整の知識と手法の養成を行う
・生活者の視点に立った<u>コミュニケーション手法</u>、相談援助の手法の養

> **コミュニケーション手法**

成を行う

経験年数別の人材育成のポイント

　ケアマネジャーの資格取得年数＝経験年数ではありません。まず、取得した年度と何年間の相談援助経験があるかを把握します。どのような担当ケースがあったのか、経験ケースの総数も把握します。そのうえで、経験年数別にポイントを押さえた人材育成を行うことが重要です。

●新人レベル（経験年数 0 年～ 2 年未満）

　ケアマネジメントのサイクルを着実に回すことができるレベルをめざします。育成の意味で「重いケース」も数例担当してもらうのもよいでしょう。定期的な事業所内カンファレンスを教育の場と位置づけます。また先輩ケアマネジャーの訪問への同行やサービス担当者会議への同席などもOJT（On the Job Training）として効果的です。「1 人歩きできる」ことをめざした育成を行います。

●中堅レベル（経験年数 2 年以上～ 7 年未満）

　中堅レベルといえど「わかっていること」と「できること」は各人によって異なります。また仕事が自己流になったり、基本をないがしろにした業務スタイルも散見されはじめます。定期的に外部研修に参加させ、業務のブラッシュアップを図ります。また新人担当に抜擢し「教える立場」を経験させることで、本人の自覚をうながし業務の振り返りの効果を狙う方法もあります。

●ベテランレベル（経験年数 7 年以上～）

　7 年以上の経験があっても、介護保険の制度やルールは定期的に変化しているので、制度・ルールの「流れを知る・理解する・活用できる」の視点で教育と訓練を行いましょう。順調に力をつけている人材にはスーパービジョンにトライしてもらうのも、さらなるステップアップ策として有効です。

経験ケース

重いケース

OJT

ブラッシュアップ
教える立場

人材育成法①
OJT手法で基礎的訓練と振り返り訓練

　新人のケアマネジャーが知識・技術を現場で活かす・使いこなせるようになるためのトレーニング手法の 1 つが OJT（On the Job Training）です。熟練ケアマネジャーの知識・技術を「模範」とし、新人が「模倣」し、双方で検証・改善する一連の育成プロセスをとります。

1．OJT学習で伸ばす「3つの領域」
1）相談援助技術

相談援助技術は実践の技術です。「バイステックの7原則」を理屈で理解しても、実践できるようになるには相当の修練が必要です。逐語録では伝わらない熟練ケアマネジャーと利用者（家族）とのリアルなやりとりを見ることは貴重な体験です。

利用者（家族）やケアチームの反応に合わせた動作（例：表情、目線、うなづき）、声（例：抑揚、タイミング、あいづち）、話し方（例：説明、助言、促し、反復、要約、質問、同意）などを観察します。

2）多様な応対：挨拶、電話、訪問

ケアマネジャーは利用者（家族）だけでなく多職種の方とかかわります。応対のしかたは双方の関係や場面によって微妙に異なります。自分では気づかないうちに自己流の応対が相手に失礼と映っていることもあります。基本的なマナーとして、挨拶（例：名刺交換）、電話（例：受け答え、声のトーン）、訪問（例：挨拶、座り方、靴の並べ方）の作法などを身につける必要があります。これらはOJTにより効果的に学習することができます。

3）実務力：PC入力、ファイリング、会議進行など

ケアマネジャーに求められる能力の1つが実務力です。PCの入力作業、文書類の整理、サービス担当者会議や事業所内カンファレンスの進行など、OJTで実践的に教え、実践・指摘・改善・検証のサイクルを繰り返すことで実力がついてきます。

2．「OJT」の学び方〜4つのステップ〜

OJT型学習では「理解できているか」だけではなく「行えるか」に着目し、実践的な教え方をすることが重要です。具体的には次の4つのステップで行います。

1）模範となる人を決める

OJTの基本は、模範的で手本となる人（ロールモデル）を決めることです。小規模事業所などで適当な人材がいない場合は、最初は外部で模範にしたい人（例：研修講師、主任介護支援専門員、認定ケアマネジャー）にお願いして始めましょう。模範動作などをビデオに収録することで、次からは事業所内で行うことができます。

2）実践を見せてもらう（観察する）

実際の相談援助や多様な応対場面、実務場面を見せてもらいます。観察するポイントは、「プロセス」を見ることです。

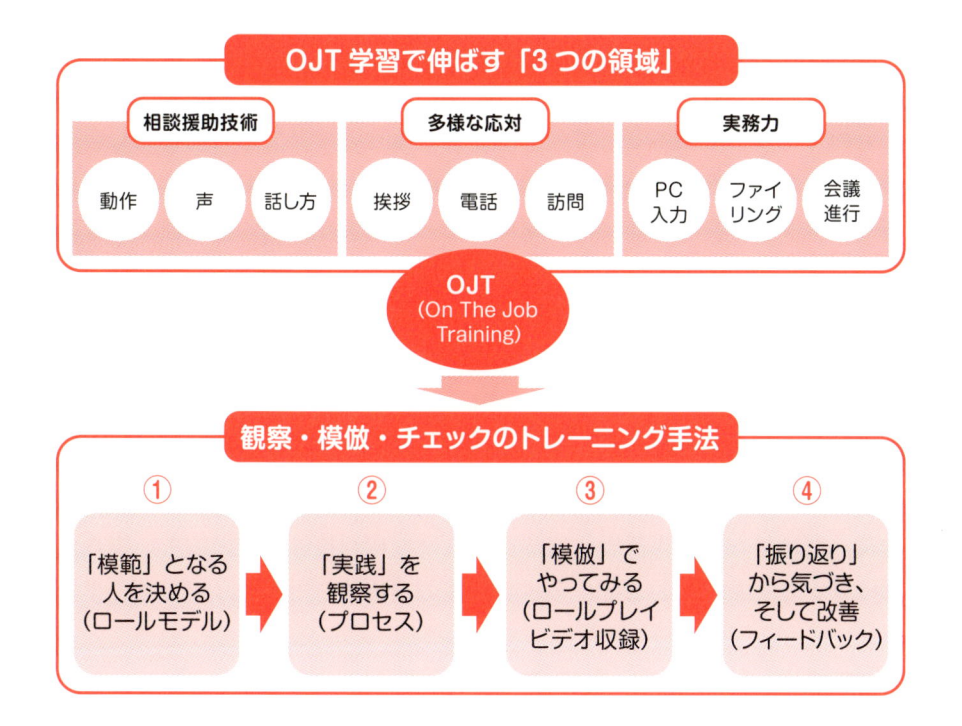

```
OJT学習で伸ばす「3つの領域」

   相談援助技術          多様な応対           実務力
  動作  声  話し方    挨拶  電話  訪問   PC入力  ファイリング  会議進行

                      ↓ OJT (On The Job Training)

        観察・模倣・チェックのトレーニング手法

  ①「模範」となる     ②「実践」を      ③「模倣」で        ④「振り返り」
    人を決める         観察する        やってみる        から気づき、
    (ロールモデル)    (プロセス)     (ロールプレイ      そして改善
                                    ビデオ収録)       (フィードバック)
```

3）実践をやってみる（観察してもらう）

観察したら、次は実際に模倣してみます。その際に「どこが不安か」「どこをとくに見てもらいたいか」を指導者に伝えます。指導者は観察役になり、ロールプレイ（模擬演技）方式で行います。

訪問場面以外の観察の記録方法として、録音する、写真を撮る、動画で収録するなどはとても効果的です。

4）実践を振り返り、気づきから改善につなげる

実践の終了後に振り返りを行い、指導者からフィードバックを受けます。その際、実践の録音・写真・動画があると、よりリアルなフィードバックが可能となります。最初は恥ずかしくても、録音・写真・動画撮影を数回経験するうちに、自分の実践を客観的に見ることができるようになります。

人材育成法② 事例検討会、ケースカンファレンス

ケアマネジャーの育成手法として、事例検討会とケースカンファレンスは実践力を高めるうえで非常に有効な取り組みです。事例検討会でさまざまな専門職とともに多くの事例の見立てと手立てを話し合うことで、自分のケースやケアマネジメントを振り返ることができます。そこでは具体的な実践手法とともに、利用者にどのようにかかわっていけばよいのかを思い描く「シミュレーショントレーニング」の効果もあります。また、地域

のネットワーク形成の場にもなっています。

　ケースカンファレンスは事業所としての支援の方向性と内容を明確にするものであり、事業所としての方針を決めるうえでとても大切な話し合いの場です。気になっているケースや支援困難ケースだけでなく、新規・更新のケアプラン提出の際には必ず開くなど、定例化（例：月2回、週1回など）するのがよいでしょう。

　これらの検討のプロセスでは次の5つの育成効果があります。

1. 多様な「見立て」を行うことができるようになる

複雑な絡まり

　担当ケアマネジャーは支援困難事例の「複雑な絡まり」の前に戸惑うことが度々あります。ケースの理解を ADL・IADL・CADL の視点や医療的視点だけでなく、生活歴・家族歴・職歴、権利擁護などの幅広い視点から「見立て」を行うことで、多様な支援の選択肢を得ることができます。

2. 多様な「手立て」を学ぶことができる

　「見立て」の多様さは「手立て」の多様さにつながります。インテークに始まり介護サービス別の支援の勘所、医療・看護だからできるアプローチ、自助・共助で「できそうなこと探し」など、参加者の専門性が多様だからこそ、発想できる手立ての数も多くなり、それ自体が支援の選択肢を増やすことにつながります。

3.「多様なチームケア」を学べる

多様なスタイル

　タテ割りではなく、複合的に面の関係で支援するチームケアの「多様なスタイル」を学ぶことができます。認知症支援、独居支援、虐待支援、看取り支援、多問題支援、成年後見支援など、支援テーマによってかかわる専門職や鍵となる専門職、地域資源は異なります。必要によっては複数のケアマネジャーで担当することも検討しましょう。

4. 問題やリスクを予測できるようになる

将来のリスクの芽

　提出された事例を時系列でたどることにより、経過のなかのどこに「将来のリスクの芽」があったのかを発見することができます。その経験を重ねることで、自らの事例において先々のトラブルなどを予測する技術を身につけることができます。

5.「情緒的支え合い」ができる

　ケアマネジャーは日々の仕事において利用者（家族）と「1対1」で向き合っています。「これでよかったのか？」という不安をいつもどこかで

❷ 事例検討会・ケースカンファレンス

5つの育成効果
① 多様な「見立て」
② 多様な「手立て」
③ 多様な「チームケア」
④ 問題やリスクの予測
⑤ 情緒的支え合い

→ ケーススタディ

❸ スーパービジョン

「気づきと自己覚知」の育成手法

スーパーバイザー ⇄ スーパーバイジー

4つの機能
支持／育成／評価／管理

① 事例を通した実践力の検証
② 価値観、考え方の自己覚知
③ 気づきへの動機づけ

5つの手法
個人／グループ／ライブ／ピア／セルフ

❹ メンタリング

〈メンター〉
よき先輩（模範的存在）
⇅
新人

行うこと
①情報の提供
②アドバイス
③傾聴
④サポート
⑤指導・教育

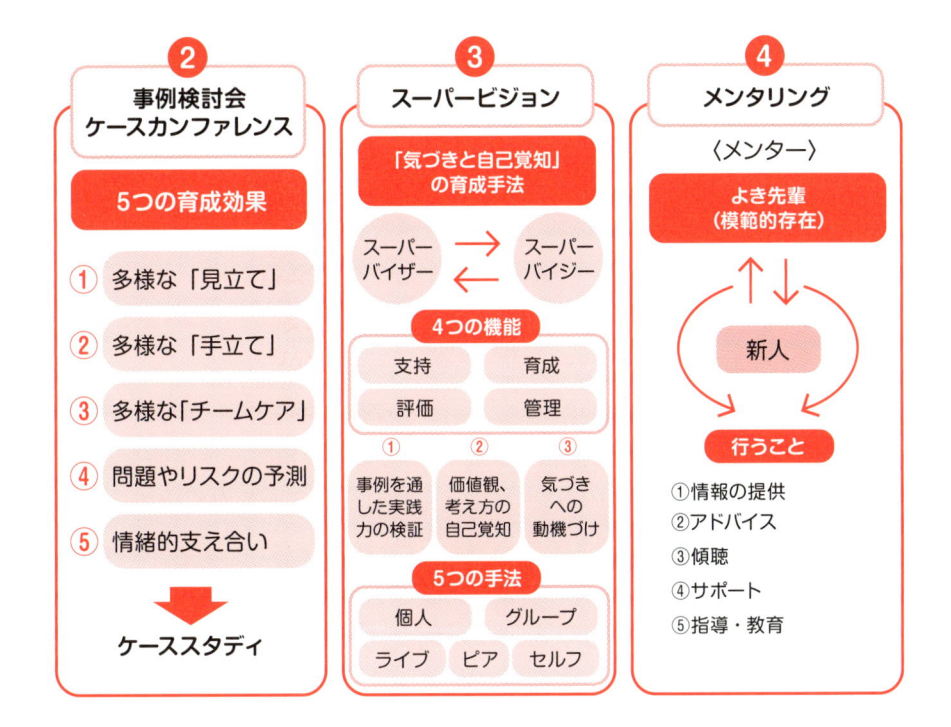

感じています。事例検討会では「同じような見立てができた」「そういう手立てがあったんだ」という共感と気づきを得ることができ、「情緒的支え合い」の効果があります。

> 情緒的支え合い

☐ 人材育成法③　スーパービジョン

スーパービジョンは対人援助職の育成の手法です。4つの機能（支持、育成、管理、評価）があり、スーパーバイジー（新人・後輩ケアマネジャー）を育成するだけでなく、スーパーバイザー（先輩ケアマネジャー、管理者）の成長もうながします。

1. スーパービジョンで学ぶ領域

スーパービジョンは、基本動作や技術を学ぶ・訓練するOJTや目標達成を支援するコーチングとは異なり、「気づきと自己覚知」を通じた育成手法です。スーパービジョンが有効な領域は3つあります。

> 気づきと自己覚知

1）事例を通した実践力の検証

多くのケアマネジャーは「これでよかったのだろうか？」と不安を抱えながらケースに向き合っています。不安は援助プロセスにも影響し、事例の支援に悪影響を及ぼすこともあります。スーパービジョンのなかで自らの課題に気づくことができれば、事例へのかかわり方を検証・改善することができます。

2）価値観・考え方の自己覚知

利用者（家族）の見立てや援助関係には、ケアマネジャーの価値観（信頼、努力、愛情など行動の基準や規範となるもの）や考え方（例：家族観、夫婦観）、さらに感性・感覚が深く影響をしています。

これらを自己覚知するには、OJTなどの教育・訓練ではなく、示唆的質問で自らの価値観や考え方の癖（傾向）などを振り返るスーパービジョン手法はきわめて効果的です。

3）気づきへの動機づけ

スーパービジョンの基本は「気づき」への動機づけです。安易にコンサルテーション的な助言・提案はしません。共感的な質問、示唆的な質問、深める質問などにより、スーパーバイジーは自分を多面的な視点で振り返り、気づきを得ることができます。

2. スーパービジョンの「5つの手法」

スーパービジョンには5つの手法があります。ケアマネジャーが抱えるテーマやケースにより適切な手法を選びます。

1）個人スーパービジョン

1対1で行います。先輩ケアマネジャーがスーパーバイザーとなり、新人（後輩）ケアマネジャーがスーパーバイジーになります。事業所内で行うこともできますが、職場の外に適切な方（例：主任介護支援専門員）がいれば、個人あるいは事業所として依頼してスーパービジョンを受けるのも有効です。

2）ライブスーパービジョン（同行型スーパービジョン）

スーパーバイザー役の先輩ケアマネジャー（例：主任介護支援専門員）が現場に同行し、相談面接のやりとりを観察し、終了後にスーパービジョンを行うものです。実践的な気づきをうながす点でとても効果的です。利用者を複数のケアマネジャーで担当する複数担当制にスーパービジョン的要素を加えて実施するのもよいでしょう。

3）ピアスーパービジョン

経験・基礎資格・立場を越え、相談援助職という「ピア（仲間）」として対等な関係で進めるスーパービジョンです。基本的にスーパーバイザーはいませんが、「共有と共感」を目的に進行役（ファシリテーター）が話し合いを進めます。テーマは各自が抱えている悩み（例：業務上の悩み、利用者・家族との関係など）などを取り上げます。

4）グループスーパービジョン

新人（後輩）ケアマネジャーの相談事例を複数のケアマネジャーがスーパーバイザー的な立場から質問などを行います。進行役（ファシリテー

ター）を立て、テーマによっては主任介護支援専門員や他の専門職にアドバイザー（助言者）として参加してもらうこともあります。地域のグループスーパービジョンの研修会に参加することでも、多くの学びがあるでしょう。

5）セルフスーパービジョン

自分のなかにスーパーバイザー役を想定し、「自問自答のスタイル」で行います。自分とのやりとりなので他人に知られることなく、さまざまな問いかけで学びを深めることができます。メモに書き出すなど「見える化」をするとよいでしょう。

> 自問自答の
> スタイル

※スーパーバイザー役を経験する

スーパーバイザーは指導者ではなく、スーパーバイジーの「気づきのうながし役」です。スーパーバイジーの悩みに寄り添い、適切な問いかけを通じて複雑なからまりを解きほぐし、改善・達成度を肯定的に評価します。この役を経験することで、ケアマネジャー自身の学びと成長もうながされます。

> 気づきのうながし役

人材育成法④　メンタリング

メンターとは新人（後輩）にとっての先輩的存在です。メンターの役割は、新人（後輩）に仕事上の手法や秘訣を教えるとともに、相談役でありロールモデル（模範的存在）となることが求められます。新しい職場と業務になじみ、1人前に仕事ができるように成長にかかわるための制度で、「よき先輩と後輩の関係」とイメージするとよいでしょう。メンター制は事業所内で行うのが基本ですが、母体法人内の職員や他の事業所に所属する主任介護支援専門員にメンターになってもらうのもよいでしょう。

> 先輩的存在
>
> 模範的存在
>
> よき先輩と後輩の関係

- メンター：直接の上司でない職員から選ぶ（原則）
- 行うこと：情報の提供、アドバイス、傾聴、サポート、支持、指導、教育など
- 期間：期間限定（半年～1年間）

レッツ　チャレンジ！

☐ 事業所と個人の年間学習計画を立てよう
☐ カンファレンスと事例検討会を定期化しよう
☐ 新人教育に「4つの育成法」を取り入れよう

第3節 基本業務とマニュアル

◾️「事業所のマネジメント」の役割

契約主体　居宅介護支援事業所も1つの組織です。利用者との契約主体はケアマネジャーではなく事業所です。事業所の理念・マネジメント方針をつくる際には、「私たち○○居宅介護支援事業所は何をなすべきか、その機能は何か」という視点で取り組むことが大切です。この作業を通じて事業所のブ

ブランディング　ランディング（ブランド化）をめざします。

ケアマネジャーの役割や担うべき責務などは「介護支援専門員」として介護保険制度や各種の団体の倫理綱領などで定義づけられています。しかし、ケアマネジャーの実際の業務内容や意思決定には「居宅介護支援事業所」としての考え方が影響します。事業所としての理念と倫理と規律、業務のルールなどを定めておくことにより、現場での業務の「ムラ・ムダ・ムリ」を避け、利用者本位のケアマネジメントを行うことが可能となります。

事業所の理念・マネジメント方針を作成する際の具体的な留意点は下記のとおりです。

1. 事業所の「意思決定」をする

利用者と契約を結ぶ責任主体は事業所です。そして管理者は事業所を代表する立場として意思決定に深くかかわることになります。しかし、利用

意思決定　者支援に関する日常的な意思決定は現場のケアマネジャーによって行われています。意思決定には軸が必要です。そのためには自立（自律）支援という理念を掲げ、

・ケアマネジメントにおいて何を行い、何を行わないか
・ケアマネジメントにおいて何を続け、何を止めるのか

歪める要因　・どのようなケアマネジメントを追求し、ケアマネジメントを歪める要因をいかに回避するか（解決するか）

などを追求し続けることです。あなたの事業所において、ケアマネジメン

```
         ┌──────────────┐
    ┌───→│    利用者    │←───┐
    │    └──────┬───────┘    │
┌──────┐       契約       ┌──────┐
│ 担当 │        ↕         │ 担当 │
└──────┘   ┌────────┐     └──────┘
┌──────┐   │居宅介護支援│   ┌──────┐
│ ケア │←──│ 事業所  │──→│ ケア │
│マネジャー│   └────┬───┘     │マネジャー│
└──────┘        ↓         └──────┘
         ┌──────────────┐
         │ブランディング│
         │ （ブランド化）│
         └──────────────┘
```

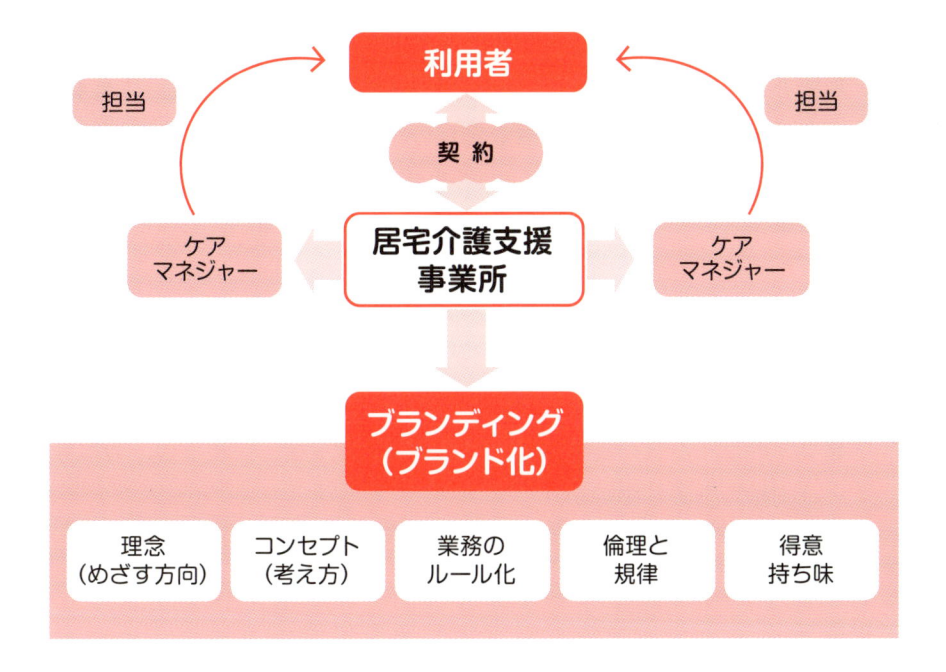

| 理念
（めざす方向） | コンセプト
（考え方） | 業務の
ルール化 | 倫理と
規律 | 得意
持ち味 |

トに対する「共通の理解と考え方、共通の視点と方向づけ」について、つねに話し合いを通じて確認しておくことが必要です。

2. 利用者（家族）の変化と地域包括ケアシステムを「予測」する

いかなる事業においても 30～50 年前の業態が通用することはありません。時代ごとに企業マネジメントは変化してきました。このように、同じ業態が通用するのは、せいぜい 10～20 年程度です。その理由は人口動態や市場環境が変わるからです。

それは介護保険制度でも同じです。団塊高齢者の急増と独居高齢者の孤立化、医療技術の進化、栄養知識の増加、健康志向による長命化、都市の高齢化、無縁社会化など、地域社会が直面する問題は山積みです。地方分権が進むなか<u>地域包括ケアシステム</u>の仕組みは市町村・保険者ごとに異なり、地域密着サービスなどをはじめとした介護保険にかかわる「<u>ローカルルール</u>」はそれぞれ独自のものに細分化していくでしょう。

これからを視野に入れ、利用者の増減や質的変化、地域の高齢化、地域包括ケアシステムの変化を予測し、あなたの事業所のあり方とケアマネジメントのあり方を「<u>問いかける</u>」ことが大切です。

3. 事業所の「目標と計画」をつくり実行する

居宅介護支援事業所は 1 つの事業主体です。そこでは利用者本位のケアマネジメントの実現と持続できる事業所経営の 2 つの側面がつねにせめぎ

あっています。あなたの事業所がめざすケアマネジメントを可能にする人材と環境をそろえるための収入（例：介護報酬など）・支出（例：人件費、事務所経費、交通費、福利厚生費など）のバランスを保つことは事業所経営には重要なテーマです。

まずは事業所の「年間目標」と「3～5年目標」を明確にし、それを可能にするための「計画」をつくりましょう。そして計画を実現するための「仕組み（システム）」と「ルール」が必要となります。

＜目標＞
- 量：何人の利用者を支援していくのか
- 質：どのような質の高さ（例：独居の認知症支援、医療支援、看取り支援）をめざすのか
- 連携：どのようなところと多職種連携ができるようになるのか
- 経理：どのような支出を行い、どのような支出を抑制するか

＜計画＞
- 時期：いつから始めるか、いつまでに達成するか
- 範囲：どのエリア（地域）、どの要介護度の利用者を中心に活動するか
- 連携：どの介護・医療・福祉・民間資源と、いつまでにどのように連携を組むか
- 育成：どのように人材を育成していくか（例：OJT、スーパービジョン、事例検討会、<u>内部研修会</u>、外部研修会など）
- 採用：どのようなレベルのケアマネジャーを採用していくか
- 広報：事業所の活動を多職種にどのように知らせていくか

＜仕組み：システム＞
- <u>朝礼の定例化</u>（10～30分）
  1日の業務・スケジュールの確認と共有化、最新情報・苦情などの伝達、理念の唱和、朝礼ミニ学習など
- 事業所内<u>定例カンファレンス</u>の実施（週1回～隔週：40～90分）
  利用者情報と支援情報の共有、ケースカンファレンス、多様な見立て・手立ての共有、情緒的支え合い、チーム支援への動機づけ、職員の育成など
- 事業所内の<u>ケアプラン自主点検</u>
  誤字・脱字・難解な表現などのチェック、ケアプランの共有化と質の担保、<u>事業所責任の明確化</u>、複数担当制の意識づけなど

＜ルール化＞
業務の「質的平均化」をはかる
- 運営マニュアル、各業務マニュアルなど
- 新規ケースマニュアル、更新ケースマニュアルなど

```
┌─────────────────────┐           ┌─────────────────────┐
│  ケアマネジャーの役割  │           │   管理者の役割       │
├─────────────────────┤           ├─────────────────────┤
│ 責任 │ 利用者の自立（自律）│   役割  │ 責任 │ 事業所の運営  │
│     │ 支援        │   と立  ├─────────────────────┤
├─────────────────────┤   場の   │ 貢献 │ ケアマネジャーが│
│ 貢献 │ 利用者の暮らしと  │   明確  │     │ 働きやすい環境づくり│
│     │ ケアチーム     │   化    ├─────────────────────┤
├─────────────────────┤          │ アセス │ ケアマネジャー │
│ アセス │ 利用者（家族）   │          │ メント │         │
│ メント │           │          └─────────────────────┘
└─────────────────────┘
                    ↓
              「人が育つ」事業所運営
    ┌──────────────┐   ┌──────────────────┐
    │ ケアマネジャーへの│   │ ケアマネジャーの育成 │
    │   マネジメント  │ + │  （キャリア育成）   │
    │  貢献  成長支援 │   │ 体系化 計画化 予算化│
    └──────────────┘   └──────────────────┘
   ×生産性 ←
```

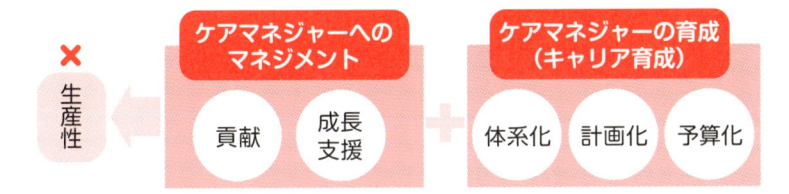

4. 事業所として「中立・公正」を堅持するために何を行うか

　介護保険制度ではケアマネジャーは「中立・公正」のスタンスをとることが規定されていますが、これを堅持することがむずかしい実情があります。それは居宅介護支援事業所の事業スタイルに理由があります。一般的に居宅介護支援事業所には次の3つの事業スタイルがあります。
・母体法人（施設・病院・介護サービス事業者）の併設型の事業所
・居宅介護支援事業のほかに関連の介護サービス事業を展開する事業所
・居宅介護支援事業所単独で事業を行う事業所

　このうち、母体法人併設や介護サービス事業併設の場合、法人・事業所の意向が影響することがあり、中立性が侵されやすくなります。とりわけサービス付き高齢者向け住宅などの併設で、担当ケースの多くを居住系サービスが占める場合、その傾向が顕著となりやすいので注意が必要です。

専門職の人材マネジメントと育成マニュアル

　一般的に人材マネジメントはどのような組織（例：企業、行政、団体、NPO）にも必要であり、マネジメントなきところに「チームワーク」は生まれません。1人のリーダーの指示・命令で機械のように動かそうとする「全体主義」は「叱責と罰とわずかな報賞」によってしか人を動かすことができないといわれます。人を「個人」として尊重しない職場に、意見

チームワーク

を交し、おたがいを支え合う「話し合いの場」が生まれることはありません。そして話し合いのないところに「合意と納得」は生まれません。

利用者の自立（自律）支援に責任を持つのがケアマネジャーであり、事業所の運営に責任を持つのが管理者（センター長）です。ケアマネジャーは利用者の自立（自律）した暮らしとそれを支えるケアチームに貢献をします。そして管理者はケアマネジャーが働きやすい環境をつくることに貢献します。管理者の役割は、ケアマネジャーの働きを左右する権限を持つことではなく、専門職としての力を最大限に引き出せることをサポートします。その意味では、ケアマネジャーがアセスメントを行うように、管理者は事業所のマネジメントにあたりケアマネジャーのアセスメントを行うことが求められます。管理者のクライアントは現場のケアマネジャーなのです。

1. ケアマネジャーのマネジメントのポイント

ケアマネジメントの質を決めるのはケアマネジャーです。しかし一般のビジネスマネジメントで行われる「高い生産性や成果」をケアマネジャーに求めるのは誤りです。ケアマネジメントは利用者本位の立場から、利用者の自立（自律）支援のために多様な介護・医療などのサービスをコーディネートする手法の1つだからです。

したがってケアマネジメントがめざすのは「自立（自律）した利用者が望む質の高い生活」です。ケアは無形のものであり、双方向（インタラクティブ）で利用者の個別性を尊重して行われるものです。ケアマネジメントの現場では、本人資源・介護資源・医療資源・家族資源・地域資源などを活用できる多様なコーディネート力が求められます。

一方、利用者（家族）の満足度（CS）だけを追求していると、過度のサービスにより利用者（家族）が依存的になり結果的に本人の自立（自律）が損なわれることにもなりかねないので注意が必要です。

ケアマネジャーの多くは要介護高齢者への支援と自己成長に熱い情熱を抱いています。だからこそ、マネジメントは「貢献と成長」をキーワードにした次の3つがポイントです。

・利用者（家族）の「自立（自律）した望む生活」への貢献
・利用者（入所・入居者含む）を支えるケアチームへの貢献
・ケアマネジャーとしての自己成長と自己実現への取り組み

ケアマネジャーの大切な役割である「利用者の自立（自律）支援というミッション（使命・役割・業務）にいかに貢献するか」に着目せずに、「組織方針や運営基準に合っているかどうか、業務の効率化とコスト削減」ばかりを考える事業所マネジメントでは、結果的にミッション達成への動

機づけは損なわれ、仕事へのモチベーションも失われます。

> モチベーション

2. ケアマネジャーの育成

　ケアマネジャーの育成なくしてケアマネジメントの「質の向上」はあり得ません。従来、介護・福祉分野の人材育成は「先輩の実践に倣う」という経験主義が一般的でした。体系化されたものがなく、個人まかせの自己育成は「独りよがりな学習」となりがちです。行政やケアマネジャー連絡会の研修会は有用ですが、それだけに頼るのでは、事業所の理念や方針を具現化したケアマネジャーを育成するには限界があります。

　新人向け・転職者向け・テーマ別研修など、事業所としての「育成の体系化」を図ることにより、継続した動機づけと環境づくりが可能となります。事業所としての年間計画と研修予算（例：研修参加費、研修テキスト代、研修講師費用など）を立てると、より具体的にすることができます。

> 育成の体系化

＜育成計画の例＞
- ・1～3年目：基本的キャリア育成のステージ
- ・4～7年目：質の高いケアマネジメントを展開できるステージ
- ・8～10年目：スーパーバイザーができるステージ
- ・11年目～　：スーパーバイジーを育成できるステージ

　これらの継続的研修と並行して、更新研修や主任介護支援専門員研修なども事業所として人材育成の計画に積極的に参加することが大切です。

◻ 事業所マネジメントとマニュアルの活用

　事業所の「めざす理念」「めざすケアマネジメント」を可能にするために、業務を「段取り化」（プロセス化）したのが「マニュアル」です。マニュアルとは事業所の「ノウハウ」の成果であり、一部上場企業では新人職員研修のテキストとしています。それはマニュアルが「業務の記憶媒体」であり、それを教えることで新人であっても質の高い業務を行うことができるからです。

> 段取り化

> 業務の記憶媒体

　マニュアルの目的は「仕事の流れと質を維持すること」です。そのためには、事業所の日々の業務の進め方をまとめた「運営マニュアル」とケアマネジメントプロセスをまとめた「ケアマネジメントマニュアル」の2種類をつくりましょう。マニュアルがあれば、業務の均質化（70点以上の質の確保）と統一化を図ることができます。さらに、職員によって仕事にバラツキ（ムラ）が生まれたり、繰り返しの作業（ムダ）を回避したり、強引な業務の仕方（ムリ）を避ける効果があります。

> 業務の均質化

　ただしマニュアルを完成させてホッとするのは禁物です。マニュアルは

現在においての「最適のレベル」を見える化したものであり、「進化の過程」にあるととらえます。年に1回は「ブラッシュアップ」（見直し作業）を行うことで効率化と質の向上を図ることができます。マニュアルは「変化（進化）」するべきものなのです。

マニュアルの作成にあたり、他の成功している事業所のマニュアルや本で紹介されたものを流用・模倣したい衝動にかられるでしょうが、決してやってはいけません。それらはあくまでも「参考」程度とし、みずからの事業所のレベルに合わせてつくり、3年間程度をかけてマニュアルのレベルアップをめざします。

1. 事業所の運営マニュアルのポイント

事業所の業務における運営マニュアルは6つの領域で決めておきましょう。マニュアルをつくるプロセスで事業所の運営を振り返ることができるとともに、マニュアルは所属するメンバーの「チーム力」を最大限に引き出す「ツール（道具）」とすることができます。マニュアルの寿命は1年ととらえ、見直しによる「リフォーム効果」を狙います。

1）ミーティングマニュアル

居宅介護支援事業所は1つのチームです。所属するケアマネジャーが合意と納得のうえで事業所運営を行うためには、定期や緊急時のミーティングにおける「話し合い（協議）」が必要になります。特定事業所加算Ⅰ・Ⅱに該当する事業所においては定例会議が義務化されていますが、どの事業所でも会議を定例化することが重要です。

定例会議は週1回（60〜90分）とし、情報の共有（利用者（家族）情報、事業所・医療機関、行政通知、地域情報など）、新規・更新ケースの事業所内検討およびケアプランチェック、ミニ研修（座学、模擬演習、OJTなど）を行います。

● 事業所カンファレンス

利用者が契約している主体は居宅介護支援事業所であり、ケアプランや支援計画は事業所として責任を持つものです。新規・更新ケースのケアプラン検討はもちろんのこと、支援困難ケース・多問題ケースなどのケアマネジメントについて協議を行い、必要に応じて複数担当やサービス担当者会議への支援、地域包括支援センターへの協力依頼などを話し合います。

● 事例検討会

事例検討会はケースメソッドの1つの手法であり、人材育成の視点から年間の計画を立てて行います。とかく支援困難テーマ（例：認知症、看取り、認認介護、息子虐待）を取り上げがちですが、新人向けや基本ケースなどの「やさしいケース、軽いケース」も取り上げることで、段階的に継

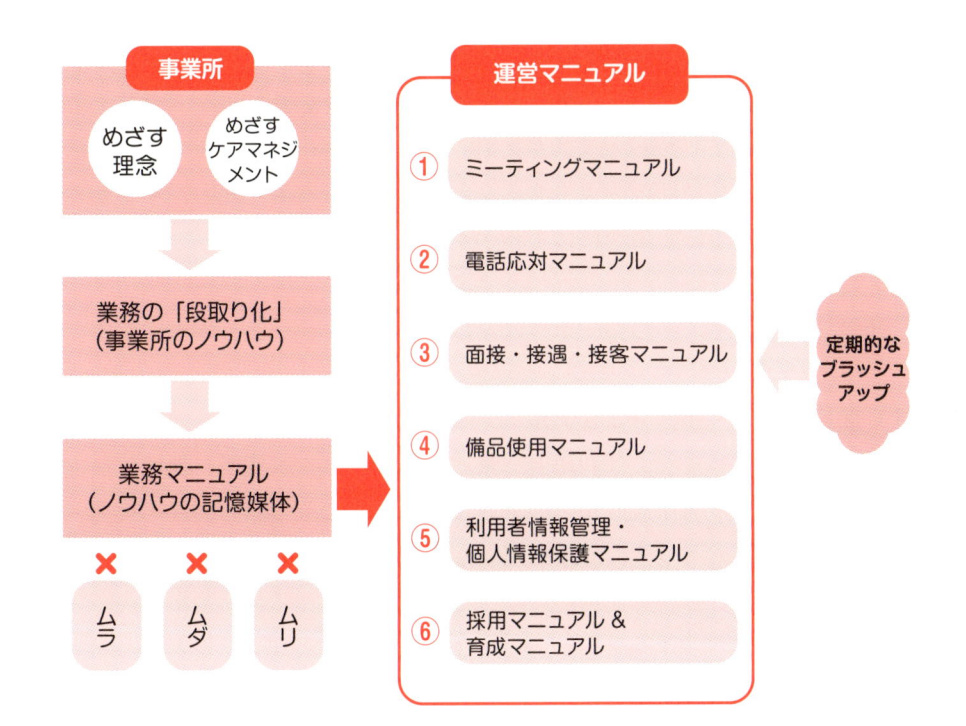

```
┌─────────────────┐           ┌─────────────────────────┐
│     事業所      │           │     運営マニュアル       │
│ ┌─────┐ ┌─────┐ │           │                         │
│ │めざす│ │めざす│ │           │ ① ミーティングマニュアル │
│ │理念 │ │ケアマネジ│ │           │                         │
│ │     │ │メント│ │           │ ② 電話応対マニュアル    │
│ └─────┘ └─────┘ │           │                         │         ┌────────┐
└────────┬────────┘           │ ③ 面接・接遇・接客マニュアル │ ←──── │ 定期的な │
         ↓                    │                         │         │ ブラッシュ│
┌─────────────────┐           │ ④ 備品使用マニュアル    │         │ アップ  │
│ 業務の「段取り化」│           │                         │         └────────┘
│ (事業所のノウハウ)│           │ ⑤ 利用者情報管理・      │
└────────┬────────┘  ━━━━▶   │    個人情報保護マニュアル│
         ↓                    │                         │
┌─────────────────┐           │ ⑥ 採用マニュアル＆     │
│ 業務マニュアル  │           │    育成マニュアル       │
│(ノウハウの記憶媒体)│          └─────────────────────────┘
└─────────────────┘
   ✕     ✕     ✕
  ムラ  ムダ  ムリ
```

続したケアマネジャー支援を行うことができます。

2) 電話応対マニュアル

　電話は顔が見えないぶん、声や音で相手に「印象」を持たれてしまいます。電話でやりとりする相手は、利用者（家族）、サービス事業所、関係機関などさまざまです。基本は「好感を持たれる対応」です。電話の声や対応には、事業所の印象だけでなく、対応した人の「感情＋体調＋状況」が表れるので、基本のスキルとマニュアルを決めておきます。

● 電話をかける
　・第1声で事業所名と氏名、感謝の言葉を添える
　・要件を伝え相手の返事を待ち、やりとりを行う
　・要件終了時に決まったことを復唱し、感謝を伝えて話を終える

● 電話を受ける
　・第1声で事業所名と氏名を伝える。なお3コール以上となった際には「お待たせしました」と冒頭にお詫びの言葉を添える
　・先方の要件を聞き、メモに控えながらやりとりをする
　・担当者がいない場合は不在を伝え、かけ直しが必要かを確認する
　・要件終了時に決まったことを復唱し、感謝を伝えて話を終える

● 注意する点
　・電話の声はこもりがちなので、メモを取るときも背筋を伸ばす
　・ハリのある大きめの声と笑顔でゆっくりと丁寧に話す
　・やりとりでは「あいづち」を入れて、聞こえている旨を伝える

好感を持たれる対応

感情＋体調＋状況

あいづち

- 居宅介護支援事業所の事務所は比較的狭いので声の音量に配慮する
- 自分で判断できないことには「折り返し電話をいたします」と答える
- 利用者（家族）からの電話が長引く際には、後ほど電話をする旨を伝えるか、後日訪問の約束をするなどの対応を行う。ただし、不安から電話をかけている場合には、相手が落ち着くまでやりとりを続けることもある。

※書店のビジネス本のコーナーにある電話応対マナー集を参考にするとよい。

3）面接・接遇・接客マニュアル

居宅介護支援事業所には利用者（家族）やサービス事業所、地域包括支援センターなどの関係機関からの来訪があります。その際の面接・接遇・接客の対応は事業所全体の印象を左右します。きめ細かい気配りは好印象につながります。来訪者と用件によって次の項目ごとに判断基準を決めておきます。

> 気配りは好印象

- 場所のルール：カウンター、面談室、応接室など
- 履物のルール：下足の場所、スリッパ、靴べらなど
- 什器のルール：茶器・飲料（例：お茶、コーヒー、紅茶など）の選別

4）備品使用マニュアル

事業所にはさまざまな備品類があります。それらの使用のルールを決めることにより、探し物をする時間のムダやストレス、整理整頓のムラを予防することができるだけでなく、効率的な業務分担と備品の共有化が可能となり、仕事をテキパキと進めることができます。

> 備品の共有化

なお、机・本棚・テーブルとコピー機・FAX機・パソコンなどの機器類の配置は「効率的な動線」を意識して決めます。1～2年ごとに模様替えを行うと気分転換などの効果も期待できます。また、事業所備品と個人使用備品との使用分けもルール化しておきます。

> 効率的な動線

● パソコン

パソコンの機能には、「ケアプランや文書などの作成機能、利用者情報管理機能、保険請求機能、Eメールなどの情報伝達機能、仕事の共有化機能」の5つがあります。これらの機能を使いこなすために、事業所としての使用ルールを決める必要があります。また、そのことは個人情報保護対応に直結することになります。

> 個人情報保護対応

- パソコンの使用ルール（例：使用時間の予約、利用者別ファイル管理、各種照会状・案内状・問い合せなどの書類作成、バックアップ、USBなど記憶媒体の使用、パスワードおよびログの管理など）

● コピー機、FAX機

- コピー機の使用ルール（例：使用時間、使用枚数、片面・両面コピー

対応、失敗コピーの裏紙使用、トナー交換タイミング、シュレッダーにかける書類の判断、メンテナンスなど）
・FAX機の使用ルール（例：宛先別の挨拶書式、ケアプランなどの書類の照会書式、サービス担当者会議の日程調整書および案内状、サービス担当者への照会依頼書式、誤送信・誤受信対応など）

●文房具、事務用デスク、事務用本棚、事業所車両
・文房具類の使用ルール（例：ペン・マジック・ホチキス・テープ・カッター・クリップ・クリアファイル類の使用など）
・事務用デスクの使用ルール（例：事務用品、利用者情報、通知類、鍵の管理など）
・事務用本棚の使用ルール（例：介護保険通知ファイル、訪問・通所などサービス事業所ファイル、福祉用具・住宅改修のパンフレット・カタログ類、クリニック・専門医ファイル、連携する専門機関一覧ファイル、研修会回覧資料ファイル、市町村エリアマップなど）
・事業所車両の使用ルール（例：車両別の鍵の管理、使用時間管理、燃料管理、交通事故対応など）

●掲示板・ボード
　日常業務の連絡や運営基準の閲覧、週間・月間予定、各自スケジュールの掲示などに掲示板やボードはとても役に立ちます。専任・兼任、常勤・非常勤など勤務スタイルがさまざまでも「情報の共有化」を行うための使用ルールを決めます。
　掲示する項目には以下のものがあります。
・運営基準必見掲示ボード（例：厚生労働省や自治体などの運営基準などの情報）
・日常業務連絡ボード（例：ケアマネジャーの行動把握など）
・月間予定表ボード（例：事業所定例会議、サービス担当者会議など）
・重要連絡用ボード（例：利用者の緊急事態、苦情・クレーム、感染症発生など）
・学習・研修会ボード（例：新聞・雑誌の切り抜き、研修会のチラシなど）

5）利用者情報管理および個人情報保護マニュアル

　個人情報保護法は利用目的に沿った活用をうながすものであり予防的意味合いが強い法律です。居宅介護支援事業所が管理する利用者の個人情報は、個人情報保護法で示される「きわめてセンシティブ（機微な）」個人情報であり、慎重な取り扱いが求められます。
　目的外使用によるプライバシー侵害や生命・財産などの権利侵害などのトラブルや民事訴訟にいたらないために、事業所として「個人情報保護マ

ニュアル」を作成しておくことは必須です。

● **取り扱う個人情報の種類**

居宅介護支援事業所が取り扱う個人情報の種類には以下のものがあります。

・利用者情報（要介護認定情報、アセスメント情報、ADL・IADL情報、病疾患および治療情報、生活歴、家族構成および家族歴、暮らしの情報、間取りなどの家屋内情報、近隣情報など）
・利用者家族情報（家族の意向、家族歴、生活情報、就労情報など）
・サービス事業所および専門機関にかかわる情報など
・近隣の人間関係、ボランティアなどのかかわりなど

なお、居宅介護支援の契約書および要支援高齢者の利用者基本情報シートには個人情報の利用目的と共有の方法が明記されています。これらを口頭だけでなく明示された文面を示し説明を行いましょう。

● **個人情報保護マニュアルのポイント**

個人情報保護マニュアルは次の7つの内容で構成します。

・利用者情報の入手の手順
・利用者情報の管理の流れ
・利用者情報の活用（ケアマネジメントにおける利用者情報の共有化）の方法
・利用者情報の開示請求にともなう手順
・利用者の個人情報の事故（例：漏えい、紛失、誤用、虚偽使用）への対応
・利用者の個人情報保護に必要な契約書（合意書）および申請書などの各種書面
・職員などの個人情報（例：現住所、電話番号、生年月日など）の管理と対応

※参考書籍：高室成幸（2006）「介護事業者のための個人情報保護ガイドブック」（中央法規出版）

● **ケアマネジャーの採用・退職時の対応**

ケアマネジャーは利用者（家族）の個人情報を直接入手し、他のサービス事業所に提供する立場にいます。膨大な個人情報の取り扱いの「誤り」（例：漏えい、紛失など）は、事業所の信用に<u>致命的な打撃</u>となることも想定されます。

居宅介護支援事業所のリスクマネジメントの意味合いとケアマネジャー本人の自覚をうながす意味でも、採用時の個人情報保護の研修と誓約書の作成は必要です。ケアマネジャーの退職に際しても「この事業所で知り得た個人情報」の内容については一切他言・使用しない旨の<u>誓約書・覚え書</u>

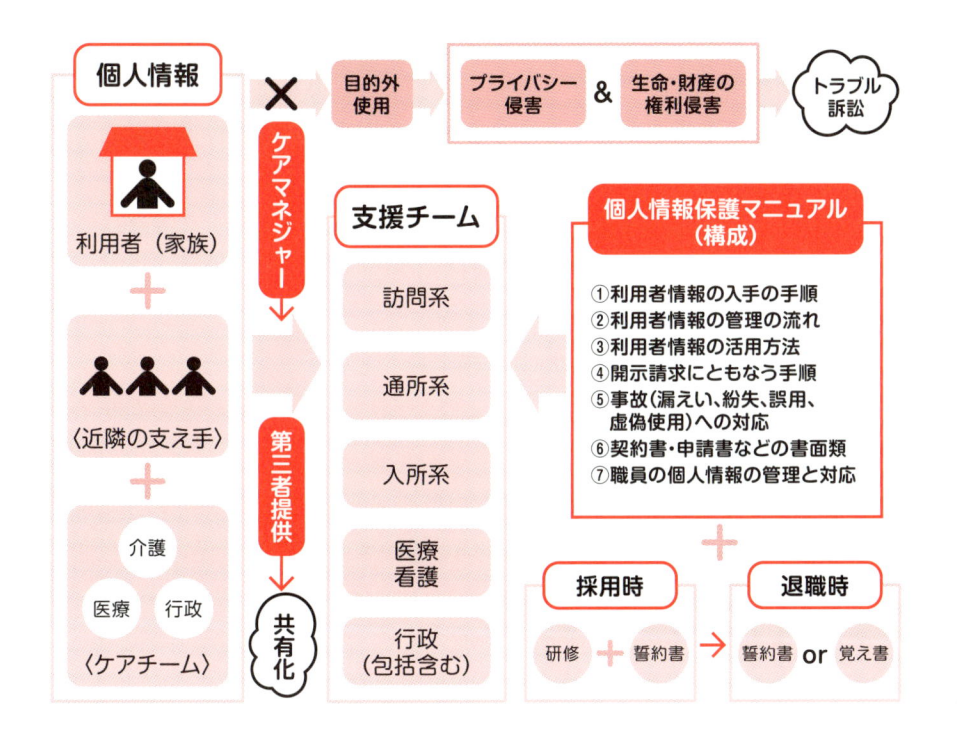

きを交わすことが重要です。

6）新人・中途面接採用マニュアルおよび育成マニュアル

新人・中途面接採用マニュアルは第5章の第1・2節を参考にマニュアル化を行いましょう。マニュアル化にともない、現在行われている面接採用および育成プログラムをもとに明文化を行います。現在作成していない場合は話し合いを行い、明文化できるところから始めるとよいでしょう。

2. ケアマネジメント・マニュアルのポイント

ケアマネジメント・マニュアルとは、事業所の理念を業務に具体化した「基本スタイル」であり、事業所の「合意点」、さらには「到達点」を示すことでもあります。

業務の基本的流れの理解と行動がいかなる人によっても「同じ」ということはとても重要なことです。なぜなら事業所内のケアマネジャーによってやり方がバラバラ（例：月1回のモニタリング訪問の時間と内容、サービス担当者会議の進め方）では、利用者（家族）や連携するサービス事業所、専門機関、地域包括支援センター、地域資源に戸惑いが生まれ、相手からの信頼を失うことにもなりかねません。また、基本スタイルを先方に示すことで「連携のルール」を調整することができます。

1）ケアマネジメント・ステップマニュアル

ケアマネジメントのプロセスは新規の利用者と引き継ぎの利用者で異な

ります。第2章のケアマネジメント・サイクルを参考に業務の流れをマニュアル化します。マニュアル化のポイントは、厚生労働省の運営基準に配慮しながら、「○○居宅介護支援事業所は〜のレベルを行う」という独自の基準を決めます。

- ケアマネジメントにおいて必ず行うこと（守ること）
- 利用者（家族）への傾聴・情報収集・アセスメント、説明・提案・確認・同意および協力を依頼すること
- 連携先に説明・提案・協力・依頼すること
- 注意すべきリスクマネジメントおよび緊急時や災害時などのクライシスマネジメントで行うこと

以上について、わかりやすい表現を使い、読みやすくつくります。必要に応じて、イラスト・地図・写真などを使います。

2）苦情対応マニュアル

いかなる苦情も初期対応がとても重要です。そのため苦情対応をマニュアル化し、どの場面であっても冷静で適切な対応ができるようにします。防災訓練のようにマニュアルにもとづく「**苦情対応訓練**」などを定期的に行うことで、より実践的な質を確保することができます。

苦情対応には3種類があります。

- 利用者（家族・親族）からの苦情
- サービス事業所、医療機関などからの苦情
- 近隣および地域団体からの苦情

多くは電話で第1報が入ります。はじめから苦情と決めつけず、先方の主旨が「問い合せ・確認・相談・調整」なのか、「不安・不満・不信・非難」なのかを確認します。

多くの場合、先方は謝罪ではなく、納得のいく説明や回答を求めているものです。あわてることなく次のステップで対応しましょう。

- **第1ステップ**…取り乱すことなく冷静に事実に注目して、「5W1H」＋「1W（Wish：願い）＋1R（Result：結果）」を丁寧に聴き取ります。必要に応じて質問し、内容を整理します。その際、うなづき、**反復話法**（相手の話やキーワードをそのまま反復する）を行うだけでも、「聞いてもらえている」という印象が伝わり、先方の怒りや不安な気持ちを落ち着かせる効果があります。
- **第2ステップ**…状況と原因・背景が理解できたら、内容に応じて説明・謝罪・回答を行います。勘違いや行き違い、思い込みなどにはわかりやすい説明で応じます。はっきりとしたミスがわかったときには「誠に申し訳ありません。ご迷惑をおかけしました。」と謝罪します。状況が不明確な場合には「では、本人（事業所など）に確認をいたし

```
苦情対応

利用者 ─┐
家族   ─┼→ 第1報 →整理→ 問い合せ／確認／相談／調整
介護医療─┤              → 不安／不満／不信／非難
近隣民生委員─┘
                ↓
        ┌─第1ステップ─────┐   ┌─第2ステップ─────────┐
        │   5W1H          │→①→ 勘違い／行き違い／誤解
        │ Wish(願い)＋    │       ↓
        │ Result(結果)    │   経緯・事情・内容の説明
        │                 │→②→ 誤り(ミス)／不備／不足
        │ 傾聴技法        │       ↓
        │〈共感、反復、要約、│     謝罪 → 即対応
        │ うなづきなど〉    │
        └─────────────────┘
```

　まして折り返しご連絡をします。」と回答します。

　なお、本章の第5節を参考に、あらかじめテーマごとに予想される苦情・クレーム別の対応マニュアルをつくっておくと「あわてず・あせらず・気後れせず」に対応することが可能となります。

3）緊急時対応マニュアル（介護事故、認知症、災害時など）

　緊急時とは「特別な状況」であり、頭でいろいろと考えて行動すると迷いやミスが生じる場合があります。マニュアル化するプロセスで、緊急時を想定した事業所の動きをイメージ化することが大切です。緊急通報は利用者（家族）とサービス事業所、地域・近隣、地域包括支援センターなどから入ります。その際に「○○の状況では、連絡先は〜に行い、即座に〜で打ち合わせを行い、〜の動きをとる」と事前に決めておくことで、素早くムダのない動きがとれます。

　想定される緊急時には次のものがあります。

- 介護事故：転倒、転落、骨折、意識不明、溺水、誤嚥、交通事故など
- 認知症など：徘徊、行方不明、奇声、失火、不在確認、安否確認など
- 災害など：火事、地震、洪水（水害）、積雪、山崩れ、土砂災害、孤独死など

マニュアル化する項目には次のものがあります。

- 連絡が入る（事実を知る）段階での確認事項
- 関係機関にテーマ別での連絡方法・連絡内容・協議内容
- 連絡後にとるべき処置とその対応

> あわてず・あせらず・気後れせず

ここ数年、東日本大震災やゲリラ豪雨など、自然の猛威による大災害が頻繁に起こっています。その際の安否確認、避難場所の確認と移動手段の確保、ライフライン（例：食料、水、電気、ガス）の確保、介護サービス対応（例：排泄、食事、移動、入浴など）、医療対応（例：薬品・医療機器などの確保）などについて、対応する連携先（例：町内会・自治会、消防団、消防署、病院、薬局、介護サービス事業所、施設など）と打ち合わせし、居宅介護支援事業所としてのマニュアルだけでなく、個々の利用者ごとの<u>緊急避難マニュアル</u>を作成することが必要です。

> 緊急避難マニュアル

　なお、孤独死（自死含む）については、事件性が疑われる場合があるので、警察署に協力して対応することとなります。

4）権利侵害、虐待ケース対応マニュアル

　要介護高齢者をめぐっての生命・財産にかかわる権利侵害、虐待にかかわる事態が増えています。具体的には、介護放棄、暴力、暴言、脅し、拘束などがあります。これらに、家族や親族などが深くかかわっている場合もあり、成年後見人（血縁後見含む）による権利侵害事件（例：預金の使い込み、土地の資産の売却）も増えています。

　これらの対応は居宅介護支援事業所の立場でできることには限界があります。地域包括支援センターに相談を行い、地域ケア会議において専門職からのアドバイスなどを受けたり、他の行政専門機関が入った虐待対応チームの一員として対応することになります。対応マニュアルには、連携する介護サービス事業所や医療機関、地域包括支援センター、地域などとの連携の内容（例：緊急のサービス担当者会議開催、協力要請など）を具体化しておきます。

　項目別では次のものが想定されます。
　○高齢者虐待（例：老夫の虐待、同居する息子・娘による虐待など）対応
　○消費者詐欺（商品購入、リフォーム、送り付け、勧誘など）にかかわる対応

> 金銭被害
> 財産侵害

　○<u>金銭被害</u>、<u>財産侵害</u>にかかわる対応
　○支援困難事例（接近拒否、サービス利用拒否など）にかかわる対応
　マニュアル化する項目には次のものがあります。
　　・連絡が入る（事実を知る）段階での確認事項
　　・関係機関にテーマ別での連絡方法・連絡内容・協議内容
　　・連絡後にとるべき処置とその対応

5）スケジューリングマニュアル（1日、1週間、1ヵ月間、1年間の業務の流れ）

　ケアマネジメント業務（例：新規ケース、サービス担当者会議、月1回

の訪問、請求業務）で必要となる時間は「持ち件数」と「新規・継続ケース」によって大枠は決まりますが、ケアマネジャーの勤務スタイル（専任・兼務、常勤・非常勤）によって「使える時間量」は異なります。そして業務が不慣れな新人や支援困難ケースでは、必要となる時間は1.5〜2倍近くになることがあります。

　多くの業務を「1日、1週間、1ヵ月」の視点から整理し、どの業務をどの時間枠に「はめ込んでいくか」がポイントとなります。

　以上の業務を「見える化」するためには、「手帳」を活用するとよいでしょう。記入した項目を色マーカーで色分けするだけで、ひと目で予定を把握することができます。また付箋を使い「今日やるべき6項目」などを書き、達成するごとに消込みをするという方法もあります。

- 1ヵ月：ひと月を4週間で分け、1週ごとに「中心業務」を決めます（新規ケース対応、利用者モニタリング、事業所モニタリング、サービス担当者会議、報酬請求業務、多機関連携業務、研修・情報収集業務）。
- 1週：週間予定（利用者訪問、サービス担当者会議、事業所訪問、新規ケースなど）を3週間先までつける習慣をつけましょう。
- 1日：1日をマネジメントするためには、仕事だけでなくプライベート（早朝、夜、家族）の時間も含めてトータルに考えます。午前（例：朝礼、電話対応、利用者訪問）、午後（例：利用者訪問、記録、サービス担当者会議、アポイントのための電話タイム）など、時間に「区分け」を行います。

レッツ チャレンジ！

- ☐ 事業所がめざすケアマネジャー像とマネジメントを文字化しよう
- ☐ だれもが共有化できる事業所運営マニュアルをつくろう
- ☐ 人材育成のテキストにもなるケアマネジメント・マニュアルをつくろう

第4節 メンタルマネジメント
～ストレスとモチベーションのマネジメント～

☐ ケアマネジャーにとってメンタルマネジメントはなぜ必要か

　ケアマネジャーは利用者本人の「自立（自律）した望む生活」を支えるために、サービス事業所やインフォーマル資源などをコーディネートする立場にあります。ケアマネジャーは次の4つの技術を駆使してケアマネジメントの仕事に取り組みます。

- カウンセリング（相談、傾聴）手法やバイステックの7原則にもとづいた相談援助技術（<u>直接援助技法</u>）
- コーディネート（調整、交渉）手法を用いた連携・調整技術（間接援助技法）
- ファシリテーションという手法を用いたチームワーク技術（<u>間接援助技法</u>）と会議の進行技術（間接援助技法）
- コミュニケーション（話す・聞く、書く・読む、身振り・表情など）の手法を用いた関係づくりの技術（直接援助および間接援助技法）

　これらはいずれも「頭（論理）と心（感情）」をフルに活用しなければならない、かなり「ハード」な仕事です。身体の健康だけでなく心の健康が維持されていなければ、十分に力は発揮できません。だからこそ、相談援助職には「メンタルマネジメント」が必要になってくるわけです。

こころの健康とからだの健康

　仕事が忙しい、精神的に追いつめられている、もしくはストレスがたまっている状態が継続すると「<u>こころの健康度</u>」は低下します。同時に、疲れやすい、身体がだるい、体調が悪い（例：痛み、痺れ、冷え、微熱、胸やけ、便秘）などの「<u>からだの健康度</u>」も低下します。そして、疲労感や倦怠感、体調の異常は「こころの健康度」に悪い影響をおよぼし、結果的にケアマネジメントの仕事に影響することになります。

ケアマネジメントの「4つの技術」

| カウンセリング
相談面接技術
（直接援助技法） | コーディネート
連携・調整技術
（間接援助技法） | ファシリテーション
会議の進行技術
（間接援助技法） | コミュニケーション
関係づくりの技術
（直接・間接援助技術） |

からだの健康度 ← 頭と心（論理）（感情） → こころの健康度
影響　　　　　　　　　　　　　　　　　　　　　影響

「メンタルマネジメント」の必要性

多様なクライアント（利用者・家族）← 感情労働（表層演技／深層演技／パーフェクトスマイル）→ ストレス過多 → 感情麻痺／心的感覚麻痺 → 燃え尽き症候群（バーンアウト）

ケアマネジメントと感情労働

　従来、労働のスタイルとは肉体労働と頭脳労働の2つのみとされてきました。

　ところが顧客に直接かかわる販売業やもてなし（接客）を主とするサービス業など「人を相手とする仕事」は、いずれの範疇に入るものではなく、1990年代に入って「感情労働」と定義されました。

　感情労働の特徴に<u>パーフェクトスマイル</u>があります。たとえクライアント（顧客）に対して負の感情（例：怒り、苛立ち）を抱いたとしても、みずからの感情をコントロール（自己抑制）し、いかなるときであっても「笑顔」で接することが感情労働では求められます。

　そのために感情労働者は、<u>表層演技</u>（外面：表情、言葉使い、身振りなど）と<u>深層演技</u>（内面：感情、思い、イメージなど）を使い分けてクライアントに向き合うことになります。

　しかし「感情」を使うために心的疲労度やストレスは激しく、それらがコントロールできないほどにストレス過多になると、みずからを感じなくさせる（<u>感情麻痺</u>）、事務的・機械的に仕事をこなす（<u>心的感覚麻痺</u>）状態になるといいます。まさに「<u>燃え尽き症候群</u>」（別名：バーンアウト症候群）がこの状態です。

　看護師には医療機器類などを使った看護・治療という身体的な行為があり、介護職には食事・入浴・排泄などの暮らしの援助（ケア）という身体

【感情労働】
　感情労働という考え方は、アメリカの社会学者A. R. ホックシールドによって提唱された。顧客に直接接するサービス業、苦情受付のコールセンターや相談室などがあり、そのもっとも過酷な仕事が看護職や介護職であるとした。

パーフェクトスマイル

表層演技

深層演技

感情麻痺

心的感覚麻痺

燃え尽き症候群

的行為があります。

しかし、ケアマネジャーのような相談援助職者はコミュニケーション手法のみで利用者（家族）の思いに共感的に「寄り添う」ことになります。利用者（家族）からは、時に人生や家族、過去に対する後ろ向きな思い（恨み・怒り・あきらめ・後悔など）やこれからの暮らしへの不安や戸惑いなどをぶつけられることもあるでしょう。

まさに「頭と心」しか使えない相談援助職であるケアマネジャーは「感情労働」のなかでももっとも過酷な現場にいるのです。

ケアマネジャーが抱えるストレスは、利用者（家族）が「拒否的、反抗的、依存的、自虐的、自罰的、絶望的」である支援困難ケースでは極度に高まります。しかし、これらの支援困難ケースであっても、パーフェクトスマイルを守ることが前提なのです。ところが内面は利用者（家族）に「不信、不安、怒り」を抱き、自分自身には「不全感、無力感、罪悪感」を抱いてしまうことになります。

相談援助に「感情機能」を使うからこそ、利用者（家族）の「感情的な言動や行動」に過敏・過剰に反応してしまうことになります。まさに極度の対人ストレスが、感情労働者としてのケアマネジャーの人格と心理を蝕むこととなります。

ケアマネジャーのストレスマネジメント

ストレスマネジメントとは、やみくもにリラックスすることではありません。自分が「何にストレスを感じるか」「なぜストレスを感じるか」「ストレスを感じるとどうなるか」「ストレスにならないためにはどうすればよいか」を知り、自己をコントロールできるようになることです。

自分自身のストレスマネジメントは「仕事の質」（QOW：クオリティ・オブ・ワーク）そのものに影響します。

1. 自分が「何にストレスを感じるか」を知る

相談援助職のケアマネジャーが対人ストレスを抱える理由は、その対象となる利用者（家族）が「ストレスフル」な状態にいるからです。ではケアマネジャーはどのような対象に対し、どのようにストレスを感じるのでしょうか？

＜利用者へのストレス：例＞
・なぜAさんは、自分の本音を家族に話そうとしないのか？
・なぜBさんは、このようなひどい生活を仕方ないとあきらめるのか？
・1人暮らしのCさんは、いつか孤独死をしてしまうかもしれない

<家族・親族へのストレス：例>
- なぜここの家族たちは自分の都合ばかりを言ってくるのか？
- なぜこの長男は、自分は介護をしていると嘘をつくのか？
- なぜ他の家族は近隣にいるのに、まったくかかわろうとしないのか

<ケアチームへのストレス：例>
- Aさんの家族からヘルパーへの苦情を聞かされた。どのように伝えようか？
- Bさんが通所介護をまたドタキャンした。あそこは嫌だと言い張っている。事業所にどのように伝えようか？
- Cさんの家族がお願いしたとおりにショートステイの事業所は対応してくれているだろうか？

<自分自身へのストレス：例>
- またAさんの長女から一方的にクレームをつけられた。こちらの事情も理解しない相手に、なぜ私が謝らなければいけないのか？
- なぜBさんは私に心を開いて本音を話してくれないのか？
- Cさんの担当は私じゃないほうがいいのではないだろうか？

<事業所・法人組織へのストレス：例>
- 法人本部は現場の悩みや困りごとを聞かない、フォローしてくれない
- 退職者が出ても補充をしてくれない。やっと入った新人への教育に無関心である
- 少人数体制で残業が続いているうえに残業代が認められない

2. 自分は「なぜストレスを感じるか」を知る

ストレスを感じるポイントは、対応の仕方がわからない、対応が遅れてしまった、対応次第でさらに悪いことになるのではないかと思ってしまうなど、ケアマネジャーそれぞれによって異なっています。それは対人関係においても共通しています。一方のストレスは相手のストレスであることも多く、ストレスの「共鳴」が起こっています。同じことはケアチーム間、事業所間だけでなく利用者（家族）間でも起こっています。

そのストレッサー（ストレスの要因）がなぜストレスに感じるのでしょうか？

<人格・性格：例>
- テキパキした人はノンビリした人にイライラする
- 自己主張が強い人は自分を主張しない人のことを理解できない
- 慎重な人は楽天的・楽観的な人が苦手である
- きれい好きの人は散らかっていても平気な人を理解できない

ストレスの「共鳴」

ストレッサー

<信条・価値観：例＞
- 約束を大切にする人は時間やルールを守らない人にストレスを感じる
- 家族は大切にすべきと思う人は家族をないがしろにする人に怒りを感じる
- 親切・感謝を大切にする人は感謝をしない人を信じられない

<仕事観、働きぶり：例＞
- 仕事が丁寧な人は雑な仕事の人にストレスを感じる
- 人生を賭けて働いている人は生活のために働いている人と相容れない
- 自分の思いで自由に働きたい人はルール・制度を厳密に守る人の働き方を嫌い、ストレスを感じる

<仕事力のレベル：例＞
- うまく話せない人は話が上手な人に引け目を感じてストレスになる
- 実務能力がない人は仕事ができる人に引け目とストレスを感じる
- 自分の能力を正当に評価してくれない上司にストレスを感じる

3.「ストレスを感じるとどうなるか」を知る

　ストレスを感じるとどうなるか（現れ方）は、個人によってかなり違いがあります。身体面での現れ方、心理面での現れ方、人間関係での現れ方、生活習慣での現れ方などを把握しておくと、早めの対応が可能になります。

<身体面：例＞
　頭痛、歯痛、胃痛、肩こり、下痢、頻尿、不眠、倦怠感など

<心理面：例＞
　怒りっぽい、イライラ、悲しい、自己嫌悪、暴力的、乱暴な言葉づかい、自罰的、暗いなど

<人間関係：例＞
　引きこもり、反発的、反抗的、挑発的、依存的、拒否的、内向的など

<生活習慣：例＞
　生活リズムの乱れ、昼夜逆転、着衣の乱れ、部屋が散乱、過食・拒食、飲酒の増加、衝動買いなど

　ここで注意しなければいけないのは、ストレスが過度になってしまう燃え尽き症候群とプチ燃え尽き症候群です。

●燃え尽き症候群

　燃え尽き症候群は「バーンアウト症候群」とも呼ばれ、職務上のストレスが持続することにより起こる「心の衰弱状態」です。具体的には、意欲の喪失、情緒の不安定、対人関係の忌避および不和、仕事や人生への慢性的不満、将来への悲観、仕事能力の低下、出社拒否、職務怠慢などの行動

をとります。また過度な消費やアルコールへの依存、家庭不和などにいたり、結果的に職場放棄、退職・失職を招き、最悪は失踪や自死にいたる場合もあるとされています。

職種別には、社会的モラル水準が高く、仕事への貢献が美徳とされる職種（例：教師、医師、看護師、公務員、中間管理職など）が陥りやすく、社会福祉士などソーシャルワーカーやケアマネジャーも含まれます。

● **プチ燃え尽き症候群**

この症状は、燃え尽き症候群の前の段階にあり、事前に把握することで予防することができます。その特徴には次のようなものがあります。

- 第1段階：イライラ、不平不満、拒否的態度、権威的・指示的態度
- 第2段階：忙しそうにする、休みがちになる、怒りの感情が多くなる、乱暴な言葉をつかう
- 第3段階：身体に症状（だるい、眠い、過食）として表れる

このようなプチ燃え尽き症候群になりやすい人には次のような特徴があります。

- 仕事のし過ぎ、のめりこみになりがちな人（仕事にしか熱中できない人、人生を賭けて仕事をしている人）
- 自分のケアを後回しにしたり棚上げにする人（休まない・休めないことを美徳としている人）
- 自分と他人を比較して、その境遇の違いや不運を嘆く人（自己肯定感が低い人）
- 理想ばかりが高く厳しい現実を受け入れられない人、現実と折り合いをつけることができない人（理想と現実のギャップが大きい人）
- 責任感・使命感で自分を追いつめてしまう人（周囲を信頼できない、周囲に頼れない人）

4. 「ストレスにならないためにはどうすればよいか」を知る

ストレスマネジメントもプロの大切な仕事の1つです。ストレスとは「理想とする姿・期待する環境」と「現実の姿・環境」のズレから生じます。そこには、その現実を受け入れられない・認めたくない「あなたの主観」があります。その主観も「受けとめ方」によっては「善玉ストレス」にも「悪玉ストレス」にもなります。

- 善玉ストレス…意欲的になる、前向きになる、がんばりのきっかけ・動機づけになる
- 悪玉ストレス…弱気になる、後ろ向きになる、気が滅入るきっかけになる

まず、過去のあなたのなかで善玉ストレスになったこと（例：趣味の練

習、資格勉強、子育てなど）を思い出してみましょう。そしてあなたの中の悪玉ストレスを思い出し、セルフアセスメントしてみましょう。どうやれば善玉ストレスになるのか、どうやれば理想と現実の「折り合い」をつけることができるのか。その手がかりを知っているのは「あなた自身」なのです。

1）自分の「タイプ」を知る…「自覚（自己覚知）する」

ストレスを感じるのは「あなた」です。同じ出来事も隣りにいるAさんにとっては、ストレスにも感じないということはよくあることです。ストレスに感じてしまう「あなたというタイプの人間」を知ることで、あなたが感じる「ストレスのパターン」を知ることができます。それはあなた自身を自己覚知（自覚）するプロセスにもなります。

- 性格：○○な性格の人にストレスを感じる（例：自分とは対極の性格、似たような性格）
- 体力：体力が続かない（例：体力の低下、疲れやすさ、過度な疲れ、疲れの持ち越し）
- 体調：体調が悪い（例：だるさ、痛み、痺れ、眠気、かゆみ、ほてり、むくみ、目がかすむ）
- 価値観：大切にする基準が違う（例：規律と自由、慎重と挑戦、冷静と活発、個性と気くばり）
- 育ち方：生活習慣の違い（例：きれい好きと整理下手、おしゃれと無頓着、派手と地味、豪勢と質素、浪費癖と倹約癖）
- 考え方：考え方のクセ（例：楽観的、積極的、悲観的、理屈っぽい、神経質、慎重）
- 経験：経験がないので理解できない、予測できない、対応がわからない（例：就労と失業、健康と病気、結婚と未婚）
- 関係：関係づくりが好き・苦手・面倒（例：家族、親族、友人、職場、サークル、利用者）
- 能力：仕事力のレベル（例：アセスメント力、実務力、文章力、調整力、会議力、プレゼンテーション力）
- 資格：資格の有無と内容（例：介護系、福祉系、医療・看護系、リハビリテーション系）
- 家族：家族の状況（例：既婚・未婚・離婚、同居、近居、人数・構成、健康状況、家族の仲）
- 家計：家計状況（例：余裕、ギリギリ、きびしい、逼迫、赤字）

2）「ありのままの自分」を肯定する

ストレスの原因の1つに「自分への過大評価」があります。「こんなはずじゃない」「もっと私はできるはずだ」と心のなかで自己否定と自己批

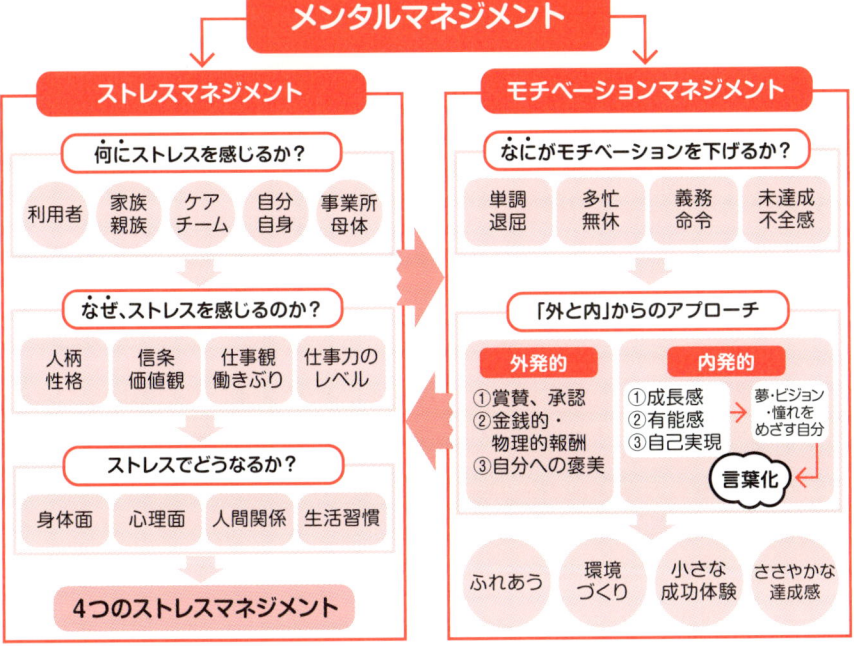

```
                    メンタルマネジメント
          ┌──────────────┴──────────────┐
   ストレスマネジメント              モチベーションマネジメント
   ┌──────────────┐              ┌──────────────────┐
    何にストレスを感じるか?          なにがモチベーションを下げるか?
    利用者 家族  ケア  自分  事業所      単調  多忙  義務  未達成
         親族  チーム 自身  母体        退屈  無休  命令  不全感

    なぜ、ストレスを感じるのか?         「外と内」からのアプローチ
                                    ┌─────┬─────┐
    人柄   信条   仕事観  仕事力の     外発的      内発的
    性格  価値観 働きぶり  レベル    ①賞賛、承認   ①成長感   夢・ビジョン
                                  ②金銭的・    ②有能感  ・憧れを
                                   物理的報酬   ③自己実現  めざす自分
    ストレスでどうなるか?           ③自分への褒美
                                                   言葉化
    身体面  心理面  人間関係 生活習慣
                                    ふれあう  環境    小さな   ささやかな
                                          づくり  成功体験   達成感
     4つのストレスマネジメント
```

判を繰り返しながら仕事にまい進する姿は、時として痛々しいものです。自分勝手で自己中心的ながんばりと振る舞いは、周囲に異和感をもたらし、場合によっては人を傷つけていることさえあります。

　まずは、いたらなさや不十分さもふくめて「自分を肯定する」ことです。周囲（例：上司、同僚、利用者（家族））に自分のがんばりを認めてもらうことを求めるのではなく、あなた自身が自分のがんばりを認めることです。そして自分の心のなかに「自分を認め自分を肯定する」もう1人の自分をつくることです。自らを「動機づけ、ほめて、励ます」自分をつくり、その自分を「友人」として語らう時間を持ってみましょう。

3）「多面的な自分」を見つけ・楽しむ

　燃え尽き症候群の多くは職務上のストレスから生じるといわれていますが、私たちは「仕事の顔」だけで生きているわけではありません。「一職業人」としての自分ばかりでなく、「多様な顔を持つ自分」を見つけ・楽しむことで、1人の人間としての幅と奥行きが生まれます。

　例えば40代の子育て中の女性のケアマネジャーも、家庭では「妻の顔、母の顔、嫁の顔」があります。実家では「娘の顔、姉・妹の顔」があるでしょう。地域では「町内会役員の顔」、PTAでは「親の顔、役員の顔」があり、趣味サークルでは「仲間の顔」があり、同窓会では「幼なじみの顔、友達の顔、クラブの顔」などがあります。それぞれの顔を楽しむくらいの余裕があなたを豊かにしてくれます。

　仕事と家庭がきれいに整理されている、仕事と家庭に「距離感」を持っ

ているからこそ、家庭や趣味の場が「ホッとする場、癒される場」になるのです。仕事モードを家庭に持ち込むことは、家族にとってはかなりのストレスなのです。

人間としての「器」 　専門性や仕事の能力のみに人は信頼を寄せるわけではありません。<u>人間としての「器」</u>にこそ本当の信頼が寄せられるのです。

4）心に「クッション（緩衝材）」をつくる

ストレスと上手に付き合うためには、ストレスを聞いてもらえる人をつくるかストレスから解放される（気持ちを切り換える）環境をつくるか、**心のクッション** どちらかです。それを「<u>心のクッション</u>」といいます。クッションはあなたの疲れた心をやわらかく包んでくれます。クッションとなるいくつかの例を挙げてみます。

- ・友人・知人：幼なじみ、地域の知り合い、子どもを通じた親友達など、仕事から離れた関係は利害関係もなく気楽に付き合えます。
- ・同僚・仲間：同じ職場の気の合う仲間だけでなく、以前の職場で気の合った仲間などとも関係は続けましょう。転職した今だからこそ語り合えることがあります。
- **ロールモデル** ・先輩・上司：先輩・上司とは転職などをしても長く付き合うことで仕事上の「<u>ロールモデル</u>」（お手本）を身近に置くことができます。専門職や管理職としての悩みやストレスに具体的なアドバイスをもらえるでしょう。
- ・家族：家族は気分転換させてくれるパートナーです。ペットなども家族の一員としてのパートナーといえます。
- ・趣味：趣味を持つことで気分転換だけでなく、あらたな能力や仲間との楽しみ（例：旅行、食事会、ドライブ）を持つことができます。趣味にも、創作系、スポーツ系、鑑賞系、観戦系、収集系などがあります。多様な楽しみを持つことがポイントです。
- ・リラックス法：気分を落ち着けてくれるリラックス法は心だけでなく身体を健康にしてくれます。ウォーキング、ヨガ、太極拳、ストレッチ、入浴、エステなどをリラクゼーション手法として試みましょう。

ケアマネジャーのモチベーションマネジメント

モチベーションとは「意欲、やる気、動機づけ」といった意味でビジネスやスポーツの世界でよく使われるようになりました。その理由は3つあります。

- ・いくら優秀な技術を持っていても、意欲・やる気が低下していては本番で実力が発揮できない

- モチベーションアップの技術が職業能力の１つと位置づけられるようになった
- 自分で意欲づくり・やる気づくりをコントロールできない人が増えている

　困難な場面に遭遇しても誰もが落ち込んでいるわけではありません。むしろなんとか乗り越えようと意欲的に取り組みを始める人がいます。意欲は人に伝わり、そして、周囲の意欲を再生させる力を持っています。利用者（家族）が求めているのは、一緒に悩み落ち込む専門職ではありません。同じ目線で考え自信をもってアドバイスをしてくれる高いモチベーションを持った専門職なのです。
　モチベーションを「人柄」ではなく「技術」ととらえることが大切です。

1. モチベーション状態を分析
～何がモチベーションを下げているのか～

　仕事の進行に影響する代表的なモチベーションを下げる要因には次の４つがあります。

- 単調・退屈…目標のチェックもなく、決まりきった刺激のない仕事は、退屈なルーチンワークとなりがちです。
- 多忙・無休…支援経過記録や会議の準備、ケアプラン作成などで残業が続き、休みがとれないと「こなすための仕事」になりがちです。 　　**こなすための仕事**
- 義務・命令…義務的な業務や指示・命令された業務には、選択権がないため「仕方なくやる仕事」になりがちです。 　　**仕方なくやる仕事**
- 未達成・不全感…仕事の未達成（例：記録が山積みで終わらない、やりきれていない仕事がいつもある）、ケースへの不全感（例：ケースにかかわっても状況に改善がみられない）などが続くと自信喪失につながります。

　さらにいま、自分が置かれている「環境」（例：組織、上司、立場、集団、職務、利用者、家族など）を具体的に分析し、モチベーションを低下させている要因を見つけ、対処法を具体的に考えましょう。

2.「外側」と「内側」から行うモチベーション・アプローチ

　モチベーションアップは精神論や根性論ではありません。個人や事業所などで具体的に取り組むことができます。

１)「外側」からのモチベーション・アプローチ
　外側からのモチベーションアップを「外発的動機づけ」といいます。周囲からの賞賛・承認（例：朝礼でみんなからほめられた）、金銭的・物理　　**外発的動機づけ**

的報酬（例：図書券がもらえた、記念品やプレゼントがもらえた）、周囲からの感謝（例：仲間から感謝された）などは、外部から提供されるものですから「外発的報酬」と呼びます。個人やチームの意欲が低下気味でも、外部からこれらの外発的なアプローチを提供することでモチベーションの活性化を図ることができます。

また自分自身に対しては、自分へのご褒美をする（例：プレゼント、旅行、休暇、時間、お小遣い、映画、コンサート）、周囲や家族に役に立つこと（例：部屋の掃除、家族料理、花の活け替え、遊びにつきあう）などを行い感謝されることなどで動機づける方法もあります。

2）「内側」からのモチベーション・アプローチ

内側からのモチベーション・アプローチを「内発的動機づけ」といいます。達成感（例：やりとげると気持ちいい）、成長感（例：相談援助の傾聴がうまくできるようになってきた）、有能感（例：職場の後輩から頼られている）、自己実現（例：めざしていた資格が取得できた）などは、みずからが感じるものであり、「内発的報酬」ともいわれます。

内側からのモチベーション・アプローチの強みは、周囲の環境から外発的報酬が期待できない状況でも、自分を動機づけることが可能なことです。

3）「夢・目標・ビジョン・憧れ・めざす自分」によるモチベーション・アプローチ

現状への危機感は人を強烈に動機づけますが、緊張系のフレーズが多くなり、結果的に追い込むことにもなりかねません。その逆が「夢・目標・ビジョン・憧れ・めざす自分」に着目した「期待感」を基本とした未来志向の手法です。めざす自分（ゴール）を設定し、現状を分析し、何を（課題）、いつまでに（目標、段取り）を決めてポジティブに取り組みます。これを実践するうえでコーチング手法はとても効果的です。

4）「言葉化」によるモチベーション・アプローチ

夢やビジョンをまずはポジティブフレーズ（例：私は〜になる、私は〜できる）にするという「口ぐせ効果」は、気持ちをかなり前向きにさせてくれます。反対にネガティブフレーズ（例：どうせ〜だ、しょせん私は〜だ）は意欲を削ぐだけです。「叶う」の文字を分解すると「口＋十」となるように、1日に10回以上唱えることで脳内の記憶に刷り込まれ、日常の何気ない行動や判断がその実現に向けたものになります。

3. モチベーションアップは「人とふれあう・環境に身を置く・小さな成功体験とささやかな達成感」から始める

モチベーションアップが上手な人は、けっして個人の能力やがんばりだけではなく、周囲の人や環境づくり、日々の生活習慣を上手に活かしています。

1）モチベーションの高い人とふれあう

モチベーションの高い人とふれあうだけでなく、その人の振る舞い・仕事ぶり・歩き方・話し方まで<u>模倣</u>してみるのは効果的です。やがて憧れの人に近づいている自分に気づくでしょう。

模倣

2）モチベーションアップできる環境に身を置く

みずからを外発的な動機づけに満ちた環境に置くことは、すぐにできることの1つです。ケアマネジャー連絡会や団体が行っている研修会、シンポジウム、講演会の場は「新しい知識と技術」を学ぶだけでなく、人脈も広げることができます。さまざまな<u>自主的な勉強会</u>に加わるのも刺激になるでしょう。

自主的な勉強会

また業界雑誌やメールマガジンを購読する、フェイスブックなどで友達のつながりを広げたりフェイスブックのサークルに参加するのもよいでしょう。さらにモチベーションアップをテーマにした本を書店やインターネットで購入する、元気が湧いてくる映画・演劇・音楽にふれる、スポーツ体験や観戦なども効果的です。

3）「小さな成功体験」と「ささやかな達成感」から始める

「やれたらいいな」「やってみたいな」という基準で、まずは生活習慣に<u>ささやかな変化</u>（例：15分前の出勤、朝の笑顔チェック）をつくることから始めましょう。簡単なことから始めて「<u>小さな成功体験</u>」を自信につなげます。「できなかった」自分が「やれている自分」に変化したとき、「<u>ささやかな達成感</u>」がエンジンとなり、モチベーションアップの習慣が身についていきます。

ささやかな変化
小さな成功体験

ささやかな達成感

レッツ チャレンジ！

- ☐ 自分のストレスをアセスメント（なに？ なぜ？ どうなる？ どうすればいい？）してみよう
- ☐ 自分のストレスクッションを考えてみよう
- ☐ 自分のモチベーションアップのスタイルを決めてみよう

第5節 苦情対応

ケアマネジメントにおける「苦情対応」の3つの意味

ケアマネジメントと「苦情」が切っても切り離せない関係にあるのは、利用者の「暮らしへの不満」の改善をケアサービスが担っているからです。「苦情対応」のなかには利用者の権利擁護とケアサービスとケアマネジメントの質的向上の「チャンス」があります。

①利用者の権利を守る

介護保険制度は、利用者と事業者との「契約」でサービス提供が行われています。ところが利用者側には契約内容通りのサービスが提供されているかを確かめる手段が少なく、事業者と比べて「弱い立場」(情報弱者)にあります。苦情対応には、利用者が介護サービスを適切に利用できる権利をケアマネジャーとして擁護する大切な意味があります。

②介護サービスの質の改善・向上をうながす

介護保険制度は運営基準などに準じて事業主体に対して、介護サービスに「一定の水準」を確保することを求めています。しかし運営基準や契約内容通りのサービス提供は基本ラインであり、決して十分ではありません。それが利用者(家族)の「望む生活」を支えることに役に立っているか、利用者の満足度はどうかの視点が重要です。

受け付けた苦情を介護サービスの「改善のきっかけ」としてとらえ、事業者に対してサービスの質の改善・向上をうながす対応を行うことが重要です。

③居宅介護支援事業所運営とケアマネジメントの質の向上を図る

苦情は利用者(家族)や地域だけでなく介護サービス事業者(例:契約解除の希望)からも届きます。ケアマネジメント・プロセスのどこに不十分さがあったのか、何が原因だったかを真摯に振り返り、事業所運営とケアマネジメントの質の向上、介護サービスの質の向上に活かさなければいけません。

```
┌─────────────────────────────────────────────────┐
│            「苦情対応」の3つの意味              │
│  利用者の      介護サービスの    居宅運営と     │
│  権利を守る    質の改善・向上    ケアマネジメントの質の向上 │
└─────────────────────────────────────────────────┘
```

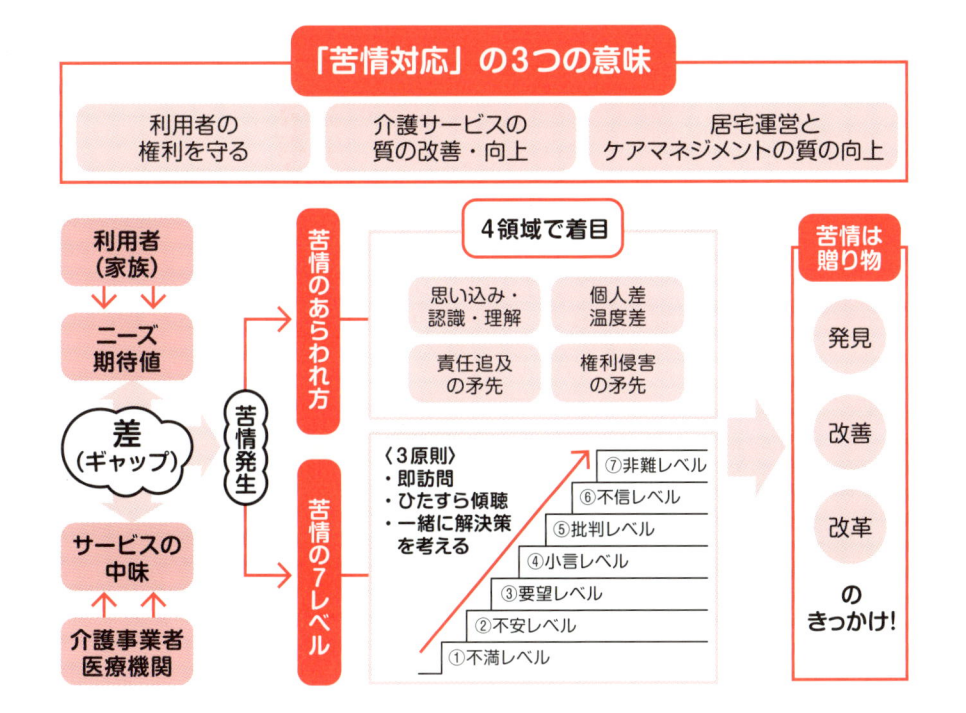

図：苦情対応の構造

- 利用者（家族）⇔ニーズ期待値
- サービスの中味⇔介護事業者・医療機関
- 差（ギャップ）→苦情発生
- 苦情のあらわれ方：4領域で着目
  - 思い込み・認識・理解
  - 個人差・温度差
  - 責任追及の矛先
  - 権利侵害の矛先
- 苦情の7レベル
  - ①不満レベル
  - ②不安レベル
  - ③要望レベル
  - ④小言レベル
  - ⑤批判レベル
  - ⑥不信レベル
  - ⑦非難レベル
- 〈3原則〉即訪問／ひたすら傾聴／一緒に解決策を考える
- 苦情は贈り物：発見・改善・改革のきっかけ！

ケアマネジメントにおける「苦情」のとらえかた

　ケアマネジメントへの「苦情」は、ケアマネジャー本人への「苦情」ではなく、居宅介護支援事業所および介護サービス事業所への苦情としてとらえる視点が大切です。事業所としてのシステム（仕事の流れ）やケアマネジメント業務のバラツキ、利用者本位の姿勢や中立性・公平性からの逸脱といった面から再点検してみましょう。

1. 苦情は「ニーズ・期待値」と「サービスの中味」のミスマッチ

　苦情は利用者（家族）の「ニーズ・期待値」と「サービスの中味」とのミスマッチであり、「差（ギャップ）」です。

<例>
- 訪問介護：ヘルパーがよく変わる、料理や介護が下手、時間に遅刻する、ヘルパーがモノを壊した、相性が悪い、異性が来るのが嫌だ
- 通所介護：送迎の乗り降りの介助が乱暴、言葉づかいが失礼、入浴時に転倒した、男性が少なく1日がとても長い、認知症の人の相手をさせられる
- 短期入所：よくモノが無くなる、服薬を医師の指示通りやってくれない、話せる相手がいないのでつまらない
- 施設介護：母の話し相手になってくれていないようだ、ここは嫌だ・

帰りたいと言っている、食事がまずい、つまらない、言葉づかいがよくない

　これらにつけ加えて、利用者（家族）から「落胆しました、期待はずれです」「約束と違う、話を聞いてくれない」などの苦情を突きつけられると、なかなかきついものがあります。ケアマネジャーやサービス事業者側からすれば、「懸命にやっているので余計にこたえる」のが本音でしょうが、利用者（家族）の側にとっては、言うまでには相当な<u>葛藤と逡巡</u>があることを忘れてはいけません。次の視点で点検をしてみましょう。

> **葛藤と逡巡**

＜例＞
- ニーズの把握：状態像のみの決めつけはなかったか、ADL中心のニーズ把握になっていなかったか、利用者の困りごとや悩みを受けとめていたか、家族の要望を利用者のニーズとしていなかったか
- 意向の把握：利用者本位の意向の把握になっていたか、家族優先になっていなかったか、「これから」への期待を引き出せていたか
- ケアプラン：自立を促すプランになっていたか、介護保険サービス中心型や母体法人サービス誘導型になっていなかったか、家族の介護負担を軽減するものになっていたか、利用者（家族）にわかりやすかったか
- ケアマネジメント：利用者情報が事業者間で共有されていたか、個別サービス計画と連動していたか、モニタリングは適切だったか

2. 利用者（家族・成年後見人）の「苦情レベル」を知る

> **苦情レベル**

　利用者（家族・成年後見人）から届く「苦情」には「レベル」があります。苦情対応を行う前に相手とのやりとりを通じて整理を行います。苦情レベルに合った適切な対応を行いましょう。

1）「思い込み・認識・理解度」に着目する

> **主観レベル**

　苦情を聞いた段階で、まずは利用者（家族・後見人）の「<u>主観レベル</u>」の把握を行います。勘違いや確認のための相談・質問ということも十分に想定されます。認識不足や情報不足、思い違いに対しては「情報提供」や「丁寧な説明」で十分な場合もあります。

> **枕詞**

　まずは、事情を尋ねる質問の冒頭に次のような「<u>枕詞（まくらことば）</u>」をつけ加えるだけでも先方を立てている印象は伝わります。そのうえで相手の真意を把握しましょう。

- 恐縮ですが〜
- 恐れ入りますが〜
- ご面倒ですが〜
- ご迷惑でなければ〜
- お手数ですが〜
- 差し支えなければ〜

> **第三者の力**

　誤った情報や思い込みには、<u>第三者の力</u>が働いている場合があります。

情報源は近隣・兄弟姉妹・親族・知人・友人・専門職などからの「口コミ情報」なのか、新聞・雑誌・テレビ・インターネットなどの「メディア情報」なのかを確認することも大切です。

2）「個人差と温度差」に着目する

苦情には個人差と温度差があります。同じ説明をしてもAさんは大丈夫でBさんは腹を立てて苦情を言うということはあります。その背景にはどのようなことがあるでしょうか。

- 介護保険や介護サービスへの自分流の理解、契約行為にかかわる権利意識や消費者意識、「〜はこうあるべき」などの本人の思い込みなど
- 極度の介護疲れやストレス、疾患、障害の有無、近隣トラブルなど
- 職業遍歴（例：元弁護士、元公務員）、人生観、価値観、人生経験（例：いじめられ経験、不当な扱われ方をした、被害を受けたなど）、生活感覚など
- 専門職の成年後見人（例：弁護士、司法書士、社会福祉士）として、被後見人に不利益が生じたことに対する改善要求

利用者（家族・成年後見人）ごとに「何を不快と感じるか」「何にこだわるのか」「何を契約違反・権利侵害ととらえるのか」は、その人の生活歴や価値観・人生観・専門性および後見の内容に大いに左右されます。相手の話を傾聴し、何に困っているのか、何を主張しているのか、どのようになればよいのか（要望）をしっかりと把握しましょう。

3）責任追及の「矛先」に着目する

苦情を受け付けた際に、その苦情の「矛先」がどこに向かっているのか、を予測・察知することが重要です。責任追及レベルでは、苦情の「矛先」は、その原因をつくったサービス事業者や施設側に向かうことが一般的です。調整・連絡・報告ミスが原因ならば、居宅介護支援事業所にも矛先は向いてきます。また要介護認定にかかわること（例：要介護認定が軽くなった）ならば保険者（市町村の介護保険課）となります。

いずれも「責任の所在」を明らかにして、それぞれに適切な対応と改善が図られることで解決するようにコーディネートします。必要に応じて緊急のサービス担当者会議を招集するのも1つの選択でしょう。

4）権利侵害の「矛先」に着目する

権利侵害とは、介護サービス事業者や施設などにおける「虐待」行為や介護事故（例：転倒、誤嚥、溺水、発見の遅れ）、医師・看護師による医療事故などがあります。これらの矛先は介護サービス事業者や施設だけでなく、居宅介護支援事業所や監督責任を持つ保険者である市町村や成年後見人などに向かう場合もあります。苦情のレベルを越えて「民事訴訟」になるケースも想定されます。法的解決をはかることになれば弁護士や司法

書士などとの対応が生じてきます。

■「苦情の正体」を見つけよう

ビジネスのシーンでも「苦情」と聞くとネガティブにとらえてしまいがちです。「パブロフの犬」のように「苦情＝問題」「苦情＝落ち度・失敗」と連想してしまうからです。

- やっかいなことが起こった（ようだ）、やっかいなことになった
- 面倒なことを言ってきた（ようだ）、面倒なことになった（なりそうだ）
- またクレーマーの○○さんか…やれやれ、困ったな

このような気持ちで苦情対応をしてしまうあなたの表情は険しく曇っていることでしょう。しかし、もっとも困っているのは利用者（家族）当人です。苦情はケアマネジャーへの「助けて！」の緊急コールなのです。

苦情は本当にマイナスイメージ一色なのでしょうか。「苦情の正体」を整理してみましょう。

1.「苦情の7レベル」〜不満、不安、要望、小言、批判、不信、非難〜の違いを知り対応をする

相談や問い合わせは苦情ではありません。しかし、相談や問い合わせや確認の形で苦情が届くことが多くあります。人は最初から不満や批判を言うことは少なく、問い合わせ風の話し方から「実は…」と不満や不安を語り出すのが一般的だからです。相手の「苦情レベル」を推し量り、それから適切な対応をするように注意しましょう。

遠慮が先に立つ人や話しベタの人、先々に不安を抱えている人、精神的にバランスを欠いている状態の人はなかなか言葉にできずに「抱え込んでいる」ことも多くあります。時間をかけ、複数回に分けて聴き取りをしましょう。

1）不満レベル

相手は「腹を立てている状態」なので、まずはじっくりと今の気持ちと事情、経緯を聞きます。「そのことですが…」などすぐに説明や反論をすることは禁物です。ひたすら傾聴し、不満の種を受けとめた後に、どのように改善すればよいか、その方向性を一緒に考えるとよいでしょう。

2）不安レベル

不安レベルははっきりとした理由や原因がある場合となんとなく不安な場合の2種類があります。不安に思うこと、なぜそう感じるのか、いつからなのか、などを相手が落ち着くまでじっくりと傾聴します。共感の言葉

【居宅介護支援事業所　苦情対応の5つのポイント】

1　苦情・クレームの記録を取る
　どんなに小さな苦情・クレームも「記録シート」に記入し、事業所内で情報を共有します。記録シートには、ケアマネジメントやサービス改善、事業所改善のヒントがちりばめられています。

2　クレームミーティングを開催しよう
　全員が集まる会議で苦情・クレームや対応策などの情報を共有します。苦情・クレームの原因、対応方法、対応策、事後の改善を考える場とします。毎朝のミーティングを活用し、継続していくことが大切です。

3　対応マニュアルや苦情・クレーム想定問答集をつくろう
　苦情対応の流れや知識をまとめた「苦情対応マニュアル」と、よくある苦情・クレームを想定した「問答集」をつくります。このことにより対応に一貫性が生まれます。

4　苦情・クレームのバックアップ体制を確立しよう
　担当のケアマネジャーが苦情・クレームで困っている場合は、事業所全体で臨みます。契約の主体は居宅介護支援事業所です。複数人で対応する、地域包括支援センターに応援を依頼するなど多様なバックアップ体制を想定しておきます。母体法人があれば逐次報告をあげておきます。

5　職場のコミュニケーションを活性化しよう
　1～4のポイントを実践するためには、事業所内のコミュニケーションがとれていることが大切です。「自分の利用者」という抱え込み意識はやめ、チームで支援している意識づくりを日頃から心がけます。

や相手の話のキーワードなどを返すことで共感的な人間関係をつくることができます。なお老人性うつ病や統合失調症などの精神疾患の場合には、精神科医や保健師などと連携して対応を行うことが大切です。

＜共感の言葉＞
- ・それはつらかったですね　　　・それは大変でしたね
- ・みなさん、そうおっしゃいます　・そういう事情でしたか

3）要望レベル

　要望レベルは「何をやってもらいたいのか」が具体的です。要望には相手なりの理由・根拠があります。それを引き出し、それが妥当な要望なのか、どのように応えることが適切なのかを考えながら対応します。

　即答できないことは、サービス事業所や上司と相談して回答する旨を伝えましょう。先方の要望に対して「できない」ことを伝えなくてはいけない場合は、相手の気持ちに配慮して次のようなフレーズを使います。

＜拒否を伝える＞
- ・申し上げにくいのですが　　　・誠に申し訳ないのですが
- ・おっしゃることはわかるのですが　・大変恐縮（残念）ですが
- ・あいにく～はできかねます

※単にできないことを伝えるのでなく、「〜ならできます」と代替案を用意しておくことが望ましいでしょう。

＜使ってはいけないフレーズ＞
・そんなことを言われても　　　・そうはおっしゃいますが
・そんなはずはありません　　　・法律（条例）で決まっていて
・人員的にきびしいので　　　　・他とうちは違うので

　※<u>弁解めいた表現</u>や<u>居直りの言い方</u>は控えます。介護保険法や運営基準だけを理由にするのは冷たい印象を与えます。他の事業所を比較に出すのも控えます。

4）小言レベル

　小言レベルの人は自分なりの考えや気持ちを伝えたいという思いを強く持っています。「おたくのこと（今後のこと）を思って〜」など、こちらの<u>改善への動機づけ</u>として情報提供をするというスタンスをとるのが特徴です。仮に説教調だったり文句のように聞こえても、動じずに傾聴し、本人が何を求めているのかを冷静に判断し適切に対応しましょう。

＜感謝のフレーズ＞
・とても参考になりました　　　・とても勉強になりました
・このようにご指摘いただき、ありがとうございます

5）批判レベル

　批判レベルの人は客観的な事実や法的根拠などにもとづき論理的な言い回しで批判します。批判するだけでなく、それに対する改善案がどのように提示されるかまで求めています。

　批判レベルの人は「がんばります、善処します、なんとかします」などの<u>曖昧な決意表明</u>には納得しません。スケジュールを示して具体的な改善策を示しましょう。対応にあたり、センター長など上司とともに複数であたることが効果的です。法的対応も想定される場合は弁護士の指導の下に動くのが最善です。

＜客観的事実や希望する改善策を確認するフレーズ＞
・そうお考えになる根拠を聞かせていただけますか
・そうお考えになられた経緯（事情）をお聞かせくださいますか
・どのような条件（環境、対応策）がそろうことを希望されますか

6）不信レベル

　不信レベルの人は、こちらとの間に感情的に「溝」ができた状態です。何度も約束を破られた・裏切られた気持ちが強く残っているので、具体的な改善策を提示しても簡単には受け入れません。不信を抱いた理由や経緯などを丁寧に聴き取り、関係づくりから始め直します。小さなことを確実に守ることから信頼を回復するようにします。

なお、精神疾患などから周囲に不信感を抱いている人の場合は、落ち着いているときを見はからう、本人が信頼を寄せる人に同席してもらう、担当医のアドバイスをもらうなどして話し合いを進めるのがよいでしょう。

7）非難レベル

　非難レベルの人は自分なりの理屈で<u>「一方的に言い募る」</u>タイプです。言い分は支離滅裂で反論を認めません。言葉は時に乱暴で脅すような言い方をする場合もあります。感情的になっているため場所も選ばず、公的な場だけでなく、<u>インターネット</u>上に非難の書き込みをすることもあります。

　非難レベルの人にも基本的対応は行いますが、それでよい結果とならない、交渉の余地がないとなれば、地域包括支援センターや自治体などに相談を持ちかけましょう。また、場合によっては<u>名誉毀損</u>などの法的措置をとる旨を相手に伝えることも効果的です。

2. 「苦情は贈り物」～「発見、改善、改革」のきっかけ～

　前述したように、苦情は「ニーズ・期待値」と「サービスの中味」との「差（ギャップ）」から生まれます。この「差（ギャップ）」をどのように考えればよいでしょうか。

　ビジネス界では「苦情はお客様の新たなニーズの表れ」と積極的に受けとめ、経営改善のヒントや新商品や新サービスのアイデアに活かそうとします。苦情は顧客からの<u>「改善へのメッセージ」</u><u>「改善へのヒント」</u>であり、企業が顧客から真摯に学ぶ場として位置づけられています。

　利用者（家族）からの「苦情」は、利用者の心身の機能低下や体調・体力の変化を発見するきっかけ（<u>アラーム機能</u>）にもなります。また、「1日いても何もすることがなくてつまらない」というデイサービスの75歳男性利用者の声から、「男性利用者でも楽しめるゲームの要素を取り入れたアクティビティ」を開発することにもつながったケースもあります。このように、苦情は事業所の運営を改革するヒントや職員の意識改革のきっかけになる場合もあります。

　苦情を「贈り物」として受けとめる土壌は、事故につながる<u>ヒヤリハット</u>を報告しやすい雰囲気をつくり、ひいてはサービスの「質の維持・向上」を図ることにつながります。

▎「苦情対応」のポイント

　苦情と聞くと憂うつになるのは、適切な対応方法がわからないからです。苦情対応の基本を身につけることで、「苦情に強いケアマネジャー」になることができます。

1. 犯しがちな「苦情対応の失敗」

苦情が届いた場合に、「そんなはずはない」「何かの間違いではないか」と組織や事業者を擁護する態度をとるのは厳に慎まなければいけません。

- 利用者（家族）の「非」を探そうとする
- 利用者（家族）を<u>質問攻め</u>にしてつじつまが合わない点を探そうとする。質問攻めで「詰問」の印象を与えてしまう
- 事情を十分に聞かずに謝罪で事を収めようとする
- 組織やケアチームを守るために言い訳と弁解に終始する
- 苦情内容を過小評価し、妥協や<u>裏取引</u>き、和解をはかろうとする
- 手持ちの情報を明らかにせず、小出しの情報提供で時間を延ばし曖昧にしようとする

苦情をなかったことにするために苦情記録・報告書を作成しない、苦情内容を過小に記載するなどの行為は介護保険法上の<u>逸脱行為</u>です。隠ぺい工作は職員間に<u>疑心暗鬼</u>を生みます。いずれ保険者やメディアへの<u>内部告発</u>などで公になった際には、事業所および母体法人の社会的信用を大いに傷つけることになります。

2. 苦情分析で必要な「3つの確認」

苦情慣れしていないと「苦情＝真実」と勘違いをしてしまうことが起こりがちです。また苦情の向こうに権利侵害や法令違反に近い事実が隠されている場合もあります。苦情をどう分析するか。それに役に立つのが「3つの確認」です。

1)「事実」と「真実」を確認する

事実は1つですが、真実は1つではありません。真実とはその人の「<u>受けとめ方</u>」です。つまり真実とは主観であり、その人なりの見え方（現象）なのです。心身の状況や体力・体調・育ち・生活習慣・こだわり・価値観などが違えば、見え方や感じ方は異なります。

＜事実＞
- 庭の焚き火

＜真実（主観・現象）＞
- 大人：暖をとるための「ただの焚き火」
- 幼児：身の危険を感じる「大きな炎」「大きな火事」

※背丈の違い、知識と経験の違い、熱の感じ方、炎への恐怖感など

＜例＞
- ヘルパー：掃除中に5千円程度の花瓶を倒して壊した。
- 利用者：30年前のタイ旅行で買った思い出の花瓶を壊した。
  →価格は5千円程度だが、利用者にとっての価値は10万円

誤った苦情対応

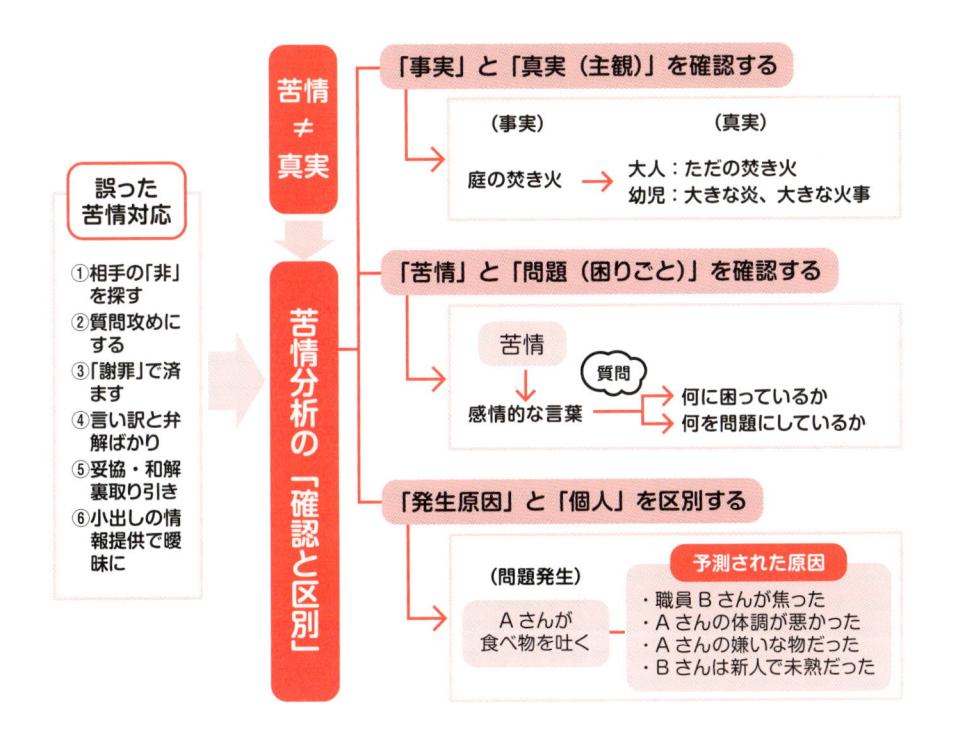

① 相手の「非」を探す
② 質問攻めにする
③ 「謝罪」で済ます
④ 言い訳と弁解ばかり
⑤ 妥協・和解裏取り引き
⑥ 小出しの情報提供で曖昧に

苦情 ≠ 真実

苦情分析の「確認と区別」

「事実」と「真実（主観）」を確認する

（事実）庭の焚き火 → （真実）大人：ただの焚き火／幼児：大きな炎、大きな火事

「苦情」と「問題（困りごと）」を確認する

苦情 → 感情的な言葉 → 質問 → 何に困っているか／何を問題にしているか

「発生原因」と「個人」を区別する

（問題発生）Aさんが食べ物を吐く

予測された原因
・職員Bさんが焦った
・Aさんの体調が悪かった
・Aさんの嫌いな物だった
・Bさんは新人で未熟だった

以上と主張

2）「苦情」と「問題」を確認する

　苦情の言い方はとても「感情的」です。不満・不安・不信を訴える言葉は主観的で、苦情を訴える本人の気持ちは伝わってきますが、では何に困っているのか、何を問題としているのかは、なかなかわかりにくいことがあります。「感情的な言葉」を受けとめながら、冷静に何を問題としているのかを質問することで、苦情の全体像が浮き彫りになります。

＜苦情＞
・デイサービスの午後の送迎をなぜ60分遅らせてくれないのですか！

＜質問例＞
「○○さんが、腹を立てられているのはわかりました。」（ここで気持ちを受けとめる）
・では、実際にどのようなことに困っていらっしゃいますか？
・どのようなことに支障が生じていますか？
・何が問題になっていますか？

＜問題：長女の本音＞
・残業続きで仕事を早く上がれない。早く上がると職場の人間関係が壊れる。働きづらくなると辞めなくてはいけなくなる。
・同情されるのが嫌なので、職場には親を介護をしていることは言っていない。

感情的な言葉

3）問題の「発生原因」と「個人」を区別する

苦情を訴えられた側は、問題の発生原因を「○○さんだからこうなった」と個人に特定しがちです。しかし、個人に責任転嫁をすると苦情の再発防止にはつながりません。リスクマネジメントにおいては「発生原因」と「個人」を区別することは基本です。

<事実>
・Aさんへの食事介助中に咳き込んで、Aさんが食べ物を吐いた

<原因（例）>
・職員のBさんは入浴介助の時間が迫っているので焦って食べさせた
・Aさんの体調がよくないことの申し送りがされていなかった
・Aさんが嫌いな物だということをBさんは知らされていなかった
・Bさんはまだ2ヵ月の新人で、技術的に未熟な点があった

■「苦情解決のプロセス」は「改善・改革」のチャンス！

持ち込まれた苦情が居宅介護支援事業所の運営やケアマネジメントにかかわるものである場合には、迅速・丁寧に次のように適切に対応をします。このプロセスを通じて苦情対応マニュアルの見直しを行い、バージョンアップを図る機会にしましょう。

1. 苦情対応の「方法、場所、人数」

苦情を受け付ける際には、事業所として「方法、場所、人数」をルール化しておきます。このマニュアルにより、あなたの事業所での苦情対応の統一化を図ることが可能となります。

1）3つの対応方法

苦情の受付および対応には次の3つがあります。それぞれにポイントを押さえた対応を行います。

◎電話の対応

電話は「声だけのやりとり」です。双方の声が聞こえているかをまず確認します。本人確認を行い、手元にメモを置きながら、苦情対応記録・報告書に準じる内容で聴き取りを進めます。電話は顔が見えないためにやりとりに時間がかかり誤解も生じやすくなります。ただし「電話でなければ話せない事情」があることにも配慮します。30分以上の長時間になる場合は、近ければ訪問する旨を伝えることも大切です。

◎面談の対応

おたがいの「顔が見える関係」の面談が理想ですが、面と向き合うと話せなくなる人がいることにも配慮しましょう。

> **【苦情対応記録・報告書の書き方のポイント】**
>
> ○**基本的な情報の記載**
> 　・苦情受付日　　・受付方法　　・申立者　　・受付者
> 　・利用者の氏名、連絡先
>
> ○**苦情の内容**
> 　いつ、だれが、どこで、どのように、なぜ、どうなったか具体的に記載します。相手の発言内容は、一言一句を変えずに書き取る「逐語録」で残しましょう。自分の主観や感情・評価を交えないようにします。「物を壊した」などの苦情では、損害保険会社などに提出する書類も必要となるので、必ず具体的に明示します。
>
> ○**対応状況**
> 　対応した日時、対応者、対応経過を正確に記載します。とくに初期対応は重要です。確実に記載をしましょう。
>
> ○**原因**
> 　苦情の原因を「不注意だった」「知識がなかった」「知らなかった」「経験不足」のような表面的なものではなく、根本的な原因（例：職員の日頃からの仕事ぶり、人材育成や申し送りのミスなど）を記載します。その根本的な原因を明確にすることで再発防止策を立てることができます。
>
> ○**再発防止策**
> 　再発防止策の考え方を示し、具体的な対策について記載する。
>
> ○**対応した結果・対策の周知**
> 　どのように他の職員に周知したか…日時・手法（例：朝礼、研修）、苦情申立者にいつ連絡をしたか、苦情対応の終了の日付

＜自宅での面談＞
　先方が希望する時間帯（例：体調がよい、家事の手が空く、家族が不在など）に訪問します。記録を取る際には「間違いがあってはいけないので、記録をとらせていただいてよいですか？」と伝えましょう。

＜居宅介護支援事業所での面談＞
　相手のプライバシーに配慮し面談室を用意します。あらかじめ用意する資料があれば準備をしておきます。

　　　　　　　　　　　　　　　　　　　　　　　　　　　面談室

＜サービス事業所での面談＞
　デイサービスや訪問介護サービスなどサービス事業所で面談することで対応が迅速に行える場合があります。その際には、ケアマネジャーは利用者の立場（代弁者）で事業所と調整・交渉を行います。

◎**手紙・電子メールの対応**
　苦情は手紙や電子メールで届く場合があります。相手が遠距離の場合は手紙・電子メールで回答を希望されることが多いですが、その際にも上司や責任者に相談をしてから対応することが大切です。なお、手紙などは複写し、手元に内容が残るようにします。電子メールはインターネット上で他に転送されるリスクがあります。文字情報は残るのでトラブルの原因に

　　　　　　　　　　　　　　　　　　　　　　　　　　　転送されるリスク

もなりがちです。基本的には「面談」で対応するのがよいでしょう。

2）対応人数

対応人数は苦情の内容や利用者（家族）の状況に応じて決めます。

・**単独（1人）**

基本的に担当のケアマネジャーが1人（単独）で対応します。事業所には進捗状況の報告を逐次行います。責任主体はケアマネジャーではなく、契約の主体である居宅介護支援事業所なので、必要に応じてケースカンファレンスを開き、事業所としての対応策を練ります。

・**複数（2～3人）**

支援困難ケースや自宅への訪問でトラブルが予想される場合には、必ず複数（2～3人）で訪問します。1人事業所の場合は地域包括支援センターの主任介護支援専門員に相談し、必要に応じて<u>同行訪問</u>をお願いします。苦情を訴えた人が男性ならば、同行者のなかに男性が含まれていると<u>抑止力</u>になってよいでしょう。

※欄外：同行訪問／抑止力

2. 利用者（家族）の信頼を得る「6つ」の解決プロセス

次の6つのプロセスで対応するのが基本です。

1）相手への気づかい、苦情・指摘への感謝を述べる

苦情の内容が、「ケガをした、体調を悪くした」などの場合は、まず「お身体はいかがですか？」と「気づかい」の言葉をかけましょう。そして、苦情・指摘に対して感謝を述べます。申し立てた利用者（家族）にとっては「言いにくいこと」であり「不利」になるのを覚悟の上で苦情を訴えている場合があるからです。

2）状況・事情・経緯を聴く

状況・事情・経緯を「いつ、だれが、どこで、なにを、どのように、なぜ、どうなったか」（5W1H1R）で具体的に聴き取ります。発言内容は要約せずに「<u>逐語録</u>」で残します。自分の主観や感情・評価を交えないようにします。「物を壊した」などの苦情では、損害保険会社などに提出する書類にもかかわるので、必ず具体的に聴き取ります。必要に応じて<u>デジタル写真</u>で撮影するのもよいでしょう。

※欄外：逐語録／デジタル写真

3）苦情・トラブルの「原因」を明らかにし、「ミス」は率直に謝罪する

苦情・トラブルの原因を明らかにします。言い訳や弁解・反論はせずに、自分やサービス事業所に関わるミスは率直に謝ります。誤りを認める態度は<u>謙虚さ・真摯さ</u>と信頼につながります。そしてなぜトラブルになったかを、申し立てた利用者（家族）と同じ目線で考えるようにします。

※欄外：謙虚さ・真摯さ

4）「迅速な対応」と「随時の報告」を約束する

利用者（家族）は改善への期待をこめて苦情を申し立てています。すぐ

信頼を得る「6つ」の解決プロセス

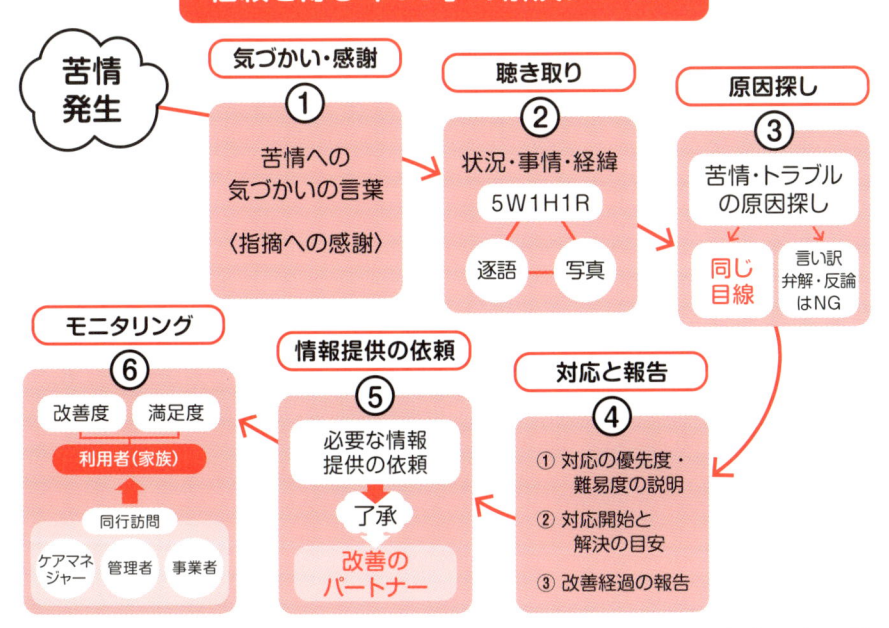

```
苦情発生 →
① 気づかい・感謝
  苦情への気づかいの言葉
  〈指摘への感謝〉
→ ② 聴き取り
  状況・事情・経緯
  5W1H1R
  逐語 — 写真
→ ③ 原因探し
  苦情・トラブルの原因探し
  同じ目線 / 言い訳・弁解・反論はNG
→ ④ 対応と報告
  ① 対応の優先度・難易度の説明
  ② 対応開始と解決の目安
  ③ 改善経過の報告
→ ⑤ 情報提供の依頼
  必要な情報提供の依頼
  了承
  改善のパートナー
→ ⑥ モニタリング
  改善度 / 満足度
  利用者（家族）
  同行訪問
  ケアマネジャー / 管理者 / 事業者
```

できること、時間がかかること、むずかしいことをわかりやすく丁寧に説明し、迅速な対応を約束します。いつから始めるか、いつまでに解決するか、お互いに期限を決めましょう。途中、<u>改善経過</u>について随時報告することを約束します。

5）必要な「情報提供」を依頼する

改善にあたり利用者（家族）のさらなる情報提供が必要です。「協力していただけますか？」と申し出ましょう。了承していただけた段階で利用者（家族）は「改善のパートナー」となっています。

6）改善・対応に対する「満足度」をモニタリングする

対応後、なるべく早い時期に通常のモニタリングとは別に面談をします。「苦情対応に対する<u>改善度と満足度</u>」を知るためのモニタリングです。その際、ケアマネジャーと管理責任者、必要ならサービス事業所の責任者にも同行してもらいます。

苦情・指摘により改善されたこと・発見されたことなどを率直に伝えることで、利用者（家族）との信頼関係はさらに深まることになります。

― 改善経過
― 改善のパートナー
― 改善度と満足度

レッツ チャレンジ！

- ☐ あなたの苦情体験（例：苦情を言った、苦情を言われた）をグループで話し合ってみよう
- ☐ これまでの苦情を振り返り、苦情レベルの分類をしてみよう
- ☐ さまざまな対応フレーズを2人でロールプレイングしてみよう

第4章

地域密着型ケアマネジメント

第1節 地域密着型サービスの特徴と役割

◼ 地域密着型サービスの考え方と種類

　介護保険制度が保険者を「市町村」と位置づけたのは、地域住民にとってもっとも身近な行政セクターであり、「地方分権と地域包括ケアシステム」の主体者だからです。

<!-- 地方分権 -->

　ただし介護サービスについては市町村や都道府県の圏域を越えて、国が定める運営基準にもとづいた「同一のサービスが同一の報酬」によって提供される仕組みとなっています。そのため全国いかなるところでも「ナショナル・スタンダード」の介護サービスを受けることができます。

<!-- ナショナル・スタンダード -->

　しかし地域密着型サービスは、サービスを利用できる対象者を、原則としてその地域（市町村）に暮らす人に限定しています。指定権限は市町村にあり、市町村が描く「地域包括ケアシステム」をめざした市町村介護保険事業計画（3年に1回）により、地域・圏域の実情（例：高齢化率、要介護認定率、地域の介護力、地域の諸課題）に応じた整備方針が決められます。指定基準の設定や介護報酬の設定も市町村が行うことができます（注：厚生労働省が定める報酬水準が上限）。つまり市町村ならではの「ローカル・スタンダード」な介護サービスをめざすのが地域密着型サービスなのです。

<!-- 地域包括ケアシステム -->
<!-- ローカル・スタンダード -->

　日常生活圏域（約2万人）を基本とする「小規模エリア」であり、事業主体も小規模事業所です。コストをかけない地域の建物資源の再利用が地域の活性化につながるので「民家改修型」「既存建物改修型」（例：廃校、空き店舗などの利用）が地域密着型サービスではスタンダードです。

<!-- 小規模エリア -->

　さらに地域包括ケアの仕組みづくりと公平・中立の透明性を保障するために運営推進会議（協議会）を設置し、地域の住民や団体などが直接かかわれるようにすることも義務づけています。

　現在対象となっているサービスはp285の図の8種類と地域密着型介護予防サービスですが、介護保険制度改正ごとに新たなサービス（例：小規模通所介護〈通称：小規模デイサービス〉）が盛り込まれることになりま

地域密着型サービス

地域包括ケアシステム

認知症対応型共同生活介護（認知症グループホーム）	地域密着型介護老人福祉施設（小規模特別養護老人ホーム）	地域密着型特定施設入居者生活介護（小規模有料老人ホーム）
認知症対応型通所介護（認知症デイサービス）	小規模多機能型居宅介護	定期巡回・随時対応型訪問介護看護
夜間対応型訪問介護費	複合型サービス（看護小規模多機能型居宅介護）	指定地域密着型介護予防サービス

ローカルスタンダードな介護

す。

地域密着型サービスにおけるケアマネジメントの特徴

　地域密着型サービスは、市町村が2025年を目途に構築する「地域包括ケアシステム」の描き方によって「多様性」が認められているサービスです。市町村によって異なるサービス事業所の整備数（例：認知症グループホームの設置数）と「ローカルルール」は市町村の実状（例：高齢化率、要介護認定率、認知症出現率、独居高齢者数、事業所数、施設数、病院・診療所数、生活支援サービス数など）を反映したものであり、市町村の裁量によって「独自色」が認められたサービスといえます。

　地域密着型サービスにおけるケアマネジメントでは、次の共通した4つの特徴を押さえておくことが重要です。

①利用者本位（本人らしさ）を支援する

　地域密着型サービスでは「小規模」「24時間365日」の支援だからこそできる「本人らしさ」を軸にケアマネジメントが組み立てられます。とりわけ認知症ケアでは「本人らしさ」の尊重こそがケアの基本となります。

　利用者の生活歴、家族・親族関係、職歴、馴れ親しんだ場所と人間関係などは「なじみの地域（地元）」のなかに埋もれています。個別性に寄り添い、利用者の意向に向き合い、「できること・できる可能性」に着目し

多様性

ローカルルール

できること・できる可能性

たケアをめざせるのも地域密着型サービスの特徴です。
②24時間365日の「切れ目のない支援」をめざす

　訪問介護や通所介護など日中の支援は「時間単位のサービス」であり、緊急の事態には対応できない「<u>予約型サービス</u>」です。それだけでは認知症の人や働きながら介護する家族には、限界がきてしまいます。いざというときに頼れる（例：緊急の泊り）「<u>セーフティネット</u>」が歩いて通える距離に約束されているからこそ在宅介護をがんばれるのです。そうした家族に寄り添うのが地域密着型サービスの役割です。24時間365日の「切れ目のない支援」で安心の地域生活をめざします。

③「地域」で暮らし続けることをめざす

　一般的な市民感覚では「介護が必要となる＝施設入所がゴール」のような印象があります。これは介護家族の「在宅介護を知らないことへの不安」と「在宅介護のストレス」から起こる発想です。施設になくて地域にあるのが<u>なじみの人間関係</u>（例：家族、近所・近隣、知人・友人）です。介護が必要となっても、地域から切り離されることなく、「馴れ親しんだ地域での暮らし」を地域密着型サービスではめざします。

④地域との「支え・支えられる関係」をめざす

　地域密着型サービスは、地域と家族と「互助の関係」で成り立つサービスです。日本のいたるところで超高齢化は進み、高齢者や障害者支援は地域で暮らす・働く人々の共通の課題となっています。地域活動への参加や多様な地域資源の活用とともに、地域密着型サービスが持つ「ケア知識とケア技術（手法）」を地域住民や家族に還元することで高い「地域介護（ケア）力」を育てることができます。地域密着型サービスが中心となって「支え・支えられる関係」づくりをめざします。

地域包括ケアシステムにおける地域密着型サービスの役割

　地域包括ケアシステムは市町村圏域と中学校区を目安とした日常生活圏域（地域包括支援センターの圏域）で構成されています。地域包括ケアシステムのなかで地域密着型サービスが担う役割は5つあります。

①「在宅介護（在宅生活）」の可能性を拡げる

　出来高・時間制の在宅サービスはあらかじめ「予約」されたサービスです。しかし在宅生活は、利用者の体調や家族の事情で、つねに「変化」します。そのため「訪問＋通所＋泊り」を包括的にオーダーメードで提供できる（小規模多機能型居宅介護）、24時間365日の安心を提供できる（定期巡回・随時対応型訪問介護看護、夜間対応型訪問介護）、認知症の利用

者に対して専門的に日中のケアが提供できる（認知症対応型通所介護）などは、在宅介護と在宅生活の可能性を拡げる役割を担っています。

②「小規模型施設ケア」の可能性を拡げる

地域密着型サービスの原則は「市町村に住む人を対象とする」ことですから、入所する人も同じ市町村の住民に限られます。地域への共通する思いや地元の話題で盛り上がれることは、地域との「連続性」を守ることであり、地元を意識したかかわりができることになります。また小規模型の施設ケアだからこそ、丁寧なかかわりも可能となります。

③「24時間365日の安心」の可能性を拡げる

「24時間365日の安心」は在宅での介護生活を保障する大切な要素です。とりわけ夜間・休日の「まさか」の不安は利用者（家族）には負担です。「24時間見守られている」安心感は、夜間の不穏行動への対応や介護者の介護ストレスの軽減に良い影響を与えます。

④「地域の支え合い」の仕組みを築く

地域密着型サービスは、支え合いの仕組みづくりの「触媒的役割」を担うことができます。地域の町内会や自治会、地縁団体、ボランティアなどに、運営推進会議（協議会）に参加してもらうことにより、地域密着型サービスを軸とした新たな支え合いのネットワーク構築が可能となります。

> 触媒的役割

⑤地域住民への介護の啓発と意識づくり

地域の高齢化は生活圏域や町内会・集落ごとで比較すると、すさまじい勢いで進む地域とそうでない地域に分かれます。介護サービス事業所の設置場所は事業所が自由に設定できますが、市町村は生活圏域別の高齢化率等を考慮し、地域密着型サービスを展開してもらいたいエリアを想定して設置を進めることができます。

まさに地域の介護の仕組みづくりの中心的存在として期待されているのが地域密着型サービスであり、地域住民が地域の介護の「担い手」になる意識づくりの役割が求められています。そのための啓発活動（例：地域介護教室への協力）なども積極的に進めることが大切です。

レッツ チャレンジ！

- ☐ あなたの市町村の地域密着型サービスの事業所を地図を広げてマッピングしよう
- ☐ 地域密着型サービスが生活圏域でどのような役割を担っているか話し合ってみよう
- ☐ 地域密着型サービスが地域づくりにどのように貢献できるか話し合ってみよう

第2節 認知症グループホーム

　認知症グループホーム（以下グループホーム）は保険者である市町村が「指定権限」を持つ地域密着型サービスです。いわば認知症に特化した入所型施設であり、1ユニット（5～9人）または2ユニット（厚生労働省の通知で指定された都市部では3ユニットまで）の設置が認められています。利用する人は「顔見知りがいる」「住み慣れている」「地元に愛着がある」という認知症の方です。認知症を医療的にケアするのではなく、生活（暮らし）のなかで一体的にケアをするため、ケアマネジメントはADL・IADL支援だけでなく、CADL的な視点や利用者に心地よい生活習慣や忘れられない仕事習慣などもふんだんに盛り込んだものになります。

■ 認知症グループホームがめざす「7つのケア」

　グループホームはどのような「ケア」をめざしているのか。そのポイントをおさえ、質の高いケアマネジメントをめざします。

①「できないこと」でなく「できること」の発見

プラス面 / できそうなこと

　認知症ケアにとって、「できないこと」を「しかたないこと」とするのでなく、「できていること」（<u>プラス面</u>）に着目し、「<u>できそうなこと</u>」（可能性）を見い出す・増やす視点が重要となります。健康に過ごすための基本となるADLと体調管理、暮らしをつくるIADL、人生の楽しみや生きがいに着目したCADL、それぞれの面から「できること・できそうなこと」を発見します。

②感情や心身の機能への「寄り添いのケア」

暮らしのケア

共感的なケア

　グループホームでは、BPSDに薬（例：精神安定剤、抗うつ剤）などの医療的処置に頼るのでなく、<u>暮らしのケア</u>によって対応することが求められます。BPSDの発生源である利用者が抱いた感覚（例：思い出せない、わからない）や心身の機能からくる感情（例：不安、怒り、苛立ち、戸惑い）などについて、心理状態に寄り添う「<u>共感的なケア</u>」を提供します。

認知症グループホームがめざす「7つのケア」

- ① 「できること」の発見
- ② 「寄り添い」のケア
- ③ 「自分らしさ」に着目した個別ケア
- ④ 「なじみ」の環境づくり
- ⑤ 「地域」に開かれたケア
- ⑥ 「連続性」のあるケア
- ⑦ 介護事故・人間関係トラブル・虐待予防のリスクマネジメント

③利用者にとっての「自分らしさ」に着目・尊重した個別ケア

　一般的にケア現場で使われる「その人らしさ」は、介護者側や家族が一方的に決めつけた当事者像になりがちです。グループホームでは、かつての生活歴や職業歴、家族構成だけでなく、利用者にとっての「自分らしさ（本人らしさ）」に着目し、それを「本人のこだわり」として尊重する個別ケアを提供します。

④「なじみ」をキーワードにした環境づくり

　利用者にとって安心で心地よい環境づくりのキーワードは「なじみ」です。「なじみ」のある環境をつくるには、「道具」を用意することが有効です。例えば、なじみの小物、食器類、飾り物があります。衣服類は利用者の好みが表われる大切な小道具です。また仕事や家事で使っていた道具類（例：カンナ、ノコギリ、鍬、鎌、洗濯板、盥（たらい）、七輪、ちゃぶ台）は「手続き記憶」を呼び覚ましてくれる道具類です。これらは回想法を行うときにはとても役に立ちます。

⑤「地域の人々」とふれあい、地域とともにある

　グループホームの特徴は「地域に開かれている」ことです。「住み慣れた地域」にするためにグループホームそのものが地域のなかにとけこむ必要があります。そのために、「地域の人々とふれあう時間」を持ち、地域行事（例：お祭り、運動会、清掃作業）に積極的に参加します。

　また地域の人（子どもたち含む）にとって「馴れ親しんだ場所」（例：寄り合いの場所）となるための工夫（例：駄菓子屋）なども有効です。

⑥「とりあえず」でなく「連続性のあるケア」

とりあえず　その場しのぎの「とりあえず」のケアは、介護者側の都合を優先することから生まれます。利用者本位のケアを行うためには、利用者にとって「連続性のあるケア」である必要があります。誰にとっても人生は「地続き」です。幼少期の暮らしから今にいたるまでの「1本の道のり」を知ることで、暮らしに連続性が生まれ、支えるケアも連続したものになります。在宅での数年間のケアの様子はケアプランに書かれています。在宅ケアの記録類をグループホームにつなげることで、連続性のあるケアが実現できます。

1本の道のり

⑦介護事故予防、人間関係トラブル、虐待予防のリスクマネジメント

グループホームでもいくつかのリスクを意識しなければなりません。まずは介護事故のリスクです。認知症になるとつまづき・ふらつきが増え、歩幅も小刻みとなり転倒のリスクが高まります。公園など屋外の散歩では転倒が骨折などの大ケガにつながる危険があります。

記憶が脱落
いつも赤の他人
また人間関係のトラブルにも気をつけましょう。「なじみの人間関係」と思っているのは職員側だけであることが多く、記憶が脱落するレベルでは利用者本人は「いつも赤の他人」のなかで暮らしていることになります。逆に妄想により時として職員や他の入居者を家族・親族・知人と誤認してしまい、新たなトラブルの種となることがあります。

虐待的行為
さらに介護ストレスを抱えた職員がいら立ちや面倒臭さから虐待的行為（例：暴言、放置、無視、乱暴なケア）を行うこともあります。

グループホームがめざす「質の高いケア」と利用者が認知症であるがゆえに生じるリスクと向き合うマネジメントは「両輪の関係」にあります。

ケアマネジメント・サイクル 〜インテーク〜

※認知症ケアマネジメントの考え方とプロセスは、小規模多機能型居宅介護のケアマネジメントにおいても活用できます。

グループホームは少人数（5〜18人）の認知症の利用者に、個別性（本人らしさ）を尊重したケアを提供できるところに大きな特徴があります。専門職だけでなく家族・ボランティアもケアの支え手としてケアプランに役割を位置づけます。専門職に「ケアをしてもらう」のではなく、利用者本人が「ケアに参加する」視点がグループホームのケアマネジメントのポイントとなります。

ケアに参加する

そのスタートが「インテーク」（入居時の引き継ぎ）です。

グループホームに入居する利用者（家族）の多くは、介護保険の利用が初めてではありません。在宅や施設などでなんらかの介護サービスの利用経験があります。次のような「経緯」が想定できます。

- 在宅での生活を同居する家族に支えられてきた
- 在宅での1人暮らしを家族の近距離・遠距離介護で支えられてきた
- ショートステイ、お泊りデイサービスなどで特養入所を待っていた
- 有料老人ホーム、サービス付き高齢者向け住宅などに入居していた
- 小規模多機能型居宅介護で在宅生活を続けてきた

いずれの場合も「認知症が重くなり1人暮らしは無理である」「BPSDがひどく他の入居者に迷惑をかける」「これでは家族まで共倒れになる」など、認知症の進行にケアのレベルや家族の介護が追いつかない、徘徊や失火などで近隣・近所に迷惑をかけたくない、などの理由のために「グループホーム」という小規模の共同生活スタイルを選択せざるを得ない利用者（家族）の事情があります。

インテーク時には、これまでの家族の苦労をねぎらい、入居にいたるまでの経緯と家族の思い・苦労、入居させなければいけない事情などを丁寧に聴き取り、信頼関係づくりをします。

とかく家族は「おまかせモード」になりがちです。入居してからどのようなかかわり方ができるのか、またかかわり方を考えているのかをインテークの段階で確認をします。イメージが湧かない家族には他の家族の例などをあげます。受け入れの段階で「家族とともにケアをする」という姿勢を示すことで継続的なかかわりが可能になります。

おまかせモード

入居契約を交わす際には重要事項説明書を丁寧に説明します。
- 1ヵ月にかかる費用（介護保険の自己負担分、住居費、食費、管理料、オムツ代、他の諸雑費）
- 1日〜1週間の生活の流れと提供されるサービスの内容
- 四季折々の行事（例：夏祭り、秋祭り、クリスマス）とお誕生会など
- 必要と判断される加算サービスの内容と医療との連携、緊急時の対応
- 入居の条件と退去の条件（例：月々の利用料が払えない、他の入居者に大きな迷惑をかける、常時医療的ケア・医療処置が必要となったなど）

入居に際し、入居契約書とともに個人情報利用の目的と利用方法、管理方法について説明を行い、書面にて合意をもらいます。

ケアマネジメント・サイクル 〜情報把握とアセスメント〜

グループホームにおけるアセスメントは次の3つの順序で進めます。
1) 入居前の在宅・施設などでのアセスメント情報とモニタリング情報を引き継ぎます。その際、これまで1年間のケアプランおよび個別サー

本人らしさ

ビス計画、生活習慣やこだわり、「本人らしさ」の把握のために参考となる主なアセスメントシート（過去1〜5年間）などにもとづき、担当のケアマネジャー（居宅介護支援事業所）および家族・介護者から口頭で説明を受けます。

2）入居にあたり、事業所のアセスメントシートにもとづき、現状の心身の機能、原疾患と認知機能およびBPSD、ADL・IADL・CADL、社会生活、人間関係、コミュニケーション、性格・こだわり・感情・癖、利用者（家族）の意向、通院・服薬状況などを把握します。

認知症の症状については次の点を把握します。

・認知症の原疾患と認知症レベル
・中核症状…記憶障害、見当識障害、実行機能障害、失行、失認、失語など
・BPSD…抑うつ、心気、不安、妄想、幻想、徘徊、興奮、暴力、不眠など

3）入居アセスメントにもとづき、約1〜3週間をかけて、ケアチーム全員でチームアセスメントを行います。入居時とは異なる心身の行為・行動、認知行動とBPSD、ADL・IADL・CADL、社会生活、人間関係、コミュニケーション、性格・感情・こだわり・癖、利用者（家族）の意向などをチームで把握し、朝礼やスタッフミーティングで共有します。この期間はケアプランも修正・調整が続きます。

アセスメントの考え方と手法はケアマネジメント・プロセス（第2章第3節 p30参照）を参考に進めます。ここではグループホームにおける利用者情報の把握とアセスメントの勘所を示します。

1. 性格・価値観・生育歴・教育歴・職業歴　コミュニケーションレベル

個人の個別性は、利用者の性格や価値観、生育歴（生い立ち）、教育歴、職業歴などから把握します。

1）性格（人柄）

認知症になると家族にとって意外な性格や人柄が表れることがあります。本来の性格が表れることもあれば、認知症の中核症状や服薬中の薬、体調の不調や不安などの心理状態から表れる**想定外の性格**（例：怒りっぽい、イライラ、自虐的、内向的）もあります。家族に見せる人柄、外の人に見せる人柄（外面：そとづら）、だれにも見せない人柄、それらすべてが利用者の性格（人柄）です。

そして、性格は「動作、態度、表情、対処方法、話し方（口調）、服装（身なり）、食べ方」などに表れるので、インテークやアセスメントの際に

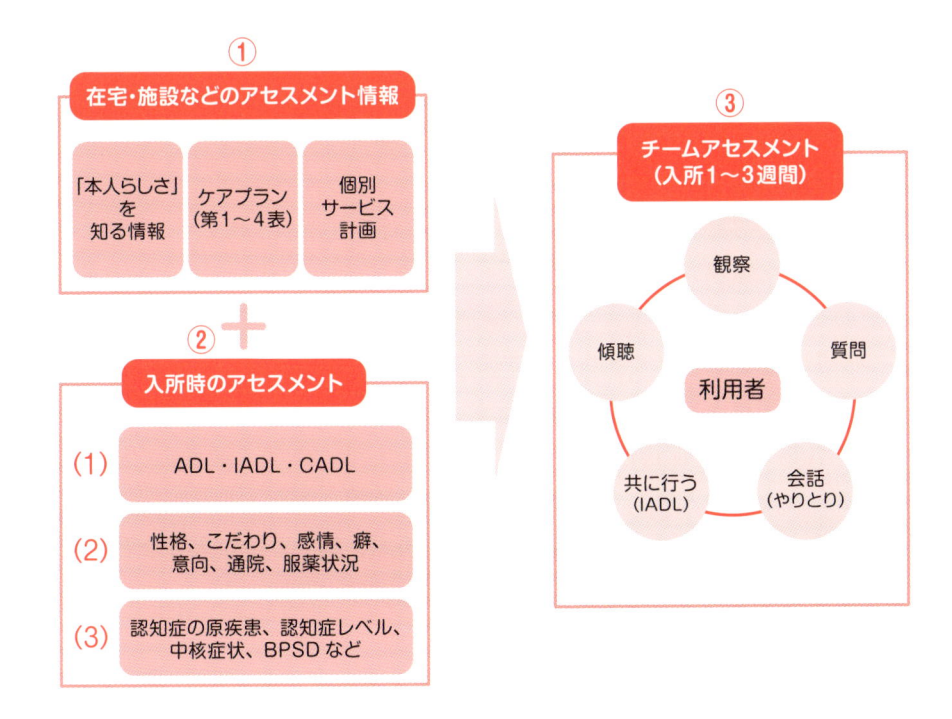

```
┌─────────────────────────────┐
│ ①                           │
│ 在宅・施設などのアセスメント情報 │
│ ┌───────┐┌──────┐┌──────┐   │
│ │「本人らしさ」││ケアプラン││個別   │   │
│ │を知る情報 ││(第1～4表)││サービス│  │
│ │       ││      ││計画   │   │
│ └───────┘└──────┘└──────┘   │
└─────────────────────────────┘
        ②
┌─────────────────────────────┐
│ 入所時のアセスメント              │
│ (1) ADL・IADL・CADL            │
│ (2) 性格、こだわり、感情、癖、     │
│     意向、通院、服薬状況          │
│ (3) 認知症の原疾患、認知症レベル、  │
│     中核症状、BPSDなど           │
└─────────────────────────────┘
```

③ チームアセスメント（入所1〜3週間）
観察／質問／会話（やりとり）／共に行う（IADL）／傾聴　― 利用者

　は観察や傾聴に細心の注意を払いましょう。

　利用者（家族）には次のような質問をしてみましょう。

- どのような性格ですか？
- 子どもの頃（若い頃）はどのような性格でしたか？
- どのようなご主人（奥さん、お父さん、お母さん）でしたか？

　利用者なりに自己評価を話せる人もいれば照れて話さない人もいます。その際は「周囲（家族）からはどういう性格と思われていましたか？」と第三者的な視点からの<u>自己評価</u>を尋ねると答えやすいこともあります。なお、子ども時代の性格は利用者のきょうだいがよく知っているので、家族に聴き取りを依頼するのもよいでしょう。

2）価値観・こだわり

　認知症の人の行動は性格だけでなく本人の価値観（こだわり・<u>美意識</u>）が大きく影響し、「行動の仕方」や「判断基準」となっています。それらを把握し、尊重した声かけやかかわり方が利用者の存在を「認める」ことになり、心を落ち着かせることになります。価値観は長いかかわりのなかでわかってきます。

（価値観の例）

愛情、信用、信頼、情熱、いたわり、平和、自由、約束、協力、調和、正直、素直、成長、達成、活力、倹約、思いやり、友情、勝負、冒険、健康、やすらぎ、努力、忍耐、まじめ、懸命、誠実、貢献、ユーモアなど

（声かけの例）
- 忍耐することを大切にしている人への声かけ
  「○○さんは、本当にガマン強い（辛抱強い）ですね」
- 情熱を大切にしている人への声かけ
  「○○さんは、いつも明るいですね。私たちも励まされます」

3）生育歴・家柄

どのような家庭環境で育ったかは利用者の価値観やこだわり、<u>生活スタイル</u>や<u>生活感覚</u>に大きく影響しています。本人らしさを理解するうえで次のような事項はとても参考になります。

- 家族構成：多世代同居、両親（実父・実母、継父・継母）、男・女きょうだいの人数と本人の続柄（長男・次男、長女・次女）
- 結婚：見合い結婚・恋愛結婚、初婚・再婚、嫁入り・婿入りなど
- 家柄：本家、分家、親戚付き合い、冠婚葬祭の頻度など
- 家計：貧しい、極貧、普通、裕福など
- 家業：農業、漁業、林業、自営業（建設系、商売系など）、職人（大工、左官、工芸、宝飾など）サービス業、公務員、医師、弁護士など
- 出身地（県民性）：北海道、東北、関東、甲信越、北陸、東海、近畿、中国、四国、九州・沖縄
- 生育環境：中山間地、漁村、農村、島嶼部、都市部、近郊、商店街、工場街など

4）教育歴・職業歴

どのような教育を受けたか、どのような職業で働いてきたのかは、利用者とのやりとりの際の「<u>言葉づかい</u>」や単語、話し方（謙譲語、尊敬語、丁寧語、地元言葉、方言）を参考に把握します。

- 戦前の学歴…尋常小学校（戦時中は国民学校）、尋常高等小学校、女学校、師範学校、帝国大学など
- 戦後の学歴…小学校、中学校、高等学校、専門学校、大学など
- 職業歴…職種：農業、漁業、林業、商店、製造、建設、流通、交通、販売、公務員（教員、行政職員）、法律（弁護士、公認会計士、税理士）、医療（医師、看護師、栄養士）、福祉など
- 遍歴：専業、兼業、出稼ぎ、期間工、転勤、転職など

5）コミュニケーションのアセスメント

利用者がどのレベルまでコミュニケーションがとれるのか、逆にどのような支障があるのかを把握します。

- 自発的に言葉が出てこないために自分の意思が伝えられない（失語）
- 話すが言葉になっていない、意味不明な音声のみである（失語）
- 相手の話が理解できない（失語）

- 数分前や数十分前の出来事を忘れてしまい、事実がなかったことになる（近時記憶の障害）
- 時間や日付、季節、場所がわからない（見当識障害）
- 相手がわからない（人物誤認）

コミュニケーション・レベルの低下の経緯を家族からエピソードを交えて聴き取ります。そして認知症になる前と現在にいたるまでのコミュニケーションの状況も把握し、適切なやりとりの方法をケアチームで考えます。なお、難聴（聞こえづらい、聞こえていないなど）や視力低下（ぼやける、にじむ、かすむ、視野狭窄など）のレベルも把握するようにします。

- どのような人とどのようにコミュニケーションをとっていたか？
  （例：配偶者、息子・娘、孫、隣近所、ヘルパー、デイサービス利用者、医師、看護師、理学療法士、店員、タクシー運転手など）
- どのようなやりとりが得意だったか、好んで行っていたか？
  （例：話す、書く、読む、聞く、身振りなど）
- どのような話題が多かったか？
  （例：幼なじみ・友人、家族、遊び、賭け事、趣味、仕事、旅行、グルメ、オシャレ、心配事（例：体調、病気、家族、社会、平和）など）

2. 「利用者の意向」のとらえ方のポイント

利用者から直接聴き取りしますが、多くは家族からの「また聞き」というスタイルとなります。家族だからといってすべてをわかっているわけではありません。利用者（家族）に手がかりとなる例を質問形式で示しながら、焦らずに「意向を探す、探る、想像する」姿勢で進めましょう。

1）利用者の「できない・困る・時間がかかる・混乱する」に着目する

認知症となる前にできていたことが、認知症が始まり「できない・困る・時間がかかる・混乱する」ことは利用者（家族）にとってもショックなことです。語られる本音から「願い・望み」を知ることができます。

- 以前（要介護となる前）はどのような暮らしぶりでしたか？
- どのような生活場面でできないことはありますか？　どのように私たちがかかわればご本人は落ち着かれますか？
- 「できない・困る・時間がかかる・混乱する」とご本人はどのようになりますか？

相手のペースに合わせて時間をかけて傾聴するようにします。

2）家族の「お詫び、後悔、自己嫌悪」の言葉から「望み、願い、思い」を引き出す

認知症となった親・配偶者への介護に自信を喪失し、家族は詫びの言葉

(例：「ここに入れてしまうのが申し訳ない」)、後悔の言葉（例：「カッとなって○○をしてしまった」)、<u>自己嫌悪の言葉</u>（例：「○○さえできない自分はひどい子どもだ」）が多くなる人もいます。それらの言葉から「望み、願い、思い」を次の質問で引き出します。

- ご家族なりにどのような介護をされたいと思われていましたか？
- カッとなってしまったのは、どのようにしたかったからですか？
- 入居をされた後、ご家族なりにどのようにかかわりたいと思われていますか？

3）「これまでの暮らし」に着目して「暮らしへのこだわり」を把握する

利用者（家族）の「望み、願い、思い」を引き出すために、要介護となる以前の「これまでの暮らし方」を丁寧に尋ねます。本人の幼少期〜いままでの暮らしぶり、要介護となってからの暮らしぶり、直近6ヵ月間の暮らしぶりを聴き取りましょう。

- 幼少期〜いままで、どういう暮らし方をされてきたか、聞かせていただけますか？（※年代ごとに区切って質問をします）
- ご本人なりの「<u>暮らしへのこだわり</u>」（例：起床時間、朝の散歩、テレビ番組、食べ方、好みの料理、好きな服装、部屋の雰囲気、就寝時間、家事など）はどのようなことですか？
- これまでの生活習慣で続けたいのは、どのようなことですか？

4）非言語コミュニケーションから意向や気持ちを汲み取る

利用者が言葉で表現できないときは、表情、目線、仕草、身振りなどの非言語コミュニケーションに着目します。文字盤やイラスト、写真を示し意思を読み取るのもよいでしょう。

3. 「家族の意向」のとらえ方

介護疲れや介護ストレス、日々の不安からの解放感もあり、家族の意向は抽象的な言葉しか返ってこないものです。「グループホームでの生活にどのような希望がありますか？」と問いかけても、イメージが湧かないために、「みなさんと仲良くやってくれれば安心です」という一般的な回答になりがちです。

グループホームは「手段」です。「本人にどのような暮らしを送ってもらいたいか」だけでなく、家族として「どのようなかかわり方がしたいか（できるか）」を確認しましょう。つまり「<u>家族としての支え方の意向</u>」を聴くのです。

- ご家族としてどのようなことをグループホームに希望されますか？
- ご家族としてどのようなかかわり方ができそうですか？
- ご家族としてどのようなことが心配（気がかり）ですか？

ADLのアセスメントの勘所
～ADLは「自分流・自己流」に着目する～

　ADLは「これまでの暮らし」で行ってきた生命・生活行為であり、利用者流の「やり方（自分流・自己流）」があります。ADLの各行為について、領域ごとに認知症の中核症状（記憶障害、見当識障害、実行機能障害、失行、失認、失語）やBPSD（抑うつ、心気、不安、妄想、幻想、徘徊、興奮、暴力、不眠）がどのように影響しているのかをアセスメントします。

> 生命・生活行為
> 自分流・自己流

1）生命活動としての生活行為
　・移動：方法（徒歩、杖、車いすなど）、屋内（ベッド、台所、トイレ、浴室など）、屋外（庭、道路、公園、畑、商店など）
　・食事：頻度、時間帯、食事量、水分摂取、嗜好、禁忌食、治療食、食物アレルギー、什器類の使い勝手など
　・排泄：頻度、時間帯、排泄量、脱衣・着衣方法、場所など
　・睡眠：時間帯、時間数、頻度、熟睡度など

2）快適さのための生活行為
　・入浴行為（脱衣・着衣、移動、座位、洗身、洗髪、またぎ越しなど）
　・整容行為（洗顔、整髪、歯みがき、化粧、髭剃りなど）

　これらの「ひとくくりの生命・生活行為」を動作別に細かく分解することで、何をどのように支援すればよいか（介助、見守り、声かけ、福祉用具、リハビリテーション、文字で表示、服薬など）、改善・向上が見込めるかを見立てます。

　特にADLは「自分流・自己流」があるので、支援者側の一方的なやり方の押しつけは、利用者にとっては「不快」になる可能性があります。実際に動作をしてもらい、必要に応じてイラスト・デジタルカメラ・ビデオなどで記録するとカンファレンス時の重要な材料となります。

　また24時間スケールなどを使い、排泄のタイミングなどを把握します。

IADLのアセスメントの勘所
～IADLは「生活歴・生活力」に着目する～

　IADLは生育歴のなかで両親にしつけられた（家風、習慣）、結婚して姑のやり方に合わせた（家風、習慣）、仕事で身につけた（職業能力）、地域のやり方（風習）、個人の趣味・工夫で身につけた（学習）などが大きく影響しています。過去の生活習慣や職業歴、生活体験を含めて総合的に把握することで、可能性（強み）に着目したアセスメントを行うことがで

> 家風、習慣

4　地域密着型ケアマネジメント

297

きます。

　IADLは「手段的日常生活行為（生活動作）」で「暮らしの行為」です。これらの生活動作は、なんらかの「道具類」を使います。道具類を使うための心身の機能・動作・操作に支障が生じると「できない、やりづらい」という状態が生まれます。

　グループホームではIADLの「暮らしの行為」をケアとして積極的に行ってもらうので、領域ごとに認知症の中核症状やBPSDがどのように影響しているのかをアセスメントします。

1）家事行為
- 炊事：準備（洗う、切る、剥く、刻むなど）、料理（煮る、焼く、炒める、揚げる、蒸すなど）、盛り付け（箸さばき、皿・鉢・椀などの什器類）、扱う料理道具（炊飯器、鍋、釜、フライパン、電子レンジなど）、洗いもの（スポンジ、洗剤、食洗機など）
- 洗濯：分別、手洗い、洗濯機、干す、取り込み、たたむ、しまうなど
- 掃除：箒、掃除機、雑巾、チリトリ、ハタキ、整理整頓など

2）健康管理
- 服薬：種類と量の判別、頻度（時間帯）の判別、取り出しなど

3）社会参加
- 買物：内容、場所、頻度、移動、距離、支払い、持ち運びなど
- 更衣：好みの着こなし（服、小物類、髪型）、季節別の衣類など
- 金銭管理：財布を使いこなす、保管する、釣り銭の計算、小銭のやりとりなど

　暮らしの行為を心身の機能と認知機能で細分化し、何をどのように支援すればよいか（介助、見守り、声かけ、福祉用具、自助具など）をケアプラン作成に反映させます。

■ CADLのアセスメントの勘所
〜CADLは「本人らしさ」に着目する〜

※CADLの解説は第2章第3節を参照（p36）

　CADLは「本人のこだわり（本人らしさ）」や「その人なりの願い（Wish）や楽しさ・心地よさ」に着目した新しいアセスメント視点です。

　利用者にとっての「これまでのCADL」を家族・親族・地域の知人などから聴き出したり、居室の飾り付けや置き物、アルバムなどを手がかりにします。それを実現するために必要なADL・IADL、治療・服薬・体調管理や心身機能の改善、人間関係、コミュニケーション力などをケアプランに位置づけることで「ストーリーのあるプラン」「チームで取り組むプラン」が可能となります。

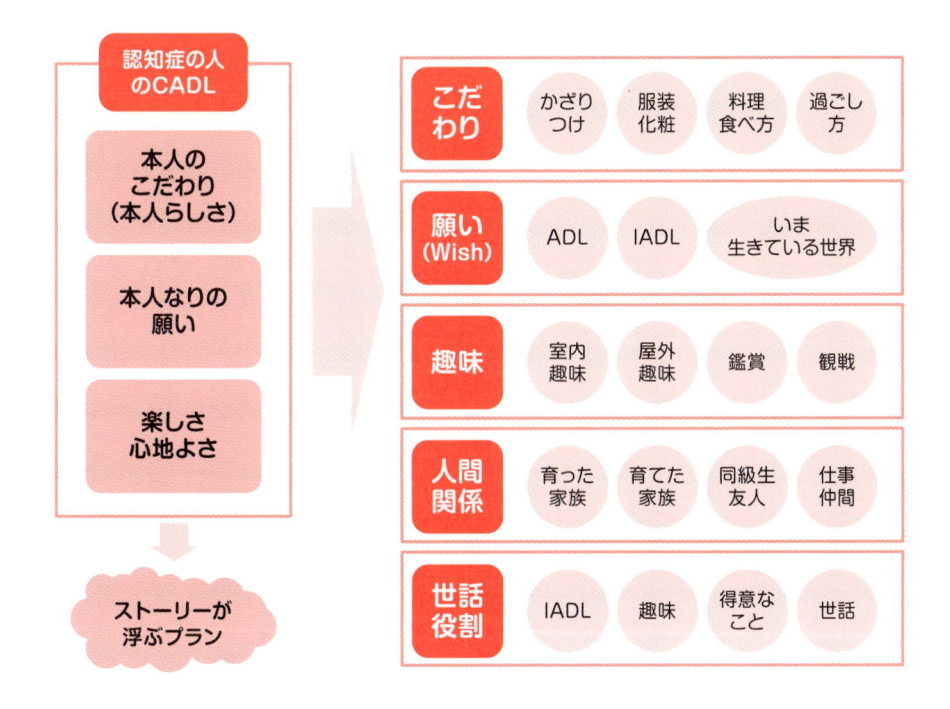

```
認知症の人のCADL
├─ 本人のこだわり（本人らしさ）
├─ 本人なりの願い
└─ 楽しさ心地よさ
    ↓
ストーリーが浮ぶプラン
```

こだわり	かざりつけ	服装化粧	料理食べ方	過ごし方
願い（Wish）	ADL	IADL	いま生きている世界	
趣味	室内趣味	屋外趣味	鑑賞	観戦
人間関係	育った家族	育てた家族	同級生友人	仕事仲間
世話役割	IADL	趣味	得意なこと	世話

１）こだわり

こだわりとは、利用者にとって「○○でなければならない」という執着心に近い感情です。キーワードは「お気に入り」「好み」「落ち着ける」です。居室の飾り付け、服装と化粧、料理と食べ方、過ごし方（例：演歌を聴く、裁縫・編み物をする、野菜作りをする、ペットの世話をする）など本人らしさを探りましょう。

２）願い（Wish）

利用者にとっての願いはさまざまです。願いがADLやIADLレベルのものもあれば、本人らしさの実現であるCADLレベルまであります。認知症の人が<u>いま生きている世界</u>（年齢）における願いを探ります。

３）趣　味

趣味は利用者を集中させ、落ち着かせる効果があります。だからといって家族から情報収集した、現役の頃にやっていた趣味にいまも夢中になるとは限りません。幼い頃や少年少女期に「<u>夢中になっていたこと</u>」なども含めて広くとらえることが大切です。趣味がわかればそれに類する話題や本、道具類、映像などを用意できます。

- 室内趣味…囲碁、将棋、麻雀、パチンコ、水彩画、俳句・短歌、生け花、茶道、絵手紙、料理、編み物、楽器演奏、カラオケ、読書など
- 屋外趣味…散歩、ガーデニング、野菜づくり、ゴルフ、釣り、撮影、観劇、史跡巡り、旅行など
- 鑑賞系趣味…演劇、映画、絵画、書など

いま生きている世界

夢中になっていたこと

・観戦系趣味…野球、ゴルフ、相撲、サッカー、ボクシング、マラソンなど

4）人間関係

認知症の人とのやりとりで気づくことは、その時々にさまざまな人が現れ（<u>人物誤認</u>）、その瞬間はともに生きているということです。妄想や幻想で現れる人々は本人にとっては「現実の世界」（<u>内的世界</u>）です。

今は亡き父・母・祖母・祖父、きょうだい・いとこ達、若い頃の夫・妻や幼い頃の子ども、幼なじみ・同級生・友人・親友・恋人、上司・部下・同僚、近所の人や商店の人など、多彩な登場人物はその人の人生そのものです。とりわけ利用者にとって強烈な印象となっている思い出（例：幼少期の貧しさ、疎開・引き揚げ、身内の冠婚葬祭、仕事や家計の苦労、羽振りのいい生活、家庭での振る舞いなど）の登場人物は「<u>密接な人間関係</u>」にあった人々です。

それらがきっかけとなって、性的行動や<u>性的衝動</u>（例：抱きつく、ベッドにもぐりこむ）、易怒的行動（例：突然に暴言を吐く、怒り出す、食膳をひっくり返す）、被害妄想（例：悪口をつげ口する、忍び込んでくる、モノが盗られると被害を訴える）などの行動が表れることになります。

生い立ち、生活歴、学歴、職業歴、既往歴などを丁寧に把握することが、利用者とのやりとりのヒントになります。これらを「見える化」するにはハートエリアマッピング（p57、97）が有効です。

5）世話・役割

グループホームは共同生活です。世話や役割はやりがいや生きがいに通じます。グループホームでは、利用者なりに「できること」を探し、暮らしの役割を担ってもらうことを「ケア」として位置づけています。自分でも果たせる役割があることで心身の機能や認知機能の維持・改善が図られます。そして、やりとげることで達成感が得られ、職員や入居者から「<u>素直な感謝</u>」を得ることにつながります。このプロセスが「<u>自己肯定感</u>」となります。

利用者が「行えそうなこと」は次の3つの領域で探します。

・IADL（例：料理、洗濯、掃除、配膳・下膳、整理整頓、裁縫など）
・趣味・得意なこと（例：習字、絵、縫い物、編み物、写真撮影、大工仕事、庭木の剪定など）
・世話（例：犬、魚、小鳥、野菜、植物、幼児など）

家族からは、利用者がこれまで行っていた「お世話のエピソード」「仕事・家事・趣味のエピソード」をヒアリングすることがヒントになります。

病歴・既往歴のアセスメントの勘所
～利用者の「病識と服薬」に着目する～

　認知症の人は認知症の原疾患のほかになんらかの病気・疾患を持っていることがあります。症状の特徴、悪くなるときの状況（例：気温と室温、体温、湿度、気候）、兆候（例：そわそわする、汗をかく、表情が変わる）とそれへの対処の仕方を確認します。病歴・既往歴は緊急対応や病院入院の際の「貴重な情報」となるので、丁寧に情報収集をします。

1）病気・疾患の理解度とリスク

　病気・疾患を認知症の利用者がどのように理解しているか、病識の有無を把握します。また生きがいづくりの活動（例：散歩、小旅行）が運動器系疾患、皮膚系疾患、呼吸器系疾患、循環器系疾患に影響がないか、リスクを把握します。

2）服薬の状況

　認知症の人は入居前に、症状に応じてさまざまな薬を服用しています。幻覚・妄想、興奮などに対しては抗精神病薬、抑うつ・不安に対しては抗うつ薬や抗不安薬などが処方されています。抗精神病薬に共通する副作用には、眠気・ふらつきなどがあり、個人差が大きいといわれています。

　なかには投与量が多すぎる、薬の処方が不適切なために、過度なふらつきや動作緩慢、姿勢異常、小刻み歩行、嚥下障害などの副作用が表れることもあります。在宅では、家族がBPSDへの対応でかなりの苦労をしているため、医師に薬の増量を願い出ることも一因としてあります。

　BPSDはさまざまな要因が相互に影響して表れます。薬の不適切な処方だけでなく、脱水・発熱・便秘などの体調不良や介護者の叱責・怒声・無視などの不適切な対応が、利用者の周辺症状をさらに悪くしていることもあります。

　入居にあたり、利用者がこれまでおかれていた住環境と心理状態、身体の状態、周囲の対応、服用する薬などを「総合的に把握・検討」します。服用している薬がBPSDの悪化要因になり得ることも念頭におき、効果がない、症状が悪化すると思われるなら、漫然と長期投与するのではなく、医師や薬剤師と相談し、減量や中止も視野に入れることが必要です。

ケアマネジメント・サイクル
～ケアをチームでプランニングする～

　アセスメントから浮き彫りになった利用者のできることの維持・向上、できないことの改善、していないこと・あきらめていることへの動機づけ

などを整理し、その原因を「なじみの環境、日常生活のペース、役割づくり・活動づくり、生活リズム、人間関係、地域の資源」の6領域で分析し、どのようにすれば「改善できるか」「維持・向上できるか」「動機づけできるか」をチームの話し合いを通じてプランニングし、ケアプランにまとめます。

この6つの領域ごとに課題・目標を設定し支援内容を検討します。

1.「なじみの環境」づくり

過去と現在の「あいまいな時間」のなかに生きる認知症の人にとって「なじみの環境」は、もっともストレスが少ない「居場所」といえます。しかし、なじんだ自宅と比べて利用者の目にうつる引っ越し先のグループホームは小綺麗で他人ばかり、どうみても「他所（よそ）様の家」とうつることが多いでしょう。職員にとって利用者は顔見知りでも、利用者にとっては「よく見る顔」「自分と知り合いらしい人」「自分と仲のよい人」「自分を嫌っていない人」レベルであり、夕方になればグループホームは「暇乞いをする場所」（帰宅願望）なのです。

そこで、利用者本人にとっての「なじみの環境」を「居てもいい、危険がない、落ち着ける、話しかけてもらえる、さみしくない」ととらえる視点が大切です。

- なじみの居室…本人の愛用品（例：家族写真、仏壇、湯呑み、ティッシュケース、枕、シーツ、布団、小物類、カーテン、テレビ、扇風機、柱時計、カレンダー、孫たちの絵、和箪笥、衣紋かけ、座布団、カーペットなど）に囲まれた空間をつくる
- なじみの人たち…なじみの家族や知り合いがいる・やってきて食事をする（語らいをする、散歩をする）、なじみの人との記念写真がある
- なじみの過ごし方…おしゃべりをする、なつかしいTV番組（映画）を見る、なつかしい歌を歌う、なつかしい遊び（例：お手玉）をする
- なじみの仕事をする…本人がやってきた職業・仕事にまつわる道具類（例：算盤、鍬、つるはし、洗濯板）を用意する

2. 日常生活のペースをつくる

認知症になると、昼夜が逆転する、閉じこもりがちになる、食事の時間が混乱する、排泄のリズムが乱れるなど、生活そのものが乱れがちになります。規則正しい生活（日常生活のペース）をつくることで、BPSDの改善だけでなく、心身の機能回復や周囲や地域との人間関係の改善につながります。

- 1日のメリハリをつける…無理のない健康づくりのための日課

あいまいな時間

他所（よそ）様の家

暇乞いをする場所

規則正しい生活

メリハリ

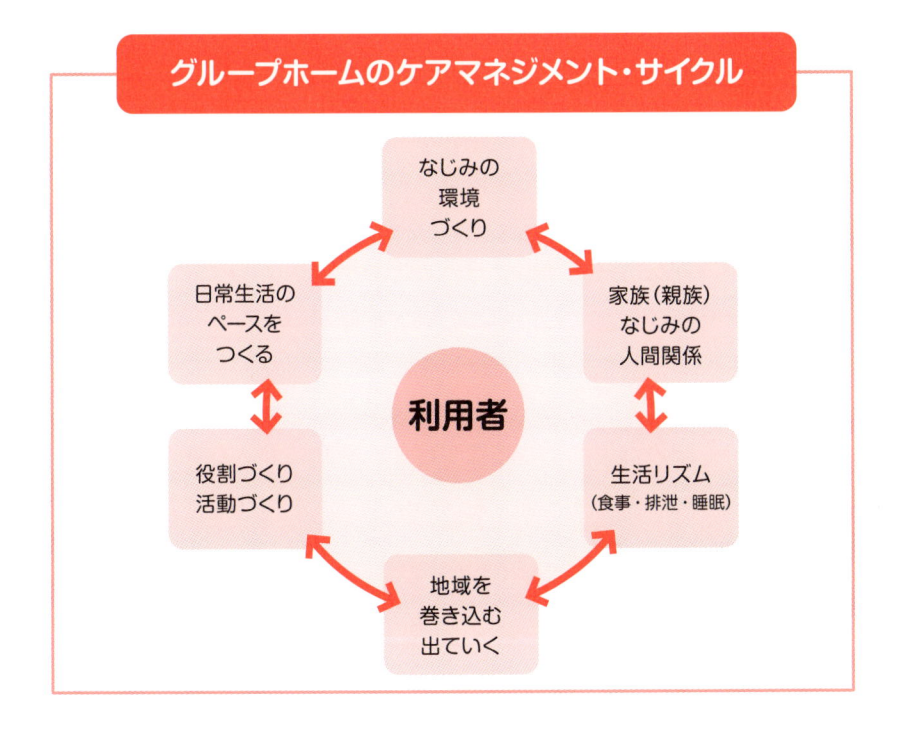

グループホームのケアマネジメント・サイクル

```
         なじみの環境づくり
        ↗              ↘
日常生活の              家族（親族）
ペースを      利用者      なじみの
つくる                  人間関係
        ↘              ↗
役割づくり              生活リズム
活動づくり             （食事・排泄・睡眠）
        ↘              ↗
         地域を巻き込む出ていく
```

起床・就寝、体操・整容、掃除、食事づくり・食事・あと片づけ、お茶・おやつの時間、テレビの時間、散歩・おでかけの時間、仕事・レクリエーションの時間、リハビリテーション、入浴、排泄など
- 1週間のメリハリをつける…地域社会とのふれあい、社会参加
商店・スーパーでの買物、回転寿司などの外食、名所・旧跡の散歩、通院、地域清掃、美化活動への協力など
- 1ヵ月～1年間のメリハリをつける…日頃の生活にない活動的な催し
家族行事：孫の入園・入学式や卒園・卒業式への参加、お誕生会の参加、運動会の見学、結婚式への出席、家族旅行など
施設行事：月ごとの誕生会、正月、豆まき、お花見、菖蒲湯、ソーメン流し、夏祭り、スイカ割り、花火大会、秋祭り、文化祭、クリスマス、大晦日など

3. 役割づくり・活動づくり

　ICF（国際生活機能分類）では役割と活動を密接な関係でとらえています。グループホームに「ただ暮らしている」のと「役割を担って暮らしている」のでは、利用者が実感する「集団での立場」は異なります。「やることがない」日々はとてもつまらなく、利用者を孤立させ閉じこもりの誘引となる可能性があります。役割を担ってもらうことはその人の存在価値（生きている価値）を守ることにつながります。役割（例：料理づくり）に伴うできる業務（例：皮むき、味付け、盛り付け）を行うことで周囲の

> 役割と活動
>
> 集団での立場
>
> 生きている価値

4 地域密着型ケアマネジメント

関心を集め、感謝をしてもらえると自己肯定感（認められた自分）を得ることができます。認知症ケアでは「役割探し・役割づくり」はとても大切なケア手法なのです。

ケアプランの課題・目標や支援内容、役割の欄に次の視点で盛り込みます。

　　・利用者が得意なこと、利用者だからこそできること
　　・利用者なりに好きなこと、やっていて機嫌がいいこと、心地いいこと
　　・これまでの暮らしや仕事でやってきたこと、担ってきたこと

一見「できないこと（できそうにないこと）」も、職員の声かけ・見守りやうながし・ほめ言葉による動機づけと、それによる心身機能や体力の改善、体調の安定により「できるようになる（改善）」「できていることを続ける（継続）」ことをめざします。

4. 生活リズム…食事・排泄・睡眠

生活リズムの基本は「食事・排泄・睡眠」です。これらを24時間スケールなどで把握し、ケアプランのなかに具体的に位置づけます。

◎食事

認知症の利用者は、空腹感がないために食を受けつけない（拒食）、箸の使い方がわからない、食事の手順がわからない、目の前のものばかりを食べる、偏った食べ方をする、食べたことを忘れて繰り返し食べるなどの行動をとりがちです。結果的に低栄養状態や脱水、便秘になる危険性をはらんでいます。また誤嚥のリスクも高くなります。

ケアプランの課題欄には、ただ「食べられるようになる」ではなく、「〜が食べられるようになる」のように食事内容（利用者が食べたくなるなじみの料理など。なお医師や栄養士から指定があればその料理を記載）を記載します。短期・長期目標では、食べ方や食べるもの、食べる順番、食べる時間、食べる場所なども設定します。支援内容は、自立・声かけ・見守り・介助や調理の工夫などを盛り込み、役割は本人・介護員、家族・ボランティアなどそれぞれを記載します。

◎排泄

認知症ケアにとって排泄ケアは大切な支援の柱です。不穏な行動（例：イライラ、廊下の徘徊）が、便秘による下腹部の圧迫感、便意・尿意のもよおしによるトイレ探しであったり、衣服の汚れや便臭・尿臭隠しなどが原因であったりするからです。

排泄の失敗はだれにとっても恥ずかしく、他人に知られたくないことです。失禁（お漏らし）による排泄トラブル（例：衣服の汚れ、臭気）は、利用者の自尊心をいたく傷つけます。これらを周囲に知られないために衣

服やオムツを「隠す行動」をとることもあります。ゴミ箱や植木鉢をトイレと間違えて排尿してしまうこともあります。

ケアプランの課題は、「排泄が自立する、排泄の失敗をなくす」という抽象的な結果を示すのではなく、「いつもトイレで気持ちよく排泄ができる」のように、時系列（いつも）、恥ずかしさへの配慮（気持ちよく）などの表記を盛り込むことで目標の方向性を示します。

短期・長期目標は、次のように表記（例）します。
・お漏らしで衣服が汚れないようにする
・衣服（ズボン、スカート、下着）の着脱が速やかにできるようになる
・トイレの場所と使い方で失敗しないようにする
・食後と就寝前にはトイレで排泄を行う

支援内容には次のような表記（例）を行います。
・排泄リズムを確認し分析・評価する
・定時および随時に早めのトイレ誘導をする
・食前食後のお茶など飲水（1日：1.5ℓ）を行う
・朝の10分体操や近所の○○公園への散歩など適度な運動を行う
・トイレ誘導の際に「便所」「ご不浄」などと言い換える

排泄は他人に見られたくない、聞かれたくない、そばにいてもらいたくない行為です。配慮の基本は「恥ずかしさ」への心づかいです。

◎睡眠

一般的に高齢者の睡眠は短く浅いので、すぐに目が覚めがちになります。認知症になれば、時間感覚（昼夜の区別）があいまいになり、不安感や夜間頻尿は寝つきをさらに悪くします。睡眠不足は体調だけでなく感情などの心理状態にも深刻な影響を与えます。

ケアプランの課題は「ぐっすりと眠れる」ではなく、「6時間以上はぐっすりと眠れる」のように数字などを盛り込み具体的にすることが重要です。短期・長期目標は、就寝・起床にかかわる目標（例：就寝起床時間、寝間着への着替え）だけでなく、深い眠りを誘導するための目標（例：昼間の散歩や日光浴、運動や畑仕事、レクリエーションによる適度な疲労感）なども設定します。

支援内容は、入眠を誘導するために足浴をする、静かな音楽を聞く、温かい湯を飲むなどがあります。医師が処方する睡眠薬（例：睡眠導入剤、抗不安薬、鎮静薬）があれば記載します。睡眠薬は代謝機能が低下している高齢者には副作用が出やすく、言葉・動作が緩慢になる、応答がない、表情が乏しくなるなどのほか、せん妄を発症することもあるので、リスク対応も盛り込むとよいでしょう。

5. 家族（親族）となじみの人間関係を巻き込む

家族の参加　認知症ケアで「家族の参加」と「なじみの人間関係」は欠かすことができない社会資源です。

2つの家族　ここでの家族は「2つの家族」を意味します。

- 育った家族：利用者本人が生まれ育った家族。父母および兄弟姉妹と親族など
- 育てた家族：利用者本人が結婚し育てた家族。夫・妻および子どもたちとその配偶者（例：婿、嫁）と孫たち（既婚なら配偶者含む）

利用者の個性（本人らしさ）を知るヒントは生育歴や生活史にあります。性格（人柄）、好きな食べ物や食べ方、好きな服装、好きな遊び、生活習慣、夢中になった趣味などを「育てた家族」（配偶者と子ども）たちは意外と知りません。幼少期の利用者をじかに知っているのはきょうだい **育った家族** やいとこたちなどの「育った家族」（親族）なのです。

育てた家族　一方、成人になってからの「家庭での本人らしさ」を知っているのは「育てた家族」です。実家を離れて1人暮らしをはじめ、やがて見合い・恋愛ののちに結婚し「新しい家庭」を持ちます。そこから始まる配偶者にとっての「夫妻の役割」と子どもたちが生まれ成長するまでの「父母の役割」、そして孫が生まれてからの「祖父祖母の役割」の様子を知っているのは「育てた家族たち」です。

これらの2つの家族が出会って「1つの家族」を築きあげる60〜80数年間を把握することで、家族間のバランスがわかり、誰がどのようにかかわってもらえるか、どのようにかかわってもらうことが利用者にとっての「喜び」となるのかを予測することができます。

社会的なつきあい　なじみの人間関係は「社会的なつきあい」のなかでも、家族では知りえない本人らしさを知っている人たちです。男性にとっては仕事の人間関係（例：同僚、上司、部下、仕事つながりの趣味仲間など）や地元の人間関係・飲み友達・遊び友達、女性にとっては子どもを通じた人間関係（例：子育て仲間）や地域の趣味サークル、町内会・婦人会・近所づきあいなどのなじみの人間関係などがそれにあたります。さらに小中高校などの同窓 **私だけの世界** 会や仲良しの友達のことは、「私だけの世界」にしていることも多く、意外と家族は知りません。年賀状や卒業写真・集合写真が手がかりとなります。

落ち着く世界　これらの共通点は「なつかしい人間関係」であり、利用者にとって「落ち着く世界」であることです。これらの人たちから本人らしさを情報収集 **参加のチャンス** して、それぞれに担ってもらえそうな役割を引き出し「参加のチャンス」をつくることで、認知症ケアの担い手と内容は大きく広がります。

ケアプランの課題・目標や支援内容、役割の欄に次の視点で盛り込ま

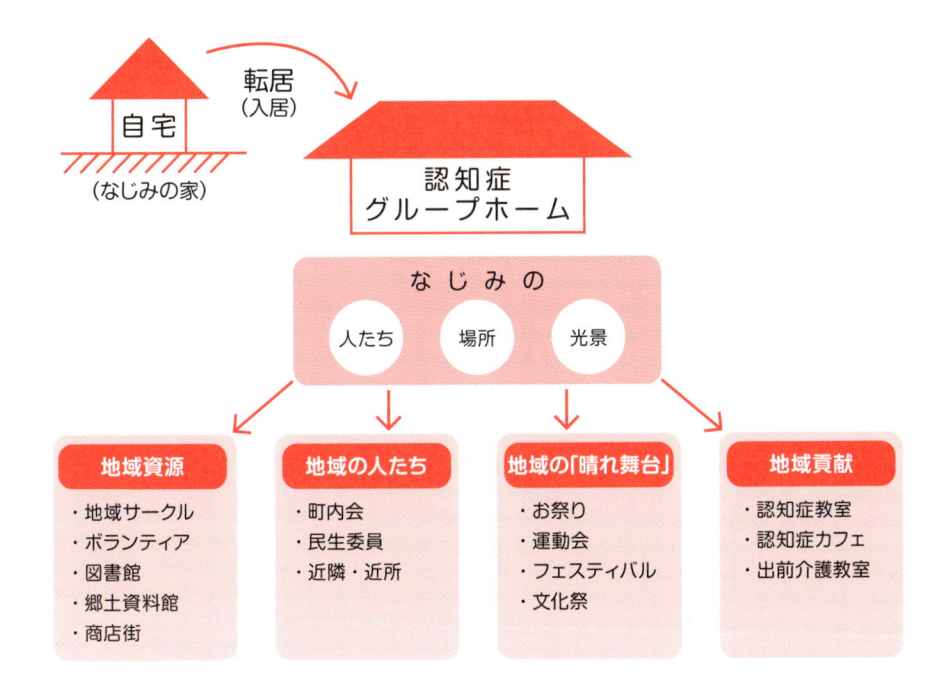

```
       転居
       (入居)
 自宅    ─────→  認知症
(なじみの家)      グループホーム
                    │
             ┌──────┴──────┐
             │   なじみの   │
             │ 人たち 場所 光景 │
             └──┬───┬───┬──┘
    ┌───────┬──┘   │   └──┬───────┐
    ▼       ▼       ▼       ▼
```

地域資源	地域の人たち	地域の「晴れ舞台」	地域貢献
・地域サークル ・ボランティア ・図書館 ・郷土資料館 ・商店街	・町内会 ・民生委員 ・近隣・近所	・お祭り ・運動会 ・フェスティバル ・文化祭	・認知症教室 ・認知症カフェ ・出前介護教室

す。

- 育った家族で行った「なつかしいこと」（例：遊び、お手伝いなど）
- 育てた家族で行った「楽しいこと」（例：家の行事、誕生日、家族旅行など）
- なじみの人間関係でやった「楽しいこと、なつかしいこと」（例：仕事、趣味、遊び、旅行、スポーツ、観戦・鑑賞・観劇など）

家族・親族・なじみの人間関係で役割を担ってもらえないときには、近隣の地域から頼める人を探し出すようにしましょう。

6. 地域の資源を巻き込む・地域に出ていく

地域密着型サービスであるグループホームが地域を巻き込むことは「<u>必須の役割</u>」の1つです。それはグループホームの都合で一方的に行うことではありません。

- 地域の資源（例：地域サークル、地域ボランティア、図書館、郷土資料館、保育所、商店やさまざまな生活サービスなど）を活用する
- 地域の人たち（町内会、民生委員、地域ボランティアなど）とともに行う（例：周辺地域の清掃活動や美化活動など）
- 地域の「<u>晴れ舞台</u>」（例：お祭り、運動会、フェスティバル、文化祭など）を活用する（例：見学する、参加する、出演する、出店する、出品するなど）
- 地域に認知症の理解と認知症ケアの知識・方法を発信する

必須の役割

晴れ舞台

これらをケアプランの課題や長期・短期目標、支援内容などに積極的に設定することで、移り住んだグループホームに暮らす認知症の人たちにとって、その地域が「なじみの場所」となることをめざします。

なじみの場所

ケアマネジメント・サイクル
〜プランの話し合いと実行および調整〜

在宅などでのケアの実践の引き継ぎとグループホームでのインテークおよびアセスメントで浮き彫りになった意向と課題から立てたケアプランの原案をもとに、介護スタッフと合同で話し合いを持ちます。

● プランの話し合い

新規入居者のケース検討に使える時間は60〜80分前後です。参加者は、利用者（家族）、ケアマネジャー、ホーム長、現場スタッフ、看護師などです。また可能ならこれまでかかわったケアマネジャーに参加してもらうことで「ケアの連続性」を確保することが可能となります。

ケアの連続性

はじめに、利用者（家族）情報、入居の経緯を説明します。それからアセスメントで浮き彫りになった意向と課題、疾患や認知症状で注意する点、予想されるリスクや配慮する点、医師からの申し送りなどを説明します。

ケアプラン（原案）の取り組む方向性とそれをめざすための課題と計画（長期・短期目標、支援内容、役割分担）などを説明します。現場の介護リーダーや介護スタッフ、看護師などから質問・意見・提案などをもらい、修正すべきことはその場で行います。なお、入居後の数日間のうちに24時間スケールによる生活リズムの把握などがされていると、より活発な話し合いが可能となります。

● 調整・修正・見直し

グループホームの暮らしが始まり、数日後には不穏な行動が落ち着くこともあれば、突然、帰宅願望が表れたり、入浴拒否や食事拒否、排泄の失敗、部屋での閉じこもり、夜中の徘徊、奇声・怒声などのBPSDが表出したりすることがあります。

これらに慌てることなく、支援内容の修正・見直しや役割変更、介護手順の調整・修正、食事介助・排泄介助のケア内容の見直しなどを話し合いながら行い、介護記録に記載し、朝夕の申し送りの場で共有します。

そのうえで、入居2〜3週間後に確定プランを話し合います。

■ チームモニタリング

　グループホームなど施設型・居住型では、現場のスタッフのケアとケアマネジメントが一体化しているので、支援（ケア）そのものがアセスメントやモニタリングの要素を含んでいます。

　サービスの提供にこのような「2面性」を持たせることにより、チームモニタリングが可能となります。そのためには現場のスタッフ各自が利用者の基本情報とケアプランの内容およびケアの手順などを理解し共有化していることが前提となります。朝礼や夕方の申し送りの場で、モニタリングの「テーマ」（例：食事の好み、食事の食べ方、歩き方、シルバーカーの使い方、入浴時の洗身方法、排泄のリズム、夜間の寝つき）などをスタッフと確認することが大切です。また、BPSDについても、具体的なADL・IADLやコミュニケーション、人とのかかわりなどを通してモニタリングするようにします。

　ブレや洩れがないようにモニタリングシートを作成し、介護記録の表記の仕方もトレーニングすることが必要です。

■ リスクマネジメント（危険防止）

　認知症グループホームのケアマネジメントには、認知症の入居者が抱えるリスクを把握して評価し、予防を行うリスクマネジメントの視点が必要です。そして、いざ事故発生（トラブル発生）となったときにどのように対応するのか（クライシスマネジメント）を想定した事故対応マニュアルも必要となります。事故予防・事故対応マニュアルを定期的に見直す作業（ブラッシュアップ）をケアマネジメント業務の1つとして位置づけましょう。

　以下にあげる代表的な「6つのリスク」をケアマネジメントに次のように位置づけましょう。

1）異食予防

　認知症によくある行動に、食べることができない物を「食べ物と勘違い」して食べてしまう異食行為があります。石鹸を食べる、紙おむつ・ティッシュ類を食べる、洗剤を飲む、身につけているものを食べるなど、物によっては生命や体調に影響します。こまめな安全確認だけでなく、その利用者は「何と勘違いしたのか」「そのときの体調は？」など、未然に防ぐための対策を話し合うことをケアプランに位置づけましょう。

2）転倒・転落予防

　認知症状が進むと、身体の状態（例：左右にふらつく、歩幅が狭くな

る、歩き出しの1歩が出ない）が自覚できないのに、「歩きたい」気持ちばかりが先行して転倒することが多くなります。便座からの立ち上がり時にバランスを崩す、幻視によるつまづきなども想定されます。脱水や貧血による立ちくらみはリスクをさらに高めます。また、ベッドからの転落、階段の踏み外しによる転落などは大ケガにつながります。

　利用者の服薬の有無と体調の変化、下肢筋力の低下、つかまるための上肢の筋力低下と握力低下、手すりの形状と位置などを把握し、必要に応じて適切な薬の処方などを主治医に相談します。

こまめな目視　　転倒・転落事故は人手の少ない早朝や深夜が多いので、担当職員はこまめな目視を行い、移動を予測したときは必ず見守る、付き添うなどを行います。

3）利用者間のトラブル予防

　認知症により利用者は強い不安感のなかにいます。幻視や幻聴、被害妄想などにより突発的な怒りの感情や被害感情が起こり、興奮状態のまま、

貶める言葉　暴力的な態度や行動、暴力的な言動、相手を貶（おとし）める言葉、辱（はずかし）める言葉を投げつけることなどが起こります。時として意味不明の怒りの表れが他の利用者を怯えさせ、関係を悪くします。

怒りの感情　　怒りの感情が起こる時間帯、発する言動パターン、暴力的な行為、いじめ・暴力の対象（例：入居者、職員、ペット）、服薬の有無、そのときの体調などをアセスメントします。

　「自分自身をコントロールできない苦しさ」を抱えているという視点から、そのような行動にでる背景や生育歴、環境などをアセスメントし、対応をチームで話し合います。症状の進行度合いや激しさの程度によっては、薬でコントロールできるかどうかを主治医に相談しましょう。

4）職員による虐待予防

　認知症高齢者とのかかわりは職員にとってもストレスとなります。グループホームでは施設でのケアを経験している職員はけっして多くはありません。他業界からの転職組や主婦からの就職組などの中途採用者と専門学校新卒組で構成されているグループホームもあります。認知症ケアには認知症の理解に始まり、高度なアセスメント力とコミュニケーション力が求められます。未熟なケア技術と知識で、日勤だけでなく夜勤まで担うのは相当なストレスになります。

ケアの不透明さ　さらに「ケアの不透明さ」が職員を追いつめます。一般的な高齢者ケアでは、利用者から発せられる言葉・表情・態度などから、満足度や適切さを判断できますが、認知症の利用者では、職員はとまどいながら必死にかかわっても、拒否的・否定的な反応で返されることが多くあります。すると自分が行っているケアに対して不全感・未達成感・無力感を感じ、やが

不全感・未達成感・無力感

リスクマネジメント（危険防止）

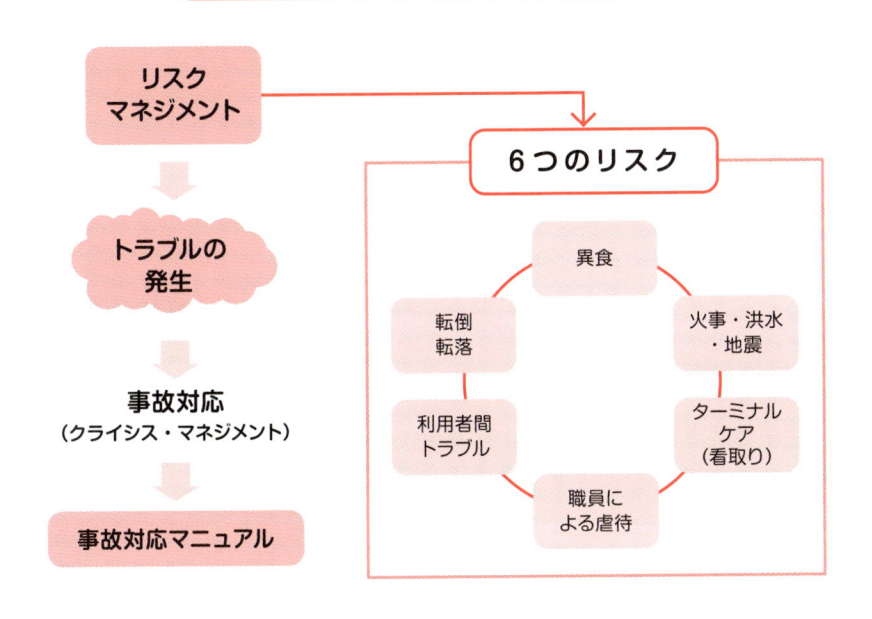

```
リスクマネジメント
    ↓
トラブルの発生
    ↓
事故対応
（クライシス・マネジメント）
    ↓
事故対応マニュアル
```

6つのリスク
- 異食
- 火事・洪水・地震
- ターミナルケア（看取り）
- 職員による虐待
- 利用者間トラブル
- 転倒転落

て「心が疲弊」していくことになります。

　これらの心の疲弊がナースコールの無視、怒声や叱責で従わせる、失禁時の力ずくの着替えなどの「**虐待行為**」となって表れます。これらは職員の数が少ない夜勤帯などに行われることが多く、発見は遅れがちになり、見て見ぬ振りが蔓延し、やがて職場の倫理感を侵しはじめます。

　不慣れで未熟な新人職員への系統的な教育とOJT、メンタルヘルス対策、スーパービジョンを行うことで職員の虐待と燃え尽き症候群を予防します。

5）火事・洪水・地震などの緊急時対応

　火事・洪水（浸水）・地震などの緊急時に**災害弱者**となるのが認知症高齢者です。2011年3月11日の東日本大震災では、避難時の混乱や見知らぬ人ばかりの避難先での生活で、認知症高齢者は体調を崩し、BPSDが悪化することが多くありました。さらに避難所生活は、やることもなくぼんやり過ごすことが多くなりがちで、廃用症候群となり、さらに心身の機能を低下させることが起こりました。

　災害時のシミュレーションを行い、避難訓練・消火訓練を定期的に行い、他の施設とも連携協定を結んでおきましょう。避難生活でも「**適切なケア**」を受けられるために、利用者情報（医療情報含む）やアセスメント情報、ケアプランなどをコンパクトにまとめて、災害支援の医療チームやケアチームに申し送りできる準備をしておきます。

6）看取り介護（ターミナルケア）

グループホームで「看取り」までを希望する家族が増えています。看取り介護は、終末期を迎えた利用者と家族に対して、死に至るまでの期間、身体的・精神的な苦痛・苦悩をできるだけ緩和することと、利用者（家族）の尊厳に十分に配慮し家族（親族）の納得のいくかかわり（<u>看取り方、逝き方</u>含む）を目的として援助します。

※余白メモ: 看取り方、逝き方

●看取り介護の視点

家族の「死」をどのように受け入れるかは個々の価値観が影響するので、看取る家族間で思いも揺れます。グループホームの看取りでは、次のことについて家族に事前に確認をとり理解を得るようにします。

- 医療体制の理解（常勤医師の配置がない、協力医療機関と24時間の連絡体制を確保、緊急時は看護師にオンコールなど）
- 病状の変化などにともなう緊急時の対応（医師と連絡をとり判断する。夜間は夜勤スタッフが緊急連絡体制にもとづき医師などと連絡をとるなど）
- 看取りの介護に関する家族の同意をもらい、24時間の連絡体制を確保する

●看取り介護の具体的支援内容

①利用者に対する具体的支援

- ボディケア…バイタルサインの確認、環境の整備、栄養と水分補給を適切に行う、排泄ケアを適切に行う、発熱・疼痛への配慮
- メンタルケア…身体的苦痛の緩和、コミュニケーションを重視する、プライバシーへの配慮を行う
- 医療処置…医師の指示にもとづき必要な点滴・酸素吸入などの看護処置を看護師が行う

②家族に対する支援

- 利用者本人と話しやすい環境を作る…家族関係に配慮し、家族（親族）の希望・心配ごとに真摯に対応する、家族の身体的・精神的負担の軽減、死後の<u>グリーフケア</u>

※余白メモ: グリーフケア

③スタッフへの支援

- 看取り介護の教育…<u>看取りのプロセス</u>、緊急時の対応、利用者（家族）への支援などについて教育を行う
- 看取り後のグリーフケア…死後、スタッフの思いを語り合う場の設定

※余白メモ: 看取りのプロセス

④医療チームによる支援

看取り介護の開始と内容については医師から家族に説明をしてもらう

■ 認知症の原疾患別のケアマネジメントの勘所

グループホームにおいては、次に示すような認知症の原疾患別の特徴と進行を押さえたケアとケアマネジメントが求められます。

1）アルツハイマー型認知症

アルツハイマー型認知症は比較的女性に多いのが特徴です。症状は、物忘れや話の繰り返しが頻繁で、比較的新しい記憶（近時記憶）に障害が起こります。進行は比較的ゆっくりなので、早期の診断・治療が有効とされていますが、進むと場所・図形・視覚などの認知把握力の低下や見当識障害による徘徊（迷子）が深刻になります。判断力の障害も進み意味不明の発語も増えます。7～8割で自発性の低下がみられるようになります。

2）脳血管性認知症

脳血管性認知症は比較的男性に多いのが特徴です。脳組織が壊死する場所により症状はさまざまです。神経障害では、歩行障害、尿失禁、筋力低下などがあり、些細なことに反応（泣く、怒る、うつ状態、不安感、思考緩慢など）する感情失禁がみられることもあります。各症状は脳卒中の種類ごとに段階的に進行します。自発性の低下を防ぐために、本人の得意なことに着目します。

3）前頭・側頭型認知症（ピック病）

前頭・側頭型認知症は、状況判断を行ったり衝動的な行動を抑止する役割の前頭葉が障害を負ったりすることにより生じます。進行に伴い自制力低下（粗暴、短絡、一方的にしゃべる）、感情鈍麻、異常行動（浪費、過食・異食、収集、窃盗、徘徊、他人の家に勝手にあがる）、人格変化（無欲・無関心）などの症状が現れます。対人関係でも、人を無視・馬鹿にする、診察に非協力的、ひねくれた態度をとるのが特徴です。

4）レビー小体型認知症

レビー小体型認知症の発症は男性が女性の1.5～2倍あるといわれ、アルツハイマー症状にパーキンソン症状（動きが遅い、拘縮、無表情）が合わさったような症状が現れるのが特徴とされます。初期にはリアルな幻視や錯視が現れます。中期には、時間帯で感情が激変（喜怒が激しい）する、睡眠障害となる、尿失禁・便秘などが深刻になります。後期の段階では、パーキンソン症状（寝たきりになりやすい）が現れます。

5）若年性認知症

「若年性認知症」は疾患名ではなく、18歳以上65歳未満で発症する認知症を総称します。働き盛りで発症する人が多く、男性の割合が高いです。また、認知症による社会的地位や役割の喪失が心理的・経済的に影響が大きいのが特徴です。職場や地域の偏見や無理解から孤立する危険性も

高く、閉じこもりとなりがちです。

活動プログラムは、仕事や役割を感じられる内容で構成され、達成感や安心感、所属感、楽しさを味わうことができる活動を意識的に組みこみます。散歩や野外活動では、博物館や自然科学館、美術館、工場見学などが効果的です。本人が持っている力を測り、本人の自尊感情に配慮した「就労型支援」も効果的といわれます。

> 自尊感情
> 就労型支援

認知症のケア手法の活用

認知症ケアにはさまざまなアプローチがあります。次に示す5つのアプローチそれぞれに目的があり特長があります。利用者の状態別（例：不安げ、怒っている、悲しそう）やシーン別（例：食事、入浴、排泄、散歩、口腔ケア）で使い分けできるようにします。

- 利用者ごとに応じた活用
- ケア場面に応じた活用
- BPSDの現れ方に応じた活用

1. パーソン・センタード・ケア

パーソン・センタード・ケアを提唱したトム・キットウッドは5つの要因（神経障害、性格傾向、生活歴、健康状態・感覚機能〈視力・聴力〉、人間関係）が相互に作用して認知症状が現れるとしました。そして認知症の人を1人の"人間"として尊重し、本人の視点や立場に立ち、本人を理解してケアを行うことの大切さを提唱しました。

パーソン・センタード・ケアでは、本人がいま、どのように感じているか、そのことを尊重し、「本人を中心においたケア」を志向します。日本においては、「その人らしさ」「なじみの場所」「なじみの人間関係」など、本人を主体においた言葉が生み出されています。

> その人らしさ
> なじみの場所
> なじみの人間関係

2. 回想法

記憶障害が進んでも、子どもの頃などの古い記憶は残っています。回想法とは、懐かしい幼少期や家族との思い出、仕事にまつわる話題を話すことで脳が刺激され、心の状態を安定させる（落ち着かせる）効果が期待できる療法として行われています。継続的に続けることで認知機能が改善するので、認知症患者のリハビリテーションに利用されています。

> 古い記憶

使う道具類は、子どものころ遊んでいたおもちゃ、若いころに流行した映画・音楽のレコード、ビデオ・CDなどを活用します。また仕事や趣味の話題では次のような道具類を使うとよいでしょう。

> 道具類

利用者ごとに応用

- パーソン・センタード・ケア
  本人を中心においたケア
  - その人らしさ
  - なじみの場所
  - なじみの人間関係

- ケア場面ごとに応用
- BPSDごとに応用

5つの認知症ケア手法

- **回想法**
  「思い出し効果」
  心の安定
  心のリハビリテーション

- **バリデーション**
  「認知の混乱」に共感して接する
  〜4つの対応〜

- **ユマニチュード**
  「人をやさしく扱う」ための
  150の実践的ケア技術
  〜4つの考え方と技法〜

- **4つの療法**
  - 音楽療法
  - 園芸療法
  - 芸術療法
  - 動物療法

- 家事…洗濯板、金盥、ミシン、まな板、包丁、七輪、ちゃぶ台など
- 農業…ムシロ、稲刈り鎌、田植え機、田起こし機、鍬など
- 釣り…漁網、釣竿、仕掛け、リール、エサ箱、バケツなど

　これらの道具類に触れることで、言葉にはできない、身体が覚えている「手続き記憶」が呼び戻され効果的といわれています。

3. バリデーション

　バリデーションはナオミ・フェイルが提唱したアルツハイマー型などの認知症高齢者とのコミュニケーションを行うためのセラピーの1つです。バリデーションでは「認知の混乱」（例：怒り出す、徘徊する）にはすべてに「意味がある」ととらえ、その意味をこれまでの人生や本人の行動から読み解こうとします。つねに「共感して接すること」に重点を置きます。介護者（ケアギバー）は共感的な聞き手になり、決して評価せず、本人の真実を受け入れます。

　認知症のBPSDの4つのステージに次のような対応を行います。
① **認知障害（認知の混乱）**…Who（誰）、What（何）、Where（場所）、When（時間）の質問は使えるがWhy（なぜ）は使用しない。体に触れるのは最小限。
② **日時、季節の混乱**…やさしく触れる、目を合わせる。「感じる」という言葉で表現する。（例：あなたの気持ちはわかりますよ）
③ **繰り返し動作**…外界からの刺激はほとんど受けつけないため、本人と同

じ感情や行動をする。ゆっくりとした本人に合わせたペースを保つ。

④**植物状態**…ほとんど寝たきり状態のため、やさしく触れる、髪をなでるなどの「感覚的刺激」を用いる。音楽の利用は効果的とされる。

4. ユマニチュード

フランスで生まれた認知症に対するケアメソッドでイヴ・ジネスト＆ロゼット・マレスコッティが提唱しました。35年間の試行錯誤から生まれたユマニチュードは認知症患者を「病人」でなく、あくまで「個人」として接することを基本にしています。「自分がやさしく扱われている」と感じてもらうためのポジティブなメッセージ（語りかけ）を含めた「150の実践的ケア技術」で構成され、4つのアプローチが基本です。

- 見つめる……介護者は相手の目線と水平に近くで見つめる。
- 触れる………身体の広い範囲を、ゆっくり、やさしく、面で触る。
- 話す…………赤ちゃんに話しかけるように、穏やかでゆっくりした口調。丁寧な言葉使いをする。
- 立位の援助…人は立つことで生きていると実感できる。力ずくでなく自らの意思で立つことを援助する。

5. 各種療法（音楽療法、芸術療法、園芸療法、動物療法など）

薬を使わずに日常的な生活行為を活用するのが次の各種の療法です。

- **音楽療法**：音楽を通じて脳を活性化させるリハビリテーション法のひとつです。好きな歌を歌う、音楽や音頭に合わせて踊る、カスタネットやタンバリンなどの簡単な楽器を奏でるなどを行います。気持ちを落ち着かせるだけでなく、食欲が増す、ぐっすり眠れる、笑顔が増えるなどの効果もあります。施設などでは、音楽療法士が認知症患者の年齢や好みに合わせた曲を選び、歌や踊りを取り混ぜたプログラムを提供しています。

- **芸術療法**：芸術療法とは、絵を描く、粘土をこねるなどの表現手段を利用し、利用者の「心」に働きかける療法です。具体的には、絵画・粘土細工・陶芸・彫刻・写真・連句・詩歌・俳句・自由画・演劇など、さまざまあります。言語化しづらい不安や願い、幻想・妄想などを表現することで、不安の解消や感情の解放を行うことができます。

- **園芸療法**：植物に触れる環境（例：森林浴）は、人に精神的安らぎを与える効果があります。この効果を利用し、植物や園芸活動を通じて精神的・身体的なリハビリテーションへと発展したものが園芸療法です。植物の生長（例：植えつけ、手入れ、開花、収穫）にかかわる園芸療法を通じて、情緒的にも落ち着き、身体的機能が維持・回復さ

認知症ケアに活用される4つの療法

音楽療法
音楽で「脳」を活性化させるリハビリテーション
1. 歌をうたう
2. 音楽・音頭で踊る
3. 楽器を奏でる

芸術療法
表現手段で「心」に働きかける
- 絵画
- 粘土
- 陶芸
- 彫刻
- 写真
- 俳句
- 詩歌
- 自由画
- 貼り絵
- 演劇

不安の解消と感情の解放

園芸療法
植物・園芸を活用したリハビリテーション
1. 身体機能の改善・回復
2. 楽しみ
3. 達成感・満足感・責任感
4. 人とのコミュニケーション

動物療法
動物との触れ合いで心身を元気にする
1. ストレスの緩和
2. リハビリテーション効果
3. 社会性の向上
4. 自尊心・自立心の向上

れ、園芸そのものの楽しみとやりがい（達成感、満足感、責任感）を得ることができます。また作業を通じて人との自然なコミュニケーションが生まれます。

- **動物療法（アニマル・セラピー）**：「動物介在療法」ともいわれ、動物と触れ合うことにより、心身を元気にする療法です。動物には「犬、うさぎ、魚、鳥」などが使われます。動物療法には4つの効果が期待されます。

  ○ **ストレスの緩和**（動物に触れ、しぐさを見ているだけで、心身の緊張がほぐれ、あまり笑わない人でも笑顔になる）

  ○ **リハビリテーション効果**（動物を抱く・なでる・命令するなどの動作は上肢の機能や発語などのリハビリテーションになる）

  ○ **社会性の向上**（動物を介して周囲の人たちとの会話が増える）

  ○ **自尊心・自立心の向上**（動物の世話は愛情表現の1つ。自尊心や責任感が生まれ、動物に愛される自分への自己肯定感が生まれる）

> 動物介在療法

レッツ チャレンジ！

- □ 性格・価値観・生育歴・教育歴・職業歴・コミュニケーションレベルをどれだけ把握できているか再チェックしてみよう
- □ ケアプランを現場スタッフと一緒にプランニングしてみよう
- □ 利用者・シーン・BPSD別に「5つのアプローチ」を試してみよう

第3節 小規模多機能型居宅介護

◻ 小規模多機能型居宅介護の特徴

　小規模多機能型居宅介護（小規模多機能型のケアマネジメント）は、「住みなれた地域（自宅）で暮らし続ける」ことをめざし、訪問介護サービスとデイサービスとショートステイと相談支援を一体的にオーダーメイドして提供することを可能にしています。いわば施設が持つ機能を含む4つの在宅サービスを合体させたシステムといえます。
　その特徴は次の4つに整理できます。
　　・「通所」と「泊り」と「訪問」で支える
　　・「緊急時・夜間」でも「24時間・365日」対応をする
　　・「本人らしい暮らし」を支える

暮らしのリズム
　　・利用者（家族）の「暮らしのリズム」に寄り添って支える
　これらを網羅した総合的なケアプランにもとづくケアマネジメント（居宅介護支援）によって、4つの支援が提供されます。

◻ 小規模多機能型居宅介護で求められる「在宅24時間支援」のケアマネジメント

住み慣れた地域
施設のケア機能
　小規模多機能型居宅介護は「住み慣れた地域」で暮らし続けることをめざし、「施設のケア機能」を在宅支援に展開したものです。認知症グループホームと同じように地域密着型サービスとして市町村の地域包括ケアシステムの1つの資源として位置づけられています。

在宅24時間支援
　「在宅24時間支援」ともいえる小規模多機能型居宅介護には次のような効果が期待されます。
1）利用者が「なじみの地域」で暮らし続けるための支援をめざす
　「本人らしい暮らし」は地域と密接な関係にあります。寄り合い、近所づきあい、趣味の仲間など地域の人間関係は心の支えであり、また地域のこまやかな目とかかわりは「見守り機能」をかねています。

見守り機能

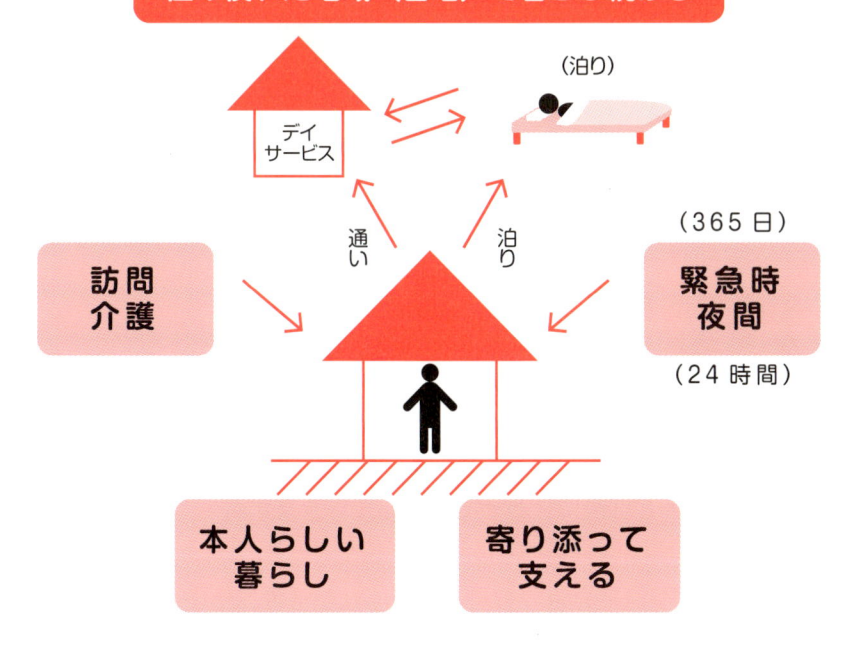

住み慣れた地域（自宅）で暮らし続ける

- デイサービス
- （泊り）
- 訪問介護
- 通い
- 泊り
- 緊急時夜間（365日）（24時間）
- 本人らしい暮らし
- 寄り添って支える

　一方、介護施設の入所生活では、これらの「なじみの人間関係」と切り離されてしまいます。見知らぬ人たちと集団で暮らさなければならない生活は、利用者にとっては「過大な精神的ストレス」です。利用者によっては認知症的症状や強いうつ状態が引き起こされることもあります。小規模多機能型のケアマネジメントでは、住み替え（転居）による「リロケーション・ダメージ」を防ぐことができます。

2）利用者（家族）の暮らしのリズムに柔軟に対応できる

　一般的なケアマネジメントでは、第3表（週間サービス計画表）は「1週間の予約サービス表」になります。決められた時刻と時間枠（例：20〜60分以上）の訪問介護や訪問看護、決められた時間枠（例：3〜9時間）の通所介護や通所リハビリテーションなど、「サービス利用ありきの生活リズム」となりがちです。しかし、小規模多機能型のケアマネジメントでは、利用者（家族）の暮らしのリズムに柔軟に対応できる「オーダーメイドなケア対応」ができます。

3）利用者が持つ「強み」に着目した個性を尊重したケアがめざせる

　小規模ならではの良さは「ケアのきめの細かさ」にあります。流れ作業的に進む施設ケアでは個別性まで目を配ることがむずかしい場合があります。本人なりにがんばろうとする生活行為や動作も「もしもの事故」を想定して止められてしまいがちです。小規模多機能型居宅介護のケアでは少人数がつくるゆるやかな生活のリズムのなかでこそ発揮できる「本人の力」を尊重することができます。その強みになじみの職員が着目すること

> 過大な精神的ストレス
>
> サービス利用ありきの生活リズム
>
> オーダーメイドなケア対応
>
> ケアのきめの細かさ
>
> 本人の力

4 地域密着型ケアマネジメント

で、継続的な支えが可能となります。

4）地域とともに「地域が育つ」実践が行える

市町村が生活圏域ごとに整備計画を進める目的は、小規模多機能型居宅介護による「地域福祉力のアップ」にあります。利用者のなじみの地域を巻き込んだケアマネジメントを通じて、介護への意識や理解が深まり、地域の福祉力の向上につながります。

> 地域福祉力のアップ

■ 小規模多機能型居宅介護のケアマネジメント・サイクル

小規模多機能型居宅介護のケアマネジメント・サイクルは4つのサービス（訪問介護＋通所介護＋泊り＋相談支援）を24時間365日で、利用者（家族）のニーズと事情に合わせて提供していきます。

1）インテーク

小規模多機能型居宅介護の利用者の多くは、地域包括支援センターや病院・診療所からの紹介が多く、基本的な利用者情報や介護情報・アセスメント情報を前の担当事業所から引き継ぐ形をとります。インテーク時点では、ここ1年間のケアプランや個別サービス計画、サービス担当者会議録などを入手し、利用者（家族）と前任のケアマネジャーや主任介護支援専門員と同席で引き継ぎを受けるようにします。

> 引き継ぎ

ただし、地域の民生委員や住民からの直接の依頼の際には基本的な情報はないので、本書の「インテーク」（p24）を参考に進めます。

2）アセスメント

小規模多機能型居宅介護のアセスメントは、利用者の暮らしを24時間トータルで把握することをめざします。まずは自宅を訪問し、在宅支援に必要な情報を把握します。

・利用者（家族）の「いま」の暮らしの流れと「これまで」の暮らしの流れ
・「していること・できること・できそうなこと」の把握
・「していないこと・できないこと・できなくなりそうなこと」の把握
・生活習慣での「こだわり」「こだわれなくなっている」ことの把握
・利用者の疾患、体力・体調、認知能力、コミュニケーション力、1日の状態像、社会参加、個人因子（生育歴、性格、出身県、出身市町村、職歴、学歴、価値観、趣味など）、環境因子（住環境、周辺の地域環境、地域の支え合い、地元気質など）
・利用者のADL、IADL、CADLの把握
・家族構成、家族歴、家族の介護力、家事力、家族の就労状況など

・家族・親族の誰と仲がよいのか

　これらの情報の把握を通じて、利用者（家族）の生活への意向、在宅生活への希望などをヒアリングします。情報収集はアセスメントシートを使います。

　「本人らしさ」を把握する際に、飾ってある家族写真やアルバム、置き物、大切にしている小物類、孫が描いた絵などから話を展開します。若い頃の出来事、自慢話などは本人も語りやすい内容です。<u>生活感覚</u>は台所や居間・庭の様子、服装や小物類、部屋の印象（例：整理整頓されている、散らかり気味）などが参考になります。

　またケアマネジャーだけでなく、訪問介護・通所介護・泊りの各スタッフが24時間を通してチームアセスメントを行い、日常的に情報交換を行います。

3）カンファレンス

　カンファレンスでは、アセスメントから得られた利用者（家族）の情報、家族構成、生育歴、暮らしの流れの変化、疾患情報、ADL・IADL・CADL情報、コミュニケーション力や家族介護の状況とこれからの暮らしへの「利用者の意向（希望）、家族・介護者の状況と意向（希望）、地域の状況と意向・判断」をカンファレンスシートをもとに説明します。

　カンファレンスで現状を分析（考察）し、どのような点を支えていくのか、どのような暮らしの取り戻しをゴールとするのかを話し合い、支援方針をまとめていきます。

4）ケアプラン（ライフサポートプラン）のプランニング

　小規模多機能型居宅介護は「<u>包括報酬</u>」なので、利用者（家族）のニーズに柔軟に対応できる<u>オーダーメイド</u>のケアサービスを提供できます。スタッフそれぞれが日々かかわりを持っているので、スタッフも積極的に参加できる<u>チームプランニング</u>が可能な「理想の環境」にあります。

・確認された支援方針にもとづきライフサポート（ケアプラン）※案のたたき台（案）を示す
・かかわっているスタッフから修正・調整・提案を出す
・示された意見を元に修正し、確定プランをつくる

　ただし、確定プランを立てても実際に行ってみて、数ヵ月で達成することもあれば、利用者の状態の変化やサービス拒否などにあい、まったく取り組めないこともあります。つねに「<u>暫定プラン</u>」として実践し、実践とモニタリング（振り返り）のなかで「本人らしいプラン」になじませていくスタンスが大切です。

生活感覚

包括報酬
オーダーメイド
チームプランニング

※ **ライフサポート**
全国小規模多機能型居宅介護事業者連絡会では、ケアマネジメントではなく暮らしの目線を重視して「ライフサポートワーク」と呼び、ケアプランは「ライフサポートプラン」と称しています。

暫定プラン

◎ライフサポートプランのポイント

1）「ライフサポートプラン①」のポイント
- 個々の目標（ゴール）：「本人らしい」個々の目標を設定する。利用者（家族）がめざしてみたい、意欲的になれる、まとまれる目標を設定する。
- 当面の目標・ゴール：まず実現ができそうな目標や利用者のニーズを設定する。すぐに取り組むこと（取り組めそうなこと）、時間をかけて検討しながら進めることなどを整理する。
- 課題（目標を達成するための具体的プロセス）：当面の目標をさらに具体的にしたもの、<u>実現可能な課題</u>を設定する。　　　　　　　　実現可能な課題
- サービス資源（本人、家族・介護者、地域、事業所）：サービス資源として本人、地域の役割を位置づけ、何を行うかを具体的にする。
- 具体化：いつ（期間）、いつまで（達成の時期）、だれが（担当）、どのようにして（やり方）を具体的にを示す
- 他のフォーマルサービスと具体的課題：活用可能な他の制度の支援（例：障害者支援、就労支援）、市町村独自サービスなどを位置づけ、何に取り組めるかを位置づける。
- モニタリング：実践したケアについての利用者（家族）の満足度・達成度、暮らしの変化などの視点でモニタリングを行う。

2）「ライフサポートプラン②」のポイント

　このシートの特徴は、24時間スケールをタテ軸に、利用者（家族）の意向と「できること・できないこと」が具体的に示され、それへの「支援内容」を見える化している点です。

- 私の暮らしの流れ（以前の暮らし方）

　　介護が必要となる以前の暮らしを「<u>見える化</u>」することで、これまでの「暮らしの流れ」と「生活習慣のこだわり」がわかり、改善するゴールが明確になります。　　　　　　　　　　　　　　見える化

- 暮らしのなかでのこだわり（利用者・家族のこだわり）

　　24時間の暮らしのなかで、だれもが同じ時間に三食をとっているわけではないように、利用者（家族）の暮らしのペースは多様です。お出かけ（買物、散歩、趣味の会）、掃除・洗濯、お茶飲みなどの時間配分は本人にとっての大切なこだわりです。とりわけペット（例：犬、猫など）を飼っている家庭では、ペットにまつわる行為（例：餌やり、トイレそうじ、散歩）が利用者（家族）のこだわりになっていることは多くあります。

- できること・できないこと

　　暮らしのこだわりのなかで「できること・できないこと」を明らかに

(様式3)

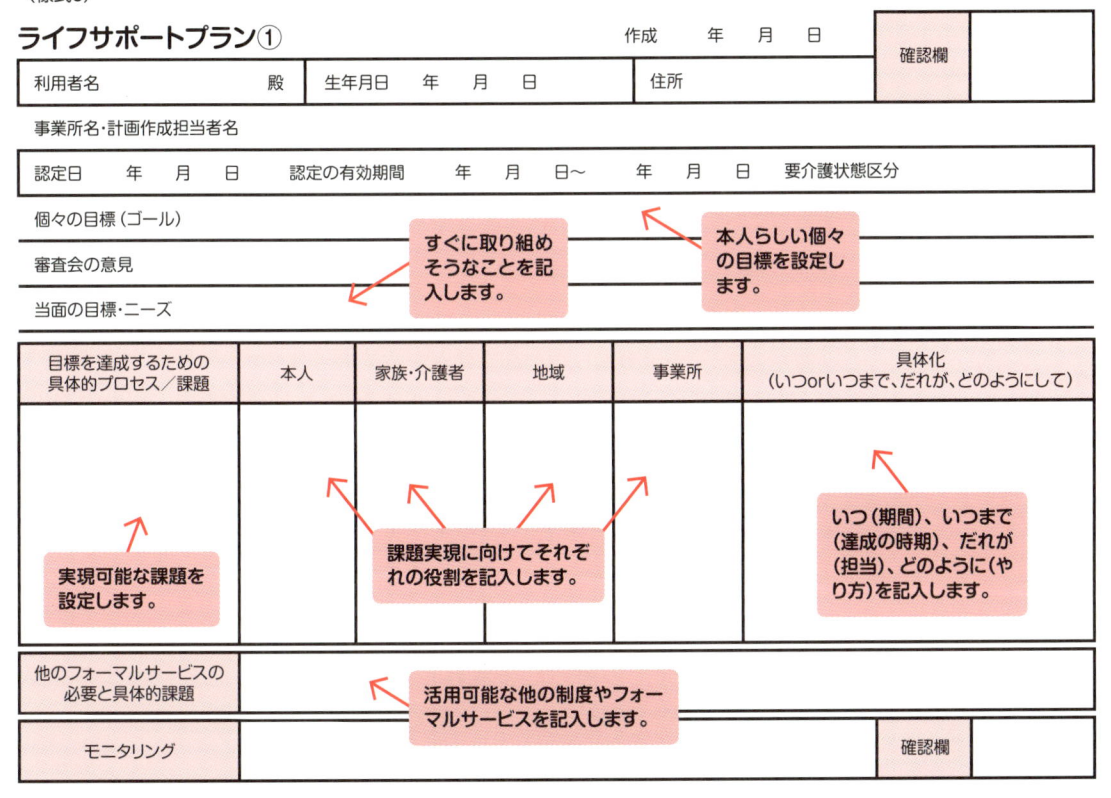

ライフサポートプラン①

| 作成　年　月　日 | 確認欄 |

| 利用者名　　　　　殿 | 生年月日　年　月　日 | 住所 |

事業所名・計画作成担当者名

| 認定日　年　月　日 | 認定の有効期間　年　月　日～　年　月　日 | 要介護状態区分 |

個々の目標（ゴール）

審査会の意見

当面の目標・ニーズ

- すぐに取り組めそうなことを記入します。
- 本人らしい個々の目標を設定します。

目標を達成するための具体的プロセス／課題	本人	家族・介護者	地域	事業所	具体化（いつorいつまで、だれが、どのようにして）

- 実現可能な課題を設定します。
- 課題実現に向けてそれぞれの役割を記入します。
- いつ（期間）、いつまで（達成の時期）、だれが（担当）、どのように（やり方）を記入します。

| 他のフォーマルサービスの必要と具体的課題 | |
| モニタリング | | 確認欄 |

- 活用可能な他の制度やフォーマルサービスを記入します。

(様式4)

ライフサポートプラン②（わたしの暮らし　まとめシート）

氏名　　　　作成日　平成　年　月　日　更新日　平成　年　月　日　計画作成担当者

時間	私の暮らしの流れ	暮らしの中でのこだわり	できること・できないこと		支援してほしいこと				モニタリング
	以前の暮らし方	本人・家族の意向	できること	できないこと	内容	場所	物品	関わる人	
5:00									
6:00									
7:00									
8:00									
9:00									
10:00									
11:00									
12:00									
13:00									
14:00									
15:00									
16:00									
17:00									
18:00									
19:00									
20:00									
21:00									
22:00									
23:00									
0:00									
1:00									
2:00									
3:00									
4:00									
日々以外の事柄					確認欄	年　月　日		年　月　日	

- 以前の暮らしの「見える化」をします。
- 本人（家族）の暮らしのペースは多様です。
- 「できること・できないこと」を記入します。
- 支援内容からの発想だけでなく、リアルな「担い手」の顔ぶれからも検討してみましょう。
- 週単位、月単位の取り組みを記入します。

4　地域密着型ケアマネジメント

することで支援の内容やリハビリテーションの方向性が明確になります。

・支援してほしいこと

「支援してほしいこと」は、支援内容から発想するプロセス（何を→誰に→どこで→どのように）と、支援にかかわる人（担い手）から発想するプロセス（誰に→何を→どこで→どのように）では、アプローチが異なります。

支援の内容から発想することで「支援にかかわる人」の幅は自由に広げることができますが、かかわる人が浮かばないと「無理」となりがちです。しかし、支援の担い手から発想すれば「支援の内容」の幅を実践的に広げることができます。

リアルな検討では、「<u>担い手の顔ぶれ</u>（力量）と数」が影響力を持ちます。担い手の顔ぶれから「できること・できそうなこと」を考えるとユニークな支援内容をプランニングできます。

・日々の暮らし以外の事柄

日々（24時間）の暮らしの流れ以外に「週数回〜月数回」する生活行為（例：衣服の買物、月命日の墓参り）などを把握します。

5）プランの実行と調整

小規模多機能型居宅介護ではプランの実行と微修正・微調整を「数日〜数週間単位」でこまめに行えるのが持ち味です。それは利用者（家族）の状態やニーズ・意欲（動機づけ）と提供するサービスの<u>「不具合」（ミスマッチ）</u>を発見しやすいからです。プランを実践することを通じて浮き彫りになる「新たなニーズ」を踏まえて修正と調整を行い、利用者（家族）の意向の実現に向けた「<u>適切なサポート</u>」をつくり上げるプロセスと考えます。

6）モニタリング

モニタリングでは、カンファレンスで確認された支援方法と内容が、本人の課題や目標の達成（解決）、家族の困りごとの解決や課題の達成に向けてどのように行われたのか、そして役に立っているのかどうかに着目します。

・サービス提供の状況と自助の状況
・ニーズの変化とADL・IADLと心身の機能の変化（改善、維持、向上、低下）
・利用者（家族）の「暮らし・サービスへの満足度（CS）」
・ライフサポートプランの進捗状況
・「<u>暮らし全体の変化</u>」（家族介護、生活トラブル）

とくに地域（近隣・近所、なじみの人間関係など）とのかかわりにどの

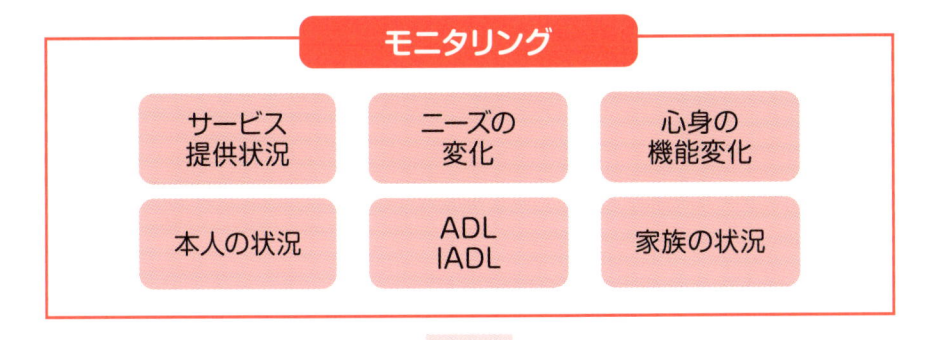

```
┌─────────────────────────────────────────────┐
│              モニタリング                    │
│  ┌─────────┐  ┌─────────┐  ┌─────────┐     │
│  │ サービス │  │ ニーズの │  │  心身の  │     │
│  │ 提供状況 │  │   変化   │  │ 機能変化 │     │
│  └─────────┘  └─────────┘  └─────────┘     │
│  ┌─────────┐  ┌─────────┐  ┌─────────┐     │
│  │ 本人の状況│  │   ADL   │  │ 家族の状況│     │
│  │         │  │   IADL  │  │         │     │
│  └─────────┘  └─────────┘  └─────────┘     │
└─────────────────────────────────────────────┘
                      ↓
┌─────────┐  ┌─────────┐  ┌─────────┐  ┌─────────┐
│ 暮らしと │  │ライフサポ│  │  暮らし  │  │ 地域との │
│サービスへの│+│ ートプラ │+│  全体の  │+│ かかわり │
│  満足度  │  │ンの進捗状│  │   変化   │  │         │
│         │  │    況    │  │         │  │         │
└─────────┘  └─────────┘  └─────────┘  └─────────┘
```

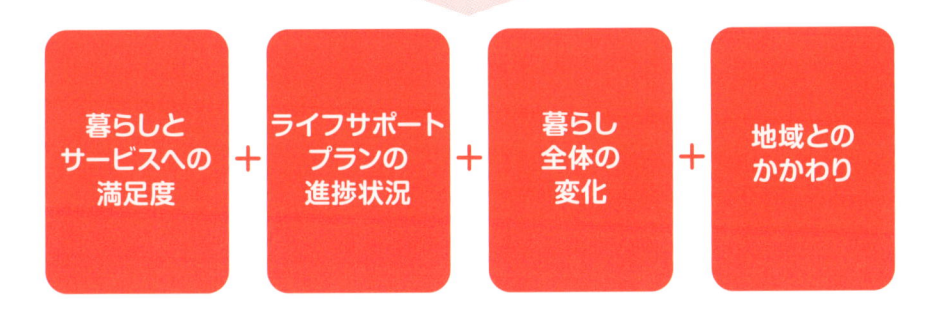

ような変化が生まれているのかについて着目をします。

　日々の申し送りで行うのは、あくまでも確認です。モニタリングとしての話し合いの場を別に持つようにします。とりわけ新規の利用者の1ヵ月間は数日ごとの集中的なモニタリングが必要となることもあります。その際、家族・地域の参加を得ることで対応策を含めた話し合いが可能となります。

レッツ チャレンジ！

- ☐ これまでどのような引き継ぎをしてきたのか振り返ってみよう
- ☐ 「本人らしさ」に着目したチームプランニングをやってみよう
- ☐ 事業所でオリジナル「モニタリングマニュアル」をつくってみよう

第5章

施設ケアマネジメント

第1節 施設ケアマネジメントの考え方

　施設では「1つの箱モノ（建物）」にケア資源と医療資源が揃えられ、総合的に支援をする体制が整備されています。一方通行の「集団処遇的ケア」ではなく、利用者本位の「個別ケア」を提供するためには「施設ケアマネジメント」の仕組みが必要となります。

□ なぜ施設にケアマネジメントが必要なのか ～「施設ケアの5つの特徴」～

　施設ケアを提供する場所は、本書では主に以下の4つに分類します。
- 特別養護老人ホーム（介護老人福祉施設）
- 介護老人保健施設
- 介護療養型医療施設（介護療養病床のある病院・診療所含む）
- 有料老人ホームなど（特定施設）

　この4つの施設ごとに入所（入居）する利用者の特徴とニーズ、提供されるサービスは異なり、介護報酬も異なります。しかし、いずれの施設においても共通しているのが「施設ケアの5つの特徴」です。この視点を押さえることで「なぜ施設ケアマネジメントが必要なのか」を理解することができます。

①ケアの「共時性」（同時性）

　ケアという行為は提供されることと利用（消費）されることが同時に行われます。そのため、あとでどのようなケア行為を行ったのか、それを正確に再現することは不可能です。ケアプランと個別サービス計画がなければ「やりっぱなしケア」になり、ケアの方向性や内容を評価・改善することはできません。また、提供されたケアに対して要介護高齢者が不満や要望・改善の意向などを言語化することはむずかしく、「消えモノ」であるケアという行為を検証するエビデンス（根拠）がケアプランや記録類であり、それらをマネジメントするのが施設ケアマネジメントなのです。

やりっぱなしケア

消えモノ

エビデンス（根拠）

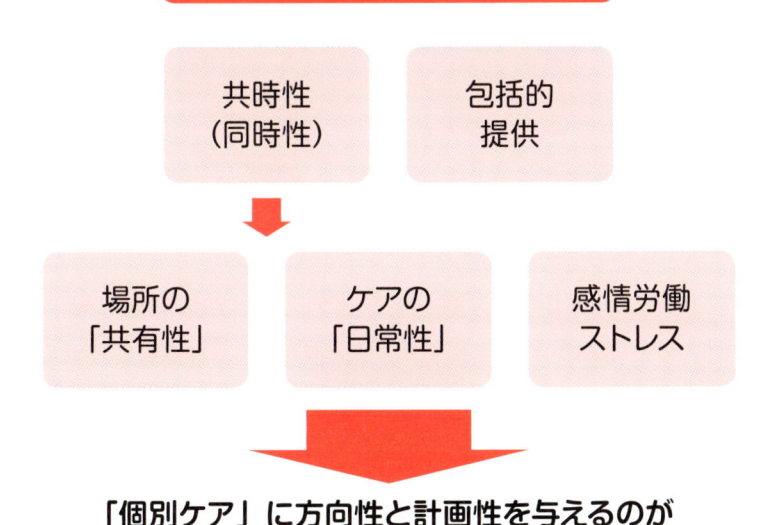

```
        施設ケアの5つの特徴

    共時性          包括的
   (同時性)          提供
      ↓
  場所の      ケアの      感情労働
  「共有性」   「日常性」    ストレス
                ↓
   「個別ケア」に方向性と計画性を与えるのが
          施設ケアマネジメント
```

②ケアの「包括的提供」

　在宅での訪問系サービスは、必要に応じて予約した時間枠（例：30～60分）で自宅に出向いて行われます。通所系・お泊り系サービスは数時間～数日間、自宅からその場所に出向いて利用します。一方で、施設ケアは利用者の生活空間と各種のサービス資源が「<u>1つの建物</u>」のなかにあり、包括的に提供されます。

> 1つの建物

　ケアプランがなければ、個別性を尊重し必要に応じた適時・適切なサービス提供ではなく、提供側にとって都合のよい「<u>パターン化したサービス</u>」、ルーチンワーク化したケアが行われる危険性があります。

> パターン化したサービス

③場所の「共有性」

　施設は入所者（入居者）にとっては住み慣れた地域や自宅から離れて、日々の「<u>生活を送る場所</u>」（暮らしの場）です。しかし、同時に職員にとっては「<u>働く場所</u>」（職場）です。もしも働く効率性や働く側の事情ばかりが優先されてしまうと、利用者本位とはかけ離れた「<u>職員ホーム</u>」のようになる危険性を持っています。

> 生活を送る場所
> 働く場所
> 職員ホーム

④ケアの「日常性」

　施設ケアの目的は日常生活の支援です。入所期間は数年から十数年にわたることがあります。日常的にかかわっているからこそ日々のわずかな変化を見過ごすことなく対応することができます。一方、ケアチームの側に「○○さんのことはわかっている」という思い込みがあったり、ケアの提供時に見落としが生じても、課題・目標の意識がなければ「特に変化な

し」と見過ごしてしまう危険性があります。

⑤「感情労働」としての「ストレス」

　施設の入所者は、介護老人福祉施設（要介護度3〜5）、介護老人保健施設（要介護度1〜5）、介護療養型医療施設（要介護度1〜5で医療依存度の高い人がほとんど）、特定施設（要支援〜要介護度5）のように中重度の人が多いのが特徴です。廊下やトイレでの転倒、ベッドからの転落、食事中の飲み込み事故など、きわめてリスクが高く、職員に過度のストレスがかかった状態が続きます。

　これらのストレスは感情労働を担うケアチームから笑顔を奪い、モチベーションを下げる要因となります。日々のケアに目標と意味を持たせ、定期的な振り返り（評価・モニタリング・カンファレンスなど）を行うことで、ケアチームのモチベーションを維持し、ケアの「ブラッシュアップ」を図ることができます。

ブラッシュアップ

■ 施設ケアマネジメントに求められる「5つの視点」

　施設ごとに運営母体（介護老人福祉施設：社会福祉法人・行政機関、介護老人保健施設・介護療養型医療施設：医療法人、有料老人ホーム：営利法人・財団法人・医療法人など）が異なります。それぞれの母体法人ごとに法人理念、事業展開の考え方があり、それらを進めるためのマネジメント（運営手法）があります。いずれの運営母体がどのような施設運営を行っても、ケアマネジメントには「5つの視点」が基本となります。

1）利用者本位の「個別ケア」

　40〜100人の入所者が暮らす施設のケアは、ともすると「集団的ケア（処遇ケア）」になりがちです。個別ケアの提供には、利用者1人ひとりが持つ本人らしさとニーズ・要望と心身の状態に着目しなければいけません。特養においても、利用者の自宅や住みなれた地域を見たり写真や動画に記録し職員間で共有すると個別ケアのヒントになります。利用者の自立（自律）支援に向けたケアプランにもとづき、ケアチームが細やかに応えることで「本人らしさ」を尊重した個別ケアが実現します。

集団的ケア

2）働く職員の「満足度」

　施設ケアは多職種の専門職により総合的に提供されます。ケアマネジメントを行うことによって、個々で提供される「点のケア」に方向性を与え、それぞれに設定された課題・目標に向かって行われる個別ケアを共有化することができます。このことを通じてケアスタッフのがんばりが「見える化」され評価されることにより、職員のモチベーション（働く意欲と満足度）は高まります。

点のケア

モチベーション

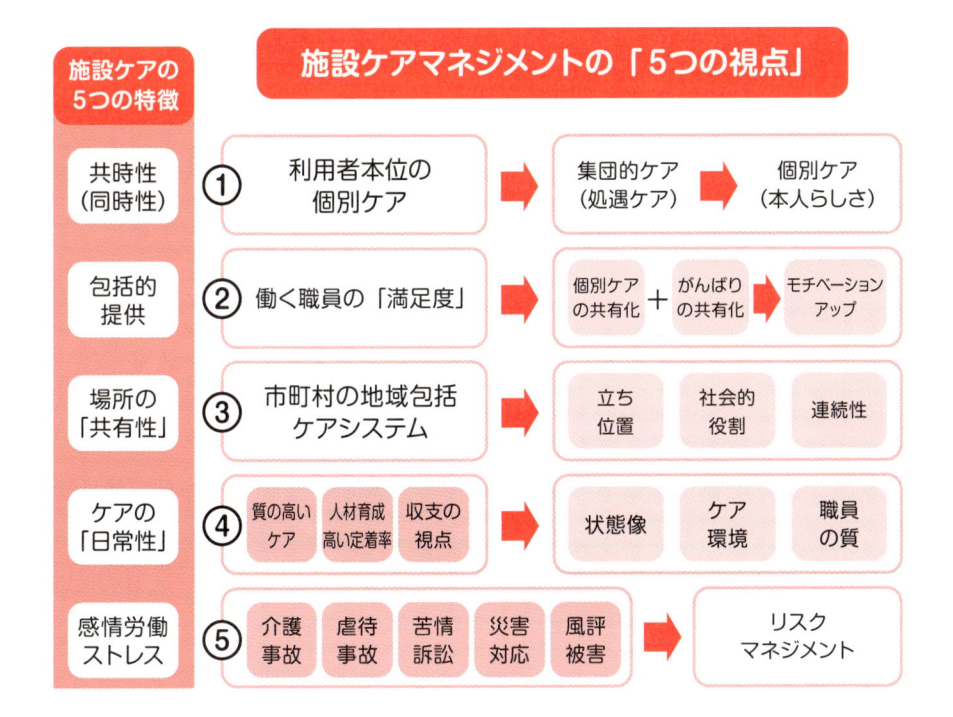

施設ケアマネジメントの「5つの視点」

施設ケアの5つの特徴			
共時性（同時性）	① 利用者本位の個別ケア	→	集団的ケア（処遇ケア） → 個別ケア（本人らしさ）
包括的提供	② 働く職員の「満足度」	→	個別ケアの共有化 ＋ がんばりの共有化 → モチベーションアップ
場所の「共有性」	③ 市町村の地域包括ケアシステム	→	立ち位置　社会的役割　連続性
ケアの「日常性」	④ 質の高いケア　人材育成高い定着率　収支の視点	→	状態像　ケア環境　職員の質
感情労働ストレス	⑤ 介護事故　虐待事故　苦情訴訟　災害対応　風評被害	→	リスクマネジメント

3）市町村の地域包括ケアシステムのなかで求められる「社会的役割」

　市町村の地域包括ケアシステムのなかで施設は重要な役割を担うことが期待されています。市町村と地域が求める施設の機能は「終の住処」だけではありません。それぞれの施設の特徴によって役割（機能）は異なります。

◎特別養護老人ホーム・介護療養型医療施設・有料老人ホーム

　在宅・介護老人保健施設・病院から3施設へ「一方通行的」に入所（入居）して利用する（例：終の住処、療養環境）

◎介護老人保健施設

　リハビリテーションを目的とし、病院から在宅への「中間的」施設、在宅と施設との「往復型」施設として利用する

◎介護老人保健施設・有料老人ホーム

　特別養護老人ホームの「入所待ち」として利用する

　地域包括ケアシステムにおいて施設ケアマネジメントに求められるのは「連続性」です。利用者個々のケア情報が「在宅〜病院〜施設」の地域包括ケアシステムの流れのなかで「連続」し「共有化」されることが重要です。

　また地域包括ケアにおける立ち位置として、地震・豪雨などの災害時の緊急避難場所としての社会的役割もますます重要となっています。市町村が作成する災害緊急マニュアルにおける施設の役割を確認しておきます。

――――
往復型

入所待ち

4）質の高いケア、人材育成と定着率、収支の視点

施設ケアの介護報酬（収入）は「要介護度別の包括報酬＋加算」によって構成されます。加算（例：個別機能訓練加算、栄養マネジメント加算、経口移行・維持加算、看取り介護加算など）は決められた「算定要件」を満たすことで給付を受けることができます。

施設ケアマネジメントは施設ケアプランの作成と現場への伝達という「一方通行」で済むものではありません。現場の質の高いケアを支える施設ケアマネジメントを行うには、次の3つの点がポイントとなります。

- 入所者の状態像（要介護度、ADLレベル、心身の状態、認知症レベル、BPSDの状況、医療依存度など）
- ケア環境（例：多床室、従来型個室、ユニット型個室）と入所者の状態像に配慮した人員配置と勤務シフト
- めざすケアを提供する職員の質（例：専門知識とケア技術、医療知識、コミュニケーション能力、一般教養、倫理性、価値観など）

これらを把握した適切なケアマネジメントによって現場を支援します。とりわけ職員の人材育成と定着率は「ケアの質」に直接影響するので、ケアマネジメントの視点としても重視します。

5）リスクマネジメント（介護事故、虐待、苦情・訴訟、災害、風評被害など）

介護施設では多様なリスクを抱えながらケアを提供しています。リスク（危険）をつねに想定し、クライシス（危機）やトラブル（事故）時に適切に対応するための施設のリスクマニュアルと連動した施設ケアマネジメントを考える必要があります。

施設が抱える主なリスクには次の5つがあります。

- 介護事故など…廊下・居室・トイレなどでの転倒、ベッドからの転落、食事などでの嚥下事故、食中毒、感染症、褥瘡など
- 虐待事故…入所者間のトラブル（もめごと）や虐待的行為（例：暴言、暴力）、職員による虐待的行為（例：暴言、暴力、放置、無視、乱暴なケア）
- 苦情・訴訟…入所者からの苦情、家族からの苦情、介護事故にともなう訴訟など
- 災害対応…火事・火災、豪雨・水害、地震・津波、土砂崩れ、災害によるライフライン（電気、水道、燃料など）の断絶など
- 風評被害…介護事故や施設の運営に関するトラブルおよび事件や苦情、訴訟などを原因とするマスコミやインターネット上の風評など

特別養護老人ホームの施設ケアマネジメント

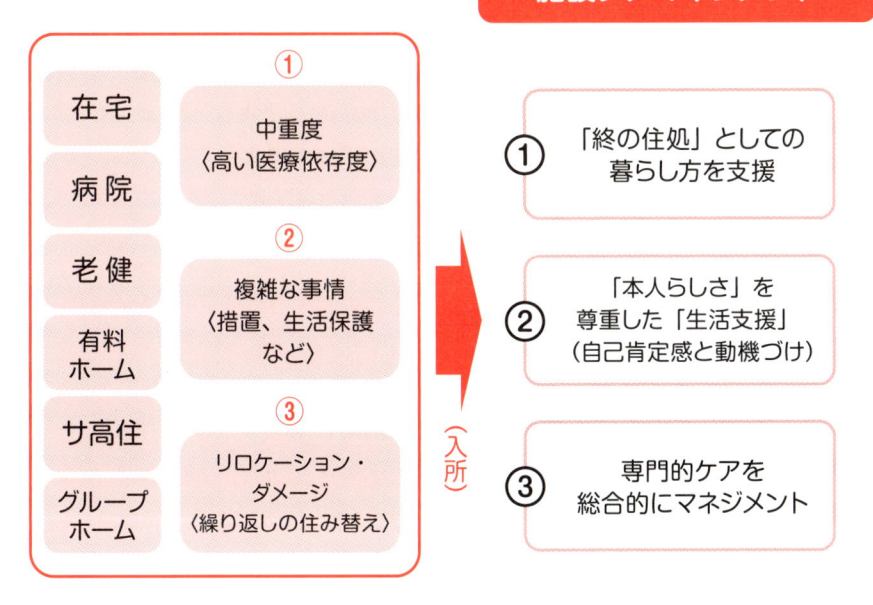

```
在宅 ┐
病院 │  ① 中重度〈高い医療依存度〉
老健 │  ② 複雑な事情〈措置、生活保護など〉      →(入所)→  ① 「終の住処」としての暮らし方を支援
有料ホーム │  ③ リロケーション・ダメージ〈繰り返しの住み替え〉         ② 「本人らしさ」を尊重した「生活支援」（自己肯定感と動機づけ）
サ高住 │                                               ③ 専門的ケアを総合的にマネジメント
グループホーム ┘
```

☐ 特別養護老人ホーム（介護老人福祉施設）の施設ケアマネジメント

　特別養護老人ホームのケアマネジメントは、終の住処として中重度の利用者を基本とし、100歳以上の人や重度の認知症の人、さらに家族からの看取り希望に対応できるレベルが求められています。

　特別養護老人ホームの利用者は、おおむね以下ような経路で入所してきます。
- ・在宅からの入所（緊急の措置入所を含む）
- ・病院・介護老人保健施設からの入所
- ・グループホーム、有料老人ホーム（住宅型有料老人ホーム含む）、サービス付き高齢者向け住宅からの入所

これらの入所者には次のような3つの特徴があります。

　第1に、要介護度3〜5と極めて自立度の低い人が多く、なおかつ痰の吸引など、医療依存度が高い人が多いのも特徴です。入所年齢も85〜95歳前後まで超高齢化し、100歳前後の入所者にケアを提供することも一般的になっています。

　第2に、措置入所（例：高齢者虐待、独居困難）など複雑な事情を抱えた入所者も少なくありません。家族関係も複雑で、生活保護など経済的な困難を抱えているケースもあります。また精神疾患、重度の認知症などで退去を求められてた人も想定されます。

終の住処

措置入所

第3は、「自宅→病院→介護老人保健施設→自宅→グループホーム→特別養護老人ホーム」など「繰り返しの住み替え」によりリロケーション・ダメージ（転居による精神的ダメージ）が進んだ入所者がいます。入所前の施設や在宅で提供されたケアサービスの内容を入所時に把握することで、より的確なケアマネジメントをスタートさせることができます。

◎**特別養護老人ホームのケアマネジメントのポイント**
① **「終の住処」としての暮らし方を支援する**
　中重度の入所者には「終の住処」として、これまでの生き方と暮らし方を尊重した支援を行います。初期のケアプランは、入所前の居宅ケアプランや介護老人保健施設の施設ケアプラン、グループホームのケアプランとの「連続性」を活かしたプランとします。

② **「生活支援」を視点に施設サービスを包括的にマネジメントする**
　これまでの「本人らしさ」に着目し、生活歴・家族歴・職業歴などを生活支援の視点から細かく把握し、利用者の自立（自律）を尊重した「生活支援」を行います。できないことへのサポートだけでなく、できることに着目したサポートは本人の自己肯定感を支え、生きることへの動機づけとなります。

③ **専門的ケアをマネジメントする**
　入所者によっては、個別機能訓練、口腔ケア、栄養マネジメント、認知症ケア、看取り介護などの専門的ケアを集中して行うことがあります。これらを行うためにはアセスメントのプロセスで導かれた課題と短期・長期目標を設定し、それを可能にするサービス内容を決め、日々の日課表や介護手順書などを作成します。これらを総合的にマネジメントできるケアプランの作成を行います。

介護老人保健施設の施設ケアマネジメント

　介護老人保健施設に入所する利用者は、リハビリテーションや看護などを含む「医学的管理と介護」を必要とする人たちです。基本的に在宅での自立（自律）した生活に戻る在宅復帰を目的としています。入所する期間は3〜6ヵ月間が主ですが、一部、特別養護老人ホームの入所待ちの利用者もいます。そのような「期限付きの入所」を前提とした施設ケアマネジメントは短期集中型となります。

　介護老人保健施設の利用者は次のような経路で入所してきます。
・在宅からの入所（生活行為向上をめざしたリハビリテーション目的のための数ヵ月間入所の往復型含む）
・病院からの入所（在宅復帰のための心身の機能回復を目的とした中間

介護老人保健施設の施設ケアマネジメント

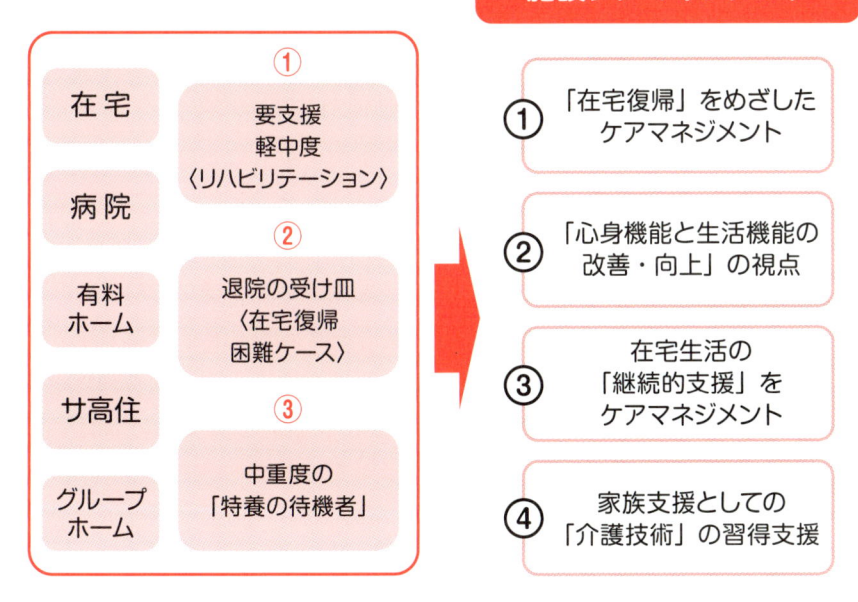

入所前		施設ケアマネジメント
在宅	① 要支援 軽中度〈リハビリテーション〉	① 「在宅復帰」をめざしたケアマネジメント
病院	② 退院の受け皿〈在宅復帰困難ケース〉	② 「心身機能と生活機能の改善・向上」の視点
有料ホーム		③ 在宅生活の「継続的支援」をケアマネジメント
サ高住	③ 中重度の「特養の待機者」	④ 家族支援としての「介護技術」の習得支援
グループホーム		

施設として）

・グループホーム、住宅型有料老人ホーム、サービス付き高齢者向け住宅からの入所（生活行為向上をめざしたリハビリテーション目的のための数ヵ月間入所の往復型含む）

これらの入所者には次のような4つの特徴があります。

第1に、転倒による骨折や脳梗塞などにより、病院において手術や治療を経て入所する要支援～要介護3程度までの軽度・中度の要介護者が多いことです。そうした人は在宅への復帰をめざすリハビリテーションなどに比較的意欲的です。

第2に、在宅でほぼ寝たきりの生活を送ることで低下した心身の機能をリハビリテーションで回復させるために、自宅との「往復型」の利用をする人も増えています。

第3に、長期の入院のために心身の機能がかなり低下し、在宅生活に復帰するには困難な状態のまま退院を余儀なくされた人たちです。認知症や精神疾患などを原因としたBPSDを薬により抑制されている人は、精神的にもダメージを受けています。医療的措置だけで、十分なケアやリハビリテーションを受けていないことが多いため、在宅復帰やリハビリテーションへの意欲はけっして高くはありません。

第4は、自宅での生活が困難になり特別養護老人ホームの「待機施設」として入所せざるを得ない人です。このような利用者は中重度で入所期間が1年以上になってしまうことがあります。

待機施設

◎介護老人保健施設のケアマネジメントのポイント
①「在宅復帰」をめざしてケアマネジメントする

　介護老人保健施設では、在宅復帰に向けたケアマネジメントを入所時のカンファレンスからスタートします。利用者（家族）のこれまでの暮らしぶりと在宅復帰に向けた意向や不安、施設の生活への意向などを尊重して、ケアチーム全体でアセスメントを行います。本人の心身の機能の状態などを把握し、課題の達成に向けた長・短期目標を設定します。サービス内容と役割分担を決め、その後は改善・向上の状況をモニタリングします。

②「心身機能と生活機能の改善・向上」の視点でケアプランを立てる

　「本人らしさ」に着目し、生活歴・家族歴・職業歴・趣味歴などを把握し、生活機能の改善・向上を可能にするためにどのように心身の機能をリハビリテーションすればよいか、どのように利用者を動機づければよいか、CADLの視点も活かしながらケアプランを立てます。

　ADL・IADLの基本動作のレベルや現在の体力・心身の機能がどのように影響しているのかをアセスメントし、在宅生活を可能にする心身機能の改善・向上と生活機能の改善・向上をめざします。1〜6ヵ月の期間内で、お試し外泊や住環境整備、福祉用具の導入などもケアプランに位置づけるようにします。

　プランニングにあたり理学療法士や作業療法士などの「見立てと手立て」を積極的に取り入れることで、より実践的なケアプランとなります。

③在宅生活の「継続的支援」を視野に入れてケアマネジメントする

　介護老人保健施設の目的は「退所すること」ではなく、在宅生活が継続的に送れるための心身の機能回復とともに、生活機能（例：食事、排泄、着替え、入浴、料理、掃除、洗濯など）の回復、さらには社会参加機能（例：話す、聞く、書く、読む、キーボードを打つなどのコミュニケーション力）の回復を目指すことが目的です。

　退所後は、通所介護・通所リハビリテーション、訪問介護・訪問リハビリテーションや短期入所などの在宅サービスを利用することで在宅生活の継続をめざします。その際に施設で取り組んだケアプランや個別サービス計画などが情報提供されることで、効果的な心身の機能の維持を図ることが可能となります。

④家族支援のために「介護技術」の習得支援を位置づける

　多くの家族は初歩的な介護技術（例：食事介助、移動介助、排泄介助、体位変換など）を学ぶ機会もなく、素人なりの「不慣れな家族介護」を行っています。このような自己流の介護は、きわめて大きな危険をともないます。

・力任せと無理強いの介護は介護事故につながりやすい

介護療養型医療施設の施設ケアマネジメント

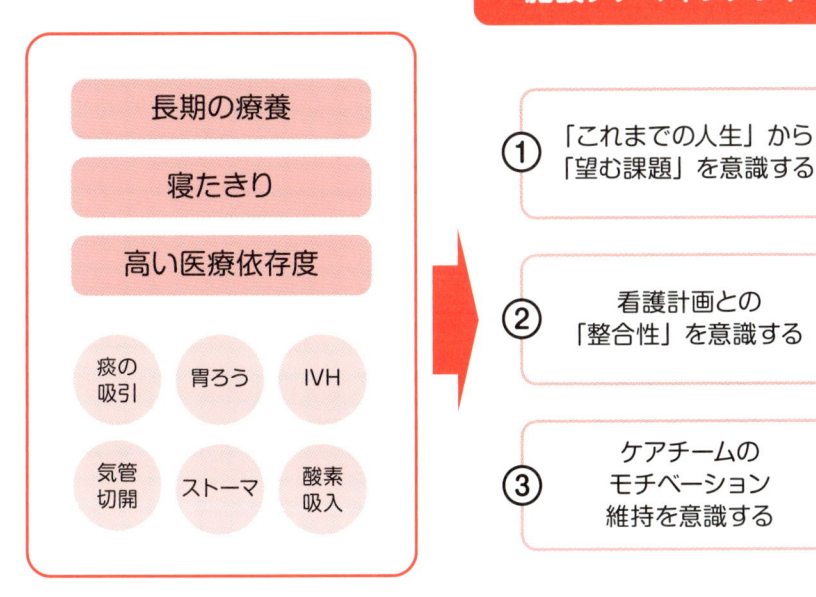

- 長期の療養
- 寝たきり
- 高い医療依存度
- 痰の吸引／胃ろう／IVH／気管切開／ストーマ／酸素吸入

① 「これまでの人生」から「望む課題」を意識する
② 看護計画との「整合性」を意識する
③ ケアチームのモチベーション維持を意識する

・言葉もきつくなり本人（家族）を心理的に追いつめる
・介護ストレスがたまり、放置・無視などのネグレクトを生む

　入所期間中および退所時に、介護にかかわる家族には、基本的な介護技術を学んでもらう機会をケアプランで位置づけます。なお退所時には自宅の環境で移動・排泄・入浴・食事介助の「実習」（お試し退所）を行うことで介護ストレスと介護事故を減らすことをめざします。

お試し退所

介護療養型医療施設（療養病床）の施設ケアマネジメント

　介護療養型医療施設は病院・診療所で療養病床などがある施設のことをいいます。そこに入院する要介護者に、必要な医療のほかに療養上の管理・看護・医学的管理下での介護・機能訓練などが行われます。

　基本的に長期に療養を必要とし、他の施設よりも寝たきりなどの要介護度が高い人が多いのが特徴です。具体的には、痰の吸引、胃ろう、中心静脈栄養法（IVH）、気管切開、ストーマ、膀胱留置カテーテル、酸素吸入など高度な医療が必要な人たちです。

　このような入所者に、医療ケアが中心の看護師、理学療法士、管理栄養士などの医療専門スタッフと介護職員によってケアが提供されます。

　療養上の医療ケアとリハビリテーションが中心なので、レクリエーションも身体を積極的に動かすものでなく、視覚や聴覚などの刺激につながる

ような「音楽を聴く」「紙芝居を見る」といったものが多く取り入れることになります。

◎介護療養型医療施設のケアマネジメントのポイント
①利用者（家族）の「望む課題」を意識したケアマネジメントをめざす

　介護療養型医療施設の利用者はおしなべて重度化が進み、寝たきりで本人との意思の疎通（コミュニケーション）が困難なため、本人の意向の把握がむずかしい現状があります。さらに在宅復帰もきわめて困難なために、自立（自律）支援にもとづく課題設定もむずかしいという<u>悩ましい現実</u>があります。また急増する看取り期（ターミナル期）のケアマネジメントにおいて、医療的なリスク管理と生活の質（QOL）および介護の質の維持をどのように図っていくのかというむずかしさもあります。これらはケアチームのモチベーションにも大きく影響を与えます。

　利用者の生活歴・家族歴・職業歴や趣味歴など「これまでの人生」と介護サービス利用時の様子などを家族や事業所から情報収集して、「○○さんならきっと〜を望むだろう」と、本人らしさに着目した「望む課題」の設定を行います。

②看護計画との「整合性」を意識したケアマネジメントをめざす

　「看護計画」は医療行為や生命リスクの予防・管理を中心としています。
　一方、ケアプランは利用者本人と家族の意向を受けとめながら、本人の自立支援と尊厳の保持を尊重し「全人的なアプローチ」を多職種連携で行うことをめざします。ケアプランは介護・生活面に着目するものですが、介護療養型医療施設においては、褥瘡・拘縮などを含む医療面における予防や疾病、緊急時の対応など看護計画とケアプランの「<u>整合性</u>」を意識したケアマネジメントを行うことが重要です。

③ケアチームのモチベーション維持をめざしたケアマネジメントを行う

　コミュニケーションがとれない要介護者へのケアはケアチームのモチベーションを下げることが起こりがちです。チームとして「どのようなケアを提供するか（したいか）」を話し合い、サービス内容に具体的に盛り込むことにより「モチベーションの低下」を予防することをめざします。

有料老人ホーム（特定施設）の施設ケアマネジメント

　有料老人ホーム（特定施設）の入居者はさまざまです。入居できればどこでもよいわけではなく、入居までに資料を取り寄せ、何ヵ所も吟味し、お試し宿泊を経験するなど「<u>納得して選んだ人</u>」たちです。一方で、在宅での介護に限界を感じた家族が「すぐにでも預かってくれる場所」として

```
┌─────────────────────────┐        ┌─────────────────────────┐
│      入居の動機          │        │    有料老人ホームの       │
│                         │        │    施設ケアマネジメント    │
│  ┌──────┐  ┌──────┐    │        └─────────────────────────┘
│  │健康な │  │在宅から│    │
│  │うちに │──│要介護 │    │         ┌──────────────────┐
│  │入居   │  │入居   │    │      ①  │「商品」としての    │
│  └──────┘  └──────┘    │         │ケアサービス       │
│  ┌──────┐  ┌──────┐    │         │（顧客満足度に見合う）│
│  │病院から│  │老健から│    │         └──────────────────┘
│  │要介護 │  │要介護 │    │
│  │入居   │  │入居   │    │  ━━▶   ┌──────────────────┐
│  └──────┘  └──────┘    │      ②  │「利用者（家族）の  │
│     ┌─────────┐         │         │多様なニーズ」の視点│
│     │ 選択の基準│         │         └──────────────────┘
│     └─────────┘         │
│   ○理念      ○「地の利」  │         ┌──────────────────┐
│    コンセプト  （なじみ、 │      ③  │「高いレベルの多様な│
│    安心度    憧れ、便利）│         │サービス資源」     │
│                         │         │活用の視点         │
│   ○入居一時金 ○景観      │         └──────────────────┘
│    月額      外観       │
│             雰囲気      │
└─────────────────────────┘
```

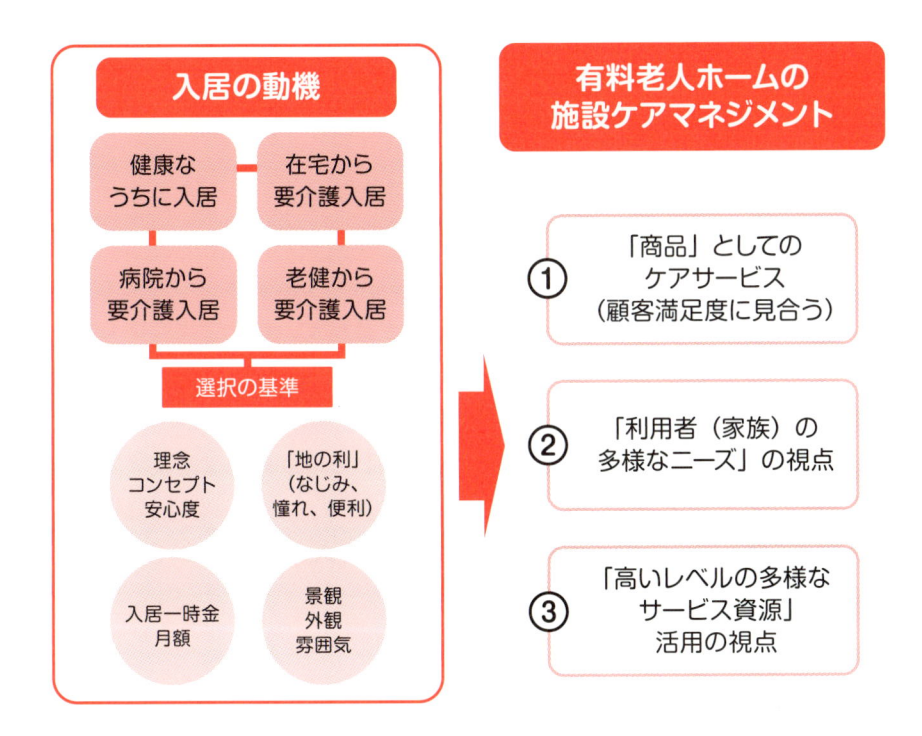

選び、本人は納得することなく暮らさなければならなくなったという人もいます。

有料老人ホームには「健康型」「介護型」「外部サービス利用型（通称：住宅型）」の３種類があります。入居の経路には次のようなものがあります。

- 健康なうちに入居（例：昼間は外出するくらいの自立した人は朝夕の食事と夜間の安心のために入居している）
- 在宅から要介護で入居（例：日中・夜間、家族に心配をかけたくない、認知症となり家族介護が限界、子どもの世帯が自宅近くのホームに呼び寄せる）
- 病院・介護老人保健施設などから要介護で入居（例：自宅に療養環境がない、緊急時の医療対応ができない、１人暮らしが困難、認知症が心配など）

全国に数多くあるなかから、その有料老人ホームに入居することを選んだその「主観的基準」が利用者（家族）の「意向」ともいえます。重要事項説明書に納得し入居の契約を行うことは、その「内容」が確実に守られることを前提に決めています。

有料老人ホームを選ぶ人には、おおよそ次の４つのタイプがあります。

第１は、有料老人ホームの「理念とコンセプト」と<u>「法人の安心度」（ブランド）</u>で選んでいる人たちです。そのホームがどのようなコンセプトでいかなるサービスを提供してくれるのか、それを運営する運営法人

「法人の安心度」（ブランド）

（例：医療法人、住宅メーカー、マンション会社、外食産業、電鉄会社、金融機関、民間介護企業など）の理念と信頼度はどうなのかを丹念に考え抜いて決断をする人たちです。

有料老人ホームが掲げるコンセプトには次のようなものがあります。
＜コンセプトの例＞
・多彩な趣味や気軽な外出を楽しめる、自由で元気な暮らしを支える
・自分に合った役割や仕事を得ていきいき暮らす、豊かで実りある日々
・食は人生の愉しみ！　産地にこだわり、見た目にこだわり、おいしさにこだわる快食なときをつくる
・医療と介護が連携した安心・安全な暮らしで看取りまでを支える

契約をする利用者（とくに家族）はこれらのコンセプトを「美辞麗句」ととらえるのでなく、契約内容そのものと期待して入居を決めています。

第2は、有料老人ホームを「地の利」で選んでいる人たちです。

「地の利」とは、利用者にとって便利な土地のことをいうのが一般的ですが、ここでは憧れの土地（例：箱根、熱海、沖縄）、娯楽や楽しみが身近にある土地（例：温泉、名所旧跡、観光地、中心市街地）、環境がよくおだやかな土地（例：別荘地、田園地帯）など、「人生の最後の土地」へのこだわりが表れる場所と考えればよいでしょう。

そして家族の「地の利」へのこだわりは、「近い、通える、安心・便利」です。これは本人が「施設に放り出される」と抵抗を示したときの説得材料の1つになります。安心・便利とは、近くに医療機関がある、息抜きに外に出かけられる場所があるなどです。

第3は、有料老人ホームを「入居一時金」と「月額」で選んでいる人たちです。有料老人ホームの価格は、一般的に介護付有料老人ホームでは入居一時金が300万〜3000万円、月額は約15万〜30万円と幅があります。住宅型有料老人ホームは入居一時金が0〜300万円か家賃前納方式があり、月額約12万〜30万円の幅があります。これらの人たちは「払っているから○○はしてもらって当然」という高い消費者意識を持っていることがあります。入居一時金は貯蓄の取り崩しで対応し、月額は年金で負担する・子どもたちが負担するなどさまざまです。なお100歳超が当たり前になってきた現代では、利用者（家族）が「払い続けられるかどうか」が入居の継続と施設の資金繰りに大きく影響することになります。

第4は「景観・外観・雰囲気」で選んでいる人たちです。

景色のよい場所（例：海岸や富士山が一望）で人生の最後の時間を過ごしたいという人は少なくありません。施設の外観が新しいか古いかも大切な判断材料です。築年数が20年以上前だと建物内のアメニティは古い印象となります。一方、数年だと新しさが魅力となります。働いている職員

の動き、言葉づかい、接する態度、入居者の表情などから醸し出される施設の雰囲気も大切な基準です。利用者（家族）は入居一時金や月額などの「価格」と比較した「値ごろ感」で選びます。

◎有料老人ホームのケアマネジメントのポイント
①施設が掲げる「コンセプト」をめざしてケアマネジメントする
　施設が掲げる理念とコンセプトは有料老人ホームが提供する「商品としてのケアサービス」のあり方を示したものです。利用者（家族）は「施設で提供されるケアサービス」をイメージして入居一時金を払い、月々の月額を払い続ける「顧客」です。有料老人ホームでは、「顧客満足度」に見合うケアサービスが提供できるためのケアマネジメントが求められます。

②「利用者（家族）のニーズ」の視点でケアマネジメントを行う
　「利用者（家族）のニーズ」を把握するためには、生活歴・家族歴・職業歴、趣味歴、利用者のこだわり（価値観）を丁寧に聴き取るとともに、入居にいたるまでの在宅介護や遠距離介護などの「事情と経緯」、なぜこの有料老人ホームを選んだのかを把握します。

　利用者は施設でどのような暮らしを続けたいか、家族はどのような暮らし方を望んでいるか、施設にどのようなかかわり方を期待するのか、などの意向を具体的に聴き取ります。

③「多様なサービス資源の活用」の視点でケアプランを立てる
　有料老人ホームの特長は、基本となる「特定施設としての介護保険サービス」（住宅型は介護保険の在宅サービス）だけでなく、介護保険外サービス資源の多様さとレベルの高さにあります。

　レクリエーション指導やリハビリテーション体操の指導などを職員ではなく「専門のプロの指導者」に依頼する、定期的なコンサートや演芸をプロにやってもらうなど、アマチュアのボランティアではできない「高いレベル」の多様な資源を活用することは、有料老人ホームだからできる「満足度の高いサービス」です。

レッツ チャレンジ！

☐ あなたの施設の「商品としてのケアサービス」を話し合ってみよう
☐ 施設入所までの経緯と事情をいくつかのケースで話し合ってみよう
☐ ４つの施設類型ごとに「学ぶべき点」を話し合ってみよう

第2節 施設のケアマネジメントプロセス

施設のケアマネジメントはチームケアのコントロール機能であり、ケアプランは各専門職の「連携シート」にもなります。ケアマネジメントプロセスはどの類型の施設でも共通しています。

連携シート

□ インテーク～入所にいたる経緯の把握と利用者（家族）情報の把握～

入所の面接を最初に行うのは生活相談員か生活支援員です。そこで行われるのは施設入所にあたっての説明、契約にあたっての重要事項説明書の説明などです。施設ケアマネジャーが行うインテーク（初回面接）は、ケアマネジメントのスタートとしてとても重要なステージです。

重要なステージ

●入所にいたる経緯

まずは、利用者の入所にいたるまでの経緯を聴き取ります。
- 在宅生活と在宅介護（家族介護含む）の状況
- これまでに入所（入居）していた施設（自立棟含む）などでの暮らしぶりや病院での過ごし方

利用者（家族）のこれまでの「苦労、不安、つらさ」に寄り添い、これからの施設での暮らしへの希望・願い、不安や疑問などを聴き取ります。とくに在宅復帰をめざす介護老人保健施設では、施設入所中にいかに在宅介護の環境を整えるか、在宅生活ができるように心身の機能やADL・IADLを改善・向上すればよいかという視点で聴き取るようにします。

●利用者（家族）情報の把握～「本人らしさ」をつかむ～

利用者（家族）から「本人らしさ」にかかわる情報収集を行います。在宅での支援なら、暮らしぶりから本人らしさを把握できますが、施設はすべての利用者が同じ環境の下で生活を送るため、本人らしさを把握する材料を見つけるのがむずかしい状況があります。そこで利用者の価値観やこだわり、性格、家族歴（生活歴含む）、教育歴、職業歴などを知ることで、利用者とのやりとりや意欲づくりの参考とすることができます。

※「本人らしさ」の把握は第2章第3節「アセスメント」p30を参照

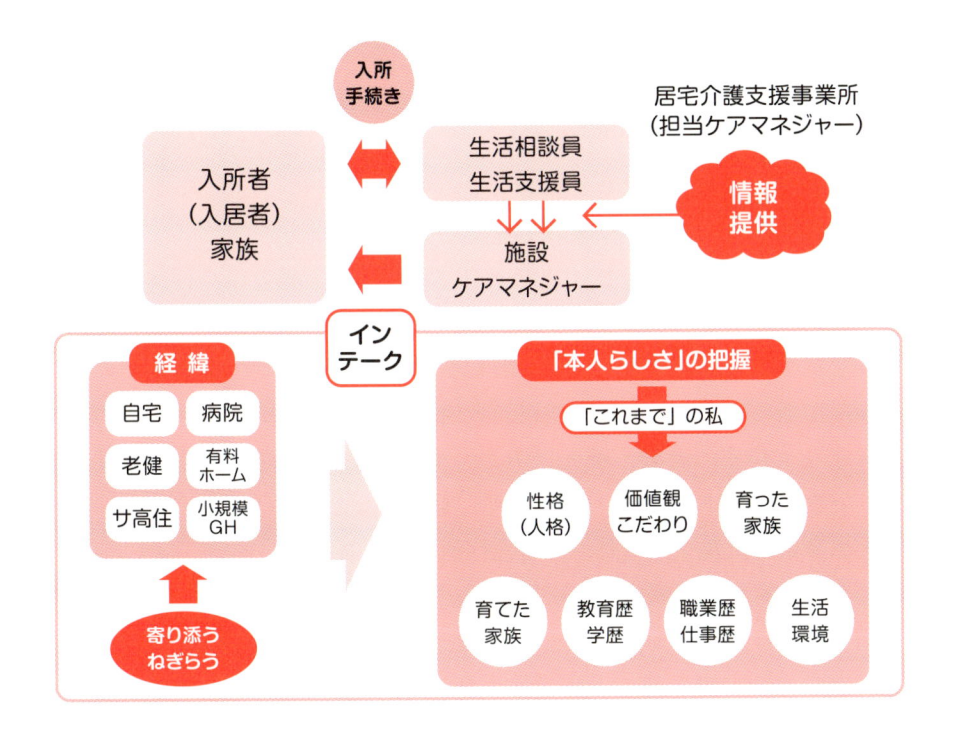

1) 利用者の性格（人柄）

　利用者本人の性格は1日の過ごし方や食事などのADL、さらに認知症ならばBPSDなどの症状に影響します。本人が思っている性格と家族やきょうだいがとらえる性格が異なることがあることに注意します。<u>外に向けた人柄</u>と自然体のままの人柄には差があります。

- <u>積極的な性格</u>（外向的）
  活発、前向き、明るい、気さく、おおらか、せっかちなど
- <u>消極的な性格</u>（内向的）
  おとなしい、素直、地道、やさしい、細かい、のんびり、人見知りなど

　利用者（家族）に「どのような性格ですか？」「子どもの頃はどのような性格と言われていましたか？」と質問して、本人なりの自己評価も参考とします。

2) 価値観・こだわり

　価値観・こだわりとは、利用者本人の「行動指針」「判断基準」です。それを知り、尊重することで、本人への声かけやかかわり方、<u>動機づけ</u>に役立てます。

（価値観の例）
愛情、信用、信頼、情熱、いたわり、平和、自由、約束、協力、調和、正直、素直、成長、達成、活力、思いやり、友情、共生、冒険、健康、やすらぎ、努力、忍耐、まじめ、懸命、誠実、貢献、ユーモアなど

3）育った家族〜生育歴・家柄・家業〜

　どのような家庭環境でどのように育ったか（育てられたか）が利用者本人の価値観やこだわり、<u>行動様式</u>（例：食べ方、風呂の入り方、着飾り方、たたずまい方）に大きく影響しています。

　次のようなことを視点に入れて把握します。

- 家族構成：育った家族の人数ときょうだいの人数と序列（例：長男、次男、長女、次女など）
- 家柄と家の格：本家、分家、旧家など
- 経済面：貧しい、極貧、裕福、敷地、山林の所有の有無など
- 家業：農家、漁師、職人（例：大工、炭鉱夫）、商人（例：八百屋、乾物屋）、サービス業（例：床屋、銭湯）など
- 出身県と気質：出身県、気質、行動パターンなど

4）育てた家族〜家族構成、家族行事、家族のつながり〜

　結婚を機に始まる「育てた家族」の家族歴を聴き取り、家族関係の深さやつながりを把握します。施設に入れることで「家族介護」から解放され、「距離」をとる家族もいます。施設側が<u>「かかわりの継続」</u>をインテーク時にしっかりと話せばケアマネジメントにおける家族資源として頼りにすることが可能になります。これまでの家族関係が良い・悪い、支え合いの状況などを次の項目で把握しましょう。

- 家族構成：配偶者、子どもの人数と現状（例：既婚、未婚、離婚）、孫の有無と人数、配偶者の親族など
- 結　婚：見合い・恋愛結婚、未婚、離婚、死別、内縁関係など
- 家族行事：誕生日、お正月、お盆、大晦日、家族旅行、母の日、父の日、入学式（小中高）、卒業式（小中高）、クリスマスなど
- 家族のつながり：会話の頻度、電話の回数、手紙・メール、看病の体験、介護の体験、子ども・孫とのかかわりなど

5）教育歴・学歴

　どのような教育を受けたかは、利用者の教養や行動様式、会話の豊かさ、話題のレベルなどを知るうえでヒントになります。

- 戦前：尋常小学校（戦時中は国民学校）、尋常高等小学校、師範学校、帝国大学
- 戦後：小学校、中学校、高等学校、専門学校、大学、大学院

6）職業歴（仕事歴）

　これまでの職業歴（女性は非正規雇用が多い。パート、日雇い、家業の手伝い、主婦業などを把握）を知ることで、利用者の人生観や生活習慣、行動パターン、コミュニケーション・パターンとともに、利用者の<u>「強み」（長所）</u>などを知る手がかりになります。会話の話題やリハビリテー

ションへの動機づけなどに活かす視点で把握をしましょう。特に有料老人ホームの入居者のなかには、相手の職業歴で付き合い方を決める人もいます。入所者どうしの<u>関係づくり（マッチング）</u>にも配慮しましょう。

> 関係づくり（マッチング）

<職業歴の例>
- 現業系：農業、漁業、林業、工業、理美容師、飲食業、大工、左官、洋裁・和裁、バス・タクシー運転手、整備工、印刷工など
- 商売系：八百屋、魚屋、電気店、文房具店、金物屋、スーパーなど
- 教育系：教員（小・中・高校・大学）、教科（例：国語、英語）、教頭、校長など
- 事務系、管理系：事務員、課長、部長、工場長、取締役、社長など
- 公務員系：地方公務員（役場、市役所）、国家公務員、警察署、消防署、郵便局、自衛隊など

7）生活環境（屋内・屋外・近所周りなど）

利用者の性格や人柄は言葉で把握できなくても、もともと暮らしてきた家や居室に出向き、身を置くことでかなりの情報を把握できます。施設入所にあたり、かならず1回は<u>自宅</u>を訪問し「生活環境」を把握します。利用者（家族）や近所の人の了解を得て屋内や居室の様子、近所・近隣のなじみの場所、なじみの店などを写真か動画で撮影し記録として残しておきます。家族や近所の人に、かつての暮らしぶりや人柄などを「<u>言葉で解説</u>」してもらい動画におさめておくこともよいでしょう。

> 自宅を訪問

> 言葉で解説

新しく担当となった介護職員やその他の専門職はこれらの記録を見ることで、フォーマルな記録類だけでは伝えきれない「本人らしさ」を知り、ケアに活かすことができます。

<居住環境>

住まいの環境には「本人らしさ」と家族の物語がつまっています。居間・居室・トイレ・台所・風呂場・玄関や庭、家の周囲などを案内してもらいながら、これまでの暮らしぶり、特に居宅介護サービスを利用していた人ならば要介護になってもどのように自宅で暮らし続けて来られたかを家族から聴き取りましょう。利用者にとって快適な場所・落ち着ける場所はどこだったか、サイドボードの写真や土産物の置き物、表彰状、ぬいぐるみなどをきっかけに質問すると、家族も「<u>これまでの人生</u>」などが話しやすくなります。

> これまでの人生

介護老人保健施設のケアマネジャーは在宅復帰時を想定し、屋内でADL・IADLをどのようにしていたのか、どのような住環境整備が必要かというアセスメント的視点で情報収集をしましょう。メジャーで屋内の広さ、階段などの幅と高さ、廊下の幅と長さ、トイレ内の広さなどを計測し、写真に撮り、リハビリテーション専門職に伝えます。

<近所・近隣の環境>

暮らしぶり　家族に見せる人柄と地域で見せる人柄はちがうことがあります。利用者が地域でどのような「暮らしぶり」をしてきたのかを把握しましょう。できるなら、近所・近隣とどの程度の付き合いをしていたのか、どの程度の支え合いがあったのか、近所・近隣の人から聴き取りましょう。具体的にはゴミの収集や夏祭り・秋祭りの開催、葬儀などのかかわり度合いが参考になります。

なじみの場所　また近所・近隣のなじみの場所（例：散歩の場所、よく利用した鉄道の駅やバス停、公民館、神社、お寺、学校、田んぼ、畑、川原、砂浜など）やなじみの店（例：スーパー、理美容室、喫茶店、飲み屋、クリーニング屋、ガソリンスタンドなど）にも足を向け、写真や動画に収めておくと認知症になっても会話の話題を引き出すときにとても役に立ちます。

■ アセスメント

入所時のアセスメントは、これまでのケアマネジメントとの「連続性」に配慮することが重要です。利用者（家族）からの聴き取りだけでは不十分です。これまでにかかわった居宅介護支援事業所や施設ケアマネジャーのアセスメントシートや24時間シート、ケアプラン、個別サービス計画や口頭での情報提供を依頼しましょう。3～7日間かけて施設のケアチーム**チームアセスメント**と連携をとりながらチームでアセスメント（チームアセスメント）を行います。

1.「利用者の意向」「家族の意向」のアセスメント

利用者が施設入所を選んだ理由としては次の5つが想定されます。
- 在宅での生活が限界になったから
- 在宅での家族の負担が限界となったから
- 在宅に戻れないから（例：独居は不安、医療依存度が高い）
- 家族に面倒をかけずに暮らしたいから
- 早めに住み替えをして、施設での暮らしに慣れておきたいから

前向きな意向　施設ケアマネジャーとしては、これらの事情を受けとめながら、「施設での暮らし」に対していかに「前向きな意向」を引き出せるかがアセスメント時のポイントとなります。

●利用者の意向

利用者に施設で望む暮らし方を質問しても無言か一般的な答えしか返ってこないことがあります。そこで次の視点から意向（願い・望み）を引き出します。

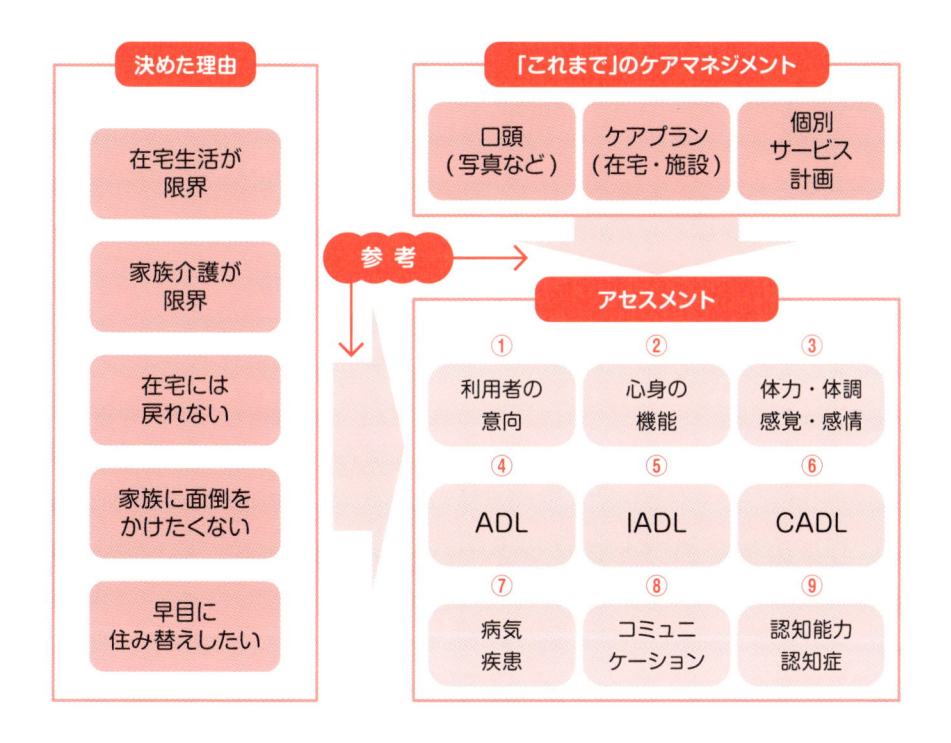

```
決めた理由                「これまで」のケアマネジメント
┌─────────┐          ┌──────────────────────────┐
│ 在宅生活が │          │  口頭      ケアプラン    個別    │
│ 限界     │          │ (写真など) (在宅・施設)  サービス │
├─────────┤          │                         計画    │
│ 家族介護が │          └──────────────────────────┘
│ 限界     │               参 考 →
├─────────┤                  ↓
│ 在宅には  │          ┌──────────────────────────┐
│ 戻れない  │          │        アセスメント         │
├─────────┤          │  ①        ②        ③    │
│家族に面倒を│          │ 利用者の   心身の   体力・体調 │
│かけたくない│          │ 意向     機能    感覚・感情 │
├─────────┤          │  ④        ⑤        ⑥    │
│ 早目に    │          │  ADL     IADL     CADL  │
│住み替えしたい│        │  ⑦        ⑧        ⑨    │
└─────────┘          │ 病気    コミュニ   認知能力  │
                     │ 疾患    ケーション  認知症   │
                     └──────────────────────────┘
```

・「できないこと」「困っていること」「心配ごと」に着目する
　誰に対しても「望み、願い、思い」の用語を使うのが適切かというとそうではありません。「できないこと」「困っていること」「心配ごと」を傾聴することから「意向（願い・望み）」を引き出します。

・「これまでの暮らし」から「これからの暮らし」を引き出す
　要介護となる以前の「これまでの暮らし方」や在宅や施設での介護を受けながらの暮らしぶりを共感的に聴き取ります。要支援の頃の介護予防プランなどを参考にするのもよいでしょう。

これからの暮らし

　介護老人保健施設や有料老人ホームなどでは軽度の利用者もいます。施設生活の具体的な例をあげて、「もし仮に〜のようになれたら、どのようなことをされたいですか？」と利用者の困りごとを解決できたことを前提にした質問をすることで、本人を動機づけることができます。

　なお、利用者本人が言葉で表すことができない認知症や失語症などの人の場合は非言語コミュニケーション（例：表情、目線、仕草、身振り）に着目します。文字盤やイラスト、写真を示し意思を読み取ることもよいでしょう。

　また家族などからこれまでの本人の意向や暮らしぶり、好み（料理、味、服装、部屋の雰囲気など）、性格や人柄などを情報収集し、本人にとっての「心地よさ」を検討します。

心地よさ

● 家族の意向

　家族にとっては施設入所は在宅介護の終わり（介護老人保健施設は一時

停止）ですが、今度は施設に預ける介護スタイルがスタートします。家族の意向の把握で注意しなければいけないのは、イメージがわかないために、施設介護への希望や注文に終始してしまうことです。他の家族のエピソードをまじえて、家族として「どのようなかかわり方ができるか」を引き出し、施設介護へのかかわりを動機づけましょう。

・ご家族としてどのようなかかわり方ができそうですか？
・お孫さんたちはどのようなかかわり方ができそうですか？

　介護老人保健施設では在宅復帰が目標です。在宅介護への不安や、入所中に家族の介護力の向上や介護環境の整備などへの希望などを引き出し、家族ぐるみの在宅復帰への取り組みになるようにしましょう。

2. 心身の機能のアセスメント

　心身の機能のアセスメントは、利用者のADLやIADLに大きく影響する「運動機能」「身体構造」「精神機能」の3つの因子ごとに行います。

●運動機能

　現在の運動機能（例：足が上がる、膝が曲がる、噛む）が痛みやしびれなどによりどの程度のレベルで行えず、それがなぜ維持できないのかを把握します。さらに、ADL・IADLなどの生活機能にどのように影響しているのか、どのように維持・改善・向上すればよいかをアセスメントします。

●身体構造

　疾患・転倒事故などで身体の構造に欠損や骨折、機能（例：上肢、下肢、視力、聴力、皮膚感覚、咀嚼、嚥下、手指の巧緻）に低下や障害などの症状が生じたことで、それらがADL・IADLなどの生活機能にどのように影響しているか、どのように維持・改善・向上すればよいかをアセスメントします。

●精神機能

　精神機能の障害には、脳が持つ機能（例：注意、記憶、思考、計算など）が病気や事故で障害を受けることにより損われる高次脳機能障害や精神機能障害（例：抑うつ気分、うつ症状、双極性障害、認知症）があります。ADL・IADLや会話・記憶・交流・仕事などにどのように影響しているかを把握し、維持・改善・向上するためのアセスメントを行います。

　精神機能のアセスメントでは、現場の職員が利用者の発する「マイナス言葉」（例：死にたい、情けない、迷惑ばかりをかけている）などを具体的にフレーズとして記録し、言う回数・時間帯・場所や体調・服薬状況などを把握します。

マイナス言葉

3. 体力・体調・感覚・感情のアセスメント

　運動機能、身体構造、精神機能だけでなく、本人の行動に直接影響するのが体力・体調・感覚・感情です。これらは個別性が高いので丁寧にアセスメントします。

- **体力**：体力はこれまでの生活歴や健康体操などの運動の有無（<u>鍛え方</u>）によってかなり異なり、疾患や障害の程度で差があります。施設に入所する利用者の多くは、体力の低下がいちじるしく進んでいます。低下している原因が疾患や栄養不足によるものなのか、もしくは水分不足（脱水）か、生活意欲の減退なのかどうかをアセスメントします。 鍛え方

- **体調**：体力に問題はなくても気温や気分、服薬の有無や心理的なダメージ（例：悲嘆、心労）により体調をくずすことがあります。施設入所時はリロケーション・ダメージにより気分もふさぎがちです。現場スタッフが「24時間シート」や「<u>気づきシート</u>」を使い１日の体調の変化（日内変動）を把握します。 気づきシート

- **感覚**：生活を送るうえで基本的な「五感」（視覚：見る、聴覚：聞く、触覚：触る、嗅覚：嗅ぐ、味覚：味わう）が疾患、障害、認知症などにより機能低下していないかどうかをアセスメントします。本人の<u>五感のレベル</u>（感じ方）を探り、それらがADL・IADL・CADLや日常の気分・感情にどのように影響しているかを把握します。 五感のレベル

- **感情（気持ち）**：感情は生活意欲や性格と密接な関係にあります。施設入所に対して利用者が否定的な感情（例：怒り、悲しみ、後悔、落胆、いら立ち、不安、不信、あきらめ）を抱いていると、現場スタッフのかかわりの負担が増します。肯定的な感情（例：楽しい、うれしい、喜び、自信、励み）がどのようなときや声かけによって生まれるのか、丁寧に把握しましょう。
  - 機嫌がよくなるとき：家族との語らい、家族の話題、趣味に取り組んでいるとき、歌を歌っているとき、施設内の犬・鳥と触れあっているとき、食事のときなど
  - 機嫌がよくなる声かけ：よくがんばっておられますね、顔色がいいですね、お若いですね、おしゃれですね、素敵な笑顔ですね、など

4. ＡＤＬのアセスメント

　ADL（日常生活行為）を本書では生命活動としての生活行為と、快適さのための生活行為の２つに区別しています。アセスメントにあたっての現状の情報収集はケアチームとともに行い、支障がある要因（心身機能、体力・体調、意欲、環境、関係）を分析し課題化と目標化を行います。

①生命活動としての生活行為
- 移動：方法（徒歩、1本杖、4点杖、歩行器、車いすなど）、居室内（ベッド、トイレ）、施設内（廊下、トイレ、食堂、玄関、フロアなど）
- 食事：食べ方（例：ご飯、麺類、汁物、おかずなど）、食事量、水分摂取（例：日本茶、水、コーヒー、紅茶）、嗜好品、禁忌食、治療食、食べ物アレルギー、什器類（例：お椀、お皿、湯呑み、箸、スプーン、フォークなど）の使い勝手など
- 排泄：尿意・便意、頻度、時間帯、排泄量、脱衣・着衣、しゃがむ、立ち上りなど
- 睡眠：時間帯、時間数、頻度、熟睡度、夜間の目覚めなど

②快適さのための生活行為
- 入浴：好き・嫌い、脱衣・着衣、洗身、洗髪、清拭など
- 整容：洗顔、整髪、歯みがき、化粧、髭剃りなど

これらが「できる・できない」の判断だけでなく、それぞれにどのような「運動・移動」の動作と認知機能が必要なのかを分析します。

とくに介護老人保健施設などリハビリテーションを専門とする施設では、「ひとくくりの生命・快適行為」を動作別に細かく分解することで、何をどのように機能訓練をすればよいか、どのようにすれば（治療、服薬、リハビリテーション、福祉用具、学習、サポートなど）改善・向上が見込めるかを丁寧にアセスメントすることができます。

ひとくくりの生命・快適行為

5. IADLのアセスメント

IADL（手段的日常生活行為）は「暮らしの行為」です。施設では利用者がIADLを行うことはほとんどなく、施設スタッフが行います。そのため、IADLを行うことで維持されていた身体機能（例：料理の動作を行うための手の握力、関節可動域の維持、立位をとる脚力、手順を予測する認知機能）や達成感（例：料理ができた、部屋がきれいになった）が失われることになります。施設ケアマネジメントの課題・目標として、いかにIADLを位置づけるかは利用者の心身機能の維持・改善だけでなく、自己肯定感や意欲の維持・向上につながります。

特別養護老人ホームや介護療養型医療施設などの利用者は、中重度であるためにアセスメントでIADLをしてもらうことは心身機能的にむずかしいことが多いので、これまでの暮らしぶり（例：裁縫、洗濯、掃除など）を聴き取ることでIADLの残存能力を把握します。

介護老人保健施設ではIADLにつながる生活機能向上をめざしたリハビリテーション（生活リハビリ）が在宅復帰を可能にしてくれます。利用者の在宅生活におけるIADL的な行為でどこに困っているのかを丁寧に

生活リハビリ

聴き取ります。実際に料理の行為をする、洗濯物を干す、掃除をするなどの部分的行為を行ってもらいアセスメントするとよいでしょう。

有料老人ホームでは、施設内のミニショップでの買物や外出してのショッピング（例：衣服、化粧品、食べ物）、定期的な外出行事（例：お花見、ミニ旅行）、園芸療法などが取り組まれています。IADL支援をケアプランに積極的に取り入れることで、利用者の生きがいづくりを支援することができます。

施設で行えるIADLには次のものがあります。

①**家事行為**
- 炊事：準備、料理（よくつくった料理）、盛り付け（好きな皿・鉢・椀などの什器類）、扱う料理道具（まな板、包丁、料理ハサミ、食器、鍋、釜、フライパンなど）
- 洗濯：手洗い、洗濯機、干す、取り込み、畳む、しまう
- 掃除：箒、掃除機、雑巾、チリトリ、ハタキ、整理整頓など

②**健康管理**
- 通院：かかりつけの専門病院・医院、頻度、移動手段など
- 服薬：種類、量、頻度（時間帯）、取り出し、自己管理など

③**社会参加**
- 買物：内容、場所、頻度、距離、移動手段、支払い、持ち運びなど
- 更衣：着替えと着こなし（服、小物類、髪型）、季節別、場所別、目的別
- 金銭管理：釣り銭のやりとりなど

これらの行為には、運動・動作機能、認知機能が必要になります。暮らしの行為を細分化し、次の視点でケアプランに反映させます。

- 何をどのように支援すればよいか（介助、手伝い、見守り、声かけ、福祉用具、自助具、代替サービスなど）
- どのようにすれば改善・向上が見込めるか（治療、服薬、リハビリテーション、福祉用具、自助具、やり方指導、サポートなど）

6. CADLのアセスメント

ADLは生命・快適さのための行為、IADLは暮らしの行為です。これらは生きていくための「手段」であり目的ではありません。IADLを行うこともできず、ADLにも支障がある要介護度5の利用者であっても「本人らしさ」に着目するCADLの視点で本人を動機づけることは可能です。とりわけIADLをスタッフが行う施設ケアでは、CADLは重要なアセスメント視点となります。

CADLは、私たちが暮らしのなかで大切にしている「本人のこだわり」

※CADLについての詳細は第2章第3節 p36を参照

本人のこだわり

願い（Wish）（本人らしさ）や「その人なりの願い（Wish）」に着目した、まったく新しいアセスメント視点です。

◎特別養護老人ホームでの活用

　要介護度が中重度で寝たきりである、もしくは認知症などのためにコミュニケーションがとれない利用者のケアプランは、食事・排泄・移動・体調管理などが課題となりがちです。CADL視点ならば次のような課題設定をすることができます。

（例）
- 移動：○○町の○○墓苑にある夫（妻）の墓参りに長女夫婦と車いすで出かける
- 食事：大好きな回転寿司○○に長男家族と出かけて3皿食べる
- 体調管理：来年6月の孫娘の結婚式に出て祝辞を読む
- 移動：踊りのお弟子さんたちの発表会で花束を贈る

◎介護老人保健施設での活用

　軽度から中度の利用者のケアプランの課題設定はCADL的な視点で行い、ADLや体調管理、リハビリテーション、IADLの要素を盛りこんでみましょう。

（例）
- 大晦日に子どもの家族を招いて自慢の手料理をつくって一緒に紅白歌合戦を楽しむ
- 孫娘の成人式の着付けをして記念写真を一緒に撮ってもらう
- 6歳になるチワワのピッピと○○公園に夫婦でお散歩に行けるようになる
- 仲間の○○さんたちと雀荘○○で麻雀を心ゆくまで楽しむ

◎有料老人ホームでの活用

　有料老人ホームでは、入居者のニーズにこたえる多様な趣味の教室やお出かけの会、室内コンサートなどを開いています。それらを鑑賞するだけでなく、つくり手や演奏者となって楽しむなど、利用者の生きがいにつながる課題設定をCADLの視点で行います。

（例）
- 演奏会で○○作曲の「○○○○」をハンドベルでグループ演奏する
- 11月の施設文化祭で自分で絵つけした茶碗を5つ出品する
- 海外旅行で録り溜めた動画を編集し、施設のミニシアターで上映会をする
- 宮澤賢治の童話の絵本を手づくりし、グループで朗読劇をやる

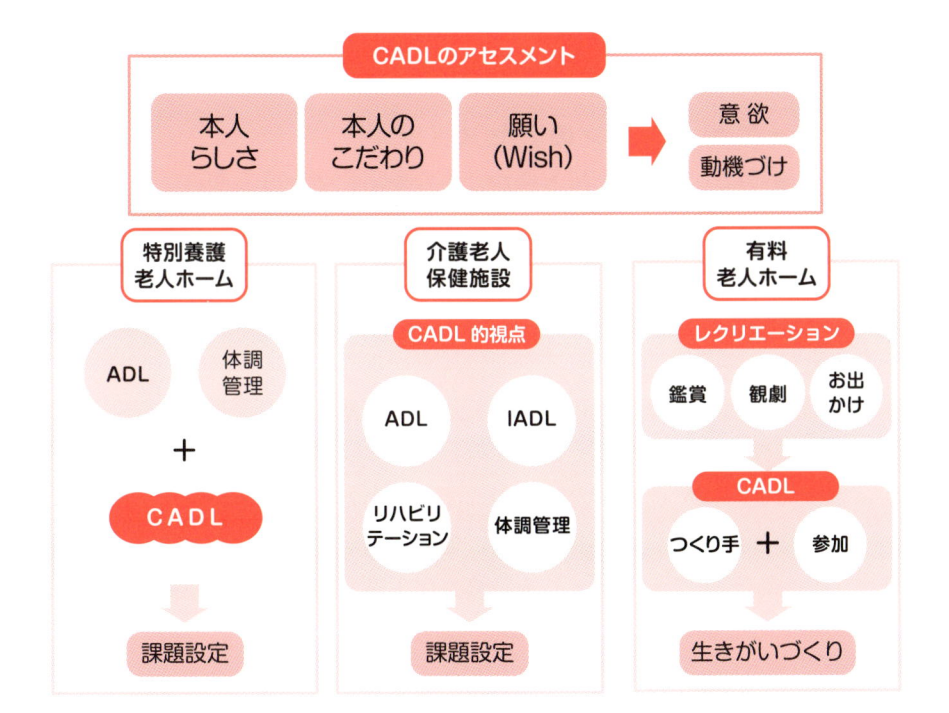

7. 病気・疾患のアセスメント

　要介護者の多くはさまざまな病気・疾患を持って入所してきます。発症（事故含む）したときの経緯や状況を確認し、症状が悪くなるときの状況（例：気温、体温、湿度）と兆候、時間帯、それへの対処の仕方を確認します。これは、どのような医療支援をすることが利用者（家族）に必要かをケアチームで認識するための大切なアセスメントです。

　また病歴・既往歴は入院時の「貴重な資料」になります。緊急時を想定した情報の把握を行っておきましょう。

①病歴・既往歴および入院歴、医療機関の情報

　利用者のこれまでの病歴・既往歴、入院歴・手術歴を確認します。認知症の場合は精神科や専門医などの受診歴とどのような診断（CT診断、MRI診断含む）をされたか、処方薬と服薬の状況を把握します。現在、受診している医療機関（主治医・担当医、眼科・皮膚科など専門医含む）と受診頻度を把握します。

②病気・疾患の理解度とリスク

　病気・疾患を利用者（患者）がどのように説明を受け、理解しているか。また医療職や家族がどのように本人に伝えているか（告知の有無）を正確に把握しケアチームに情報提供します。利用者（家族）なりの理解の状況（病識の有無）を把握します。

　またADLの改善・向上のリハビリテーションや生きがいづくりのための活動（例：外出、散歩、小旅行、趣味の再開）が呼吸器系疾患や循環器

系疾患に悪い影響を及ぼさないか、リスクを把握します。

8. コミュニケーションのアセスメント

　高齢者施設は、これまで縁もゆかりもなかった者どうしが「1つ屋根の下」で暮らす場所です。介護老人保健施設のように、1～6ヵ月で退所する人もいれば、特別養護老人ホームや有料老人ホームのように「終の住処」として長く暮らす人もいます。穏やかに生活をするためには、暮らす人たちとの人間関係にストレスがないことが理想です。

　適切なコミュニケーションがとれていることが、その「ストレス」をなくすことにつながります。そしてどの程度のコミュニケーションがとれるかは、ケアチームや周囲との関係の「深まり」と密接な関係があります。

<u>関係の「深まり」</u>

　1人暮らしはさみしさもある反面、他人の目を気にしなくてよい「気楽な暮らし」が可能です。一方で施設の集団生活では、3食の時間も入浴の時間も決まっているのでマイペースで暮らすわけにはいきません。誰ともいっしょにいたくないのに、食事のときも日中も共同フロアに「見知らぬ人」といなければいけないことを強いられます。本人にとってはこの施設環境が実はもっとも過酷で「ストレス」かもしれないという視点が重要です。

<u>見知らぬ人</u>

　そこで、どのように「なじみの関係」づくりを支援できるかどうかはコミュニケーションのアセスメントにかかっています。

●コミュニケーションの傾向（好み）

　利用者のコミュニケーションの傾向（好み）を把握しましょう。

■人との会話がそもそも好きか（得意か）、嫌いか（苦手か）
　例：話すのが好き、聞くのが好き、会話は嫌い、1人が好きなど

■どういうタイプの人との会話は好きか（得意か）、嫌いか（苦手か）
　例：男同士、女同士、活発な人、静かな人、趣味が合う人、おしゃれな人、地味な人、同世代の人、若い人、元職別（公務員、教員、会社員、職人）など

<u>会話が弾む</u>

■どういう話題を好むのか、どういう話題なら会話が弾むのか
　例：子ども、孫、遊び、仕事、政治、歴史、経済、新聞、テレビ、映画、音楽、演歌・歌謡曲、ドラマ、旅行、おしゃれ、祭り、病気、三面記事、ギャンブル、スポーツ（例：野球、サッカー、相撲、ゴルフ、釣り、陸上）、趣味（例：将棋、囲碁、麻雀、絵手紙、編み物）など

　コミュニケーションの好み（傾向）を知るためには、職業歴や生活歴、学歴、趣味歴、知識・教養の程度などを利用者（家族）や入所前の担当ケアマネジャーなどから聴き取りましょう。これらが把握できていると、他

の入所者とのマッチングを効果的に行えるとともに、ケアチームが利用者とのやりとりをする際の話題に困らなくて済みます。

● **コミュニケーション機能のレベル**

　コミュニケーションがとれないとは、自分の意思が伝えられない、相手の意図や意向が理解できないということです。そのため入所者どうしの人間関係にトラブルが生じ、その利用者に疎外感を与えます。疎外感は、閉じこもり・引きこもりやトラブルのきっかけとなります。

　コミュニケーションの種類には「話せる」「聞こえる」「書ける」「読める」があります。そしてボディコミュニケーション（非言語）として「表情・身振り・態度・服装」などがあります。この5つの要素ごとにコミュニケーションがどれだけできるのか、どのような支障があるのかを把握し、ケアチームとしてどのようなサポートが必要かをアセスメントします。

■話す：言葉が浮かぶ・浮かばない、言葉が話せる・話せない、単語が浮かぶ、単語しか話せない、ある言葉が言いづらい、音声が小さい、音声のメリハリがない、方言訛りが強いなど

■聞く：音が聞こえる・聞こえない、高い（低い）音が聞こえづらい、早く話されると聞き取れない、他の音があると聞き取れないなど

■書く：平仮名・漢字が浮かぶ・浮かばない、文章が浮かぶ・浮かばない、筆記用具が持てない、筆圧が弱い、文字が上手に書けない、書くと腕や手が痛いなど

■読む：文字がにじむ、文字がかすむ、漢字を忘れた、ふり仮名があれば読める、意味が読み取れない、読むと疲れるなど

■非言語：表情がある・ない（例：顔面の麻痺）、表情がつねに緊張している、気持ちと表情が一致していない、身振りができる・できない、好みの服が着られる・着られないなど

音声のメリハリ

　話せない・聞こえない場合でも、「文字を使ったコミュニケーション」は可能なこともあります。書けないならば「文字盤」を使うことでやりとりは可能です。特に認知症や精神疾患がある、または極度の不安から判断能力が不十分な例では、自分の意思を整理できないことがあります。ケアチームがさまざまなかかわりを工夫して利用者の意思を受けとめる方法と伝える方法を話し合いましょう。

9. 認知能力と認知症（BPSD含む）のアセスメント

　要介護高齢者は加齢や疾患・障害により「五感」（視る、聞く、触れる、嗅ぐ、味わう）の感覚が鈍るので、認知能力や理解力・判断力も低下します。したがって、認知能力のある・なしではなく、五感それぞれがどれく

らいのレベルなのかを把握し、日常生活やコミュニケーションにどのような支障があるのかをアセスメントします。

個人と施設の生活にもっとも影響があるのが認知症です。見当識障害からくる徘徊や他の部屋への入室、繰り返される人物誤認や独り言、妄想や幻聴、怒声などのBPSDは、本人の生活のしづらさだけでなく、人間関係や「穏やかなホーム」の日常にも深刻な影響を与えます。ケアチームは認知症が原因とわかっても、入所者にとっては「変な人、気味悪い人、つきあいたくない人」となり、存在そのものが恐怖であることがあります。

その利用者がどうして暴言を発するのか、どうして暴力的な表情や態度・振る舞いをするのか、施設では24時間を通して、その状況や時間帯などを把握することができます。ケアチームからあがってきた情報を分析し、その原因や影響を適切にアセスメントします。

穏やかなホーム

サービス担当者会議（カンファレンス）

施設のサービス担当者会議（カンファレンス）は定例で行われています。入所時のサービス担当者会議は、あくまで暫定ケアプランと暫定の個別サービス計画を立てるための会議です。

1. 参加者の構成

参加者の顔ぶれ（構成）は施設の特性によって異なります。新規の入所者の1回目の会議には、「ケアの連続性」のために入所前に担当していた在宅のケアマネジャー（施設ケアマネジャー含む）に参加を依頼し、「これまでのケア情報と注意する点」などを直接報告してもらい、暫定ケアプランへの意見をもらいます。

＜特別養護老人ホーム・有料老人ホーム＞

施設ケアマネジャー、生活相談員、介護主任（フロアリーダー）、担当介護員、看護師、管理栄養士、施設長（随時）、事務長（随時）、医師（随時）、利用者・家族、入所前担当ケアマネジャー（施設ケアマネジャー含む）

＜介護老人保健施設・介護療養型医療施設＞

施設ケアマネジャー、支援相談員、看護師、医師、理学療法士、作業療法士、言語聴覚士、管理栄養士、介護主任（フロアリーダー）、担当介護員、利用者・家族、入所前担当ケアマネジャー（施設ケアマネジャー含む）

2. 用意する資料

次の資料を準備してのぞみます。

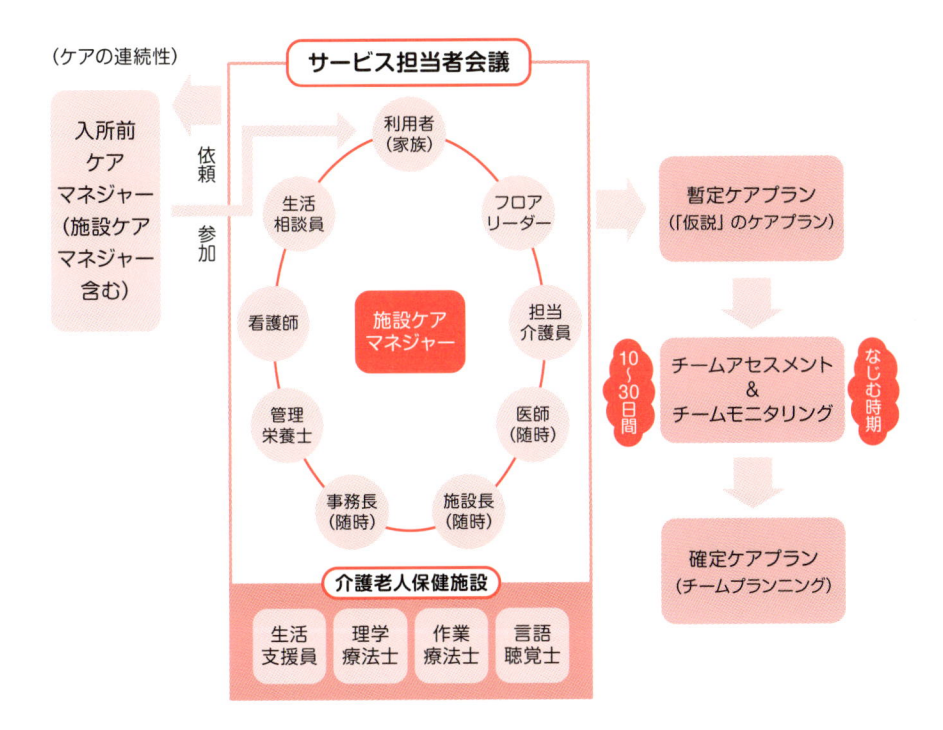

```
(ケアの連続性)
            サービス担当者会議
入所前
ケア         依 参         利用者
マネジャー    頼 加        (家族)
(施設ケア              生活          フロア
マネジャー             相談員         リーダー
含む)
                  看護師                担当
                                       介護員
                       施設ケア
                       マネジャー
                  管理              医師
                  栄養士             (随時)

                  事務長    施設長
                  (随時)   (随時)
            介護老人保健施設
         生活    理学    作業    言語
         支援員  療法士  療法士  聴覚士
```

→ 暫定ケアプラン（「仮説」のケアプラン）

↓ 10〜30日間 / なじむ時期

チームアセスメント & チームモニタリング

↓

確定ケアプラン（チームプランニング）

- これまでの在宅・施設のケアプラン、個別サービス計画（例：訪問、通所、短期入所、福祉用具など）
- 入所者基本情報（生活歴、家族構成、入所にいたる経緯など。入所者の住まいや近隣の様子、思い出の写真などを撮影した写真や動画など）
- アセスメントシート（例：ADL、IADL、CADL、疾患、体調、コミュニケーション能力など）
- 暫定ケアプラン（第1〜3表）
- その施設の利用実績（例：通所、短期入所）があるなら、当時の個別サービス計画、介護記録など

3. 話し合いの進め方

　定例のサービス担当者会議は1ケース10分程度ですが、新規ケースは40〜60分をかけます。進行役は生活相談員や生活支援員が行います。

- 入所者情報の共有（報告と質問）　　　・・・10分
- 施設入所への経緯（報告と質問）　　　・・・5〜10分
- 利用者・家族の意向の表明（本人・代弁）・・・5〜10分
- 暫定ケアプランの報告（質問）　　　　・・・5〜10分
- 暫定ケアプランの協議（提案と修正）　・・・10〜15分

　話し合いは、質問による確認ばかりでなく、「提案型」で行うようにします。特に話し合いたい項目（例：食事の内容、入浴介助）は、事前に専門職に情報提供を行い、活発な話し合いができるように「根回し」をします。

☐ チームプランニング
　〜暫定ケアプランと確定ケアプラン〜

　ケアプランの「原案」をつくるのが施設ケアマネジャーの役割です。現場の専門職の情報や見立てを出しあいながら、どのように支援をしていくか（手立て）をシートに「見える化」したのがケアプランです。ケアプランは「ケアの共有シート」であり、ケアチームの方向性を示すシートです。

ケアの共有シート

1. 暫定ケアプランのプランニング

住み替え

　施設入所は利用者にとって「住み替え」です。施設の環境になじむまで入所者の行動や意欲、コミュニケーションは控え目になりがちです。暫定ケアプランは「とりあえずのケアの流れ」と「チームアセスメント」を行っていくうえでの「仮説」と位置づけられます。これから1ヵ月をかけてサービス提供とモニタリング（検証）を行うことによって、より実態に合ったプランニングが可能となります。

　なお、作成にあたり、これまで在宅や施設で行われていたケアプランを参考に、インテークでわかった利用者（家族）の意向や利用者基本情報、ADL・IADL・疾患のアセスメントから導かれた課題などを基本にプランニングします。

日課計画表

　日課計画表は1日の流れです。暫定ケアプランでは施設のスケジュールを中心に明記しますが、入所者との交流、アクティビティへの参加、BPSDへの対応など、施設生活が始まってからわかることがたくさんあります。ケアスタッフが随時書き込むことで、より具体的に把握した一覧表となります。主な日常生活上の活動を「24時間シート」で把握するのもよいでしょう。

24時間シート

　また移動や食事時、入浴時、起床時に起こる「ヒヤリハット」はリスクマネジメントのうえでも大切な情報です。暫定ケアプランにしっかりと位置づけケアチームに意識づけを行います。

2. 確定ケアプランのプランニング

　入所時にイメージできなかった施設の暮らしや施設ケアの内容、利用者（家族）の要望や不安も1ヵ月が経過するなかで具体的になってきます。食事・排泄・入浴・就寝の介助やリハビリテーション、服薬、日中の過ごし方、他の入所者とのやりとりなどから支援の課題も明確になってきます。

　確定ケアプランのサービス担当者会議を行う前に、事前に現場スタッフ

〈在宅〜施設〉
これまで
- 利用者基本情報
- アセスメント情報
- モニタリング情報
- ケアプラン（第1〜6表）
- 訪問系・通所系などの個別サービス計画
- 本人らしさこだわり等

口頭説明 →

チームプランニング

暫定ケアプラン
- アセスメント
- ケアプラン
- 日課計画表 24時間シート
- リスクマネジメント

確定ケアプラン〈サービス担当者会議〉
- 課題と目標
- サービス内容
- 役割・担当
- 個別計画
- 援助方針

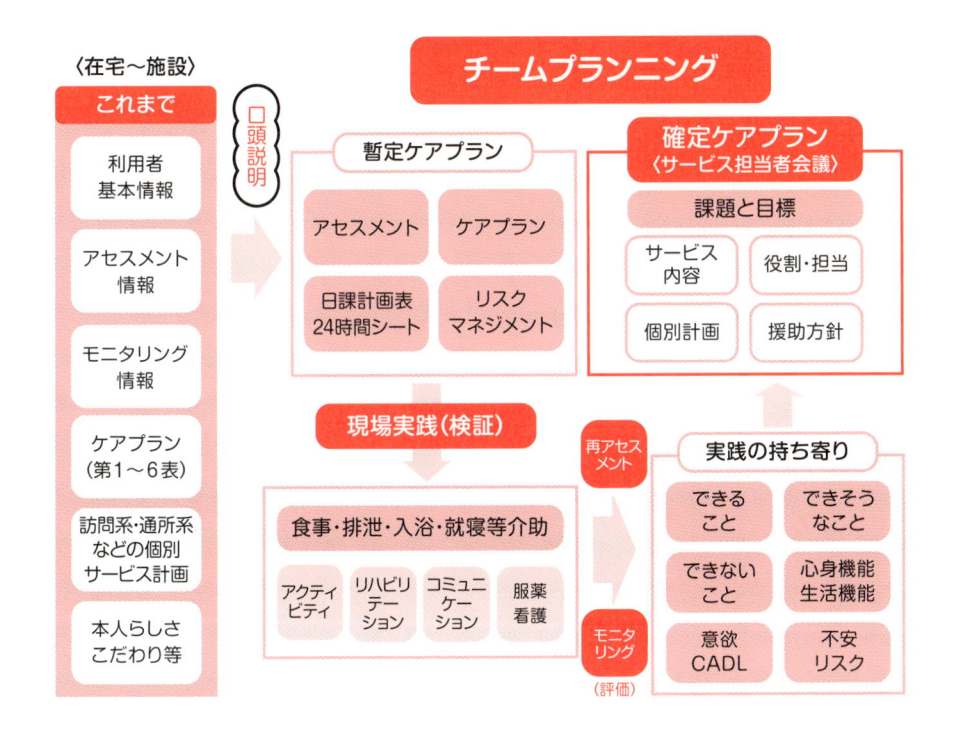

現場実践（検証）
- 食事・排泄・入浴・就寝等介助
- アクティビティ
- リハビリテーション
- コミュニケーション
- 服薬看護

再アセスメント
モニタリング（評価）

実践の持ち寄り
- できること
- できそうなこと
- できないこと
- 心身機能 生活機能
- 意欲 CADL
- 不安 リスク

から情報を収集し、めざす課題・長期目標・短期目標を再設定します。達成をめざす課題のほかに、中重度の入所者では維持・改善する課題や医療上の課題なども位置づけるようにします。

　入所時は利用者（家族）の意向が「後ろ向き」であることが多いですが、1ヵ月もすると多少のゆとりが生まれ、意向を話せるようになり、「できること」にも気持ちが向くようになります。家族が確定ケアプランを話し合う場に参加できないならば事前に面談し（電話も可）、意向を聴き取っておきましょう。

　施設ではIADL（暮らしの行為）をスタッフが行うために、ADL中心か医療管理・健康管理中心のプランになりがちです。本人らしさや施設生活への意欲を引き出すCADL的課題を確定プランで設定することも試みましょう。

できること

3. プランニングおよびモニタリングに活用するシート類

　暫定ケアプランから確定ケアプランを作成するプロセスで活用できるのがシート類です。記述式だけでなく、項目チェック方式やイラスト方式などさまざまな方法があります。シートがあることで「モレ」「ムダ」を防ぎ、プランニングやモニタリングの標準化を行うことができます。

・24時間シート〜在宅での1日、施設での1日〜

　利用者の1日の生活リズム（例：起床、整容、食事、テレビ、散歩、就寝など）と排泄リズム（排尿、排便）を把握することで、メリハリの

ある「適時のケア」が可能となります。その際に、在宅での１日の生活リズム（例：仏壇でお経を読む、ペットの世話、観葉植物の世話など）をあらかじめ把握しておくと、ケアプラン作成の参考になります。

課題気づきシート

・課題気づきシート、観察シート

ADL、IADL、CADL、医療管理、コミュニケーション、人間関係、BPSDなどの項目にわかれた「課題気づきシート、観察シート」を現場スタッフが常時携帯し記録する取り組みもよいでしょう。

◼ ケアプランの実施　～サービスの提供～

介護手順シート

暫定ケアプランが決まったら個別サービス計画や介護手順シートなどが作成されサービスの提供が始まります。確定ケアプランが決まるまでのサービス提供では、「こまめなモニタリング」を行い、サービスの調整・修正を行います。

こまめなモニタリング

１）現場スタッフ間での入所者情報とケアプランの共有化

新規の入所者が初めての施設生活に戸惑いを持つように、現場スタッフも初めてのかかわりに戸惑いを持ちます。とりわけコミュニケーションが取りづらい認知症や精神疾患のある入所者との「かかわり方」をつかむには時間がかかります。朝夕の申し送り時にこまめに入所者情報を確認し、新しい発見や気づきがあれば全体で確認することが大切です。夜勤帯の職員を含め、ケアプランの共有化に力を入れます。

２）サービス提供時にアセスメント意識を持つ

施設に入所すると、３食の食事をとり、生活リズムが改善されることで体調がよくなる例も多くみられます。入所時のアセスメントは、あくまで事前アセスメントとして位置づけ、確定ケアプランおよび確定の個別サービス計画を作成する「アセスメント・プロセス」としてサービス提供を位置づけます。その際、24時間シートや課題気づきシート、観察シート、ヒヤリハットシートなども活用するとよいでしょう。

３）自助・互助・共助の連動とお世話型介護への注意

施設ケアはサービスがすべてそろっているので、利用者の行い（自助）を待つより、スタッフの「介助」でADL支援を行いがちです。しかし、適切なケアを行うためには、施設ケアプランに位置づけた自助、互助、共助がそれぞれに実施され、相互に連動していることがとても大切です。

おもてなし
お世話的介護

施設ケアを「おもてなし」的にとらえている利用者（家族）は、みずから行うということが減りがちです。有料老人ホームでは「お世話的介護」が、利用者の自立できる機能と自立する心を低下させてしまう傾向があるので、とりわけ注意が必要です。

```
           チームモニタリング
    ┌─────────────────────────────┐
    │ ・サービス  ニーズ   暮らし方  ケアプラン │
    │   提供の状況  の     への     の      │
    │ ・自助の行い  変化    満足度   進捗状況  │
    └─────────────────────────────┘
                    ↓
         モニタリング業務の
         平準化と質の担保
  独自の  →  ┌──────────┬──────────┐  ← ブラッシュ
  ノウハウ    │ モニタリング │ モニタリング │    アップ
              │ マニュアル   │ シート       │
              └──────────┴──────────┘
```

チームモニタリング

　施設ケアでは、24時間のケアが提供されているので、チームでモニタリングを行うことができます。個人の力量やセンス頼りになるのではなく、「モニタリング・マニュアル」と「モニタリングシート」をつくり、業務の平準化と質の担保を行うようにします。

● モニタリングの4つの領域

　次の4つの領域で把握を行います。
- 「サービス提供の状況」と「自助の行い」
- 「ニーズの変化」(体調の変化、心身機能の変化なども含む)
- 施設での「暮らし方」と「サービスへの満足度(CS)」
- 「ケアプラン」の進捗状況

　初めて施設ケアを利用する利用者(家族)の多くは、さまざまな不安と戸惑いのなかにいます。初期の1〜3ヵ月間は、施設サービスや医療・看護サービス、ボランティアなどを利用しながら、どのようにしたら施設で「自分らしい暮らし方」ができるのか、心身の機能が低下せず体調を維持できるのかを、利用者(家族)とケアチームが発見していく時期と位置づけます。施設サービスや施設の生活リズム、施設でのADLなどに「慣れる」時期でもあり、スタッフや他の入所者と「なじむ時期」ととらえましょう。ただし、当初の緊張感が抜けることで、身体的・心理的な「疲れ」もでてきます。モニタリング時にじっくりと利用者本人や家族の話に

モニタリング・マニュアル

モニタリングシート

満足度(CS)

なじむ時期

レスパイトケア　耳を傾けるストレスケアとレスパイトケアの時間を持ちましょう。

施設からの「在宅復帰」他の施設などへの「住み替え」の支援

施設とはケアが包括的に整備された「住まい」とも考えられます。在宅復帰前のリハビリテーションのために病院から「住み替え」（介護老人保健施設）をした人、1人暮らしが心配で「早めの住み替え」（有料老人ホーム）をした人も、いつまでもその施設に住み続けられるわけではありません。

早めの住み替え

・心身の機能が回復したので在宅に戻る
・申し込んでいた特別養護老人ホームに空きベッドが出たので移る
・施設側が認知症のBPSDに対応できない、医療的管理に対応できない
・他の人との人間関係や相性が合わない
・トラブルが絶えず、施設側としては対応しきれない

これらを理由に、施設を退所する例があります。このようなときに施設ケアマネジャーは次のような「住み替えの支援」を行うことで「ケアの連続性」を図ることが大切です。

住み替えの支援

なお次の「住み替え先」での最初のサービス担当者会議（カンファレンス）に参加し、口頭で情報提供することを基本にしましょう。

1）ケアプラン、個別サービス計画、介護手順書、24時間シートを情報提供する

利用者は「住み替え」をしても、ふたたびその場所で介護サービスを利用しながら暮らしていくことに変わりません。施設ケアマネジャーとして、入所時に在宅のケアプランなどを活用したように、住み替え先の施設ケアマネジャーや居宅ケアマネジャー、ケアチームに情報を提供します。

・ケアプラン、個別サービス計画、介護手順書、24時間シートなど
・アセスメント内容（簡易版でも可。入所時と直近のアセスメント情報）
・利用者（家族）のCADL情報（例：好みの味、趣味、意欲、過ごし方など）
・医療情報（治療歴、服薬状況、服薬方法など）など

2）利用者の立場に立ち、現場の「ちょっとした工夫」を情報提供する

情報提供は機械的に行うのではなく、現場ですぐに「活用できる情報」として提供します。それらは受け手のケアチームにはとても貴重な情報となります。たとえば認知症の入所者へのかかわりのなかで、現場が1年か

次なる「住まい」(施設・自宅)への「住み替え支援」

住み替えの理由
- やはり自宅の暮らしがよい
- 希望施設の空き床ができた
- BPSDに対応できない
- 医療的管理に対応できない
- 入所者と相性が合わない
- トラブルが多い 契約内容と異なる

住み替え支援

① ケアマネジメント情報
- ケアプラン
- 個別サービス計画
- 介護手順書
- 24時間シート
- 利用者基本情報
- アセスメント情報
- CADL情報
- 医療情報

② ちょっとした工夫
- 現場ですぐに活用できる(例)
- 食事・排泄・入浴・移乗などの介助のコツ
- 写真
- 動画
- イラスト

③ 予測されるリスク(例)と対応方法
- 移動時のふらつき
- 夜間の徘徊
- ベッド・便器からの転落
- 食事の飲み込み
- 脱水
- 入浴の拒否
- 心身の機能低下
- 薬の飲み忘れなど

かってようやく利用者とのコミュニケーションの「ちょっとした工夫(ノウハウ)」を見つけることがあります。それを伝えないと、次の施設や在宅では、また1からのスタートとなってしまい、利用者に混乱と「不利益」をもたらすことになります。ある介護老人保健施設では退所にあたり、家族に写真と動画で介助のやり方(例：おむつ交換、体位変換、ベッドからの移乗、食事介助の順序)などを情報提供している例もあります。退所にかかる情報提供シートなどを施設で準備し、2週間くらいをかけて作成するなどのルール化で「ケアの連続性」を確保することができます。

3) 予測される「リスク」と対応方法を情報提供する

　移動時のふらつきや夜間の徘徊、ベッドや便器からの転落、食事のときの飲み込み、脱水、入浴の拒否など、施設で対応してきたリスクは、そのまま自宅や新たな施設に持ちこされること(リスクの持ちこし)になります。心身の機能やADL、服薬、治療などのリスクを情報提供します。

▸ ちょっとした工夫
▸ 不利益
▸ リスクの持ちこし

レッツ チャレンジ！

- □ 施設のカンファレンスにこれまでの担当ケアマネジャーに参加してもらおう
- □ あなたの施設の施設ケアマネジメントを自己チェックしてみよう
- □ 24時間シート、課題気づきシート、観察シートをオリジナルで作成しよう

5 施設ケアマネジメント

第3節 居住系施設のケアマネジメント

住み慣れた自宅から外部サービス利用の住宅型有料老人ホームやサービス付き高齢者向け住宅、高齢者向けアパートに「住み替え」をして、外部の介護サービスを利用しながら自立した暮らしを続ける利用者が増えています。これらを本書では「居住系施設」、そこで提供されるケアマネジメントを「居住系ケアマネジメント」と呼びます。

■ 居住系施設のメリットとデメリット

特別養護老人ホームの長期の待機期間、1人暮らし高齢者の孤独死、夜間の急変時の対応、病院から退院せざるを得ない高齢者の受け皿などを背景として、「<u>生活支援（援助）サービス付きの住まい</u>」が注目されています。これらは地域包括ケアシステムの要素の1つである「住まい」の資源として位置づけられています。

<u>生活支援（援助）サービス</u>

注目される理由は、従来の介護保険3施設は、待機期間が長く中重度の人しか入所できない（特別養護老人ホーム）、リハビリテーションが終わると退所となる（介護老人保健施設）、医療依存度が高くなければ入所できない（介護療養型医療施設）などの条件が壁となり、要介護状態となった高齢者の「住まい」としては対応しきれないからです。さらに有料老人ホーム（特定施設）は高額な入居一時金と月額費用が高い（食費＋住居費＋管理費）などの理由で、条件を備えた一部の人しか入居できないという現状があります。

これらを背景に、入居一時金が比較的低額で外部サービス利用の住宅型有料老人ホームと夜間の見守りと生活支援サービスなどが付いた賃貸型のサービス付き高齢者向け住宅（以下サ高住）が生まれました。とりわけサ高住は、国の政策的誘導と新規の介護保険施設の抑制、建設の許可の容易さなどを背景に急増しています。

これらの居住系施設のメリットとデメリットを理解し、居宅介護支援事業所として責任を持った利用者本位のケアマネジメントを行います。

```
                    居住系施設のケアマネジメント
    ┌──────┬──────┬──────┬──────┬──────┐
  特養    老健    サービス付き   療養病床  グループ  有料老人
 (中重度  (リハビ  高齢者向け住宅  (高い医   ホーム    ホーム
  中心)   リテー                  療依存   (認知症   (高額な
          ション   外部サービス利用  度の人    のみ)    費用
          中心)   住宅型有料老人ホーム  のみ)             負担)
                        │
            ┌───────────┴───────────┐
         メリット                  デメリット
   ┌──────┬──────┐      ┌──────┬──────┐
   入居金・月額  日中・夜間の    施設でなく   緊急時対応に
    が安い     「見守り」     「居室」      バラツキ
   施設の    賃貸なので     介護サービス   BPSDや
   待機利用   転居が容易    強要のリスク   医療の
                                       不十分な対応
```

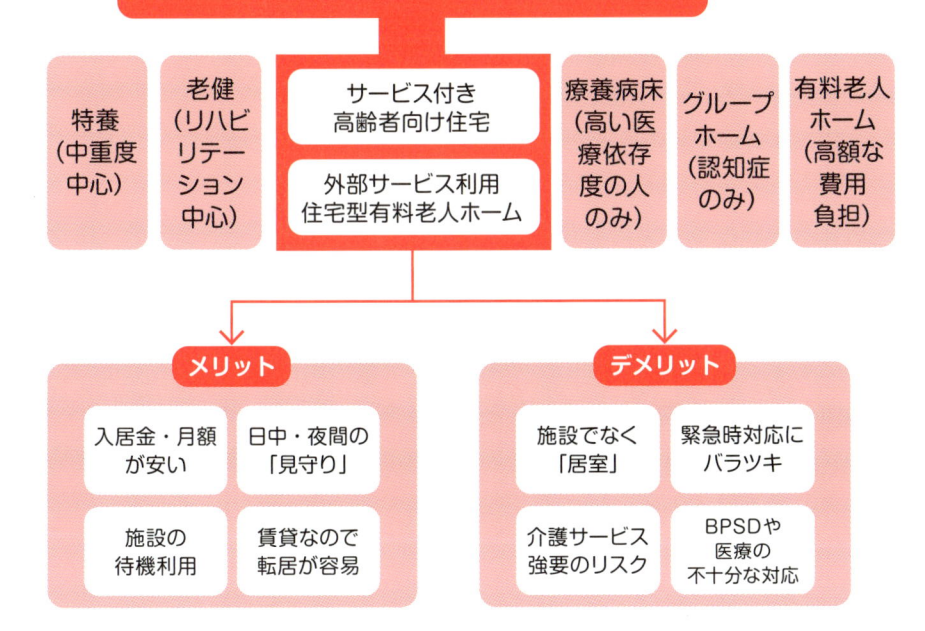

● メリット
- 建物内はバリアフリーとなっており、部屋は狭いので掃除の手間もあまりかからず、移動の不安（転倒）もなく過ごすことができる
- 日中・夜間の見守りがあり、緊急時の対応をしてもらえる
- 入居一時金がほぼ「0〜100万円以下」なので入居時に経済的な負担が少ない（月額費用が低く設定され、生活保護の要介護高齢者でも入居が可能な居住系施設もある）
- サ高住は居室を賃貸しているだけなので<u>「転居」が容易</u>である
- 特別養護老人ホームの入所待ち、病院からの急な退院、予約がとりづらい短期入所に替わって数ヵ月の入居先としてサ高住を活用することができる
- 日中は自宅で過ごし、緊急時が不安な夜間のみ利用するなど柔軟な利用も可能である

● デメリット
- あくまで「居室」なので介護保険施設のような「24時間サービス」は期待できない
- 施設によって「生活支援サービス付き」の中味と質にかなり差がある
- 夜間対応が緊急通報システムのみなど、緊急時対応にバラツキがある
- 事業主体が未経験の異業種参入組だったり、地主の目的が遊休地活用や高齢者向けアパート経営などのために、介護保険法が求める倫理性や公平・中立などの認識が低い場合がある

「転居」が容易

- 支給限度基準額いっぱいに介護サービスを利用させられることがある
- 自宅で利用してきた介護サービスを止めさせ、同一建物内の介護サービス（訪問介護、通所介護など）や提携するサービス事業者の利用を強要されること（**抱え込み**）がある
- BPSD対応や胃ろうなどの医療対応が必要となった場合には、退去を迫られる場合がある

　居住系施設に暮らす利用者を支援するために、担当する居宅介護支援事業所と担当ケアマネジャーは、介護保険法に立脚した利用者本位と利用者の代弁者としての姿勢を堅持する「**倫理性**」が問われます。居住系施設のメリットを最大限に引き出し、デメリットを最小限に抑制することをつねに念頭においたケアマネジメントを行います。

　必要に応じて、地域包括支援センターや市町村に情報提供を行い、連携してケアマネジメントを行うことも大切です。

▪ 居住系施設の「利用・活用」の5つの勘所

　生活支援の場は長く住み慣れた自宅が「最適」とは限りません。日本の家屋は敷居があるためにいたるところに段差があり、それにつまずき転倒する危険と隣り合わせです。トイレが離れている、廊下が暗い、部屋が寒い、風呂場が狭いなどの居住環境は要介護高齢者にとってはかなりつらいものです。また、近隣に家が少ない（中山間地）、高齢化して支える人手がいない（**限界集落**）、冬場は雪のために閉ざされるなど、体調の急変時に対応できない地域が全国で急増しています。

　利用者にとっては、先々の1人暮らしを不安に思って「早めの住み替え」を決めた引っ越し先が居住系施設だったわけですが、担当のケアマネジャーにとってはこれまでの訪問先（例：長く住み慣れたバリアだらけの自宅〈民家、団地〉）から「見守り付きの居住系施設」に代わっただけであり、基本的な支援の方向性は変わりません。

　在宅から継続して支援をしてきた居宅介護支援事業所だからこそ、居住系施設に移り住んでも利用者の個別性（本人らしさ）を尊重し、自立（自律）した暮らしを支えることができます。

1）「本人らしさ」が活かされた「住まいづくり」を支援する

　あくまで居住系施設の目的は「**住み替え**」です。入居者の多くは、これまで在宅生活で続けていた「本人らしい暮らしぶり」をあきらめて入居しています。新しい居室空間をいかに「本人らしさ」を尊重した住まいにするかを利用者（家族）と施設側と話し合いましょう。

　そのために、利用者が入居する居室と居住環境をアセスメントします。

・居室環境が心身の機能やADL・IADL、生活機能と生活意欲の改善・向上など自立（自律）した生活にどのように影響するか
・どのようにすれば「本人らしい居室空間」（例：カーテン、写真、小物などの飾り付け）を実現できるか

＜居室の広さ＞
　居室の設置基準は満たしていても、利用者にとってベッドやタンスなどの配置の使い勝手がよいとは限りません。

● 居室面積（サ高住の場合）
　原則25m²以上（台所、水洗トイレ、収納・洗面設備、浴室を備える）ですが、例外規定の18m²以上（共同利用の浴室、台所、収納設備と共同スペースあり。水洗トイレと洗面設備は各居室に設置）が多く、地方都市の高齢者住宅などでは10m²前後の狭い居室もあります。共同スペースが入居者の日中の集いの場として適切に利用されているかを把握します。

● 居室の飾り付け
　いくら賃貸といっても居室が「本人らしい暮らし」を送れる落ち着いた環境になっていないと孤独感は増すばかりです。利用者の好みの柄のカーテンや小物類、なつかしい記念写真や家族写真、趣味の道具類、トイレ用品などは本人らしい部屋づくりの「大切なアイテム」です。
　入居にあたりサービス管理者に暮らしぶりの情報提供を行い、居室の飾り付けの支援をしましょう。

● 近隣環境
　近隣環境が「外出や散歩を動機づける環境」かどうかを確認します。立地が周辺に建物がない遊休地だったり既存建物（例：ワンルームマンション、テナントビル、ビジネスホテル）の改修型だったりする場合では、周辺環境が外出の動機づけに向かない場合（例：郊外、国道沿い、工場密集地）があります。
　注意したいのは、利用するデイサービスが同一建物内ならばエレベーターで移動するだけで、ほとんど外出する機会を失うことになります。居室の閉じこもりは心身の機能低下を誘引します。外出支援の方策を施設側と話し合いましょう。

2）「自宅」と「賃貸居室」を往復して利用する視点を持つ
　「早めの住み替え」というコピーにより、居住系施設に住んだら自宅を売却しなければいけないというイメージを抱く利用者（家族）がいます。多額の入居一時金が必要となる有料老人ホームでは、自宅を売却した資金をあてることがありますが、居住系施設では必ずしも自宅を売却したり担保にして借り入れを行ったりする必要はありません。
　むしろ、思い出のつまった自宅と賃貸居室を定期的に行き来する、日中

は自宅の畑で作業や家事をしたりする、自宅近くの人たちとおしゃべりを楽しみ、不安となる夜間だけ居住系施設で就寝するというパターンも選択肢としてありうるでしょう。このようにデイサービスを利用する以外の閉じこもり予防や社会参加の機会を検討します。

3）居住系施設の数回の「住み替え」も想定する

有料老人ホームが敬遠される要因の1つは多額の入居一時金を払っているため「<u>退去・転居</u>」をすぐには決断できないことです。納得をして入居しても、日々の暮らしはそう単純ではありません。相性が合わない人がいた、職員の言葉づかいや態度が悪い、住み心地が悪い、食事がまずい（味が合わない）、契約内容と違うなどは「暮らし始めて」わかるものです。

「数回の住み替え」があっても在宅のケアマネジャーが継続してかかわっていれば、ケアマネジメントの「連続性」を守ることができます。

4）特別養護老人ホームの「待機場所」として利用する

在宅での生活がむずかしいためショートステイやお泊りデイ、介護老人保健施設が特別養護老人ホームの「待機場所」として利用されています。いずれも「<u>暮らしの環境</u>」ではないため、過大なストレスが利用者にかかることになります。

そのため、「暮らしの環境」に近い居住系施設で特別養護老人ホームの入所待ちをする利用方法もあります。

5）季節により「居住系施設」を使いこなす

中山間地で同居介護や老老介護をする家族にとって、農業や漁業が忙しい繁忙期などは、十分な介護を行うことがむずかしくなります。ゲリラ豪雨が多い梅雨の時期や、冬期の豪雪などにより<u>ライフライン</u>が寸断され、1人暮らしの要介護高齢者が自宅に取り残されることも起きています。

1ヵ月から数ヵ月でも利用できる「<u>住まいサービス</u>」としてサ高住を位置づけ、この期間は、寝泊りはサ高住で行い、デイサービスはこれまでのところに通うなどのサービス調整を行います。

居住系施設のケアマネジメント・プロセス

ケアマネジメント・プロセスは、これまでかかわっている居宅介護支援事業所（ケアマネジャー）が継続する場合と併設の居宅介護支援事業所が引き継ぐ場合の2つの流れがあります。基本的には、第2章「ケアマネジメント・プロセス」（p19）および本章第2節「施設のケアマネジメント・プロセス」（p342）を参考に行いますが、居住系施設のメリット・デメリットに配慮し、ケアマネジメント・プロセスを進めます。

```
[きっかけ]  →住み替え→  [見守り付き 居住系施設]
 ・転倒のリスク
 ・高齢化限界集落化
 ・冬期の不安
 ・急変時の不安
        安心安全
                    ↓
            使いこなすための
            居住系ケアマネジメントの
            「5つの勘所」
                    ↓
┌──────┬──────┬──────┬──────┬──────┐
「本人らしさ」│「自宅」と  │数回の   │「待機場所」│時期や季節
を活かした  │「賃貸居室」│「住み替え」│として利用 │によって
「住まいづくり」│を往復利用 │を想定   │      │使い分ける
```

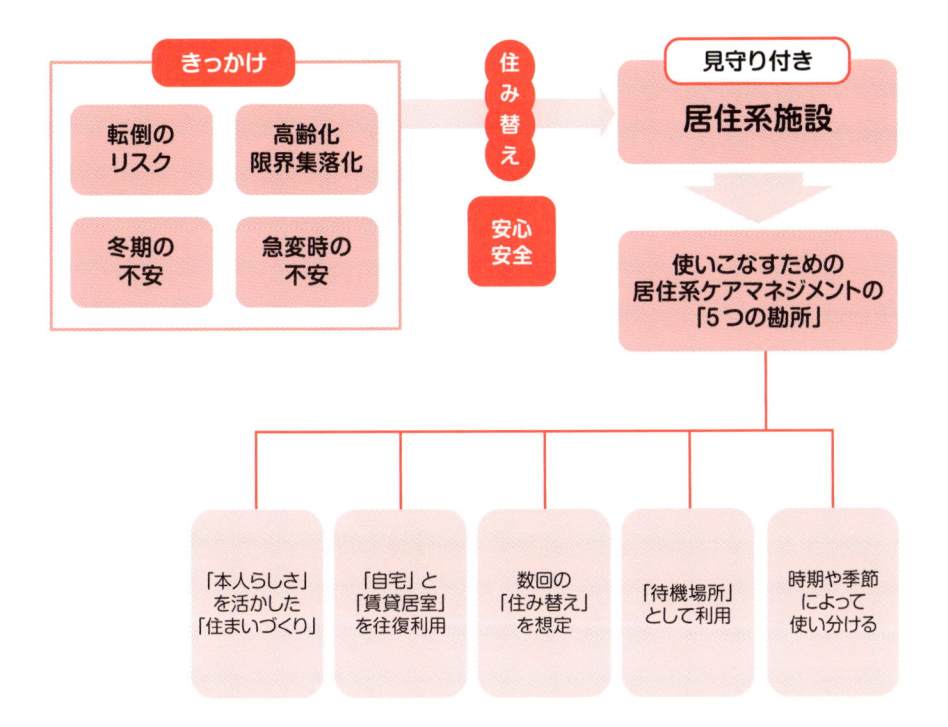

1）インテーク

　継続してかかわる場合は、居住系施設の相談員や運営者に面談し、日中の過ごし方や夜間の見守りの方法（例：<u>夜間オペレーター</u>対応、通報装置対応）、緊急時の対応方法、居室の鍵の管理、家事援助など生活支援サービスの内容などを聴き取り、ケアプランに反映させます。必要に応じて重要事項説明書（写し）を利用者（家族）から提供してもらうのもよいでしょう。

　併設の居宅介護支援事業所が引き継ぐ場合は、これまで担当していた居宅介護支援事業所から、暮らしぶりやサービスの利用の様子、ショートステイなどの利用状況などをケアプランや個別サービス計画などをもとに聴き取りをします。

2）アセスメント

　これまでのアセスメント情報は、住み慣れた自宅におけるアセスメントでした。新しい居室はトイレ・洗面が居室内にあり、わずかな空きスペースに身近な生活用品・衣服・タンスなどを持ちこむため手狭です。3食も居室内でなく共有スペースで他の入居者と一緒に食べることになります。

　ADL（移動、食事、排泄、入浴、整容、更衣、睡眠など）がどのように行えるのか、どのあたりに支障があるのかを実際に動作をしてもらいながらアセスメントを行います。また、どのようなIADL（料理、掃除、洗濯、買物など）が可能か、どのようなCADL（生きがい、趣味など）なら実現可能か、そして施設側としてどのような支援をしてくれるのか、健

夜間オペレーター

康管理にどのようにかかわれるのかをアセスメントします。

「自宅」扱い　　とりわけ居住系施設は、部屋自体が「自宅」扱いとなるので利用者の意向が尊重される反面、生活相談は受け付けても、閉じこもり・引きこもりが「本人の希望」として扱われ、ケア的かかわり（例：声かけ、誘い出ケア的かかわり　し、話し相手）の点で不十分になるリスクがあります。

　日中だけでは不十分なので、夜間を通した24時間の様子を数日間かけて把握するようにします。

3）プランニング

　アセスメントから把握したADL・IADL・CADLの状況から、居住系施設での自立（自律）した生活を維持していくための課題を導き出します。

　プランニングにあたり、これまで介護保険で行ってきた訪問介護の家事援助（掃除、洗濯など）などは、施設側が用意する「生活支援（援助）生活支援（援助）サービス」（月決め、項目別）に代替することができます。どれを利用す　　サービス　　るかを利用者（家族）に確認し、利用するサービスの内容をケアプランに組み込みます。

　またサービス事業所は、同一建物内（敷地内含む）に限定することなく「利用者本位」の立場から「最適・最善のサービス事業所」を選ぶことが最適・最善のサー　重要です。在宅の頃から利用しているデイサービスなどを利用者が気に　ビス事業所　　入っている（例：食事がおいしい、人間関係が良好）ならば継続利用が望ましいでしょう。

　要介護度1〜3の人のプランニングにあたり、ADLの課題化だけではケアの方向性も内容も狭いものになり、利用者の意欲が低下する危険性があります。IADLやCADLなどの意向を引き出し、ケアプランの課題に位置づけることで多様な資源（例：子ども・孫、趣味仲間、地元商店、カルチャーセンターなど）をサービス種別に組み込むことができ、多様な人交流する機会　　が施設で交流する機会をつくることにつながります。

4）サービス担当者会議

　サービス担当者会議は居室で行うと狭いため、居住系施設の会議室か共有スペースで行います。顔ぶれはサービス事業所や家族以外に、居住系施設の相談員か運営者にも参加してもらいます。開催の日取りは主治医の往診があればそれに準じて行うのもよいでしょう。

5）サービス提供

　ケアプランにもとづいた個別サービス計画をもとに、介護サービスがどのように適切に提供されているか、通院や訪問診療（例：内科、歯科）を含む医療管理がどのように行われているか、福祉用具などの利用状況を把握します。同時に、生活支援（援助）サービスの利用状況も把握します。

確定ケアプランが決まるまでは、「こまめなモニタリング」を行い、サービスの調整・修正を行います。その際、24時間シートなどを使うと、サービス提供の「細やかさ」を判断するのに役立つでしょう。

当初、同一建物内のデイサービスやデイケアなどを利用したが、利用者の好み（相性）に合わないというようなら、他のデイサービスやデイケア、他の入居系施設のデイサービス・デイケアなどを検討しましょう。

6）モニタリングとリスクマネジメント

利用者は自宅からの住み替えだけでなく、病院や介護老人保健施設、他のサ高住からの住み替えなど、転居を繰り返している場合もあります。リロケーション・ダメージに配慮し、居住系施設に慣れる初期の1ヵ月はこまめに訪問を行い、介護サービスの調整や施設側と生活支援（援助）サービスの交渉・調整を行います。

＜モニタリングの5つの領域＞

次の5つの領域で把握を行います。
- 心身の機能の改善・維持・低下、体調・体力・意欲、ADL、IADL
- 「サービス提供の状況（生活支援サービス含む）」と「自助の行い」
- 「ニーズの変化」（体調の変化、心身機能の変化なども含む）
- 利用者の「暮らしぶり」と入居施設とサービスへの「満足度（CS）」
- 「ケアプラン」の取り組み状況

初期の1～3ヵ月以降は、はじめの緊張感が抜けることで、身体的・心理的な「疲れ」もでてきます。モニタリング時にじっくりと利用者の話に耳を傾ける時間を持ちましょう。

※欄外：リロケーション・ダメージ／自助の行い／満足度（CS）

レッツ チャレンジ！

☐ 入居系施設に入所しても「継続的なケアマネジメント」を行おう
☐ 「本人らしさ」が活かされた「住まいづくり」への支援を行おう
☐ サ高住の「多様な利用・活用」を話し合ってみよう

主な参考文献

〈ケアマネジメントなど〉
- 「ケースマネジメントの技術」A・J・フランケル、S・R・ゲルマン著　金剛出版　2006
- 「ICF（国際生活機能分類）の理解と活用─人が「生きること」「生きることの困難（障害）」をどうとらえるか」上田敏著　きょうされん（発売：萌文社）2005
- 「国際生活機能分類（ICF）─国際障害分類改定版─」障害者福祉研究会編集　中央法規出版　2002
- 「ケアマネジャー@ワーク　利用者の思いを映すケアプラン事例集」福富昌城編著　中央法規出版　2011
- 「ケアマネジャー@ワーク　ケアマネジャー実践マニュアル」白木裕子著　中央法規出版　2011
- 「サービス担当者会議マニュアル　準備から終了後まで」担当者会議向上委員会編著　中央法規出版　2012
- 「ケアマネ1年生　はじめてのケアプラン」中野穣著　中央法規出版　2013
- 「ケアマネ1年生　はじめてのサービス担当者会議」はじめてのケアマネジメント作成委員会著　中央法規出版　2013
- 「ケアマネ1年生　はじめての多職種連携」はじめての多職種連携作成委員会著　中央法規出版　2013
- 「ケアマネ1年生　はじめてのモニタリング」はじめてのモニタリング作成委員会著　中央法規出版　2013
- 「ケアマネのための知っておきたい医療の知識Q＆A」髙砂裕子編著、太田秀樹監修　学陽書房　2008
- 「ケアマネジャーの質問力」高室成幸著　中央法規出版　2009
- 「施設ケアプラン記載事例集」高室成幸、奥田亜由子共著　日総研出版　2011
- 「愛する人を亡くした方へのケア─医療・福祉現場におけるグリーフケアの実践」（宮林幸江・関本昭治共著　日総研出版　2008
- 「介護保険ケアプラン点検支援マニュアル活用の手引」ケアプラン点検支援マニュアル活用の手引編集委員会編集　中央法規出版　2008
- 「三訂　オリジナル様式から考えるケアマネジメント実践マニュアル　居宅編」NPO法人神奈川県介護支援専門員協会編集　中央法規出版　2014
- 「三訂　オリジナル様式から考えるケアマネジメント実践マニュアル　施設編」NPO法人神奈川県介護支援専門員協会編集　中央法規出版　2014
- 「ライフサポートワーク実践テキストブック　小規模多機能型居宅介護・グループホームのケアマネジメント」ライフサポートワーク推進委員会編　中央法規出版　2010
- 「法的根拠に基づく　ケアマネ実務ハンドブック　Q＆Aでおさえる業務のツボ」後藤佳苗著　中央法規出版　2013
- 「図説ケアチーム」野中猛著　中央法規出版　2007
- 「図説ケアマネジメント」野中猛著　中央法規出版　1997
- 「図説リカバリー　医療保健福祉のキーワード」野中猛著　中央法規出版　2011

〈家族介護、家族支援など〉
- 「介護家族をささえる─認知症家族の会の取り組みに学ぶ」公益社団法人認知症の人と家族の会愛知県支部編集　中央法規出版　2012
- 「高齢者虐待の予兆察知─在宅介護における家族支援と対応のポイント」加藤伸司、矢吹知之編著　ワールドプランニング　2011
- 「DVと虐待『家族の暴力』に援助者ができること」信田さよ子著　医学書院　2002
- 「介護家族を支える電話相談ハンドブック　家族のこころの声を聴く60の相談事例」角

田とよ子著　中央法規出版　2013
- 「家族力×相談力」団　士郎著　文春新書　2008
- 「男性介護者白書―家族介護者支援への提言」津止正敏、斎藤真緒共著　かもがわ出版　2007
- 「あなたの知らない『家族』―遺された者の口からこぼれ落ちる13の物語」柳原清子著　医学書院　2001

〈支援困難対応〉
- 「支援困難事例と向き合う　18事例から学ぶ援助の視点と方法」岩間伸之著　中央法規出版　2014
- 「支援困難事例へのアプローチ」岩間伸之著　メディカルレビュー社　2008
- 「病んだ家族、散乱した室内　援助者にとっての不全感と困惑について」春日武彦著　医学書院　2001
- 「不幸になりたがる人たち　自虐指向と破滅願望」春日武彦著　文春新書　2000
- 「物語としてのケア　ナラティヴ・アプローチの世界へ」野口裕二著　医学書院　2002
- 「ちょっと待ったぁ、その契約―地域ぐるみで悪徳商法を撃退しよう！」伊賀市社会福祉協議会編　全国コミュニティライフサポートセンター　2009
- 「支え合いマップ作成マニュアル」木原孝久著　筒井書房　2011

〈認知症ケア〉
- 「バリデーション―認知症の人との超コミュニケーション法」第2版　ナオミ・フェイル著　筒井書房　2001
- 「ユマニチュード入門」本田美和子、イヴ・ジネスト、ロゼット・マレスコッティ著　医学書院　2014
- 「認知症の介護のために知っておきたい大切なこと―パーソンセンタードケア入門」トム・キットウッド、キャスリーン・ブレディン著　筒井書房　2005
- 「三訂　認知症の人のためのケアマネジメント　センター方式の使い方・活かし方」（認知症介護研究・研修東京センター、認知症介護研究・研修大府センター、認知症介護研究・研修仙台センター編集　認知症介護研究・研修東京センター発行　2011
- 「コミュニケーションからはじまる認知症ケアブック第2版　ケアの9原則と66のシーン」清水裕子編著　学研メディカル秀潤社　2013
- 「認知症ケアの突破口」梅本聡著　中央法規出版　2013
- 「認知症介護『その関わり方、間違いです！』」松本健史著　関西看護出版　2014

〈ケア会議など〉
- 「ケア会議の技術」野中猛、高室成幸、上原久共著　中央法規出版　2007
- 「ケア会議の技術2～事例理解の深め方～」上原久著　中央法規出版　2012
- 「ケア会議で学ぶ精神保健ケアマネジメント」野中猛著　中央法規出版　2011
- 「福祉・介護の職場改善　会議・ミーティングを見直す」大坪信喜著、株式会社川原経営総合センター監修　実務教育出版　2013
- 「会議の開き方・すすめ方・まとめ方―短時間でよりレベルの高い成果を生みだす、『活創』のためのノウハウ」安達勉、福山穣、沢田直孝共著　実務教育出版　1997
- 「会議の進め方　第2版」高橋誠著　日本経済新聞出版社　2008

〈家族社会学、民俗学ほか〉
- 「互助社会論―ユイ、モヤイ、テツダイの民俗社会学」恩田守雄著　世界思想社　2006
- 「迷走する家族―戦後家族モデルの形成と解体」山田昌弘著　有斐閣　2005
- 「新版　家族社会学―基礎と応用」木下謙治、園井ゆり、保坂恵美子編著　九州大学出版会　2008

- 「福祉のための民俗学―回想法のススメ」岩崎竹彦編纂　慶友社　2008
- 「驚きの介護民俗学」六車由美著　医学書院　2012
- 「昭和・平成家庭史年表」下川耿史、家庭総合研究会編集　河出書房新社　2001
- 「ちゃぶ台の昭和」小泉和子著　河出書房新社　2002
- 「昭和の暮らしで　写真回想法1　子どもと遊び」鈴木正典監修　須藤功、萩原裕子写真　農山漁村文化協会　2014
- 「昭和の暮らしで　写真回想法2　家事と娯楽」鈴木正典監修　須藤功、萩原裕子写真　農山漁村文化協会　2014
- 「昭和の暮らしで　写真回想法3　農・山・漁の仕事」鈴木正典監修　須藤功・萩原裕子写真　農山漁村文化協会　2014

〈人材育成〉
- 「ソーシャルワークのスーパービジョン―人の理解の研究」福山和女著　ミネルヴァ書房　2005
- 「対人援助のスーパービジョン―よりよい援助関係を築くために」植田寿之著　中央法規出版　2005
- 「現代のエスプリ395号　スーパービジョン・コンサルテーション実践のすすめ」深沢道子、江幡玲子編　至文堂　2000
- 「身体知と言語―対人援助技術を鍛える」奥川幸子著　中央法規出版　2007
- 「感情と看護　人とのかかわりを職業とすることの意味」武井麻子著　医学書院　2001
- 「ひと相手の仕事はなぜ疲れるのか　感情労働の時代」武井麻子著　大和書房　2006
- 「対人援助とコミュニケーション　第2版」諏訪茂樹著　中央法規出版　2010
- 「新版　人材マネジメント論」高橋俊介著　東洋経済新報社　2006
- 「効果10倍の"教える"技術―授業から企業研修まで」吉田新一郎著　PHP研究所　2006
- 「コーチング入門」本間正人・松瀬理保著　日本経済新聞社　2006

〈マネジメント、キャリアマネジメントほか〉
- 「ドラッカー名著集4 非営利組織の経営」P. F. ドラッカー著　ダイヤモンド社　2007
- 「マネジメント―基本と原則［エッセンシャル版］」P. F. ドラッカー著　ダイヤモンド社　2001
- 「管理される心―感情が商品になるとき」A. R. ホックシールド著　世界思想社　2000
- 「選択の科学」シーナ・アイエンガー著　文藝春秋　2010
- 「新ハーバード流交渉術　論理と感情をどう生かすか」R・フィッシャー、D・シャピロ著　講談社　2006
- 「チーム・ファシリテーション　最強の組織をつくる12のステップ」堀公俊著　朝日新聞出版　2010
- 「ファシリテーション入門」堀公俊著　日本経済新聞出版社　2004
- 「働くひとのためのキャリア・デザイン」金井壽宏著　PHP研究所　2002
- 「働くみんなのモティベーション論」金井壽宏著　NTT出版　2006

あとがき

　前著『ケアマネジメントの仕事術』を執筆して10年が経過しました。あの頃、私を動機づけたのは、ケアマネジャーのみなさんの「忙しくて燃え尽きそうです」のひと言でした。
　現場のみなさんへのヒアリングを進めると、忙しさの原因は「仕事の段取り」がわからないからだ、ということが明らかになりました。介護や看護などの直接援助を中心に行ってきた方にとって、間接援助であるケアマネジメントはかなり勝手がちがったようです。周囲を見回すと、理論書はあってもマネジメント視点の本がないのも驚きでした。ならば、と私は1年間をかけて書き上げました。類書がなかったこともあり、予想外に多くのみなさんに現場で活用していただくことができました。
　そして今回、新版を皆さんのお手元に届けることができました。本書の執筆にあたっては「提案型の本」にしたいと考えました。読み込むと仕事の悩みや問題の原因が見つかり、読み進めるといろいろなアイデアが湧いてくる。つい現場で試したくなるような「ワクワクする実践書」こそ、現場は求めているのではないか、と思い至ったからです。
　新版では、新しいアセスメントの概念として「CADL」（文化的日常生活動作）を提案しました。これはケアマネジメントにおいて「全人的理解と全人的支援」が謳われながら、アセスメントが医療的領域やADL、IADLという視点ばかりに偏っていることへの違和感があったからです。また本書では、援助者側が決めることになりがちな「その人らしさ」ではなく、本人側に立った「本人らしさ」という言葉をたくさん使っています。

　本書が完成するまでには、執筆開始から5年の月日が必要でした。
　本書の完成にあたっては、前著に引き続き中央法規出版の松下寿さんには本当にお世話になりました。改訂版を出そうと決めてからの長い年月…膨大な執筆量に幾度となく挫折しそうになりました。ですから、最初の読者である松下さんのひと言ひと言は私の大きな励みでした。時に鋭い指摘とアドバイス、そしてあたたかい眼差しで編集をしていただきました。心からの感謝を送りたいと思います。松下さんの粘り強さと中央法規出版の理解がなければ、本書は世に出ることはなかったと思います。そして、前著に熱い推薦の言葉を寄せていただいた故・野中猛先生とCADLの現場実践に一緒に取り組む日本CADL研究会のみなさんに心からの感謝を伝えたいと思います。
　最後に、本書を書く5年間に私にもいくつかの人生の転機がありました。その転機も「人生の糧（かて）」となり、私を人間としてわずかながら成長させてくれたと思います。
　本書は私一人で書いた本ではなく、日々、利用者（家族）への支援と地域包括ケアに励む全国のケアマネジャーのみなさんとともにつくった本です。
　私は、心からみなさんに敬意をいだき、応援しています。

2015年6月

高室成幸

高室成幸（たかむろ　しげゆき）
ケアタウン総合研究所　所長

　1958年京都生まれ　日本福祉大学社会福祉学部卒業
　「あたらしい福祉」のための人づくりと地域包括ケアシステムづくりの両面から全国で活動を行っている。「現場の実践力」を伸ばすために、講演・執筆・コンサルティングで活躍をしている。
　ケアマネジャーの現任研修、地域包括支援センター研修、社会福祉法人研修、社協職員研修、民生児童委員研修などを対象とし、研修テーマもケアマネジメントから支援困難ケース対応、認知症対応、メンタルマネジメント、人材マネジメント、地域福祉まで幅広い。
　「わかりやすく元気が湧いてくる講師」として高い評価を得ている。

＜所属＞
・日本福祉大学地域ケア研究推進センター　客員研究員
・日本ケアマネジメント学会　会員
・福祉住環境コーディネーター協会　理事

＜主な著書＞
・「ケアマネジメントの仕事術」（2005年、中央法規刊）
・「介護予防ケアマネジメント『質問力』で磨こう　アセスメントとプランニング」（2007年、中央法規刊）
・「家族のための事例でわかる介護ケアプラン」（2007年、法研刊）
・「ケア会議の技術」（2007年、共著、中央法規刊）
・「ケアマネジャーの仕事力　スキルアップ13の技術」（2008年、日総研刊）
・「介護保険　ケアプラン点検支援マニュアル　活用の手引」（2008年、共著、中央法規刊）
・「介護事業者のための個人情報保護ガイドブック」（2006年、中央法規刊）
・「ケアマネジャーの質問力」（2009年、中央法規刊）
・「伝える力」（2010年、筒井書房刊）
・「施設ケアプラン記載事例集　チームケアが変わる！」（2011年、日総研刊）
・「言いにくいことを伝える77のコミュニケーション　介護施設編」（2011年、筒井書房刊）
・「悩み解消　ケアマネジャーのための成年後見29事例」（2014年、共著、筒井書房刊）
　他著書、監修書多数

※研修事業に関するお問い合わせ
　ケアタウン総合研究所　http://caretown.com

新・ケアマネジメントの仕事術
現場実践の見える化と勘所

2015年7月1日 初版発行
2017年9月1日 初版第3刷発行

著者	高室成幸
発行者	荘村明彦
発行所	中央法規出版株式会社
	〒110-0016
	東京都台東区台東3-29-1　中央法規ビル
	営　　業　TEL 03-3834-5817　FAX 03-3837-8037
	書店窓口　TEL 03-3834-5815　FAX 03-3837-8035
	編　　集　TEL 03-3834-5812　FAX 03-3837-8032
	https://www.chuohoki.co.jp/

装幀デザイン　渡邊民人（TYPEFACE）
本文デザイン　森田祥子（TYPEFACE）
印刷・製本　株式会社太洋社

定価はカバーに表示してあります。落丁・乱丁本はお取り替えいたします。
本書のコピー、スキャン、デジタル化等の無断複製は、著作権法上での例外を除き禁じられています。また、本書を代行業者等の第三者に依頼してコピー、スキャン、デジタル化することは、たとえ個人や家庭内での利用であっても著作権法違反です。

ISBN978-4-8058-5091-6